같이 읽자, 교육법!

법을 알아야 교육을 바꾼다

같이 읽자, 교육법!

정성식 지음

education law

ᕯ 에듀니티

교육, 법으로 따지다

20년 넘게 교사로 살아오고 있지만 교육이 무엇인지 솔직히 아직도 잘 모르겠다. 그러니 내 전공 분야가 아닌 법은 오죽하겠나. 이런 내가 교육법을 주제로 책을 한 권 쓰겠다는 무모한 말을 한 적이 있다. 해가 갈수록 우리 사회가 학교에 요구하는 것은 늘어가는데, 그 일들이 또 교육과는 멀게 느껴지는 것도 많았다. 한두 번 당하는 것도 아니었지만 내가 그 부질없는 일을 하는 이유라도 알고 싶은 심정으로 법을 찾아 읽기 시작했다.

학교를 향한 요구는 법에 촘촘히 얽혀 있지만 법 너머에 있는 것도 많았다. 법으로 정해놓았는데 법은 어디 가고 관행이 그 자리를 대신하는 것도 많았다. 심지어 법 취지에 어긋나는 지침과 매뉴얼도 있었다. 세월 따라 학교도 변했는데 여전히 과거에 머물고 있는 법도 있다. 이를 있는 그대로 드러내는 것으로도 의미가 있을 것 같았다. 그래서 몇 개라도 바뀐다면 그나마 학교에 숨통이 트일 것 같았다. 이렇게 목구멍까지 차오르는 말들이 많았으니 정리만 잘한다면 글은 금방 써질 것 같았다.

그러나 말이 쉽지 어디 책이 그렇게 쉽게 써지나. 내 말에 고무된 출판사와 당장 계약은 했지만 집필이 생각대로 쉽지 않았다. 교사로 살아가며 실천교육교사모임 회장, 국가교육회의 전문위원을 겸직하느라 학교 안팎으로 바쁘게 살던 때였다. 그러나 바쁘다는 건 핑계일 뿐이고, 내가 글을 쓰지 못하는 진짜 이유는 따로 있었다. 글을 쓰다 보면 턱턱 막혔다. 나 홀로 교육법을 오랜 시간 찾아 보았지만 그 정도 상식으로 학교의 속사정을 법으로 풀어내는 데에는 한계가 있었다. 써지지 않는 글을 마냥 붙들고만 있을 수 없었고 하루하루 일상을 살아내느라 또 정신없이 시간이 흘렀다.

그러다가 올 초에 학교를 옮기며 파일을 정리하다 4년 전에 쓰다 만 글을 다시 만났다. 버리기에는 아까웠다. 어떤 식으로든 매듭을 짓고 싶었다. 마침 겸직하던 일들도 모두 임기를 마쳤으니 몸도 마음도 이전보다 여유가 있었다. 내가 법을 전공하지는 않았지만 법을 찾아가며 부딪혀본 경험이 누군가에게는 도움이 될 것 같았다. 그렇게 해서 내 전작 《교육과정에 돌직구를 던져라》(2014)가 '100대 교육과정'을 없애는 데 일조한 것처럼, 이 책에 담은 내용들이 학교를 이롭게 만드는 데 작은 기여라도 할 수 있을 것이라는 기대도 가져봤다. 그래도 나태해지면 이 일은 어떤 법학자도 할 수 없는 일이고 오로지 나만이 할 수 있는 일이라며 스스로를 추켜세웠다.

이 마음으로 다시 쓰기 시작하니 4년 전과 달리 막힘이 덜했다. 후배교사에게 들려주는 이야기라 생각하고 술술 써내려갔다. 그래도 중구난방, 중언부언 이야기를 할 수 없으니 이야깃거리를 정리했다. 먼저 법이 무엇인지, 법이 내 삶에 어떤 의미인지 따져보는 것으로 입을 열었다. 그런 다음 법령의 기본 구조를 알아보고, 어떤 법을 어디에서 찾아 읽으며 법에 둔감하게 살아온 나를 법에 민감하게 만들었는지 그 경험담을 풀어갔다. 그 이야기들을 묶어 '법과 나'라는 이름을 붙여 제1장에 담았다.

이렇게 해서 법이 멀게만 느껴지지 않을 때쯤 학교 이야기를 꺼냈다.

본격적으로 교육법을 만나는 과정이다. 먼저 교육법이 무엇인지, 어떻게 변해왔는지 간단히 짚었다. 그런 다음 학교를 움직이는 가장 큰 줄기인 교육과정, 수업, 평가, 학교회계, 교육재정과 관련된 법령을 살펴보았다. 여기서 그치지 않고 아동학대, 교권침해, 학교폭력, 민원, 감사, 적극행정 등의 내용을 관련 법령과 함께 다루었다. 이 내용 또한 교육기관에 근무하자면 반드시 알아야 할 내용인데 어디에서도 가르쳐주지 않으니 하나하나 차근차근 짚었다. 학부모, 교육행정가들도 같이 고민할 문제이기에 교사에 국한하지 않고 폭넓게 이야기를 다루었다. 그 이야기들을 묶어 '학교와 교육법'이라는 이름을 붙여 제2장에 담았다.

학교와 얽힌 법령들이 익숙해질 무렵, 학교 밖으로 시야를 넓히고 싶었다. 교육이 학교에서만 이루어지는 것은 아니니 마땅히 필요한 과정이라 생각했다. 민감한 교육 이슈들은 많았고, 다루어야 할 내용도 많았지만 내가 직접 부딪혔던 사안들을 중심으로 이야기를 구성했다. 이야기에 생동감을 더하기 위해 당시에 썼던 국민청원, 민원, 감사청구, 정보공개청구, 고발장, 칼럼 등의 글을 인용했다. 그 글들은 모두 교육과 법이 치열하게 얽혀 갈등하는 내용들이었으니 이야깃거리로는 안성맞춤이었다. 이렇게 추려낸 이야기들을 묶어 '법과 교육'이라는 이름을 붙여 제3장에 담았다.

장황한 이야기를 한마디로 요약하면 교육법이 교육에 부합하는지 따져보자는 것이다. 따져본 다음 교육에 도움이 되는 법은 어떤 일이 있더라도 지키고, 교육을 가로막는 법은 이참에 바꾸자는 것이다. 교육운동을 포함한 모든 사회운동은 법 한 줄을 어떻게 바꾸느냐로 귀결된다. 그렇게 바뀐 법은 다시 교육을 바꾸고, 그 교육이 또 삶을 바꾼다. 결국 교육 당사자가 법을 알고 따지는 것은 삶과 교육을 따지는 것이다.

교육법은 종류도 많은데 개별 법률에 영향을 미치는 다른 법률들과의 관계까지 따지자면 훨씬 방대해진다. 교육법을 알려고 마음먹었더라도 무수한 교육법들 중에 어디서부터 시작해서 어디까지 알아야 하는지 가늠하기도 쉽지 않다. 학교 교육에 영향을 미치는 법률들을 추려서《교육법전》에 담고 있지만 이 또한 법조문을 기계적으로 나열하는 수준에 그치고 있다. 《교육법전》으로 교육법에 입문하기가 어려운 것도 이 때문이다.

이에 필자는 독자들이 더 쉽게 교육법과 친해지도록 하기 위해 생활 속에서 답을 찾았다. 학교 생활을 하면서 맞닥뜨리는 갈등 상황들을 제시하고, 그 상황에 적합한 법령을 찾아 관련 법조문을 제시하고 경험을 곁들여 해석해 보았다. 생활 속에서 교육법에 대한 문해력을 길러가자는 의도였다. 모든 교육법을 다 다룰 수는 없으니 시급한 것부터 골랐다. 법령의 개정으로 법조문이 바뀌는 것을 감안하여 관련 법령을 QR코드로 제시하여 필요할 때 찾아보도록 했다.

교사로 사는 동안 한다고 하며 살았다. 그래서 나아진 것도 있지만, 능력의 한계도 절감했고 오류와 실수도 많았다. 법 따지며 사느라 까칠하다는 소리도 종종 들었다. 이 책도 마찬가지다. 쓴다고 썼지만 법 한 줄 제대로 배워본 적이 없는 사람이 쓴 책이라 막상 세상에 내놓으려니 민망하고 걱정이 앞선다. 현명한 독자들은 이 부담감을 나 혼자 지도록 내버려두지 않고 교육법을 따지며 교육을 이어갈 것이라 기대한다.

교육법을 들춰보면서 문득 전태일 열사가 생각났다. 대학 시절《전태

일 평전》으로 만났다가 이후 영화 〈아름다운 청년 전태일〉로 다시 만났
는데 막상 교사가 되고는 바쁜 학교생활 속에 잊고 살다가 노동절이 되어
야 가끔 떠올리곤 했다. 작년에 가족과 함께 청계천 나들이를 하다가 '아
름다운 청년 전태일 기념관'에 들어갔다. 1970년 11월 13일, "근로기준법
을 준수하라! 우리는 기계가 아니다!"라는 외침과 함께 향년 22세의 나이
로 열사가 세상을 떠난 지 50년 세월이 지나 있었다. 전태일 열사 덕분에
많은 노동자들이 노동법에 관심을 갖게 되면서 우리의 노동 현실은 나아
졌고 나아지고 있다. 교육도 마찬가지라 생각한다. 더 많은 교육자가 교
육법에 관심을 가질수록 우리의 교육 현실은 나아질 것이다. 부족하나마
이 책이 교육법에 대한 관심을 일깨우는 데 보탬이 된다면 더할 나위 없
이 기쁘겠다.

2021년 10월
저자 정성식

교육과 법, 이 책을 읽으면 보인다

교사가 수행하는 일 중 법(헌법, 법률, 시행령, 시행규칙, 조례, 교육규칙, 국제법 등)과 관련되지 않는 일은 없습니다. 자신이 하는 일이 어느 법과 관련되는지 확인하면서 직무를 수행하는 것과 그냥 지금까지 해왔으니까 또는 하라고 하니까 직무를 수행하는 것 사이에는 큰 차이가 있습니다. 현실적으로 교사가 자신이 하는 일이 법과 어떻게 관련되어 있는지를 인식하면서 그 일을 하는 경우는 얼마나 될까요? 아마도 그런 법의식을 가지고 교육과정을 짜고 수업을 하며 평가를 하고 보고서를 쓰며 때로는 계약을 체결하는 교사는 그다지 많지 않을 것입니다. '법 몰라도 일은 한다'는 습관이 자신도 모르게 몸과 의식에 젖어 있는 경우가 거의 대부분이지 않을까 싶습니다.

이 책의 지은이인 교사 정성식도 처음에는 그랬다고 합니다. 법 없이도 사는 사람이라는 말을 듣던 그는 교육과정, 수업, 평가, 학교회계, 교육재정, 아동학대, 교권침해, 학교폭력, 민원, 감사, 적극행정, 정보공개청구, 심지어 고발장 쓰기까지 이 모든 것이 법과 관련된다는 것을 알게 되면서 본격적으로 교사의 직무와 관련된 법을 탐색하기 시작했습니다.

이 책의 원고를 읽기 전에 저는 법학을 공부한 경험이 전혀 없어 보이는 지은이가 어떻게 이런 주제의 책을 쓸 수 있었을까 의아스러웠습니다. 지은이 스스로도 교육대학교에서는 물론이고 대학원에서 교육행정으로 석사과정을 마칠 때까지 법과 관련된 강좌는 하나도 만나지 못했다고 말하고 있습니다. 교육대학교나 사범대학이나 커리큘럼을 정할 때 '예비교사들에게 꼭 필요한 강좌가 무엇인가?'가 아니라 '교수들이 할 수 있고 하고 싶어 하는 강좌가 무엇인가?'를 기준으로 결정하는 것이 하나의 관행처럼 되어 있기 때문에, 교사들이 교사가 되기 전에 정규 수업에서 법학을 공부하는 것은 거의 불가능에 가까운 것이 우리의 현실이기도 합니다. 이 책의 지은이는 "어디서도 누구도 법을 가르쳐주지 않으니 스스로 찾아 배우는 수밖에 없었다"고 말합니다.

문제는 교사가 되고 나서입니다. 그때부터는 교사가 수행하는 직무는 법을 기준으로 돌아갑니다. 신규교사 임용장을 받는 것도 법에 근거하는 것이고, 1급 정교사·교감·교장 자격연수를 받는 것도 모두 법에 근거하는 것입니다. 지은이의 눈에 맨 먼저 들어온 것은 「교육기본법」이었고, 그다음이 「초·중등교육법」이었다고 합니다. 교육 관련 법에 눈을 뜨기 시작하면서 지은이는 어떤 일을 교장이 하라고 하니까 하는 것이 아니라 그것이 직무상 정당한 명령인지를 확인하면서 하기 시작했습니다. 법조문 읽기에 빠져들면서 지은이는 안중근 의사의 언어를 빌려 '하루라도 법을 읽지 않으면 입에 가시가 돋는다'는 독백을 하게 됩니다.

그가 세어본 교육법의 종류는 800건이 넘었습니다. 이 모든 것을 한 권의 책에 담아둘 수는 없어서 그는 읽는 이의 편의를 위해 필요한 지점마다 QR코드를 연결해 놓았습니다. 매우 섬세한 배려입니다. 법에 본격적으로 눈을 뜨게 된 그는 법과 생활을 연결시키는 차원, 즉 법생활의 단계에 들어섭니다. 세월호 참사 시국선언에 참여한 교사들에 대한 징계로 논란이 일자 그는 헌법재판소에 헌법소원심판을 청구합니다. 지은이는 '교사는 민원 처리 의무자이기도 하지만 경우에 따라서는 민원 청구의 권리자가 될 수도 있다'는 것을 깨닫게 되면서 적극적으로 민원을 청구하고 자신이 제기한 문제가 해결되는 경험을 쌓아가게 됩니다. 어떤 사안으로 어떤 과정을 거쳐 어떻게 처리했는지에 관한 살아 움직이는 사례들이 이 책에 나옵니다. 전주교대에 출강하며 시간강사로 겸직한 것을 두고 감사반이 외부 강의 위반이라고 지적하자 지은이가 국립대학교는 외부 강의 적용 대상이 아니라고 소명합니다. 감사반은 이튿날 말을 바꾸어 겸직에 따른 복무위반이라며 「국가공무원 복무·징계 관련 예규」를 내놓았다고 합니다. 이 정도면 지은이는 교육 관련 법의 고수 단계에 들어선 것입니다. 지은이는 실천교육교사모임의 회장 일을 하면서 '법으로 따지는' 활동의 폭을 넓혀 나갑니다. 제20대 국회의원 151명을 형사고발하기도 했고, 국회의원이 자료 요구를 하면 무조건 내야 하는 것인가, 라는 문제 제기를 하면서 국회에 민원을 넣기도 했습니다.

국회사무처는 "선생님께서 요청해주신 의견서는 국회 각 상임위원회에 잘 전달하였습니다. 의원님들께서 의정활동을 하는 데 좋은 참고사항이 될 수 있도록 하겠습니다"라는 정중한 답변서를 지은이에게 보내왔습니다. 이 책의 원고를 읽으면서 저의 시선과 마음을 가장 오래 붙잡았던 것은 다음의 문장입니다.

"이 부끄러운 마음을 다잡기 위해 정부에 교단 민심을 전한다. 대통령 공약이기도 했던 교원인사제도 개선은 여전히 제자리걸음이다. 교사는 결코 승진가산점, 성과상여금으로 성장하지 않는다. 정녕 교사가 성장하기를 바란다면 행정사무 성과로 보상하지 말고 불필요한 행정사무를 줄여라. 교사가 교육에 충실하며 아이들과 더불어 성장하게 하라. 교사에게 붙여진 포도알 스티커부터 당장 떼라."

　교사의 일상은 거의 모두 법과 관련되어 있습니다. 궁금하기는 하지만 막상 찾아보려고 하면 미로를 찾는 것이나 마찬가지입니다. 이런 주제의 책을 교수들이 쓰게 되면 아마도 그 책에는 교사들에게 주는 울림이 없을 것입니다. 책을 쓰는 교수 자신이 학교 현장에서 교육 관련 법과 부딪혀 보는 경험을 거의 하지 않았기 때문입니다. 이 책의 지은이는 20여 년 동안 현장 교사로 활동해왔고, 전국단위 교원단체인 실천교육교사모임의 회장의 직무를 두 차례 수행했습니다. 그는 교사와 교원단체의 직무와 법 사이의 상관관계에 관하여 품었던 문제의식, 관련 법의 탐색 과정, 법의 활용을 통한 해결 사례 등을 이해하기 쉬우면서도 현장성 높게 풀어 놓았습니다. 법학교수 출신이면서 현직 교육감인 저도 이 책의 원고를 읽으면서 지은이의 역량에 놀라움을 떨쳐버리기 어려웠습니다. 교육과 법에 관해서 '이 책을 읽으면 보인다'라는 말을 꼭 하고 싶습니다. 이 책 한 권으로 말미암아 학교 교무실이나 행정실에 모셔져(?) 있는《교육법전》의 효용성은 현저하게 줄어들리라는 것이 저의 조심스러운 예측입니다.

2021년 8월
전북교육감 김승환

쉽고 친절하고 체계적인
교육법 안내서

정성식 선생님을 알고 지낸 지 벌써 꽤 되는 것 같다. 교육개혁 활동 과정에서 자연스럽게 만나게 된 분이다. 그는 학교 현장에서는 항상 더 좋은 교육을 연구하고 고민하는 교사이고, 학교 안팎에서는 불합리한 교육정책과 제도 개선을 위해 늘 앞장서는 교육운동가다.

그는 얼마 전까지 실천교육교사모임이라는 전국 규모 교육운동단체 대표를 역임한 분이다. 본디 운동단체 활동이라는 게 분석하고, 비판하고 투쟁해야 하는 일이 많다. 이런 단체 대표는 다소 딱딱하고 전투적이고 때로는 비장하기까지 한 발언이나 활동을 해야 하는 경우가 적지 않다. 그래서 본의 아니게 강경 이미지가 씌워지는 경우가 많다. 그러나 정성식 선생님은 교육계 안팎을 통틀어 내가 본 시민단체 대표 중 가장 편안하고 친근한 이미지를 가진 사람이었다. 발언은 늘 추상적이기보다 구체적이고 또 위트와 유머가 넘쳤다. 그런데 그의 위트와 유머는 주제와 동떨어진 것이 아니라 대부분 주제의 핵심과 연결된 것이었다. 그의 이런 능력은 어디에서 오는 걸까? 정성식 선생님의 이런 특징은 그의 말재주나 화법으로부터 온 게 아니라 세상을 바라보고 접근하는 그의 철학이나 삶의 방식과 연결되어 있다. 평론에서 그치는 것이 아니라 실질을 변화시켜야 한다는 실사구시 정신, 문제를 쉽게 설명해 더 많은 이들의 실천과 공감을 이끌어내야 한다는 대중운동 지도자의 덕목이 자연스레 체득된 게 아닌가 싶다.

그렇다고 미시적 문제에만 집중하는 게 아니라 보다 근본적이면서도 거시적 안목으로 사태를 파악하는 능력도 뛰어나다. 교육의 핵심문제인 교육과정을 다루는 책을 낸 지 이미 오래고, 이제 교육법 관련 책을 펴내니 독자들도 그에 대한 나의 이런 평가에 동의하지 않을 수 없을 것이다.

법은 사회에서 일어나는 모든 공적 행위에 필요한 최소한의 근거다. 가장 실질적이며 최종적인 교육행위는 교사와 학생 간 소통과 상호작용에서 이뤄지기 때문에 학생은 물론 교사조차 자신의 교육활동이 법과 관계된다는 의식을 갖기 어렵다. 게다가 특정직공무원인 교사는 거의 모든 일을 매번 법적 근거를 따져야 하는 일반 행정직공무원과 달리 법과 교육의 관계에 대한 인식이 높지 않은 편이다. 그러나 교사와 학생 간 이뤄지는 교육활동의 내용과 형식에도 예외 없이 각종 법률이 작동되고 있다. 대부분의 교육정책, 교육제도는 법적 근거를 갖는다. 따라서 교육정책이나 교육제도를 개선하기 위해서는 물론이려니와 교실 속에서 전개되는 학생과 교사 간 관계를 개선하는 데에도 법적 해석과 법의 개선이 필요할 때가 있다.

따라서 교육개혁에 매진하고 있는 정성식 선생님이 교육 관련 법 문제에 눈을 돌리고 이를 정리해 더 많은 이들이 교육 관련 법을 이해하고 관심을 갖도록 나선 것은 너무나 당연한 귀결이다. 교육 현실을 바꾸기 위해서는 교육 관련 법 개정이 필수이기 때문이다. 이 점에서 정성식 선생님은 교육개혁을 위해 노력하는 현장 실천가로서 늘 남들보다 반걸음 앞장서온 셈이다. 교사들 내부에서 아직 소수만이 교육과정 문제에 천착하고 있을 때《교육과정에 돌직구를 던져라》를 펴내고, 교육운동 진영 내에서도 아직은 교육법 문제를 개별법 차원에서 다루고 있는 시점에 교육 관련 법을 정리한 책을 내는 것이 그렇다.

법은 변화된 현실을 뒤늦게 승인하는 것이기도 하지만 때로는 앞장서 현실을 이끌고 변화시키기도 한다. 매 순간 현실에 발 딛고 문제를 해결하고 개선하려는 실천가에게 법의 이런 이중적 기능은 분리되지 않는 하나의 목표가 되기도 한다. 현실과 부합되지 않는 법을 바꾸려는 노력이 더 나은 현실로 향하는 발판이 되는 것을 지향하기 때문이다. 교육정책이나 제도를 이해하고 이를 실행하는 교육행위 주체인 교사를 양성하는 교대나 사대, 그 외 교원양성 과정을 운영하는 대학 커리큘럼에 교육 관련 법을 체계적으로 담고 있지 못한 것이 현실이다. 그러니 정성식 선생님 덕분에 전국 50만 교사들에게 교직을 준비하는 시절에 제대로 배우지 못한 교육 관련 법을 제대로 배울 수 있는 길이 마련된 셈이다.

정성식 선생님의 교육법 이야기는 꼼꼼하면서도 친절하다. 헌법에서부터 「교육기본법」, 「초·중등교육법」, 「국가공무원법」, 「교원의 지위 향상 및 교육활동 보호를 위한 특별법」 등 놓치기 쉬운 복잡한 교육 관련 법을 꼼꼼하게 소개하고 그 법에 따른 시행령, 시행규칙들도 친절하게 다뤄준다. 사실 교육 현장에 직접적으로 적용되고 규제력을 갖는 것은 법이 위임한 구체화된 시행령이나 시행규칙들인 경우가 많기 때문이다. 무엇보다 이런 법들을 딱딱한 법 조항 해설 형식이 아니라 학교 현장에서 누구나 부딪칠 수 있는 다양한 사례들을 통해 설명해주니 이 아니 고마울 데가 있으랴. 심지어 법을 검색하는 방법까지 안내해주니 그의 친절함을 따라갈 수가 없다.

고백하건대 입법기관인 국회에 들어오기 전에는 나도 필요에 의해 교육 관련 법을 개별법으로만 접해보았지 이렇게 체계적으로 공부해본 적이 없다. 그래서 정성식 선생님이 안내하는 대로 이 책을 따라가며 읽는 것은 내게도 큰 공부가 되었다. 게다가 입법자로서 풀어야 할 입법과제가 좀 더 명징하게 정리되는 보너스를 얻게 되었다.

교사들은 물론 직간접적으로 교육에 관여하는 분들은 정성식 선생님의 쉽고 친절한 안내를 따라가다 보면 자신도 모르는 사이에 법에 밝은 유능한 교육자, 유능한 교육행정가, 유능한 교육운동가가 될 것임을 확신한다. 그리하여 많은 분들이 이 책을 읽을수록 법이 우리를 지배하는 것이 아니라 우리가 법을 지배하는 시대에 한 발 다가가게 될 것이다.

2021년 8월
제21대 국회의원 강민정 (열린민주당)

차례

제3장 **법과 교육**

법과 나

교육도 만만치 않은데 여기에 법까지 얹어서 이야기를 시작하려니 막막하다. 이 재미없고 딱딱한 이야기를 누가 들어줄지도 걱정이다. 그래도 입을 열기로 했으니 어떤 이야기를 먼저 꺼내야 할지 내내 고민하다 법과 관련 있는 내 이야기를 먼저 꺼내기로 했다. 제1장의 이름을 '법과 나'로 붙인 것도 이 때문이다.

이야기는 법에 무심하게 살아온 내가 어쩌다 법에 관심을 갖게 되었는지, 교사인 나는 법적으로 어떤 존재인지 직접 법을 찾아 보던 경험에서부터 출발한다. 처음이 어렵지 법에 관심이 생기니 이것저것 찾아서 읽기 시작했다. 생활 속에서 맞닥트리는 상황과 관계된 법을 찾아 무턱대고 읽었다. 이렇게 법을 읽다가 알게 되었다. 법의 구조가 어떠한지, 법이 얼마나 많은지, 그 많은 법 중에 어떤 법을 찾아 읽어야 하는지, 어떤 방법으로 찾아야 쉽게 읽을 수 있는지를 말이다.

어떤 법을 먼저 읽을지 고민하다 우리는 모두 대한민국 국민이기에 「대한민국헌법」을 법 읽기의 첫 출발점으로 삼았다. 법을 알아야 교육도 잘할 수 있다. 법 이야기 속으로 같이 들어가보자.

01

나는
'법 없이도 살 사람'인가?

　나는 법을 배워본 적이 없다. 초중고는 물론이고 대학을 졸업하면서까지 학교에서 법을 배워본 적이 없다. 학교에서 가르치지 않는데 따로 법을 가르치는 곳도 없었다. 그렇게 법을 모르고 살아온 나였지만 '법 없이도 살 사람'이란 말은 가끔 들었다. 법 따지며 사는 사람 보면 인간미가 없어 보이기도 하는데 법 없이도 살 사람이라니 사람 좋다는 말로 알아듣고 좋아했었다.

　그렇게 법에 둔감하게 살던 내게 어느 날 법이 민감하게 말을 걸어왔다. 군 복무를 마치고 막 복학했을 때였다. 선후배들의 거듭된 요구로 총학생회장에 출마하게 되었다. 운 좋게 당선되었지만 기쁨도 잠깐이었다. 1996년 '연세대 사건'을 계기로 불거진 공안정국 속에서 대법원이 한국대학총학생회연합(한총련)을 국가보안법상 이적단체로 단정하면서 한총련 중앙위원과 대의원들은 탈퇴를 종용받았다. 당시 나는 한총련의 강령과 노선에 비판적인 입장이었다. 하지만 강령의 일부를 문제 삼아 대중조직을 하루아침에 이적단체로 단정하는 것은 받아들일 수 없었다. 한총련 탈퇴를 거부했고, 그 대가는 수배와 구속이었다. 하지만 다행히도 1997년

12월에 치러진 대통령선거에서 헌정 사상 최초의 평화적인 정권교체가 이루어졌다. 이 덕을 나도 보았다. 우여곡절 끝에 간신히 제적을 면하고 졸업하여 교사자격증을 받았다. 지금도 그때를 생각하면 아찔하다. 그 일을 경험하며 정치권력이 휘두른 법의 칼날이 사람의 운명까지도 결정한다는 것을 20대 어린 나이에 몸으로 알았다.

천신만고 끝에 발령을 받아 고향으로 갔다. 출퇴근을 위해 자동차부터 당장 마련해야 했다. 새 차를 살 형편은 되지 않아 장거리 출퇴근을 감안하여 유지비가 저렴한 중고차를 하나 구입했는데 이게 또 말썽이었다. 내가 구입한 것은 흔히 밴(VAN)이라 불리는 2인승 화물차였는데 내게 차를 판 사람이 뒷좌석을 덧붙여 5인승으로 개조한 상태였다. 이렇게 해도 되냐고 묻자 전혀 문제될 것이 없다는 대답이었다. 문제가 왜 안 되나? 차량 불법개조로 불심검문에 걸렸다. 차량소유권은 이미 내게로 이전한 상태였고 과태료는 오로지 내 몫이었다.

복식수업을 하는 작은 학교에 근무할 때였다. 교육청에서 실시하는 장학지도는 해마다 있었고 그와는 별도로 학교종합감사가 3년 주기로 실시되던 무렵이었다. 둘 중 하나만 있어도 정신이 없는데 교장의 정년퇴임을 맞아 퇴임감사까지 한꺼번에 치러야 하는 상황이었다. 감사가 끝나는 마지막 날이었다. 그 전날까지 특별히 문제된 것이 없었는데 수업 중에 인터폰이 울렸다. 감사반의 호출이었다. 학생들에게 자습을 시키고 감사실로 찾아갔다. 내 신상과 담당업무를 확인한 감사반이 장부 몇 개를 들추며 내게 물었다. 요지는 간단했다. 학기 중에 실험 실습용으로 쓰던 설탕이 떨어져서 별도 구입했는데 이를 약품수불부에 등록하지 않아 문제가 된다는 것이다. 그렇게 설탕 하나 장부에 등록하지 않은 이유로 나는 감사에서 주의를 받았다. 그때부터 단것이 싫어졌나 보다.

집 리모델링 공사를 할 때도 고생한 기억이 있다. 계약서를 꼼꼼하게 확인하지 않은 것이 화근이었다. 결국 금전적인 손실을 일정 정도 감수하면서 계약을 파기하고 업자를 교체해서 공사를 마무리했다. '법의 무지는 변명이 되지 않는다'는 것을 그렇게 손해까지 봐가며 알았다.

나이 마흔이 되어 학창시절에 소홀했던 공부를 해볼 요량으로 교육대학원에 갔다. 전공을 무엇으로 할지 고민하다가 교육행정을 선택했다. 이유는 간단했다. 학교에서 십여 년 교사로 살아보니 교육을 위한 행정이 아니라 행정을 위한 교육을 하고 있는 것에 분통이 터졌다. 왜 이런 일이 공공연하게 벌어지는지 근본부터 파헤쳐보고 싶었다.

"교육행정은 법치주의를 원칙으로 한다."

대학원에서 가장 많이 들었던 말이다. 그러나 5학기 동안 교육행정을 전공하며 석사과정을 졸업하기까지 내가 수강한 교과목 가운데 법과 관련된 강좌는 하나도 없었다. 내가 받은 수업 역시 학생 중심의 교육과정이 아니라 교수 중심의 교육과정이었기 때문이다. 교육행정은 법치주의를 원칙으로 한다면서 교육행정을 전공하는 대학원생에게조차 교육법을 가르치지 않았다.

나는 왜 이렇게 법을 모를까? 이유는 간단했다. 학교에서는 물론이고 어디에서도 법을 배워본 적이 없기 때문이다. 나만 그런 것이 아니었다. 교대에 출강하며 4학년 학생들의 교직실무 과정 수업을 해보니 이들도 마찬가지였다. 이 학생들에게 교대에 다니는 동안 법과 관련된 강좌를 수

강해본 적이 있는지 물었다. 모두 없다는 대답이었다. 꼭 이 대학만 그런 것이 아니었다. 다른 교대와 사대의 교육과정을 살펴봐도 법과 관련된 교육과정은 찾아볼 수 없었다. 최근 5년간 자격연수, 직무연수 과정으로 전국의 유치원과 초중등 선생님들을 많이 만났다. 이들 또한 마찬가지로 법을 배워본 적이 없다는 대답이었다.

이렇듯 대부분의 교사는 학창시절뿐만 아니라 교사가 되어서도 법을 배우지 못한다. 교사가 되어 해마다 60시간 이상의 기본 연수를 받아야 하는데 이 가운데 법과 관련된 연수는 없다. 심지어 교육청에서 업무담당자를 불러놓고 하는 연수도 개정된 법률안에 따라 만들어진 매뉴얼이나 지침의 내용을 요약해서 전달받는 정도가 대부분이다. 이러다 보니 내가 알고 있는 법 상식이라곤 초중고 사회 시간에 「대한민국헌법」에 나와 있는 국민의 권리와 의무를 달달 외워서 시험을 봐야 했던 게 전부라고 해도 과언이 아니다. 그중 권리인 동시에 의무인 것은 단골 시험문제였다. 물론 이마저도 시험이 끝나면 머릿속에서 깨끗이 지워졌다.

내가 이렇게 법을 모르고 살았지만 법을 잘 아는 사람들도 많이 만났다. 수배 기간 나를 잡으러 다니느라 고생했던 형사들, 나를 기소했던 검사와 변호를 맡았던 변호사, 내가 세 들어 살던 집주인, 잠깐이지만 수감생활을 하며 만났던 재소자들은 하나같이 자신과 관련 있는 법들을 속속들이 알고 있었다. 이를 법조인, 기득권층, 범법자로 통칭해보면 이들에겐 법 조항 하나하나가 삶이었다. 반면 나는 아는 법도 없으면서 법 없이도 살 사람이란 말만 들으며 더 법을 멀리하고 살았다. 그렇게 법에 무지한 대가로 법의 제재를 받으면서 자연스럽게 알게 되었다. 나는 '법 없이도 살 사람'이 아니라 '법 모르고 산 사람'이었다. 그렇게 법을 멀리한 대가를 나중에 이 법언(법에 대한 격언)을 들으며 알게 되었다.

사실의 무지는 변명이 되지만, 법의 무지는 변명이 되지 않는다.
Ignorance of fact is an excuses, but ignorance of the law is
not an excuse.

교사는 법적으로
어떤 존재인가?

어디서도 누구도 법을 가르쳐주지 않으니 스스로 찾아 배우는 수밖에 없었다. 법에 갈증을 느끼던 내 눈에 어느 날 교무실 책꽂이에 가지런히 꽂힌 《교육법전》이 들어왔다. 먼지가 쌓여 있는 것으로 보아 한동안 찾는 이가 없었나 보다. 1권을 먼저 꺼내 들었다. 목차를 살피니 양부터 어마어마했다. 사실 양도 양이지만 무게도 만만치 않았다. 책꽂이 앞에 서서 목차부터 천천히 살피다가 책의 무게를 이기지 못하고 책상에 내려놓고 앉아 읽기 시작했다.

'무슨 교육법이 이렇게 많을까?' 목차를 살피며 가장 먼저 든 생각이었다. 이 많은 법을 어디서부터 어떻게 읽어야 하는지 막막했다. 「교육기본법」에 가장 먼저 눈이 갔다. 솔직히 말하지만 별다른 감흥이 없었다. 민주시민, 홍익인간 등 도덕 책에서나 보았던 낱말들이 번호를 붙여 쓰여 있었다. 재미가 없어서 읽다 말고 「초·중등교육법」으로 넘어갔다. 내가 초등교사라서 그랬던 것 같다. 역시나 재미가 없었다. 그래도 교사의 사명감으로 읽어가던 중 내 눈에 꽂히는 한 문장이 있었다. 문장이 아니라 '조'와 '항'이라고 해야 하지만 그때는 이도 몰랐다.

같이 읽자, 교육법!

「초·중등교육법」제20조(교직원의 임무)

④ 교사는 법령에서 정하는 바에 따라 학생을 교육한다.

이 문장을 처음 접했을 때의 충격은 지금도 잊을 수 없다. 교사로 살아오면서 교사의 존재를 법적으로 처음 확인하는 순간이었다. 그 뒤 교육법의 이모저모를 파헤치면서 더 큰 충격을 받았던 것은 지금은 사라진 구「교육법」에서 다음과 같은 조항을 만났을 때였다.

구「교육법」제75조(교직원의 임무)

③ 교사는 교장의 명을 받어 학생을 교육한다.

1949년 12월 31일 법률 제86호로 제정된 구「교육법」이 1997년 「교육기본법」으로 대체되기까지 해방 이후 48년 동안 교사는 '교장의 명을 받어 학생을 교육'하는 존재였다. '받어'가 지금 맞춤법과 달라 찾아보았다. 오타인지 맞춤법이 변한 것인지는 모르겠는데 구「교육법」에는 확실히 그렇게 표기되어 있다.

학창시절을 돌아보면 좋은 기억으로 남아 있는 교장이 그리 많지 않다. 좋지 않은 기억들 가운데에서 압권은 월요일 아침이면 전교생을 운동장에 줄 맞추어 세워놓고 한 번도 거르지 않고 하던 애국조회였다. 여름날 아침, 뜨거운 햇살 아래에서 들어야 했던 그 이야기가 무엇이었는지 지금 내 머릿속에 남아 있는 것은 없다. 오로지 길고 지루했다는 기억밖에. 그런데 때로는 무섭기는 했지만 나를 포함하여 친구들을 살갑게 대해주던 담임교사는 이름까지 몇몇 떠오른다. 그분들이 그 혹독한 교장의 명을 받아 학생을 교육해야 했다는 것이 씁쓸했다.

교사가 '교장의 명'을 받아 학생을 교육하다가 '법령'에 따라 학생을 교육하는 존재로 바뀐 데도 사연이 있다는 것은 나중에 알게 되었다. 학교 민주화를 가로막는 대표적인 독소조항으로 읽혔던 이 조항을 바꾼 것은 전교조의 공이 컸다. 전교조는 '교장의 명'이라고 되어 있는 이 조항을 '진리와 양심'으로 바꾸려고 했었다. 그러나 진리와 양심이 자의적인 해석이 있을 수 있다는 이유로 현재의 표현으로 최종 결정되어 지금까지 이어지고 있다. 이렇듯 세월 따라 교육법도 바뀌었고, 교사는 교장의 명이 아니라 법령에서 정하는 바에 따라 학생을 교육하는 존재가 되었다. 교사가 법령에서 정하는 바에 따라 학생을 교육하는 존재라는 것을 알고 나서 당장 내게 물었다. '성식아, 네가 알고 있는 법령이 뭐야?' 부끄럽지만 내가 알고 있던 법령은 「대한민국헌법」 제1조가 전부였다.

> **「대한민국헌법」**
> 제1조 ① 대한민국은 민주공화국이다.
> ② 대한민국의 주권은 국민에게 있고, 모든 권력은 국민으로부터 나온다.

이 또한 대학 시절 자주 들었던 노랫말 때문에 기억하는 것이지 내가 스스로 헌법을 찾아 읽어 본 후 기억한 것은 아니었다. 이 부끄러움이 스스로 법을 찾아 읽도록 했다. 예비교사는 물론이고 현직교사에게도 왜 교육법을 가르치지 않을까? 민주주의는 법치주의를 근간으로 하는데 말이다. 더구나 「교육기본법」은 우리의 교육이념을 다음과 같이 밝히고 있다.

「교육기본법」

제2조(교육이념)

교육은 홍익인간弘益人間의 이념 아래 모든 국민으로 하여금 인격을 도야陶冶하고 자주적 생활능력과 민주시민으로서 필요한 자질을 갖추게 함으로써 인간다운 삶을 영위하게 하고 민주국가의 발전과 인류공영人類共榮의 이상을 실현하는 데에 이바지하게 함을 목적으로 한다.

「교육기본법」에 따르면 교사는 학생들에게 '자주적 생활능력과 민주시민으로서 필요한 자질'을 갖추게 하는 존재다. 그렇다면 교사는 다른 누구보다도 교육법에 대해 잘 알고 있어야 한다. 그러나 현실은 내가 그랬듯이 많은 교사가 헌법 한번 제대로 읽지 않고 교사가 되었다. 왜 이토록 교사가 법에 무지할까? 배운 적이 없어서라고 이야기했으니 이제라도 법을 배우기 위해 법을 잘 아는 사람들을 살펴보자. 내 경험상 법조인, 기득권층, 범법자들이 법을 잘 알고 있다고 했는데, 법을 직업으로 삼는 법조인을 제외하고 나머지 두 부류의 공통된 특징은 법을 이용해서 자신의 권리 또는 이권을 챙긴다는 것이다. 심지어 범법자들은 법망을 교묘히 피해가기 위해서 법을 찾아서 배운다. 즉 법을 자신의 생존 도구로 활용한다는 점이다. 최소한 법을 비웃는 범법자를 길러내지 않도록 하기 위해서라도 교사는 법을 알아야 한다.

교사가 교육법을 잘 알면 어떻게 될까? 인권에 더 민감해질 것이다. 교권침해가 있더라도 관련 법 조항을 들어 단호하게 대처할 수 있을 것이다. 교장의 명에 복종하는 것이 아니라 이게 직무상 정당한 명령인지를 따져보게 될 것이다. 교육의 자주성·전문성·정치적 중립성 및 대학의 자율성이 법률이 정하는 바에 따라 보장받아야 한다는 것(「대한민국헌법」 제31조 제4항)을 알게 될 것이다. 교육인 것과 교육이 아닌 것을 구분하는 혜안을 갖게 될 것이다. 이렇게 법을 아는 교사를 공문 한 장과 교장의 명으로 다루기란 결코 호락호락하지 않을 것이다. 자, 이래도 법 없이도 살 사람이라는 말에 기분 좋아라 하며 법 모르는 사람으로 계속 살 것인가?

교사는 법령에서 정하는 바에 따라 학생을 교육하는 존재이므로 법령이 밝힌 교사의 존재를 정리하면 1) 대한민국 국민으로서의 교사, 2) 국가공무원으로서의 교사, 3) 교육공무원으로서의 교사로 정리할 수 있다. 그 의미를 살펴보며 관련 법령을 이해하는 것이 교사의 법적 존재를 확인하는 길이다.

대한민국 국민으로서의 교사

나는 교사 이전에 대한민국의 국민이다. 헌법개정권력자의 구성원이기도 하고 헌법 제2장이 밝힌 국민의 권리를 보장받고 의무를 다하기 위해 노력해야 하는 존재이기도 하다. 어떻게 이를 실현해야 할 것인지에 대해서는 제1장 제7절에서 자세히 다뤄보려고 한다. 국민이라는 말은 개인을 국가의 부속으로 여기는 느낌이 있으므로 '국민'을 '사람'으로 바꾼 개정헌법이 발의되었으나 현재 국회에 계류 중이다. 어쨌든 대한민국의 교사는 대한민국 국민(시민, 사람)으로 존재한다.

국가공무원으로서의 교사

현행법상 국·공립학교의 교사는 국가공무원이다. 그렇다면 가장 먼저 헌법에서 밝히고 있는 공무원의 의미를 살펴보자.

제7조 ① 공무원은 국민전체에 대한 봉사자이며, 국민에 대하여 책임을 진다.
 ② 공무원의 신분과 정치적 중립성은 법률이 정하는 바에 의하여 보장된다.

 헌법 제7조 제1항은 공무원을 '국민전체에 대한 봉사자'로 규정하며 '국민에 대하여 책임'을 지도록 규정하고 있다. 나아가 제7조 제2항은 공무원이 그 권한과 책임을 정당하게 행사하도록 공무원의 신분과 정치적 중립성을 법률이 정하는 바에 의하여 보장하고 있음을 알 수 있다. 부끄럽지만 나는 내가 국민 전체에 대한 봉사자임을 알지 못했다. 나뿐만 아니라 공무원을 준비하는 많은 사람이 헌법이 밝힌 공무원의 의미는 생각조차 해보지 못한 채 정년이 보장된 안정된 직장이라는 이유로 공무원을 선택하고 있는 것이 현실이다. 이게 비난받을 일은 아니지만 공무원이 되어 그 직무를 수행하려면 한 번쯤 헌법 제7조가 밝힌 공무원의 의미를 생각해보는 것도 좋을 것 같다. 마땅히 보장받도록 하고 있는 공무원의 정치적 중립성은 여러 가지 이유로 제한당하고 있다. 이는 뒤에서 따로 이야기를 풀어보려고 한다.
 국·공립학교의 교원은 국가공무원에 해당하기 때문에 「국가공무원법」도 살펴보아야 한다. 법 제1조는 이 법의 목적을 아래와 같이 밝히고 있다.

제1조(목적) 이 법은 각급 기관에서 근무하는 모든 국가공무원에게 적용할 인사행정의 근본 기준을 확립하여 그 공정을 기함과 아울러 국

가공무원에게 국민 전체의 봉사자로서 행정의 민주적이며 능률적인 운영을 기하게 하는 것을 목적으로 한다.
[전문개정 2008. 3. 28.]

제2조에 따르면 국·공립학교 교원은 국가공무원으로 '경력직공무원' 가운데 '특정직공무원'에 해당한다.

「국가공무원법」

제2조(공무원의 구분) ① 국가공무원(이하 "공무원"이라 한다)은 경력직공무원과 특수경력직공무원으로 구분한다.

② "경력직공무원"이란 실적과 자격에 따라 임용되고 그 신분이 보장되며 평생 동안(근무기간을 정하여 임용하는 공무원의 경우에는 그 기간 동안을 말한다) 공무원으로 근무할 것이 예정되는 공무원을 말하며, 그 종류는 다음 각 호와 같다. 〈개정 2012. 12. 11.〉

1. 일반직공무원: 기술·연구 또는 행정 일반에 대한 업무를 담당하는 공무원

2. 특정직공무원: 법관, 검사, 외무공무원, 경찰공무원, 소방공무원, 교육공무원, 군인, 군무원, 헌법재판소 헌법연구관, 국가정보원의 직원과 특수 분야의 업무를 담당하는 공무원으로서 다른 법률에서 특정직공무원으로 지정하는 공무원

③ "특수경력직공무원"이란 경력직공무원 외의 공무원을 말하며, 그 종류는 다음 각 호와 같다. 〈개정 2012. 12. 11., 2013. 3. 23.〉

1. 정무직공무원

가. 선거로 취임하거나 임명할 때 국회의 동의가 필요한 공무원

나. 고도의 정책결정 업무를 담당하거나 이러한 업무를 보조하는 공무원으로서 법률이나 대통령령(대통령비서실 및 국가안보실의 조직에 관한 대통령령만 해당한다)에서 정무직으로 지정하는 공무원

국·공립학교의 교원은 국가공무원이므로 「국가공무원법」이 밝힌 신분보장, 복무, 권익 등을 알아야 하고, 의무조항을 지키지 않았을 경우 징계 또는 형사처벌을 받게 되므로 이에 대한 자세한 내용도 알아야 한다. 오른쪽 링크를 통해 「국가공무원법」을 찾아 꼭 읽어보기 바란다.

「국가공무원법」 읽어보기

학교에는 교원뿐만 아니라 행정직원 및 직원이 근무하고 있고, 교육청에도 많은 행정직원들이 근무하고 있다. 이들은 지방공무원이다. 「지방공무원법」은 지방공무원에게 적용할 인사행정의 근본 기준을 확립하여 지방자치행정의 민주적이며 능률적인 운영을 도모하기 위해 제정된 법률이다. 최근에는 지방자치에 걸맞은 교육자치 확대를 위해 국가공무원인 국·공립학교 교원을 지방공무원으로 전환해야 한다는 주장도 제기되고 있는 실정이다. 어쨌든 현재 교육관련기관에는 국가공무원과 지방공무원이 함께 근무하고 있으므로 두 직종의 조화를 위해서라도 지방공무원법도 알아둘 필요가 있다.

「지방공무원법」 읽어보기

교육공무원으로서의 교사

앞에서 살펴본 바와 같이 국·공립학교 교사는 「국가공무원법」상 교육공무원이다. 교육공무원법은 국민 전체에게 봉사하는 교육공무원의 직무와 책임의 특수성에 비추어 그 자격·임용·보수·연수 및 신분보장 등에 관한 사항을 규정하고 있으므로 이에 대해서도 알아두어야 한다.

「교육공무원법」읽어
보기

이쯤에서 예비교사를 양성하는 대학에도 할 말이 있다. 교사는 법령에서 정하는 바에 따라 학생을 교육하는 존재인데 예비교사들을 언제까지 '법맹'인 상태로 학교 현장으로 보낼 것인가? 적어도 한 학기 이상은 학생들이 교육과 관련된 법령을 살피고 교사가 될 수 있도록 해야 한다. 그게 사도를 양성하는 대학의 사명 아닌가?

지금까지 교사의 법적 존재를 대한민국 국민으로, 국가공무원으로, 교육공무원으로 짚어 보았는데 법령 못지않게 새겨둘 법언이 또 있다. 법령에서 정한 의무를 다하면서도 권리를 마땅히 행사하기 위해서는 더 이상 법에 둔감한 것이 능사가 아니라는 걸 알게 해준다.

법은 잠자고 있는 자가 아니라 깨어 있는 자를 돕는다.
Law assists the wakeful, not the sleeping.

같이 읽자, 교육법!

법령이란 무엇인가?

03

교사가 법적으로 어떤 존재인지 알았다면 법이 무엇인지 구체적으로 알아야 한다. 보통 법이라고 하면 국회에서 만드는 법률을 가리키지만 국민의 일상생활에 법률 못지않게 중요한 영향을 미치는 규범에는 헌법, 조약, 행정부에서 법률을 집행하기 위해 만드는 대통령령, 총리령, 부령, 지방자치단체가 제정하는 조례, 규칙도 있는데 법은 이 모두를 포함한다. 국민의 대의기관인 국회가 제정하는 법률이 중요한 이유는 국민의 기본적인 권리와 의무를 정하고 있고, 국가기관을 구성하는 근거가 되며, 행정관청이 국민을 위해 일하도록 만들며, 권리구제를 위한 재판의 근거가 되기 때문이다. 법과 구분되는 용어인 법령이란 법률과 명령을 아울러서 부르는 말이다.

그렇다면 현재 우리나라의 법령은 몇 개나 될까? 어떻게 만들어질까? 법령은 서로 어떤 관계에 있을까? 이런 의문이 든다. 법령에 대한 기본 상식이라 생각하고 이에 대해서 하나씩 알아보기로 하자.

먼저 법령 현황부터 알아보자. '정치는 생물이다'라는 말을 가끔 듣는데 정치의 산물인 법령 또한 생물이기 때문에 법령의 수는 시시각각으로 변한다. 기존에 있던 법령이 개정, 폐지되거나 새로운 법령이 만들어지기 때문이다. 이를 가장 쉽게 확인하려면 법제처 홈페이지(www.moleg.go.kr)를 이용하면 된다. 법제처는 유효기간이 지난 법령은 '연혁법령'으로 제시하고 국가법령정보에 수록된 현재 유효한 법령만을 기준으로 집계한 통계를 월별로 보여주고 있다. 2021년 9월 1일 기준으로 우리나라의 현행법령은 아래와 같이 129,086건이다.

현행법령 현황

(2021-09-01)기준

구분		건수
헌법		1
법령	법률	1,546
	대통령령	1,807
	총리령	92
	부령	1,292
	기타(국회규칙 등)	356
	소계	**5,093**
자치법규	조례	97,283
	규칙	26,263
	기타(훈령 등)	446
	소계	**123,992**
계		**129,086**

현재 우리나라의 법령 현황이 궁금하다면 다음 두 가지 방법 중 하나를 선택해서 직접 확인할 수 있다. 귀찮다고 그냥 넘어가지 말고 꼭 해보시라. 이후에 법령을 찾아보는 앱을 설치하고, 이를 구체적으로 활용하여 이 책을 읽어갈 것이다. 그러니 미리 연습한다 생각하고 오늘을 기준으로 우리나라의 법령 현황을 꼭 확인해보기 바란다.

같이 읽자, 교육법!

법령 현황 확인 방법

1. PC를 이용할 경우
법제처웹사이트/법령·해석정보/법령통계/현행법령에 접
속해서 확인
http://www.moleg.go.kr/lawinfo/status/statusReport

2. 휴대전화를 이용할 경우
QR코드를 읽을 수 있는 앱을 실행하고 다음 QR코드를
읽고 확인

법령 현황 확인 방법

　이렇게 법령이 많다 보니 법령에도 일정한 위계가 필요하다. 이에 대
해서도 간단히 알고 넘어가자. 법령은 존재 근거를 어디서부터 받았는
가에 따라 법령 간의 위계가 정해진다. 주권자인 국민이 직접 인정한
법이기 때문에 법령의 으뜸은 헌법이다. 이를 중심으로 헌법의 법률유
보에 근거하여 국회가 의결하는 법률이 그 뒤를 잇는다. 헌법정신과 법
률의 입법취지에 따라 법률을 효과적으로 시행하기 위해서 행정부에
구체적인 사항을 위임하거나 집행에 필요한 사항을 행정부에서 정하도
록 하고 있는데 이를 행정상의 입법이라 한다. 대통령령, 총리령, 부령
그리고 총리령과 부령에 근거하여 만들어지는 행정규칙(훈령, 예규,　지
침 등)이 여기에 해당한다. 그리고 헌법상의 자치입법권에 따라 지방자
치단체가 법령의 범위 안에서 지방 사무에 관한 것을 정할 수 있는데 이
를 자치법규라고 한다. 조례, 규칙 등이 여기에 해당한다. 이를 그림으
로 나타내면 다음과 같다.

법령의 위계 구조

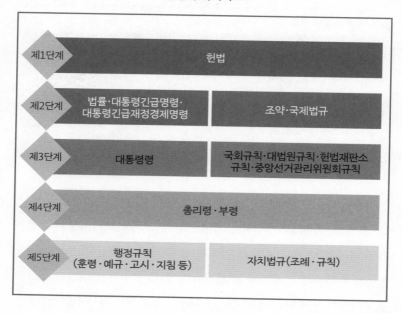

제1단계 — 헌법

제2단계 — 법률·대통령긴급명령·대통령긴급재정경제명령 / 조약·국제법규

제3단계 — 대통령령 / 국회규칙·대법원규칙·헌법재판소규칙·중앙선거관리위원회규칙

제4단계 — 총리령·부령

제5단계 — 행정규칙(훈령·예규·고시·지침 등) / 자치법규(조례·규칙)

그렇다면 이 법령들이 왜 이와 같은 위계구조를 갖는지 각각의 법령의 의미를 통해 확인해보자.

[헌법]

헌법은 최상위의 법규범으로 국민의 권리와 의무 등 기본권에 관한 내용, 국가기관 등 통치기구의 구성에 대한 내용을 담고 있으며 법률 등 헌법 하위규범의 기준과 근거가 된다. 따라서 법률, 대통령령은 헌법정신과 이념에 따라야 하고, 헌법이 보장하고 있는 국민의 기본권을 침해하지 않아야 한다. 법률이 헌법에 위배되면 헌법재판소에서 위헌결정을 하여 그 효력을 없애기도 한다.

같이 읽자, 교육법!

[법률]

보통 우리가 말하는 법은 법률이다. 법률은 헌법에 비해 보다 구체적으로 국민의 권리와 의무에 관한 사항을 규정하고 있다. 특히 행정의 근거로 작용하고 있기 때문에 아주 중요하다.

[조약]

우리나라 헌법은 대통령이 다른 국가와 맺은 조약에 대하여 국제법상 효력뿐만 아니라 국내법적 효력을 인정하고 있다. 외국과 맺은 조약이 국민의 권리와 의무에 관한 사항이나 국가 안보에 관한 사항을 담고 있으면 법률과 동등한 효력을 갖는다. 이는 헌법 제6조 제1항과 제60조를 통해 확인할 수 있다.

[대통령령, 총리령, 부령]

국민의 권리와 의무에 관한 사항은 법률에 규정해야 한다. 그러나 법률에서 그에 관한 모든 사항을 정하는 것이 아니라, 국민의 권리와 의무에 관한 기본적인 사항만을 정하고 그에 관한 구체적인 내용은 국가 정책을 집행하고 담당하는 중앙행정기관에서 정할 수 있도록 위임해주는 경우가 많다. 이렇게 법률에서 위임한 사항을 정하는 하위규범이 대통령령, 총리령, 부령이다. 헌법도 법률에서 위임한 사항과 법률의 집행에 필요한 사항을 대통령령으로 정하거나, 총리령과 부령으로 정할 수 있도록 하고 있다.

지방자치단체가 법령의 범위 안에서 그 권한에 속하는 사무에 관하여 지방의회가 정하는 규범이 조례이며, 지방자치단체의 장이 정하는 규범이 규칙이다. 조례와 규칙은 자치법규라고 하며, 자치법규의 효력은 관할 지역에 한정된다.

[법규명령과 행정규칙]

법규명령이란 국민의 권리와 의무와 관계되는 사항으로 국회에 의해 제정되어야 할 것을 행정기관에 위임한 것이다. 따라서 국민과 법원에 대해서 구속력을 갖는다. 법규명령 중에서 법률에 의해 위임된 사항을 제정한 것을 '위임명령'이라 하고, 법률의 시행에 관한 구체적·기술적 사항을 제정한 것을 '집행명령'이라 한다. 대통령이 법률의 위임을 받아 제정하는 법규명령을 '대통령령'이라 하고, 행정각부장관이 법률이나 대통령령의 위임을 받아 제정하는 법규명령을 '부령'이라 하는데 보통 대통령령은 '시행령', 부령은 '시행규칙'이라고 부른다.

행정규칙은 국민의 권리와 의무와 직접 관계되는 사항이 아니라 행정조직 내부에서 그 조직의 업무 처리 절차와 기준 등에 관해 제정한 것이다. 따라서 행정조직 내부에서는 구속력(대내적 구속력)을 갖지만 국민이나 법원에 대해서는 구속력(대외적 구속력)이 없다. 행정규칙은 훈령, 예규, 고시, 지침 등으로 불린다.

법령 적용의 원칙

이렇게 법령이 많다 보니 법령에 따라 해석이 다른 경우가 발생하기도 한다. 이를 해결하기 위하여 법령을 적용하는 우선순위를 따로 정하는 원칙이 있다.

첫째, 상위법 우선이다. 상위법은 하위법보다 우월하며, 상위법에 위배되는 하위법은 정상적인 효력이 발생하지 않는다는 원칙이다. 이 원칙에 따라 법령의 우선순위는 헌법〉법률〉시행령(대통령령)〉시행규칙(총리령, 부령)〉조례〉규칙〉고시(공시, 공고와 공급)〉예규(관례)〉민속습관의 형태로 정해진다.

둘째, 신법 우선이다. 법률 개정 과정에서 개정 이전의 법과 내용이 배치될 경우를 대비해 부칙에 경과규정을 두는데 그러한 설명이 없을 경우에는 신법이 구법에 우선적으로 적용된다는 원칙이다.

셋째, 특별법 우선이다. 동일한 사항에 관하여 일반법과 특별법에 모두 규정이 있을 때, 특별법이 우선적으로 적용된다는 원칙이다. 일반법과 특별법이 같은 단계에 있다 하더라도 일반법은 특별법에 비하여 넓은 범위에 적용되고 특별법은 일반법보다 좁은 범위에 적용된다. 예를 들면 민법은 일반 시민 간의 법률관계를 다루고 상법은 상인 간의 법률관계에 적용되므로 민법은 일반법, 상법은 특별법이라고 할 수 있다. 또한 법 이름에 '특별법'이라는 이름을 붙인 법도 있다. 이 경우에는 그 법에서 정한 범위에 한하여 다른 법률에 비하여 우선하여 적용하게 된다.

법령의 구조는
어떻게 될까?

지난 몇 년 동안 교원을 대상으로 한 강의 자리에서 교사는 법령에서 정하는 바에 따라 학생을 교육하는 존재이니 교사들이 법을 알아야 한다고 강조했다. 그러면 모두 고개를 끄덕였다. 그런데 막상 법을 공부하려니 어떤 법을 어떻게 공부해야 할지 모르겠다는 선생님들이 많았다.

이 심정 안다. 앞에서도 이야기했지만 현행법령만 해도 12만 건이 넘는다. 이 많은 법을 다 알기란 쉬운 일이 아니다. 그러니 어떤 법을 읽어야 하는지 엄두가 안 난다. 더구나 법조문은 딱딱하고 재미도 없다. 읽다 보면 그 말이 그 말 같은 느낌이 들기도 한다. 이런 법을 읽어간다는 것은 어지간한 인내심이 아니면 쉽지 않다. 그러다 보니 헌법이나 조금 읽다가 그만두는 경우가 많다. 마치 새로 산 참고서의 앞부분만 읽다가 뒷부분은 보지도 않고 덮어버리는 것처럼 말이다. 나도 그랬다. 아니 지금도 그럴 때가 많다. 이럴 때면 내가 되뇌던 말이 있다.

법조문은 살아 있는 문장이다.

같이 읽자, 교육법!

틀린 말 아니다. 법조문 하나에서 주어가 무엇인지에 따라, 서술어가 '~할 수 있다'(권고조항)인지 '~하여야 한다'(의무조항)인지에 따라 우리 삶에 미치는 영향이 매우 다르다. 그래서 법조문이 살아 있는 문장이라고 생각하고 나면 그나마 읽고 싶은 마음이 생기곤 했다. 그래도 읽기 싫을 때가 있다. 그러면 다음 문장을 또 되뇌곤 했다.

하루라도 법을 읽지 않으면 입에 가시가 돋는다.

안중근 의사가 한 말에서 '책'을 '법'으로 한 글자만 바꾼 말이다. 이 말을 되뇌고 나면 그래도 끝까지 읽을 수 있는 참을성이 생기곤 했다. 공부라는 게 어차피 진득하니 시간을 쌓아야 하는 것 아니던가. 하루하루 이렇게 읽어가다 보면, 그게 또 나의 법력이 된다는 마음으로 읽어가다 보면, 어느 순간 법맹은 탈출할 수 있으리라 본다. 자, 이제 법령을 읽을 마음의 준비가 되었는가? 그렇다고 내가 그랬듯이 무턱대고 읽는 것보다 법령의 기본 구조부터 알고 읽는 것이 좋다. 법령의 기본 구조를 알고 나면 법령이 좀더 가깝게 다가올 것이다.

법령의 기본 구조

법령은 기본적으로 제명, 본칙, 부칙으로 구성된다. 제명은 법령의 고유한 이름이다. 보통 「○○법」 또는 「○○에 관한 법률」로 표기한다. 본칙은 법령의 주된 내용을 담고 있는 법령의 본체이다. 본칙 처음에는 해당 법령 전반에 공통적으로 적용되는 총칙 규정을 두고, 그 다음에 실제 규정, 보칙 규정, 벌칙 규정이 이어진다. 부칙은 법령의 시행일자, 경과조치,

적용례 등을 정하는 부분이다. 본칙에서 정한 내용을 바로 시행하는지 아니면 일정한 준비 기간을 갖고 시행하기 위해 경과를 두는지 밝힌다. 또한 다른 법률과의 관계 등도 부칙에서 상세하게 밝히고 있다. 따라서 본칙 못지않게 부칙도 꼼꼼하게 살펴볼 필요가 있다. 주의할 것은 법령에 본칙은 따로 '본칙'이라 표시하지 않는데 부칙은 '부칙'이라 꼭 표기한다는 사실이다. 이와 같은 법령의 기본 구조를 문서로 나타낼 때에는 보통 다음과 같은 법령 형식에 따른다.

법령 형식

법률∨∨제∨∨∨∨∨∨∨∨호(법령의 종류와 공포번호: 신명조 14pt)

←ENTER

○○○법
(법률제명: 가운데 정렬, 신명조 16pt, 진하게)

←ENTER

제○○조(○○○○)∨①∨-(신명조 14pt)────────────────.
∨∨②∨───────────────────────────.
∨∨1.∨─────────────────────────.
∨∨∨∨가.∨───────────────────────.
∨∨∨∨∨∨1)∨─────────────────────.
∨∨∨∨∨∨∨∨가)∨───────────────────.

←ENTER

부∨∨∨∨∨∨칙
(부칙: 가운데 정렬, 신명조 14pt, 진하게)

←ENTER

제1조(시행일)∨이 법은 공포 후 6개월이 경과한 날부터 시행한다. (신명조 14pt)

법조문의 체계

법령의 기본 구조를 알았다면 법조문이 어떤 체계로 이루어지는지도 알아두어야 한다. 한 편의 글에도 체계가 있듯이 법에도 일정한 체계가 있으니 무턱대고 읽기보다 법조문의 체계를 알고 읽는 것이 좋다. 하나의 법은 하나의 책이라고 생각하면 이해하기 쉽다. 책에 목차가 있듯이 법조문도 정해진 규칙에 따라 순서에 맞추어 나열되어 있기 때문이다.

편장절관編章節款 조항호목條項號目

우선 이 여덟 글자를 알아두자. 외워두면 더 좋으니 이 말이 입에 붙을 때까지 소리 내어 읽어보자. 모든 법조문은 이 체계로 이루어져 있기 때문이다. 이 말을 기억했다면 법조문의 체계를 알아보자.

먼저 조條, 항項, 호號, 목目이다. 법령은 대개 여러 조문으로 이루어진다. 기본적으로 '조'로 구분하고, 조를 더 세분할 필요가 있을 때에는 '항'으로 나타낸다. '조'나 '항'에서 나열이 필요할 때에는 '호'를 사용하고, '호' 안에서 다시 나열이 필요할 때에는 '목'을 사용한다. 법조문은 이렇게 '조항호목'의 체계로 나열된다.

다음으로 편編, 장章, 절節, 관款이다. 법령에 따라 '조'가 많은 것이 있다. 이 경우 성격이 같은 조문들을 모아 '장'으로 묶기도 한다. '장'을 세분할 필요가 있을 때에는 '절'을 두기도 한다. 이를 더욱 세분화하려면 '관'을 마련한다. 한 '장'은 보통 30개 내외의 '조'들로 이루어진다. 같은 성질의 '조'가 여러 개라서 '장'이 여러 개 필요한 경우에는 '장'을 모아서 '편'으로 묶기도 한다. 이는 법조문이 여러 개의 '조'로 이루어진 「형법」, 「민법」, 「상법」 등에서 볼 수 있다.

법조문 읽는 법

법조문을 읽는 법도 알아두어야 한다. 법조문을 인용하여 글이나 말로 표현할 때 꼭 필요하기 때문이다. '편', '장', '절', '관', '조', '항', '호'를 읽을 때에는 앞에 '제第'자를 붙여서 '제○편', '제○장', '제○절', '제○관', '제○조', '제○항', '제○호'로 읽는다. 반면에 '목'을 읽을 때에는 '제第'자를 붙이지 않고 '○목'과 같이 읽는다. 이를 표로 정리하면 다음과 같다.

법조문 읽는 법

	조문표시	읽는 법	영문
편		제1편	
장	1, 2	제1장	Chapter
절		제1절	Section
관		제1관	Sub-section
조	1조, 2조	제1조	Article
항	①, ②	제1조 제①항	Paragraph
호	1., 2.	제1조 제①항 제1호	Sub-paragraph
목	가., 나.	제1조 제①항 제1호 가목	Clause/Item

일반적으로 법조문을 인용할 때는 '편', '장', '절', '관'은 생략하고 '법률 이름'과 '조', '항', '호', '목'만 읽는다. 이때 조항호목은 붙여서 쓰는 것이 일반적인데 읽기 편하게 조항호목을 따로 띄어서 쓰고 읽기도 한다.

지금까지 법령의 구조, 법조문의 체계, 법조문을 읽는 법을 간단히 설명했는데 얼마나 잘 이해했는지 간단한 문제를 하나 풀어보자. 교권침해를 예방하고 교권침해를 입었을 때 대응하기 위하여 학교에 교권보호위원회를 두도록 하고 있는데 이 또한 반드시 알아두어야 하니 관련 조항을

같이 읽자, 교육법!

예로 들겠다.

※ 아래는 「교원의 지위 향상 및 교육활동 보호를 위한 특별법」의 한 조이다. 이 가운데 밑줄 부분을 인용할 때 어떻게 읽어야 하는지 법조문 체계에 따라 바르게 읽어보고 이를 소리 나는 대로 쓰시오.

(   )

「교원의 지위 향상 및 교육활동 보호를 위한 특별법」

제19조(교권보호위원회의 설치·운영) ① 고등학교 이하 각급학교 교원의 교육활동 보호에 관한 다음 각 호의 사항을 심의하기 위하여 시·도 교육청에 교권보호위원회(이하 "시·도교권보호위원회"라 한다)를 둔다.

1. 교원의 교육활동 보호를 위한 시책의 수립

2. 교원의 교육활동과 관련된 다음 각 목의 분쟁 조정

가. 제2항에 따른 학교교권보호위원회에서 조정되지 아니한 분쟁의 조정

나. 제2항에 따른 학교교권보호위원회가 설치되지 아니한 유치원의 교원의 교육활동과 관련된 분쟁의 조정

② 교원의 교육활동 보호에 관한 다음 각 호의 사항을 심의하기 위하여 유치원을 제외한 고등학교 이하 각급학교에 교권보호위원회(이하 "학교교권보호위원회"라 한다)를 두며, 유치원에는 유치원의 장이 필요하다고 인정하는 경우 교권보호위원회를 둘 수 있다.

1. 교육활동 침해 기준 마련 및 예방 대책 수립

2. 제18조 제1항 각 호에 따른 교육활동 침해 학생에 대한 조치

3. 교원의 교육활동과 관련된 분쟁의 조정

4. 그 밖에 학교규칙으로 정하는 사항

③ 그 밖에 시·도교권보호위원회와 학교교권보호위원회의 설치·운영 등에 필요한 사항은 대통령령으로 정한다.

다 읽어보았다면 내가 읽은 것이 바르게 읽은 것이 맞는지 아래 각주에서 정답*을 확인해보자. 어떤가? 바르게 읽었는가? 틀린 부분이 있다면 앞을 다시 한번 읽어보고, 맞았다면 다음으로 넘어가자.

법령에 대한 기초적인 상식들만 정리한 이 책을 읽고 나면 더 알고 싶은 욕심이 생길 것이다. 하지만 마땅한 교육법 입문서를 찾아보기 힘들다. 그래서 법을 전문적으로 배워본 적은 없지만 지금까지의 내 경험을 총동원해서 이 책을 썼다. 부족하지만 우선 이 책으로 교육법의 개괄을 이해한 다음에는 법제처 홈페이지에서 PDF 파일 형태로 제공하는 책자를 찾아 반드시 읽어보기 바란다. 법령을 이해하는 데 큰 도움이 될 것이다. 모바일로도 쉽게 찾아갈 수 있다.

법제처에서 제공하는 법령 관련 안내 책자

책자명	내용	경로	QR코드
『법령입안 심사기준』 (2017.12. 발간, 2020. 12. 일부수정)	법령의 입안과 심사에 적용되는 일반적인 기준을 종합하여 정리한 책자	법제처/법령·해석정보/정부입법/법령입안심사기준 http://www.moleg.go.kr/menu.es?mid=a10105030000	
『법제업무편람』(2019.3.)	법령 개관, 입법절차, 입법계획 등을 소개한 책자	법제처/지식창고/간행물/2019년 법제업무편람 https://www.moleggo.kr/board.es?mid=a10404000000&bid=0007&act=view&dist_no=88601	
『알기 쉬운 법령 정비기준』(제9판)	법령을 쉽게 읽고 이해하도록 하기 위해 어려운 법률 용어를 쉬운 우리말로 바꾸어 가기 위한 계획과 결과를 담은 책자	법제처/법령·해석정보/알기쉬운 법령만들기/정비기준 및 자료실 http://www.moleg.go.kr/board.es?mid=a10108030000&npage=1&bid=0001&act=view&dist_no=191536	

---

* 「교원의 지위 향상 및 교육활동 보호를 위한 특별법」 제19조 제1항 제2호 가목 제2항에 따른 학교교권보호위원회에서 조정되지 아니한 분쟁의 조정

같이 읽자, 교육법!

05

책, 사이트를 활용하여
법령을 읽어볼까?

　법령에 대해 개괄적으로 이해했다면 이제 법령을 읽을 수 있는 소양은 갖추었다. 문제는 어떤 법령을, 어디서, 어떻게 찾아 읽느냐이다. 이를 본격적으로 안내하기 전에 광고부터 하나 한다. 내가 출판에 관여한 책이지만 교육법에 관심을 갖자는 취지로 안내하는 것이고, 마진도 없으니 너그럽게 이해해주기 바란다.

　교원단체 실천교육교사모임(http://www.koreateachers.org)은 《손바닥 교육법》(에듀니티, 2017)이라는 소책자를 발행하였다. 교육법에 관심을 갖고 어디서, 어떻게 찾아 읽을까를 고민하는 이들에게 작은 단초라도 제공하자는 취지였다. 이 책은 발간 하루 만에 2쇄가 나가는 신기록을 세웠다. 교육법을 알고자 하는 관심이 얼마나 뜨거운지 알 수 있는 대목이었다.

　교육법 읽기 운동의 일환으로 펴낸 《손바닥 교육법》 안에는 교육과 관련된 「헌법」, 「교육기본법」, 「초·중등교육법」, 「교육공무원법」이 담겨 있다. 이를 기본적으로 이해하고 나머지 교육법들을 알아가자

는 취지였다.

법을 적용할 때도 우선 적용의 원칙이 있듯이 법을 읽는 데에도 나름의 원칙이 필요하다. 원칙이라고 하니 뭔가 특별한 것 같은데 그런 것도 아니다. 게을러지지 않기 위해 정한 나와의 약속이다. 내게 필요한 책이나 논문을 읽는다고 생각하고 이를 법령을 읽을 때에도 똑같이 적용하는 것이다. 그래도 자기 나름의 원칙을 정하고 법령을 읽으면 법령을 구조적으로 빨리 이해할 수 있다는 장점이 있다. 다음의 표는 이런 취지로 내가 법령을 읽을 때 정한 원칙이다.

그럼 본격적으로 교육법을 찾아 읽는 방법을 알아보자. 교육법의 종류는 800건이 넘는다. 그래서 이 책에는 도무지 담을 수 없다. 가장 좋은 방법은 《교육법전》을 구입해서 책상에 올려두고 필요할 때마다 찾아보는 것이다. 그러나 10만 원 정도 하는 책값이 부담이기도 하다. 뭐 그 정도야 법맹을 탈출하기 위해 투자할 만하지만 다른 문제가 있다. 정치는 생물이라는 말처럼 법도 생물이다. 정치의 산물이 법령으로 귀결된다. 그러므로 법령은 필요와 상황에 따라 수시로 제정·개정·폐지된다. 두툼한 법전 속에 활자로 박혀 있는 법 조문들은 이를 제때 반영하기 쉽지 않다. 따라서 《교육법전》은 학교에서 구매하여 도서관, 교무실, 행정실 등에 비치하고 여러 사람이 공동으로 쓰는 것을 권한다. 10년이 넘은 교육법전이 학교에 남아 있다면 과감히 폐기하고 이참에 새롭게 한 질 구입하는 것도 좋겠다. 교육법이 수시로 개정된다고 했지만 큰 틀은 변하지 않기 때문에 몇 년 동안은 요긴하게 쓸 수 있을 것이다.

《교육법전》은 책값 못지않게 두툼하고 무거워서 가지고 다닐 수 없다는 것도 부담이다. 이런 부담을 한꺼번에 해소할 방법이 있다. 바로 법령

법령 읽기 원칙

순서	원칙	이점
1	기본법부터 읽는다.	관련 분야 법령들의 기본 방향을 알 수 있다.
2	목적을 읽는다.	헌법의 전문과 같이 모든 법령의 제1조를 읽으면 핵심 내용을 알 수 있다.
3	조문 목록을 살핀다.	책의 목차와 같이 전체적인 법령의 개요를 빨리 알 수 있다.
4	주요 조항은 메모하며 읽고 다 못 읽으면 책갈피에 저장해둔다.	기억하기 쉽고, 나중에 쉽게 찾을 수 있고, 다 못 읽은 법령을 끝까지 읽을 수 있다.
5	부칙의 주요 내용을 살핀다.	주요 조문의 적용 시점, 다른 법령과의 관계를 알 수 있다.
6	제정·개정이유를 살핀다.	법령을 만들게 된 배경 및 법령의 주요 내용을 알 수 있다.
7	연혁을 살핀다.	법령의 주요 변천사를 이해할 수 있다.
8	다른 법령과의 관계를 생각하며 읽는다.	비슷한 범주의 법령을 그룹으로 묶어두어 법령 간의 관계를 이해할 수 있다.
9	자주 읽어야 할 법령은 즐겨찾기에 등록한다.	즐겨찾기 목록을 통해 빨리 법령을 찾을 수 있고, 내가 읽은 법령 목록을 관리할 수 있다.
10	하루라도 법을 읽지 않으면 입에 가시가 돋는다.	법을 읽는 습관을 기르기 위해 하루에 한 건의 법령이라도 꼭 찾아서 읽는다.

검색 사이트와 모바일 앱을 이용하는 것이다. 이를 간단히 소개한다.

법령 검색 사이트

포털 검색창에 "법령"이라고 검색하면 여러 사이트가 소개된다. 사이트마다 차별화된 특징이 있고 이용 요금을 지불해야 하는 것도 있다. 이 책에서는 이 사이트들을 사용해 본 경험을 바탕으로 공공기관이 개설하여 운영하는 사이트 위주로 선정하여 그 특징을 간단히 소개한다. 독자들은 해당 사이트들을 직접 방문하여 찾고자 하는 법령을 검색해보고 자신에 맞는 사이트를 선택하여 필요에 따라 사용하면 된다.

1) 국회법률정보시스템

국회법률정보시스템

대한민국 국회에서 마련한 사이트다. 현행 법률, 최근 제정·개정 법률, 폐지 법률, 판례, 법률 관련 정보, 입법 과정 개관 등의 정보를 제공하고 있다. 국회에서 운영하는 시스템이라 법률과 판례 위주의 자료 검색이 용이하다.

2) 국가법령정보센터

법제처에서 마련한 사이트다. 우리나라의 모든 법령, 행정규칙, 자치법규, 판례·해석례, 별표·서식, 학칙·규정, 법령기타 정보 등을 제공하고 있다. 법령, 판례는 물론이고 행정규칙, 자치법규 등을 포함하고 있어서 개인적으로 가장 많이 이용한다.

국가법령정보센터

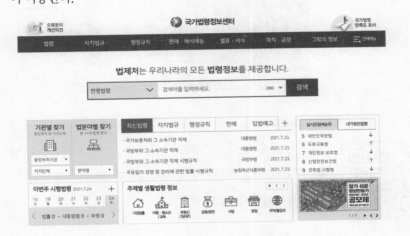

3) 찾기 쉬운 생활법령정보

법제처가 더 가다듬은 편제를 마련하여 제공하는 사이트이다. 국민 생활과 밀접한 법령을 알기 쉽게 풀이하여 제공하고 있다. 국민이 실생활에 필요한 법령을 쉽게 찾아보고 이해할 수 있도록 정부 각 기관의 업무 중심으로 복잡하게 얽힌 법령 간의 관계를 국민의 생활 중심으로 재분류했다. 또한 전문가의 시각에서 쓰인 어려운 법령의 내용을 알기 쉽게 해설하여 제공하는 새로운 법령정보 서비스 제공 시스템이다.

찾기 쉬운 생활법령
정보

4) 세계법제정보센터

세계법제정보센터

다른 나라 법을 소개하는 사이트다. 세계 각국의 주요 법률, 연구보고서, 최신동향 등 법령정보를 국가·지역·기구별로 분류하여 제공하고 있다.

06

앱을 활용하여
법령을 읽어볼까?

PC를 이용할 경우에는 사이트에 접속하여 법령을 검색하는 것이 편리하지만 늘 휴대하는 스마트폰에 법령 앱을 설치해 두면 언제든지 법령을 찾아 읽을 수 있다는 장점이 있다. 스마트폰 운영체제에 따라 구글플레이나 앱스토어에서 "법령"이라는 검색어를 입력하면 여러 가지 법령 관련 앱이 검색된다. 이 앱들의 기본 정보를 읽어보고 자기에게 알맞은 앱을 설치해서 사용하면 된다. 이 앱을 내 휴대폰에 설치하는 것이 법맹을 탈출하는 가장 빠른 길이다.

이렇게 말을 해도 그냥 지나치는 이들이 많다. 바쁘기도 하고 귀찮기도 하고 뭐 여러 가지 이유가 있을 것이다. 그러면 안 된다. 이 책은 안 읽어도 좋으니 법령 앱만큼은 꼭 설치해야 한다. 게임과 쇼핑 앱은 한두 개씩 깔고 있으면서 법령에 따라 학생을 교육하는 이들이 법령 앱 하나 깔고 있지 않다는 것이 말이 되나?

나는 수많은 앱 가운데 〈국가법령정보〉를 주로 이용한다. 교육자이다 보니 법률뿐만 아니라 교육부 훈령, 예규 등의 행정규칙과 함께 내가 근무하는 지역의 조례 등의 자치법규를 자주 찾아보아야 하는데 〈국가법령정보〉가 이 모든 자료들을 다 담고 있어 편리하기 때문이다. 이 앱을 처음 사용하는 이들을 위해 앱의 특징과 더불어 알아두면 요긴한 사용법을 소개하려고 한다.

〈국가법령정보〉 앱 개요

법제처에서 개발하여 무료로 제공하는 앱으로 법령, 판례 등 우리나라의 모든 법령정보를 스마트폰에서 한 번에 통합 검색할 수 있다. 이 앱을 설치하면 언제 어디서나 다양한 법령정보를 무료로 쉽고 편리하게 검색할 수 있다. 〈국가법령정보〉 서비스 내용은 법령(헌법, 법률, 대통령령, 총리령·부령), 법령연혁, 행정규칙(중앙부처, 헌법기관 훈령·예규·고시), 자치법규(지방자치단체 조례·규칙), 판례(대법원), 헌재결정례(헌법재판소), 법령해석례(법제처), 행정심판례(중앙행정심판위원회), 조약, 법령용어, 영문법령(우리나라 법령), 별표서식(한컴뷰어 설치 후 서식 확인 가능), 의견제시사례 등으로 50만 건에 이른다. 이 방대한 정보를 내 손 안에 쥐고 있다는 것만으로 든든해질 것이다.

〈국가법령정보〉 앱 설치

앱 설치를 군이 설명해야 하나 하는 생각도 들지만 이마저도 잘 몰라 그냥 넘어가거나 다른 앱을 찾느라 고생하는 수고를 덜어드리기 위해 간단히 설명한다. 구글플레이나 앱스토어에서 "법령"을 검색하면 그림과 같은 〈국가법령정보〉라는 앱이 맨 위에 가장 먼저 뜬다. 오른쪽에 있는 "설치"

국가법령정보 모바일 애플리케이션

같이 읽자, 교육법!

버튼을 누르면 된다. 설치가 되었다면 "열기"를 누르면 앱이 실행된다. 본 격적으로 실행하기 전에 앱은 자주 써야 하니 메인화면으로 옮겨두는 것이 좋다.

법령 검색하기

앱을 설치하고 실행하면 다음과 같은 화면이 맨 먼저 뜬다. 검색창에 "주제어, 법령명 등을 입력하세요"라는 메시지가 보이는데 이곳에 자신이 찾고자 하는 내용을 입력하고 검색을 누르면 된다. 이때 예로 든 「교육기본법」처럼 법령의 이름을 정확히 알고 있을 때는 "법령명"을 입력하고, 법령의 이름은 기억하지 못하지만 핵심 주제어를 알고 있을 때에는 "주제어"를 입력하면 된다. 주제어를 검색할 때는 "법령검색" 메뉴 옆에 있는 "조문검색"으로 이동하여 입력하여야 한다. 가령 "교육의 자주성"이 들어간 관련 법령을 알고 싶으면 해당 문구를 입력하고 검색을 누르면 현행법령 가운데 "교육의 자주성"이라는 문구가 포함된 법령이 검색된다. 이때 관련 법령명을 누르면 관련 문구가 법령의 몇 조에 해당되는지도 보여준다. 관련 주제어가 들어간 법 조문을 인용해야 할 때 이 기능을 사용하면 아주 편리하다.

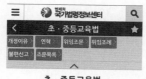

초·중등교육법

[시행 2021.6.23.] [법률 제17664호, 2020.12.22., 일부개정]

교육부(학교혁신정책과), 044-203-6450

제1장 총칙 〈개정 2012. 3. 21.〉
제1조(목적) 이 법은 교육기본법 제9조에
따라 초·중등교육에 관한 사항을 정함을 목
적으로 한다.
[전문개정 2012. 3. 21.]

제2조(학교의 종류) 초·중등교육을 실시하
기 위하여 다음 각 호의 학교를 둔다. 〈개정
2019. 12. 3.〉
1. 초등학교
2. 중학교·고등공민학교

메뉴 활용하기

법령을 검색하면서 기본 메뉴를 알아두면 요긴하게 쓸 수 있다. 이에 대해서도 간단한 설명을 덧붙인다. 앱에서 화면을 직접 보면서 이해하기 위하여 먼저 앱 검색창에 "초중등교육법"을 입력해보자. 이때 가운뎃점은 쓰지 않아도 자동검색된다. 「초·중등교육법」을 찾았다면 왼쪽과 같은 화면이 뜰 것이다.

이 메뉴들을 기본적으로 이해하고 있어야 법령 검색을 쉽게 할 수 있다. 〈국가법령정보〉의 메뉴는 상단메뉴와 하단메뉴로 구성되는데 상단메뉴는 법령 검색, 법령개관 등을 쉽게 찾을 수 있도록 구성되었고, 하단메뉴는 조문을 읽을 때 활용할 수 있는 기능들로 구성되었다. 먼저 상단메뉴를 살펴보자.

즐겨찾기: 「초·중등교육법」이라는 법령 이름 옆에 "☆"모양이 있다. 이를 누르면 노란색으로 변한다. 그러면 즐겨찾기에 등록이 된 것이다. 즐겨찾기로 등록된 것은 좌상단 맨 위에 있는 "≡" 메뉴를 누르면 나타나는 "즐겨찾기"에 나타나게 된다. 「초·중등교육법」은 자주 찾아보아야 하는 법이니 즐겨찾기로 등록해두면 좋다.

연혁: 해당 법령의 연혁을 알 수 있다. 「초·중등교육법」의 경우 1998.3.1. 시행 이후 2022.7.21. 시행 예정된 개정법을 기준으로 총 50건의 개정이 있었음을 알 수 있다. 해당 시행일자의 법령을 누르면 개정 이

전의 법령 현황을 알 수 있다.

위임조문: 법령에서 구체적인 사항을 다 정하지 못하고 하위 법령에 위임하는 것들이 있는데 그 목록이 무엇인지 이를 일목요연하게 보여준다. 「초·중등교육법」의 경우 수업료, 학교시설 등의 이용, 학교회계의 설치, 학교회계의 운영, 학생의 안전대책 등, 학교운영위원회의 기능, 학교운영위원회의 구성·운영, 근로청소년을 위한 특별학급, 통학 지원 등에 관한 사항을 대통령령으로 위임하고 있는 것을 확인할 수 있다.

위임조례: 법령에서 밝힌 내용을 지방(교육)자치를 실현하기 위하여 지방자치단체에 위임한 사항이 있다. 법령에 따라 해당 지방자치단체는 관련 조례를 마련하여 시행해야 하는데 그 조례들의 목록을 보여준다. 「초·중등교육법」은 2021년 9월 15일을 기준으로 총 90건의 위임조례가 있는 것을 알 수 있다. 이때 자신이 근무하는 지역을 찾아 관심지역으로 시군구까지 등록해 놓으면 해당 의회의 조례를 빨리 찾을 수 있다.

불편신고: 앱을 이용하면서 법령정보에 오류가 있거나 법령 개선에 대한 의견이 있을 때 이를 알리는 곳이다. 법령정보의 오류는 바로 처리하고 법령 개선에 대한 의견은 법제처 검토 후 부처협의를 거쳐 개선한다.

조문목록: 해당 법령의 목록을 조문, 부칙, 별표순으로 일목요연하게 보여준다. 책을 읽을 때 목차를 먼저 살피고 읽듯이 법령도 조문목록을 먼저 살핀 다음 읽어야 법령의 개요를 쉽게 이해할 수 있다. 조문의 내용

은 알고 있는데 몇 조에 해당하는지 모를 때 조문목록을 이용하면 전체 조문을 읽지 않고도 빨리 찾을 수 있다.

다음으로 하단메뉴를 살펴보자.

본문검색 : 법령의 조문 내용 중에서 찾고자 하는 단어를 입력하면 해당 단어가 포함된 조문을 찾아 형광색으로 보여준다. 해당 단어가 쓰인 조문이 여러 개일 경우 이동을 하면서 찾게 되는데 "≪", "〈", "〉", "≫"의 기능을 알아두면 편리하다. "≪"은 해당 법령에서 관련 단어가 맨 처음 나오는 조문으로 이동, "〈"은 관련 단어가 나오는 바로 앞 조문으로 이동, "〉"은 관련 단어가 나오는 바로 뒤 조문으로 이동, "≫"은 해당 법령에서 관련 단어가 나오는 맨 마지막 조문으로 이동한다.

조문이동: 법령의 이름과 조를 알면 해당 법령의 관련 조항으로 바로 찾아가는 기능이다. 법령을 검색하면 법령의 이름과 제1조부터 검색이 된다. 법령의 조문번호가 긴 경우에 이를 찾으려면 스크롤을 한참 내려야 하는 부담이 있다. 이때 이 기능을 이용하면 편리하다. 기사 등을 볼 때에도 관련 법 조항을 찾아서 직접 읽어보면 법령을 이해하는 데 큰 도움이 된다. 자주 사용하기를 권한다. 실습을 한번 해보자.

나는 국회의원의 무분별한 자료 요구의 심각성을 인지하고 의원들은 적법절차에 따라 자료를 요구하라며 청와대 국민청원, 국회민원 등을 신청한 적이 있다. 「대한민국헌법」 제61조는 국회에 서류 제출 요구 권한을 주었고, 권한 행사에 따른 구체적인 절차와 필요한 사항은 법률로 정하

같이 읽자, 교육법!

도록 했다. 이 절차와 필요한 사항은 「국회법」 제
128조에 구체적으로 제시하고 있다. 그렇다면 그
내용이 무엇인지 해당 법률조항을 직접 찾아보자.

먼저 "대한민국헌법" 또는 "헌법"을 입력하고 검
색을 누른다. 「대한민국헌법」이 뜨면 "조문이동"을
누르고 "61"을 입력하고 검색버튼을 누른다. 관련
법 조항의 내용을 확인해보자. 「대한민국헌법」은
국회의원 개인이 아니라 국회에 조사권, 서류제출
요구권, 진술요구권 등을 주고 있고, 관련 절차와
필요한 사항은 법률로 정하도록 한 것을 알 수 있
다. 「국회법」 제128조에서 해당 사항을 법률로 정
하고 있다.

제61조 ①국회는 국정을 감사하거나 특정한 국정사안에 대하여 조사할 수 있으며, 이에 필요한 서류의 제출 또는 증인의 출석과 증언이나 의견의 진술을 요구할 수 있다.
②국정감사 및 조사에 관한 절차 기타 필요한 사항은 법률로 정한다.

제128조(보고·서류 등의 제출 요구) ① 본회의, 위원회 또는 소위원회는 그 의결로 안건의 심의 또는 국정감사나 국정조사와 직접 관련된 보고 또는 서류와 해당 기관이 보유한 사진·영상물(이하 이 조에서 "서류 등"이라 한다)의 제출을 정부, 행정기관 등에 요구할 수 있다. 다만, 위원회가 청문회, 국정감사 또는 국정조사와 관련된 서류등의 제출을 요구하는 경우에는 그 의결 또는 재적위원 3분의 1 이상의 요구로 할 수 있다.
② 제1항에 따라 서류등의 제출을 요구할 때에는 서면, 전자문서 또는 컴퓨터의 자기테이프·자기디스크, 그 밖에 이와 유사한 매체에 기록된 상태나 전산망에 입력된 상태로 제출할 것을 요구할 수 있다.
③ 제1항에도 불구하고 폐회 중에 의원으로부터 서류등의 제출 요구가 있을 때에는 의

그렇다면 「국회법」도 알아보자. 마찬가지로 검
색창을 열고 "국회법"을 검색한다. 다음으로 하단
에 있는 "조문이동"을 누르고 "128"을 쓰고 "검색"
을 누른다. 그러면 해당 법령의 관련 조항으로 바로 이동하게 된다. 이렇
게 찾았다면 해당 조항을 읽어보자. 개별 의원에게 '보고·서류 등의 제출
요구' 권한이 있는 것이 아니라 "본회의, 위원회 또는 소위원회 의결"로 정
해진 절차에 따라 제출 요구를 해야 함을 알 수 있다. 그런데 실상은 어디
그런가? 교육 현장에는 의원 개개인이 자료 제출을 요구하는 공문들이
관행이라는 이름으로 계속된다. 내가 신청한 국민청원과 국회민원은 국
회의원들이 권한을 남용하지 말고 적법절차에 따라 자료 제출을 요구함
으로써 입법기관의 신뢰를 회복하라는 것이었다.

책갈피: 책을 읽다가 사정이 있어서 책장을 덮어야 할 경우 책갈피를 꽂아두거나 책장 모서리를 살짝 접어두는 경우가 있다. 다음에 책을 읽을 때 이어서 읽거나 관련 내용을 다시 쉽게 찾기 위해서다. 법령도 마찬가지다. 읽다만 법령을 이어서 읽거나 법령의 내용을 다시 찾아 읽기 위해 책갈피로 표시해두면 편리하다. 이 또한 실습을 해보자. "조문이동"으로 찾은 두 법률조항을 책갈피로 저장해보자. 먼저 「대한민국헌법」 제61조에 "책갈피"를 누르고 "국회자료요구권"으로 저장해두자. 다음으로 「국회법」 제128조에 "책갈피"를 누르고 "국회의원자료요구절차"라고 저장해두자. 이렇게 표시해 둔 책갈피는 따로 저장되어 설정 메뉴(좌상단 "≡")를 누르면 나타나는 "책갈피"에서 쉽게 읽다 만 곳으로 찾아 이동하게 된다.

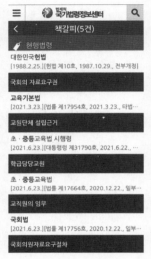

메모: 책을 읽다 보면 붙임딱지 등을 이용하여 메모를 덧붙이는 경우가 있다. 법령도 마찬가지다. 법령을 읽다가 중요한 내용이 있을 때 관련 조항과 함께 메모해두면 여러모로 도움이 된다. 나중에 이 메모를 참고해서 관련 법령을 쉽게 찾을 수 있고, 예전에 읽을 때와 다른 느낌의 시사점을 찾을 수도 있다. 내가 저장해둔 "책갈피"와 "메모"는 설정 메뉴에서 찾아들어가서 관련 내용을 누르면 바로 이동하는 장점이 있으므로 자주 이용

같이 읽자, 교육법!

하면 편리하다. 언제든지 새롭게 만들 수 있고 삭제할 수 있으므로 법령을 읽다가 자주 등록해두는 것이 좋다.

확대/축소: 사용자가 이용하기 편리하도록 화면의 글자 크기를 키우고 줄일 수 있는 기능이다. 기본 1.0으로 설정되어 있는데 글자 크기를 줄이려면 0.75만 가능하고, 키우려면 1.25, 1.5, 1.75까지 가능하다. 자신의 시력 상태에 맞추어 사용하면 된다. 화면을 캡쳐해서 인용할 때 한 화면에 관련 조항이 보이도록 하기 위해 이용하기도 한다.

인쇄: 관련 법령 조문을 사용자가 선택해서 바로 종이로 인쇄할 수 있고, PDF 파일로 저장해서 별도의 파일로 이용할 수 있다. 바로 인쇄하려면 프린터가 추가되어야 한다. 프린터 추가는 IP 주소로 할 수 있고, Wi-Fi Direct 프린터를 찾아 이용할 수 있다. PDF 파일은 별도의 파일로 내 스마트폰에 저장이 되므로 자료 보관, 파일 전송 등의 용도로 활용하면 편리하다.

국가법령정보센터는 누구나 무료로 이용할 수 있는데 회원 가입을 해두면 자주 이용할 때 편리하다. 2015년 2월 2일부터 국가법령정보센터(www.law.go.kr)와 정부입법지원센터(www.lawmaking.go.kr)의 사용자가 통합됨에 따라 로그인 한번으로 양쪽 사이트 모두 접속 가능하며, 관심법령도 통합 관리되기 때문이다. 마이페이지를 통해 자신의 법령정보 이용 내역을 확인하기 쉬운 장점도 있다.

이렇게 회원 가입까지 마쳤다면 본격적으로 법령을 검색하기 전에 국가법령정보센터에서 제공하는 도움말을 꼭 읽어보기 바란다. 법령을 찾기 위한 수고를 훨씬 덜어줄 것이다. 직접 찾아가서 읽는 수고를 덜어주기 위해 그 내용을 옮겨온다.

FAQ 국가법령정보센터를 이용하시면서, 자주 문의하시는 질문들을 모았습니다. 유사 질문에 대한 답을 확인할 수 있습니다.

Q 법령의 내용에 대해 문의하고 싶으면 어떻게 하나요?

A 법령의 제명 오른쪽에 있는 소관부처 담당과 전화번호로 연락하시면 됩니다. 국가법령정보센터는 모든 법령정보를 제공하지만, 법령의 구체적 내용에 대해서는 소관부처가 담당합니다.

Q 법령의 제명을 잘 모를 때, 어떻게 검색할 수 있나요?

A 우선, 검색창에 주제어를 넣고 검색해보세요. 더 자세히는 상단 메뉴의 "법령"을 클릭한 후 "법령명"탭을 "조문내용"이나 "조문제목"으로 변경한 후 주제어를 넣고 검색하시면 됩니다.

Q 법령의 서식은 어떻게 검색할 수 있나요?

A 상단 메뉴의 "별표·서식"을 클릭한 후 서식의 제명을 넣고 검색하세요. 또는 해당 법령을 검색한 후 왼쪽란의 "별표/서식"을 클릭하여 찾거나, 법령 본문란의 맨 아래에서 확인할 수 있습니다.

Q 과거법령(연혁법령) 또는 폐지법령은 어떻게 검색할 수 있나요?

A 검색창 왼쪽의 ▼을 클릭하여 검색 대상을 "연혁법령"으로 변경한 후 법령제명이나 주제어를 넣고 검색하면 됩니다. 또는 상단 메뉴의 "법령"을 클릭한 후 "연혁법령"탭을 선택하고 검색하면 됩니다.

Q 영문법령은 어떻게 검색할 수 있나요?

A 영문법령은 상단 메뉴의 "법령"을 클릭한 후 "영문법령"탭을 선택하고 검색하면 됩니다. 영문법령에 대한 보다 자세한 내용은 한국법제연구원 홈페이지를 이용하시기 바랍니다.

66

Q 판례나 법령해석례를 검색하면 결과가 없다고 나와요. 어떻게 검색해야 하나요?

A 상단 메뉴의 "판례·해석례등"을 클릭한 후 "사건명"탭을 "본문", "판결요지", "판시사항" 또는 "전문"으로 변경하고 검색하면 더 자세히 검색됩니다.

Q 제·개정이 진행 중인 법령도 검색할 수 있나요?

A 법제처 정부입법지원센터에 회원 가입하시면 제·개정 중인 법령안도 검색 가능합니다. 또한 국회 홈페이지의 의안정보시스템에서도 확인할 수 있습니다. 국가법령정보센터는 관보에 공포된 법령을 대상으로 서비스합니다.

Q 필요한 조문만 골라서 인쇄할 수 있나요?

A 법령이 검색된 화면의 오른쪽 위에 프린터 모양의 "인쇄" 버튼을 클릭한 후 원하는 조문을 체크하고, 아래쪽 인쇄를 클릭하면 됩니다.

Q 법령에 제·개정될 때마다 그 내용을 메일로 받아볼 수 있나요?

A 네. 먼저 국가법령정보센터에 회원 가입을 하세요. 그 다음 관심 있는 법령을 검색한 후 법령이 검색된 화면 오른쪽 위 별모양의 "관심법령추가" 버튼을 클릭하면, 회원 가입 시 입력한 메일로 법령이 제·개정될 때마다 그 내용을 받아볼 수 있습니다.

Q 법령 앞 현, 예, 실, 폐 아이콘은 무엇인가요?

A 해당 아이콘은 법령의 상태를 나타내는 아이콘입니다. 현은 현재 시행중인 법령, 예는 공포는 되었지만 시행일이 도래하지 않아 시행 예정중인 법령, 실은 법령에서 정한 유효기간 또는 적용기한 등이 지난 법령, 폐는 폐지된 법령입니다.

07

헌법부터 읽어볼까?

이제 법령에 대한 기본 소양을 익혔고, 법령을 읽는 방법까지 알았으니 본격적으로 법령을 읽을 준비는 됐다. 그렇다면 어떤 법령부터 읽을까? 고민할 것 없다. 「대한민국헌법」부터 읽자. 우리는 헌법에서 밝힌 "모든 국민"의 한 사람이니 말이다. 헌법은 모든 법령의 근간이 되고 내가 직접 입법에 참여할 수 있는 유일한 법이다. 더구나 우리는 헌법의 이름으로 대통령마저 탄핵하고 민주주의를 되살린 위대한 저력이 있다. 이런 우리가 헌법을 읽지 않는다면 얼마나 부끄러운 일인가?

헌법을 알자고 다짐했지만 이게 생각처럼 쉬운 일은 아니었다. 나는 법령에 관심을 갖기 전에 헌법을 처음부터 끝까지 읽어본 적이 없다. 이런 내가 대뜸 헌법 조문을 펴고 읽었으니 머리에 잘 들어오지 않았다. 시험이라도 본다면 외우기라도 하겠지만 그건 헌법을 알고자 하는 사람이 취할 수 있는 자세는 또 아니었다. 헌법을 어떻게 읽을지 대책이 필요했다. 결국엔 동기였다. 헌법을 알고자 하는 동기만 있다면 방법은 저절로 찾아졌다. 내가 헌법을 알고자 했던 동기는 나의 권리와 의무를 다하기 위해서였다. 헌법에 위반한 법률, 법률을 위반한 시행령과 행정규칙, 그도 모자라 매뉴얼로 통치하는 행정기관에 따지고 싶은 마음이 컸다. 이 동기를 생각하니 그래도 틈틈이 헌법을 읽고 싶은 마음이 생겼다. 내 경험을 토로했으니 이제 이 책을 읽는 독자도 스스로에게 물어보면 좋겠다. 왜 헌법을 알아야 할까?

「대한민국헌법」 읽어보기

헌법을 읽고자 했다면 먼저 어떤 방법으로 읽어야 할지를 정해야 한다. 주위에 헌법 관련 책이 있다면 좋겠지만 당장 구하기 쉽지 않다면 〈국가법령정보〉 앱을 이용하는 것이 가장 편리하다. 휴대폰은 늘 옆에 있을 테니 당장 앱을 실행시키고 검색창에 "헌법"을 입력하자. 법명은 「대한민국헌법」이지만 "헌법"이라고만 검색해도 '헌법'이라는 이름이 들어간 모든 법령이 나오는데 그중 제일 첫 번째에 「대한민국헌법」이 보일 것이다. 이를 누르면 비로소 헌법은 그 모습을 나타낸다.

다음에 나열하는 헌법 읽기 내용은 개인적인 경험이다. 내 삶에 잘 와닿지 않는 헌법을 내 삶으로 가져오기 위한 내 나름의 고육지책이었다. 처음 헌법 읽기에 도전하는 독자에게는 그래도 서툰 내 경험담이라도 도움이 될 것 같다는 생각으로 이야기를 이어간다.

헌법 전문을 나누어 읽어본다.

헌법은 전문, 조문, 부칙으로 이루어졌다. 전문(前文)은 '한 편의 글에서 앞부분에 해당하는 글'이라는 뜻이니 흔히 쓰는 말로 하면 '머리말'에 해당한다. 이 말이 법령에서 쓰이면 '법령의 첫째 조항 앞에 적어 그 법령의 목적이나 기본 원칙을 밝히는 글'이 된다. 12만 건이 넘는 현행법령 가운데 유일하게 헌법에만 전문이 있다. 헌법 전문을 옮겨볼 테니 이를 차분히 읽어보자. 전문을 읽으려면 숨 한 번 크게 들이쉬고 읽어야 한다. 숨을

들이쉬었다면 전문을 읽어보자.

「대한민국헌법」 전문

유구한 역사와 전통에 빛나는 우리 대한국민은 3·1운동으로 건립된 대한민국임시정부의 법통과 불의에 항거한 4·19민주이념을 계승하고, 조국의 민주개혁과 평화적 통일의 사명에 입각하여 정의·인도와 동포애로써 민족의 단결을 공고히 하고, 모든 사회적 폐습과 불의를 타파하며, 자율과 조화를 바탕으로 자유민주적 기본질서를 더욱 확고히 하여 정치·경제·사회·문화의 모든 영역에 있어서 각인의 기회를 균등히 하고, 능력을 최고도로 발휘하게 하며, 자유와 권리에 따르는 책임과 의무를 완수하게 하여, 안으로는 국민생활의 균등한 향상을 기하고 밖으로는 항구적인 세계평화와 인류공영에 이바지함으로써 우리들과 우리들의 자손의 안전과 자유와 행복을 영원히 확보할 것을 다짐하면서 1948년 7월 12일에 제정되고 8차에 걸쳐 개정된 헌법을 이제 국회의 의결을 거쳐 국민투표에 의하여 개정한다.

'참 길다!' 헌법 전문을 처음 읽었을 때의 느낌은 딱 이 세 글자였다. 그도 그럴 것이 헌법 전문은 한 개의 문단에, 93개의 낱말이, 공백 제외하고 341자의 글자들로(공백 포함 433자) 이루어진, 원고지 2.1장 분량의 글이다. 이 긴 글을 한 호흡에 읽는 것부터 쉽지 않다. 헌법을 개정한다면 전문도 읽기 쉽게 다듬을 필요가 있다.

전문이 길긴 해도 헌법이 표방하는 기본 정신이 이곳에 담겨 있다. 너무 길어서 이를 파악하기가 어렵다면 주어와 술어로 나누어서 읽어보는 것도 좋다. 전문의 주어는 '우리 대한국민'이고, 서술어는 '개정한다'로 이루어진 한 문장이다. 이를 주어를 중심으로 다음과 같이 문단을 나누어 읽어도 각각의 문장의 주술관계가 성립한다. 이렇게 읽어보면 헌법 전문이 내 삶에 좀 가깝게 다가온다.

유구한 역사와 전통에 빛나는

우리 대한국민은 3·1운동으로 건립된 대한민국임시정부의 법통과 불의에 항거한 4·19민주이념을 계승한다.

우리 대한국민은 조국의 민주개혁과 평화적 통일의 사명에 입각하여 정의·인도와 동포애로써 민족의 단결을 공고히 한다.

우리 대한국민은 모든 사회적 폐습과 불의를 타파한다.

우리 대한국민은 자율과 조화를 바탕으로 자유민주적 기본질서를 더욱 확고히 하여 정치·경제·사회·문화의 모든 영역에 있어서 각인의 기회를 균등히 하고, 능력을 최고도로 발휘하게 하며, 자유와 권리에 따르는 책임과 의무를 완수하게 한다.

우리 대한국민은 안으로는 국민생활의 균등한 향상을 기하고 밖으로는 항구적인 세계평화와 인류공영에 이바지함으로써 우리들과 우리들의 자손의 안전과 자유와 행복을 영원히 확보할 것을 다짐한다.

우리 대한국민은 1948년 7월 12일에 제정되고 8차에 걸쳐 개정된 헌법을 이제 국회의 의결을 거쳐 국민투표에 의하여 개정한다.

이렇게 문장을 나누어서 각 문장의 의미를 따져보면 헌법 전문이 그나마 쉽게 다가온다. "대한민국 정부수립일(1948년 8월 15일)을 '건국절'로 하자"고 주장하는 이들이 있다. 이 주장은 대한민국임시정부의 법통을 계승한다는 헌법 전문에 반한다는 것을 금방 알게 된다. 나아가 헌법을 개정한다면 4·19민주이념에 이어 5·18정신도 담아야 한다는 생각까지 이어진다. 5·18민주화운동과 관련 유공자를 모독하는 발언을 아직도 서슴지않고 하는 이들을 단죄하고 더 이상 소모적인 논쟁을 벌이지 않기 위해서도 말이다.

헌법의 주어를 바꾸어 읽어본다.

이런 식으로 전문을 내 삶에 비추어 읽어보았다면 이제 조문을 읽을 차례다. 헌법 조문은 모두 130조에 달한다. 이는 10개의 장으로 제1장 총강, 제2장 국민의 권리와 의무, 제3장 국회, 제4장 정부, 제5장 법원, 제6장 헌법재판소, 제7장 선거관리, 제8장 지방자치, 제9장 경제, 제10장 헌법개정으로 이루어졌다.

헌법 조문들은 선언적이고 추상적인 내용이 많다. 그래서 더 어렵고 멀게 느껴지기도 한다. 전문을 문장을 나누어 읽어봄으로써 좀더 쉽게 이해했다면 조문은 주어를 바꾸어서 읽어보자.

「대한민국헌법」
제1조 ① 대한민국은 민주공화국이다.
② 대한민국의 주권은 국민에게 있고, 모든 권력은 국민으로부터 나온다.

노래로 만들어져 많이 불리기도 했던 「대한민국헌법」 제1조이다. 먼저

제1항의 주어를 내가 머무는 곳에 비추어 바꾸어 읽어보자. 이를테면 국가가 아닌 내가 주로 머무는 '학교', '우리 반', '우리 집' 등으로 말이다. 소리 내어 읽어보는 것도 좋다. 같이 한번 읽어볼까.

학교는 민주공화국이다.
우리 반은 민주공화국이다.
우리 집은 민주공화국이다.

제1조 제2항도 같은 맥락으로 읽어보자. 그러면 '국민'은 어떻게 바꾸어서 읽으면 좋을까? '구성원' 정도가 적당하지 않을까 싶다. 이 말에 동의한다면 제1조 제2항을 제1항에서 바꾼 주어에 맞게 소리 내어 읽어보자.

학교의 주권은 학교 구성원에게 있고, 모든 권력은 학교 구성원으로부터 나온다.
우리 반의 주권은 우리 반 구성원에게 있고, 모든 권력은 우리 반 구성원으로부터 나온다.
우리 집의 주권은 우리 집 구성원에게 있고, 모든 권력은 우리 집 구성원으로부터 나온다.

어떤가? 박근혜 전 대통령이 국정농단을 이유로 탄핵되었는데 우리 학교, 우리 반, 우리 집은 위헌인지 아닌지 되짚어 보는 것도 의미가 있지 않은가?

교사는 공무원이기도 하니 헌법 제7조도 눈여겨보자. 이때 제7조 제1항의 "공무원"은 "나"로 바꾸어 읽어보는 것도 의미가 있다. 그러면 "국민전체"는 "우리 학교 구성원" 정도의 의미로 읽힐 것이다. 이렇게 바꾸어 제7조 제1항을 읽어보자.

나는 우리 학교 구성원에 대한 봉사자이며, 우리 학교 구성원에 대하여 책임을 진다.

제7조 제2항을 읽다 보면 억울함이 들 때가 많다. 여기서 내가 주목하는 것은 서술어 "보장된다"이다. '보장'이 뭔가? "장애가 없이 잘되도록 보호한다"는 뜻이다. 그런데 공무원의 신분은 정년을 보장받을지언정 정치적 중립성에 제한을 받을 때가 많다. 이 조항이 신설된 유래를 알고 나면 억울함이 더 커진다. 이 조항은 4·19혁명으로 민주당 정권이 들어선 후 신설되었다. 이승만 정권이 자신의 정치적 이득을 위해 공무원을 선거에 동원하기도 했던 만행을 막고자 했던 헌법적 조치였던 것이다. 즉 공무원·교원의 정치적 중립성은 정치적 외압으로부터 자유로울 권리를 보장하기 위한 것이었다. 그러나 이후 들어선 박정희 정권은 공무원·교원의 직무상의 의무를 신분상의 의무로 적용하여 정치기본권을 박탈했다. 「국

가공무원법」등 관련 법규에서 공무원·교원의 정치적 의사표현의 자유, 정당가입의 자유, 선거운동의 자유를 전면적으로 금지했기 때문이다.

공무원·교사의 정치기본권 제약은 세월호 시국선언에 참여한 교사들에 대한 징계로까지 이어진다. 같은 내용의 시국선언인데 교수가 하면 "지성의 표출"이 되고, 교사가 하면 "징계의 표적"이 되는 어처구니없는 상황이 벌어진 것이다.

이런 부조리한 상황을 개선하고자 2018년 2월에 교사정치기본권찾기 연대가 결성된다. 나도 이 연대에 참여하여 선거운동 금지, 90일 전 사퇴, 정당가입 금지, 집단행위 금지 등이 헌법상의 국민의 권리를 침해한다며 헌법소원심판을 청구했다. 이 심판청구에는 전국에서 1,068명의 교사들이 "시민이 아닌 자, 시민을 기를 수 없다"라는 취지로 뜻을 모아 의견서를 제출하기도 했다. 헌법재판소에서 심리가 진행 중인 이 소송 결과에 따라 공무원·교원의 정치기본권 확대 여부는 결정이 날 것이다.

다행히도 2019년 4월 29일, 국가인권위원회가 "공무원·교원의 전면적 정치적 자유 제한은 인권침해"라는 입장을 발표했다. 2018년 4월 "세월호 시국선언 교사에 대한 사법처리 중단 및 교원의 정치적 표현의 자유 등 정치적 기본권의 보장을 위한 관련 법률의 개정을 요구"하는 집단 진정사건에 대해 헌법, 국제규약 및 해외사례, 그리고 과잉금지의 원칙 등 기본권 제한에 관한 법리에 비추어 인권침해라고 판단한 것이다. 인권위의 권고는 법적 구속력은 없지만 관련기관에서는 상당한 부담을 갖게 된다. 이에 따라 현재 관련 법률의 개정이 논의되고 있는 상황이니 공무원·교원의 정치기본권이 헌법정신에 부합하도록 확대되기를 바란다. 국가인권위원회의 결정

〈교원의 정치기본권 관련 국가인권위원회의 결정문〉읽어 보기

문은 QR코드를 읽으면 볼 수 있다. "공무원과 교원의 전면적 정치적 자유 제한은 인권침해"라고 판단한 국가인권위원회의 결정문을 읽어보는 것도 큰 도움이 될 것이다.

제1장 총강을 이렇게 읽어보았다면 제2장 국민의 권리와 의무는 어떻게 읽는 것이 좋을까? 제2장의 주어는 대부분 "모든 국민"이다. 이를 "나", 또는 "교사" 등 현재 자신의 지위로 바꾸어서 몇 개의 조항만 읽어보자. 분명 그 의미가 달리 느껴질 것이다.

제10조 모든 국민은(나 또는 교사는) 인간으로서의 존엄과 가치를 가지며, 행복을 추구할 권리를 가진다. 국가는 개인이 가지는 불가침의 기본적 인권을 확인하고 이를 보장할 의무를 진다.
제11조 ① 모든 국민은(나 또는 교사는) 법 앞에 평등하다.
제12조 ① 모든 국민은(나 또는 교사는) 신체의 자유를 가진다.
제17조 모든 국민은(나 또는 교사는) 사생활의 비밀과 자유를 침해받지 아니한다.
제18조 모든 국민은(나 또는 교사는) 통신의 비밀을 침해받지 아니한다.
제19조 모든 국민은(나 또는 교사는) 양심의 자유를 가진다.
제20조 ① 모든 국민은(나 또는 교사는) 종교의 자유를 가진다.
제21조 ① 모든 국민은(나 또는 교사는) 언론·출판의 자유와 집회·결사의 자유를 가진다.
제22조 ① 모든 국민은(나 또는 교사는) 학문과 예술의 자유를 가진다.
제26조 ① 모든 국민은(나 또는 교사는) 법률이 정하는 바에 의하여 국가기관에 문서로 청원할 권리를 가진다.
제31조 ① 모든 국민은(나 또는 교사는) 능력에 따라 균등하게 교육을

같이 읽자, 교육법!

받을 권리를 가진다.

② 모든 국민은(나 또는 교사는) 그 보호하는 자녀에게 적어도 초등교육과 법률이 정하는 교육을 받게 할 의무를 진다.

제34조 ① 모든 국민은(나 또는 교사는) 인간다운 생활을 할 권리를 가진다.

제35조 ① 모든 국민은(나 또는 교사는) 건강하고 쾌적한 환경에서 생활할 권리를 가지며, 국가와 국민은 환경보전을 위하여 노력하여야 한다.

제37조 ① 국민의(나 또는 교사의) 자유와 권리는 헌법에 열거되지 아니한 이유로 경시되지 아니한다.

제38조 모든 국민은(나 또는 교사는) 법률이 정하는 바에 의하여 납세의 의무를 진다.

제39조 ① 모든 국민은(나 또는 교사는) 법률이 정하는 바에 의하여 국방의 의무를 진다.

주어를 바꾸어 헌법을 읽어보니 어떤가? 나와 너와 우리가 얼마나 위대한 존재인지 헌법이 내게 말을 걸어오는 것 같지는 않은가?

헌법이 밝힌 교육의 의미를 읽어본다.

우리 헌법은 교육을 국민의 권리인 동시에 의무로 규정하고 있다. 권리를 행사해야 할 것은 무엇이고 의무를 다해야 할 것은 무엇인지 생각하면서 헌법 제31조를 읽어보는 것도 헌법이 부여한 교육의 의미를 고찰하는 좋은 계기가 될 것이다.

「대한민국헌법」

제31조 ① 모든 국민은 능력에 따라 균등하게 교육을 받을 권리를 가진다.

② 모든 국민은 그 보호하는 자녀에게 적어도 초등교육과 법률이 정하는 교육을 받게 할 의무를 진다.

③ 의무교육은 무상으로 한다.

④ 교육의 자주성·전문성·정치적 중립성 및 대학의 자율성은 법률이 정하는 바에 의하여 보장된다.

⑤ 국가는 평생교육을 진흥하여야 한다.

⑥ 학교교육 및 평생교육을 포함한 교육제도와 그 운영, 교육재정 및 교원의 지위에 관한 기본적인 사항은 법률로 정한다.

헌법의 연혁을 읽어본다.

1948년 7월 17일 대한민국 정부수립의 기초가 된 헌법을 제정·공포한 이래 9차에 걸친 헌법개정이 있었다. 법령이 바뀔 때마다 개정이유를 밝히는데 헌법도 마찬가지다. 현행 제10호 헌법은 1987년 '6월항쟁'의 산물로 전부개정된 것이라 제9호 헌법과 비교하여 민주주의가 크게 확대된 것을 알 수 있다. 제10호 헌법의 개정이유에서 이를 직접 확인해보자.

대한민국헌법

[시행 1988. 2. 25.] [헌법 제10호, 1987. 10. 29., 전부개정]

〈개정이유〉

우리는 1948년7월17일 대한민국정부수립의 기초가 된 헌법을 제정·공포한 이래 8차에 걸친 헌법개정을 경험하였다.

이제 제12대국회의 여·야의원은 지난 39년간 겪은 귀중한 헌정사적

같이 읽자, 교육법!

교훈을 거울삼고 우리 국민의 창의와 근면으로 이룩한 경제성장과 더불어 꾸준히 변화·성숙되어 온 민주역량과 다양화된 민의를 폭넓게 수용하여 대한민국 헌정사의 새로운 장을 여는 합의개헌안을 제안함으로써, 국민 모두의 동의와 자발적 참여를 바탕으로 자유민주주의 이념과 체제를 더욱 확고히 계승·발전시키고 조국의 평화통일기반을 공고히 하여 세계 속에 웅비하는 2천년대의 새 역사 창조에 획기적인 계기를 마련하고자 한다.

지난 제12대 총선 이후 우리 사회는 개헌문제를 둘러싸고 갈등과 대립 그리고 혼란을 거듭하기도 하였으나 마침내 국민대화합을 이룩하여 우리 역사상 처음으로 여·야 합의에 의하여 대통령직선제의 헌법 개정안을 제안할 수 있게 되었다.

이 헌법개정안은 여·야 정당간에 합의된 내용을 기초로 하여 국회 내의 모든 교섭단체대표등이 참여한 헌법개정특별위원회에서 만장일치로 기초·성안한 것을 그대로 제안하는 등 국민적 합의를 도출하는데 필요한 모든 절차를 거친 것으로써 참다운 민주화 시대의 전개를 향한 국민적 여망과 정치인의 시대적 사명이 함께 담긴 것이다.

이 헌법개정안의 주요내용은 다음과 같다.

첫째, 대통령직선제의 채택으로 국민의 직접선거에 의한 정부선택을 보장함과 아울러, 대통령단임제에 기한 평화적 정권교체의 전통을 계승 확립함으로써 민주국가발전의 기틀을 더욱 확고히 하였다.

둘째, 대통령의 비상조치권·국회해산권의 폐지를 통하여 대통령의 권한을 합리적으로 조정하고, 국정감사권을 부활하는 등 국민의 대표기관인 국회의 권한을 강화하여 그 기능을 활성화함으로써 국가권력의 균형과 조화를 도모하였으며, 법관의 임명절차 개선과 헌법재판소의 신설등을 통하여 사법권의 독립을 실질적으로 보장하고 헌법의 실효성을 제고하였다.

셋째, 구속적부심사청구권의 전면보장, 형사보상제도의 확대, 범죄피

제1장 법과 나

79

해자에 대한 국가구조 제 신설등 국민의 신체와 생명에 대한 보호를 강화하고, 언론·출판·집회·결사에 대한 허가·검열의 금지등 표현의 권리를 최대한 보장하며, 근로3권의 실질적 보장과 최저임금제의 실시 등 근로자의 인간다운 생활을 할 권리를 확충하여 기본적 인권을 신장하였다.

넷째, 경제질서에 관하여는 자유경제체제의 원리를 근간으로 하면서 적정한 소득의 분배, 지역경제의 균형발전, 중소기업과 농·어민 보호 등을 통하여 모든 국민의 복리를 증진시키고, 국민생활의 기본적 수요를 충족시키는 사회정의를 실현하도록 하였다.

대한민국헌법 제정·
개정이유 확인하기

이렇게 헌법의 개정이유를 살펴보면 헌법을 쉽게 개괄할 수 있다. QR코드를 통해 제1호 헌법부터 제9호 헌법까지의 제정·개정이유를 확인할 수 있다. 다른 제호의 헌법들은 제10호 헌법처럼 제정·개정이유가 길지 않다. 전체 5분이면 충분히 읽을 수 있는 분량이다. 대한민국 현대사의 흐름을 헌법을 통해 확인하게 될 것이다. 반드시 읽어보기 바란다.

대통령 탄핵 결정문을 읽어본다.

"피청구인 대통령 박근혜를 파면한다."

2017년 3월 10일 헌법재판소는 이와 같은 주문을 한다. 최순실 등의 국정농단을 이유로 1년여 동안 온 나라를 달궜던 촛불집회는 이 한마디에 막을 내린다. 대한민국 대통령의 탄핵, 헌정 사상 처음 있는 일이었다. 2004년 노무현 대통령 때 시도는 있었지만 그때 헌재의 결정은 "이 사건 심판청구를 기각한다"였다.

같이 읽자, 교육법!

헌법재판소의 대통령 탄핵에 대한 두 결정문을 읽어보는 것도 헌법을 이해하는 데 큰 도움이 된다. 학생들과 함께 민주시민의 자질을 길러나가야 할 교사들에게는 훌륭한 교재이기도 하다. 이런 의미에서 헌법재판소가 판결한 두 전직 대통령에 대한 탄핵결정문을 읽어보는 것도 법적 민감성을 키우는 데 큰 도움이 될 것이다.

대통령(박근혜) 탄핵 [전원재판부 2016헌나1, 2017. 3. 10.]

【당 사 자】

청 구 인 국회

소추위원 국회 법제사법위원회 위원장

피청구인 대통령 박근혜

【주　　문】

피청구인 대통령 박근혜를 파면한다.

대통령(노무현) 탄핵 [전원재판부 2004헌나1, 2004. 5. 14.]

【당 사 자】

청 구 인　국회

소추위원 국회 법제사법위원회 위원장

피청구인　대통령 노무현

【주　　문】

이 사건 심판청구를 기각한다.

헌법이 개정된다면 어떤 내용이 담겨야 할지 생각하며 읽어본다.

시대 변화에 따라 헌법을 개정해야 한다는 목소리가 계속 있었다. 그러나 개헌의 실행에 이르지는 못했다. 개헌 절차가 그리 간단하지 않기 때문이다. 왜 그런지 「대한민국헌법」 제10장의 헌법개정절차를 통해 확인해보자.

「대한민국헌법」

제10장 헌법개정

제128조 ① 헌법개정은 국회재적의원 과반수 또는 대통령의 발의로 제안된다.

② 대통령의 임기연장 또는 중임변경을 위한 헌법개정은 그 헌법개정 제안 당시의 대통령에 대하여는 효력이 없다.

제129조 제안된 헌법개정안은 대통령이 20일 이상의 기간 이를 공고하여야 한다.

제130조 ① 국회는 헌법개정안이 공고된 날로부터 60일 이내에 의결하여야 하며, 국회의 의결은 재적의원 3분의 2 이상의 찬성을 얻어야 한다.

② 헌법개정안은 국회가 의결한 후 30일 이내에 국민투표에 붙여 국회의원선거권자 과반수의 투표와 투표자 과반수의 찬성을 얻어야 한다.

③ 헌법개정안이 제2항의 찬성을 얻은 때에는 헌법개정은 확정되며, 대통령은 즉시 이를 공포하여야 한다.

헌법을 개정하려면 헌법안 발의, 공고, 국회의결, 국민투표, 공포의

같이 읽자, 교육법!

과정을 거쳐야 하는데 복잡한 정치 현실은 개헌의 첫 관문인 발의마저도 쉽지 않다. 이럴 때면 1987년 6월항쟁의 가치를 담고 있는 제10호 헌법이 시행되고 있는 것이 그나마 다행이라는 생각마저 든다.

그래도 개헌은 할 때가 되었다. 1987년 6월항쟁 이후로 이미 한 세대가 지났다. 변화한 시대에 맞게 새로운 미래를 그릴 수 있도록 헌법도 바꿀 때가 됐다. 지난 내 삶이 제10호 헌법의 영향이었다면 앞으로의 내 삶은 개정된 헌법에 따라 달라질 것이다. 그렇다면 앞으로 헌법은 어떻게 개정되어야 할까? 이 질문을 가슴에 담고 헌법을 읽는 것도 의미 있다. 나는 헌법개정권력자의 구성원이니까.

제2장

학교와 교육법

여기까지 읽어왔다면 법이 그렇게 멀게만 느껴지지 않을 것이다. 매사에 법 따지며 살지는 않겠지만 필요할 때 언제든지 찾아볼 수 있는 소양도 갖추었을 것이다. 그렇다고 여기서 그치면 변죽만 울리게 된다. 본격적인 교육법은 아직 시작도 안 했으니 말이다.

교육에 관계된 법은 참으로 많다. 그 많은 법들을 다 읽고 알면 좋겠지만 굳이 그럴 필요까지는 없다. 기본적인 것만 이해하고 필요할 때 찾아보면 된다. 그래도 학교생활에 필요한 기본적인 법령 정도는 이해하고 있어야 한다. 그래야 자신을 지킬 수 있고, 교육을 소신껏 할 수 있는 배짱도 생긴다. 이런 취지로 제2장은 '학교와 교육법'이라 이름을 붙였다.

다루어야 할 법령은 많지만 먼저 교육법이 무엇인지, 교육법은 어떻게 변해왔는지부터 간단히 짚어볼 것이다. 그런 다음 반드시 알아두어야 할 법령을 중심으로 법 조문을 해석해볼 것이다. 이렇게 내 삶에 비추어 교육법을 읽다보면 교육법에 대한 문해력도 점차 길러질 것이다.

01

교육법이란 무엇인가?

　법과 내 삶의 관련성과 법령의 기본적인 지식을 이해하고 나니 법이 좀 달라 보이지 않는가? 더구나 헌법까지 읽어보았으니 국가를 이루는 3대 요소는 국민, 영토, 주권이라 배우고 가르치기는 했는데 실체가 보이지 않던 주권도 어느 정도 눈에 들어올 것이다.

　헌법을 알았다면 이제 본격적으로 이 책의 주제인 교육법으로 들어가자. 그런데 국가법령정보센터에서 "교육법"을 검색하면 교육이라는 이름이 들어간 법만 검색이 될 뿐 교육법은 보이지 않는다. 그럼 우리가 알아야 하는 교육법은 무엇일까? 교육에 관계된 법령이다. 그런데《교육법전》에 수록된 교육에 관계된 법령만 해도 현재 기준으로 800건이 넘는다. 이 많은 법령을 다 읽기도 쉽지 않겠지만 주요 골자를 이해하는 것은 훨씬 어렵다. 그럼 어떻게 할까? 지레 겁먹고 포기해버릴까? 아니다. 이 법들을 굳이 다 알 필요는 없다. 제1장 제5절에서 내 경험을 바탕으로 법령을 읽는 원칙을 간단히 소개했는데 이를 적용해보아도 좋다. 기본법부터 읽는다고 했으니 교육법도 기본적인 법들을 먼저 읽고 나머지는 그때그때 필요에 따라 찾아가며 읽으면 된다. 그렇다면 교육에 관한 기본법이 무엇인지 알아야 한다. 그 전에 교육법의 개념부터 확인하고 가자.

교육법의 정의

일반적으로 '교육법'이라 부르지만 사실 「교육법」이라는 명칭의 법은 없다. 교육법을 알자고 하면서 이렇게 말하니 무책임하다 하겠지만 사실이다. 지금 「교육법」이란 이름의 법은 없다. 예전에는 있었는데 지금은 사라지고 없다. 따라서 오늘날 우리가 쓰는 교육법이라는 말은 의미 정도에 따라 두 가지로 달라진다.

넓은 의미로 보면 교육법은 '한 나라의 교육의 이념, 목적, 제도에 관한 기본적인 사항을 규정한 교육과 관련된 모든 법'을 말한다. 이 책 표지에 적힌 교육법도 이렇게 넓은 의미로 쓰인 것이다. 이렇게 교육법을 정의하고 나면 그 내용이 방대해진다. 좁은 의미로 보면 교육법은 1949년 12월 31일, 대한민국 법률 제86호로 제정·공포된 우리나라 최초의 교육관계 기본 법규였던 구 「교육법」을 말한다. 구 「교육법」은 1997년 12월 13일 「교육기본법」이 제정·공포됨으로써 폐지되었다.

그럼 지금부터 교육에 관한 기본법이라고 할 수 있는 법부터 살펴보자. 장담하건대 이 법들을 우선 읽고 나면 교육법에 대한 감이 생길 것이다. 뒤에 우리가 읽어야 할 법들에 대한 간략한 소개를 덧붙인다. 이 법에 대한 소개를 읽고 나서 직접 해당 법령을 차분히 읽어보자. 앞에서 이야기했듯이 법령을 읽을 때는 법의 목적, 제정 또는 개정이유, 법의 주요 골자 등을 꼼꼼히 챙겨 읽는 것이 좋다. 그러면서 주요 조항은 메모하고, 한꺼번에 다 읽지 못하면 책갈피 기능을 활용하며 읽어가면 된다. 드디어 교육법에 본격적으로 입문하는 것이니 〈국가법령정보〉 앱이나 사이트를 열고 숨 한 번 크게 들이쉬고 교육법 여행을 떠나보자.

구「교육법」

지금은 사라지고 없는 법이다. 이 법을 먼저 읽자고 소개하니 좀 의아할 것이다. 그만한 사정이 있다. 우리나라의 교육법은 그 뿌리를 구「교육법」에 두고 있다. 그래서 이를 개략적으로나마 이해하는 것이 교육법을 이해하는 데 큰 도움이 된다. 이런 취지로 구「교육법」을 먼저 간단히 소개하고 지금은 검색도 쉽지 않은 이 법을 찾아 읽는 방법도 더불어 소개하고자 한다.

구「교육법」은 헌법에 따라 교육에 관한 사항을 규정하기 위하여 1949년 12월 31일 제정되었다. 교육의 목적과 기본 방침을 분명히 하고, 교육이 정치적·당파적 목적으로 이용될 수 없도록 하며, 민주시민으로서의 기본 자질을 갖추도록 하기 위하여 초등교육을 의무교육으로 하고, 양질의 교원을 확보하기 위하여 교원의 신분을 보장하도록 하며, 교육행정기관의 설치 및 교육재정과 수업연한에 관한 사항을 규정하는 등 기본적인 교육제도의 골격을 형성한 법이다. 구「교육법」은 총칙, 교육구와 교육위원회, 교육세와 보조금, 교원, 교육기관, 수업, 학과와 교과, 교과용 도서, 장학과 장학금, 벌칙, 부칙 등 11장으로 구성되어 있다.

지금은 사라지고 없는 법이지만 해방 이후 48년 동안 우리나라의 교육을 규정했던 법이라 이 또한 알아두는 것이 좋다. 그런데 폐지된 법이기 때문에 "교육법"이라고 입력하면 해당 법은 나오지 않는다. 여기서 포기하면 안 된다. 이 경우 검색창 왼쪽의 "▼"을 클릭하여 검색 대상을 "연혁법령"으로 변경한 후 법령제명이나 주제어를 넣고 검색하거나 상단 메뉴

구「교육법」읽어보
기

의 "법령"을 클릭한 후 "연혁법령" 탭을 선택하고 검색하면 된다. 이 과정을 이미 알고 있는데 구「교육법」을 아직 읽어보지 않았다면 당장 읽어보기 바란다.

「교육기본법」

말 그대로 교육법 가운데 기본이 되는 법이다. 1949년에 제정된 구「교육법」은 50년 가까운 기간 동안 38차례의 개정을 거듭하며 체계와 내용의 일관성이 없어졌다. 이에 따라 교육 관련 법체계를 전반적으로 개혁해야 한다는 주장이 힘을 얻게 되었다.

이에 구「교육법」은「교육기본법」,「초·중등교육법」,「고등교육법」등으로 나누어진다. 「교육기본법」에는 교육의 기본이념 및 방향을 담고, 「초·중등교육법」에는 초등학교·중학교·고등학교 및 특수학교에 관한 사항을 규정하고, 「고등교육법」에는 대학교에 관한 사항을 규정하고, 「유아교육법」에는 유치원에 관한 사항을 규정한다.

이렇듯 「교육기본법」은 헌법정신을 구현하여 학교교육과 사회교육을 포괄하는 교육에 관한 기본적인 사항을 규정함으로써 모든 교육관계법의 기본법으로 제정되었다.

헌법을 제외하고 모든 법령 제1조는 법의 목적을 밝힌다. 헌법으로 말하면 전문에 해당하는 부분으로 그 법의 핵심이 담긴 부분이다. 따라서 법령을 읽을 때 목적을 주의 깊게 읽어야 한다. 「교육기본법」제1조는 이 법의 목적을 다음과 같이 밝히고 있다.

같이 읽자, 교육법!

제1조(목적) 이 법은 교육에 관한 국민의 권리·의무 및 국가·지방자치
단체의 책임을 정하고 교육제도와 그 운영에 관한 기본적 사항을 규
정함을 목적으로 한다.[전문개정 2007. 12. 21.]

「교육기본법」은 본문 3개의 장과 부칙으로 이루어져 있다. 제1장 총칙
에서는 목적, 교육이념, 학습권, 교육의 기회균등, 교육의 자주성, 교육의
중립성, 교육재정을 다루고 있다. 제2장 교육당사자에서는 학습자, 보호
자, 교원, 교원단체, 학교 등의 설립자·경영자, 국가 및 지방자치단체의
권리와 의무를 밝히고 있다. 제3장 교육의 진흥에서는 남녀평등교육의
증진, 학습윤리의 확립, 건전한 성의식 함양, 안전사고 예방, 평화적 통일
지향, 특수교육, 영재교육, 유아교육, 직업교육, 과학·기술교육, 학교체
육, 교육의 정보화, 학교 및 교육행정기관 업무의 전자화, 학생정보의 보
호원칙, 학술문화의 진흥, 사립학교의 육성, 평가 및 인증제도, 교육 관련
정보의 공개, 교육 관련 통계조사, 보건 및 복지의 증진, 장학제도, 국제교
육의 기본 방향을 밝히고 있다. 부칙은 지금까지 총18회 개정된 이 법의
시행일자, 다른 법률과의 관계 등을 밝히고 있다. 이 가운데 주목할 것은
교육기본법 제정 당시 마련한 부칙이다. 구「교육법」을 폐지하고「교육기
본법」으로 대체하면서 두 법률의 관계를 부칙에서 다음과 같이 규정하고
있기 때문이다.

부 칙〈법률 제5437호, 1997. 12. 13.〉
제1조 (시행일) 이 법은 1998년 3월 1일부터 시행한다.

제2조 (다른 법률의 폐지) 교육법은 이를 폐지한다.

제3조 (다른 법률의 개정) ① 교원지위향상을위한특별법중 다음과 같이 개정한다.

제8조 제1항 제5호를 다음과 같이 한다.

5. 교육기본법 제15조 제1항의 규정에 의하여 중앙에 조직된 교원단체에서 추천하는 자

제11조 제1항중 "교육법 제80조의 규정에 의한 교육회"를 "교육기본법 제15조 제1항의 규정에 의한 교원단체"로 한다.

제13조 제1항중 "교육회"를 "교원단체"로 한다.

② 도농복합형태의시설치에따른행정특례등에관한법률중 다음과 같이 개정한다.

제9조중 "교육법 제8조의2의 규정에 의하여"를 "교육기본법 제8조 제1항의 규정에 의하여"로 한다.

제4조 (다른 법령과의 관계) 이 법 시행당시 다른 법령에서 종전의 교육법 또는 그 규정을 인용한 경우에는 이 법중 그에 해당하는 규정이 있는 때에는 종전의 교육법 또는 그 규정에 갈음하여 이 법 또는 이 법의 해당조항을 인용한 것으로 본다.

이 가운데 부칙 제3조에서 밝힌 조항이 한국교총의 법적 근거가 된다. 문제는 부칙에 교육회를 교원단체로 한다고 밝힌 이후에 교육기본법 제15조 제2항이 밝힌 교원단체 조직에 관한 대통령령을 지금까지 마련하지 않고 있다는 사실이다. 그 결과 한국교총이 교원단체의 독점적 지위를 갖게 된다. 교원단체 시행령은 특정 단체가 교원단체의 지위를 독점하는 폐단을 막기 위해서라도 반드시 제정되어야 한다. 이와 같이 중요한 내용이 담기기도 하니 부칙이라고 해서 그냥 지나치지 말고 유심히 살펴볼 필요가 있다.

같이 읽자, 교육법!

「교육기본법」을 읽으려면 법령 검색 사이트나 앱을 통해 법 이름을 검색하거나 오른쪽의 QR코드를 읽으면 된다.

법령을 읽을 때는 법, 대통령령, 행정규칙 등으로 이어지는 법령체계를 알아두어야 한다. 그래야만 상위법에서 위임한 조항들을 구체적으로 확인할 수 있다. 법령체계는 법령을 검색했을 때 법령 제목의 상단에 나타나는 메뉴에서 확인할 수 있다.

본문   제정·개정이유   연혁   3단비교   신구법비교   법령체계도   법령비교

법령체계도를 통해 확인해보면 다음 그림과 같이 「교육기본법」을 상위법으로 하여 6개의 시행령, 3개의 시행규칙, 3개의 행정규칙(고시, 공고, 예시, 훈령 등)으로 법령체계가 이루어진 것을 확인할 수 있다.

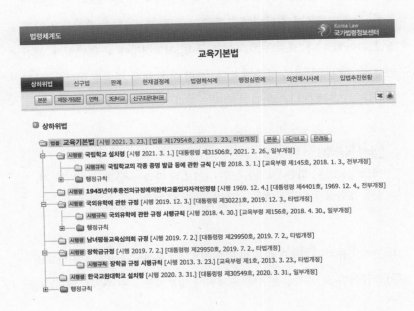

「유아교육법」

유아교육체제는 「초·중등교육법」에 부속되어 있었다. 그러나 유아교육에 대한 국가의 책임이 커짐에 따라 이를 독립된 법률로 만들어야 한다는 필요성이 꾸준히 제기되었다. 이에 2004년 1월 29일 법률 제7120호로 「유아교육법」을 제정하고 이튿날인 1월 30일부터 이를 시행하고 있다. 당시 「유아교육법」은 제정이유를 다음과 같이 밝히고 있다.

국가 인적자원 관리 체제의 기본틀을 유아단계부터 체계화하고, 유아의 교육에 대한 공교육체제를 마련함으로써 유아의 균형적이고 조화로운 발달을 조장함과 아울러, 유아 보호자의 사회·경제적 활동이 원활하게 이루어질 수 있도록 지원하려는 것임.

이와 같은 이유로 「유아교육법」이 제정됨에 따라 유아교육 및 보육에 관한 국가의 책무가 강화되어 초등학교 취학 직전 1년의 유아교육은 무상으로 하게 된다. 또한 보호자의 요구 및 지역실정에 따라 반일제, 시간연장제, 종일제 등을 운영하게 된다. 제정 이후 26회 개정된 현행 「유아교육법」은 그 목적을 다음과 같이 밝히고 있다.

「유아교육법」
제1조(목적) 이 법은 「교육기본법」 제9조에 따라 유아교육에 관한 사항을 정함을 목적으로 한다. 〈개정 2010. 3. 24.〉

최근에는 '유치원 3법'으로 많이 알려지게 된 「유아교육법」, 「사립학교법」, 「학교급식법」의 개정안은 사립유치원이 정부보조금을 부정하게 사용하

같이 읽자, 교육법!

는 것을 막자는 취지로 더불어민주당 박용진 의원이 대표 발
의하면서 붙여진 이름이다. 이 외에도 유아교육의 공공성을
강화하기 위하여 유치원을 '유아학교'로 이름을 바꾸자는 움
직임도 일고 있다.

「유아교육법」 읽어보
기

　「유아교육법」을 읽으려면 법령 검색 사이트나 앱을 통해
법 이름을 검색하면 된다. 이를 읽고 나면 '3단비교'를 통해 「유아교육법
시행령」과 「유아교육법 시행규칙」도 찾아 같이 읽어보아야 한다.

「초·중등교육법」

　구 「교육법」은 1949년 제정 이후 빈번한 개정이 이루어졌다. 그러다 보
니 체계와 내용의 일관성이 부족하고 각급학교의 특수성을 충분히 반영
하지 못하는 문제가 발생했다. 당연히 전면적인 개정의 필요성이 계속 제
기되었다. 이에 학교 유형을 다양화하고, 학생이 한 사람의 인격체로서
존중받고 자아를 계발할 수 있도록 학생의 권리를 보호하며, 지역과 학교
실정에 맞는 교육운영을 기하고 학교운영의 자율성을 신장하기 위하여
1997년 12월 13일 법률 제5438호로 「초·중등교육법」을 제정하여 이듬해
인 1998년 3월 1일부터 시행한다. 「초·중등교육법」 제1조는 이 법의 목적
을 다음과 같이 밝히고 있다.

「초·중등교육법」
제1조(목적) 이 법은 「교육기본법」 제9조에 따라 초·중등교육에 관한
사항을 정함을 목적으로 한다. [전문개정 2012. 3. 21.]

「초·중등교육법」은 제정 이후 2021년 9월 24일 기준으로 48회에 걸친 개정이 이루어져 현재는 본문 5장과 부칙, 별표/서식으로 이루어졌다. 본문은 제1장 총칙, 제2장 의무교육, 제3장 학생과 교직원, 제4장 학교, 제4장의2 교육비지원, 제5장 보칙 및 벌칙으로 구성되었고 부칙, 별표/서식이 뒤를 잇는다.

「초·중등교육법」은 「초·중등교육법 시행령」(대통령령), 「초·중등교육법 시행규칙」(훈령)과 함께 살펴야 할 때가 많다. 이는 '3단비교' 메뉴를 통해 인용조문, 위임조문, 법령단위로 분류하여 확인할 수 있다.

「초·중등교육법」도 잦은 개정으로 교육 현장의 이해와 요구를 잘 반영하지 못하는 측면이 있다. 전면개정의 목소리도 나오고 있는데 개정을 한다면 어떻게 하는 것이 바람직한지 살피며 「초·중등교육법」을 읽어보자. 「초·중등교육법」을 읽으려면 법령 검색 사이트나 앱을 통해 법 이름을 검색하면 된다.

「초·중등교육법」 읽어보기

「고등교육법」

「고등교육법」은 구「교육법」과 관계 법령들 가운데에서 고등교육 관련 조항들만을 모아 1997년 12월 13일 법률 제5439호로 제정하고, 이듬해인 1998년 3월 1일자로 시행된다. 당시 「고등교육법」은 제정이유를 다음과 같이 밝히고 있다.

현행 교육법은 1949년 12월 31일 제정·공포된 이래 38회의 개정으로 인하여 그 체계와 내용의 일관성이 부족하고, 현재의 교육여건에 부합하지 못하며, 각급학교의 특수성을 충분히 반영하지 못하고 있

같이 읽자, 교육법!

는 등의 문제점이 있어 교육법의 전면적인 개정의 필요성이 제기되었으며, 그동안 확정·발표된 교육개혁방안에서 고등교육분야에 관하여 국민에게 고등교육을 받을 기회를 확대하고 대학의 자율성 신장과 질적 수준의 향상을 지향하는 많은 방안들이 발표·시행됨에 따라 이의 제도화를 위한 법적 근거를 명확히 하여 교육개혁방안의 제도화를 위한 법적 기반을 마련하려는 것임.

이와 같은 이유로 「고등교육법」이 제정됨에 따라 대학 자치 구현, 대학 학사의 전면 개혁, 대학설립 준칙주의, 단설대학원 설립, 대학정원 자율화, 대외 교육개방, 전문대학 학위 수여 등 교육개혁 방안의 법적 근거가 마련된다. 제정 이후 52회 개정된 현행 「고등교육법」은 그 목적을 다음과 같이 밝히고 있다.

「고등교육법」 읽어보기

「고등교육법」
제1조(목적) 이 법은 「교육기본법」 제9조에 따라 고등교육에 관한 사항을 정함을 목적으로 한다. [전문개정 2011. 7. 21.]

「장애인 등에 대한 특수교육법」

시청각장애자 등 심신장애자에 대한 특수교육을 진흥하기 위하여 1977년 「특수교육 진흥법」이 제정되었다. 이 법에서는 특수교육대상자, 국가와 지방자치단체의 임무, 교육과정 및 교과용 도서, 교원의 자격, 그리고 재정보조 등에 관한 규정을 마련하고, 국립 또는 공립의 특수교육기관에 취학하는 사람 및 사립의 특수교육기관 중 의무교육과정에 취학하는 사람의 교육은 무상으로 실시하도록 명시하였다. 그러나 급격히 증가하는 특수교육 수요에 대처하기에는 한계가 있어서 1994년 전부개정을 통해 특수교육의 기회를 확대·제공하였으나 특수교육을 질적으로 확대하는 데에는 한계가 있었다. 이에 2007년에 「특수교육 진흥법」을 폐지하고 「장애인 등에 대한 특수교육법」을 제정하게 되었다. 「장애인 등에 대한 특수교육법」 제1조는 이 법의 목적을 다음과 같이 밝히고 있다.

「장애인 등에 대한 특수교육법」
제1조(목적) 이 법은 「교육기본법」 제18조에 따라 국가 및 지방자치단체가 장애인 및 특별한 교육적 요구가 있는 사람에게 통합된 교육환경을 제공하고 생애주기에 따라 장애유형·장애정도의 특성을 고려한 교육을 실시하여 이들이 자아실현과 사회통합을 하는 데 기여함을 목적으로 한다.

「장애인 등에 대한 특수교육법」 읽어보기

「장애인 등에 대한 특수교육법」을 읽으려면 법령 검색 사이트나 앱을 통해 법 이름을 검색하거나 QR코드를 읽으면 된다. 이를 읽고 나면 '3단비교'를 통해 「장애인 등에 대한 특수교육법 시행령」과 「장애인 등에 대한 특수교육법 시행규칙」도 찾아 같이 읽어보아야 한다.

「평생교육법」

평생교육 관련 법률은 해방 후 문맹퇴치를 목표로 1948년에 발령된 「고등공민학교규정」에서 그 뿌리를 찾을 수 있다. 본격적인 평생교육 관련법은 제5공화국 헌법개정에서 국가의 평생교육 진흥의무가 명문화됨에 따라 1982년 12월 31일에 제정된 「사회교육법」이었다. 그러나 「사회

교육법」이 제정 이후 20년 가까이 개정되지 않으면서, 그 내용이 변화된 사회교육환경에 부응할 수 없게 되었다. 이에 1999년 8월 31일 법률 제6003호를 전부개정하여 「사회교육법」의 제명을 「평생교육법」으로 바꾸고 2000년 3월 1일부터 시행한다.

「평생교육법」은 평생교육의 진흥을 국가의 의무로 규정하고 있는 헌법 및 「교육기본법」의 규정에 따라 평생교육의 이수를 그에 상응하는 학교교육의 이수로 인정될 수 있도록 하였다. 이에 따라 사내대학·원격대학 등 학교교육과 동일한 학력이 인정되는 새로운 형태의 평생교육시설을 설치·운영할 수 있게 되었다. 「평생교육법」 제1조는 이 법의 목적을 다음과 같이 밝히고 있다.

「평생교육법」 읽어보기

> **「평생교육법」**
> 제1조(목적) 이 법은 「헌법」과 「교육기본법」에 규정된 평생교육의 진흥에 대한 국가 및 지방자치단체의 책임과 평생교육제도와 그 운영에 관한 기본적인 사항을 정함을 목적으로 한다.

「평생교육법」을 읽고 나면 '3단비교'를 통해 「평생교육법 시행령」과 「평생교육법 시행규칙」도 찾아 같이 읽어보아야 한다.

「지방교육자치에 관한 법률」

그동안 구 「교육법」에 규정되어 있던 지방자치단체의 교육·학예사무의 관장 기관의 설치와 그 조직 및 운영 등에 관한 사항을 별도의 법률로 규정하기 위하여 1991년 3월 8일 법률 제4347호로 「지방교육자치에 관한 법률」을 제정하였다. 다만, 구 「교육법」에서는 광역자치단체는 물론 기초자치단체까지 교육자치제를 실시하는 내용으로 규정되어 있었으나, 「지방교육자치에 관한 법률」에서는 예산 부족, 지역격차, 교직원 인사교류 등을 이유로 교육자치제의 실시단위를 광역자치단체로 한정하였다. 「지방교육자치에 관한 법률」 제1조는 이 법의 목적을 다음과 같이 밝히고 있다.

「지방교육자치에 관한 법률」

제1조(목적) 이 법은 교육의 자주성 및 전문성과 지방교육의 특수성을 살리기 위하여 지방자치단체의 교육 · 과학 · 기술 · 체육 그 밖의 학예에 관한 사무를 관장하는 기관의 설치와 그 조직 및 운영 등에 관한 사항을 규정함으로써 지방교육의 발전에 이바지함을 목적으로 한다.

「지방교육자치에 관한 법률」 읽어보기

「지방교육자치에 관한 법률」을 읽고 나면 '3단비교'를 통해 「지방교육자치에 관한 법률 시행령」도 찾아 같이 읽어보아야 한다. 지방교육자치에 관한 법률은 연관된 시행규칙이 없으므로 시행령까지만 알아두면 된다.

「사립학교법」

사립학교의 특수성에 비추어 그 자주성을 확보하고 공공성을 앙양함으로써 사립학교의 건전한 발달을 도모하기 위하여 1963년 6월 26일, 법률 제1362호로 제정한 법이다. 제정된 뒤부터 2019년 8월 20일, 법률 제16439호로 일부개정되기까지 70차례 개정되었는데 지금도 꾸준히 개정 논의가 이어지고 있다. 「사립학교법」은 사립학교의 설립과 해산, 이사회, 자산, 회계, 교원 등과 관련한 사항들을 규정하고 있다. 2019년 4월 기준으

같이 읽자, 교육법!

로 우리나라 전체 학교들 중에 사립학교가 차지하는 비중은 여전히 높다. 교육의 공공성을 강화하기 위하여 사립학교에도 국고가 지원되고 있고, 설립 당시와 비교하여 사회 여건이 변한 만큼 사학의 공공성과 투명성을 강화하는 방향으로 「사립학교법」은 개정이 이루어져야 한다.

설립별 학교수(2019. 4. 기준)

(단위: 개교)

설립	유치원	초등학교	중학교	고등학교	대학교	계
국립	3	17	9	19	50	98
공립	4,856	5,996	2,570	1,391	8	14,821
사립	3,978	74	635	946	372	6,005
계	8,837	6,087	3,214	2,356	430	20,924

「사립학교법」을 읽고 나면 「사립학교법 시행령」도 찾아 같이 읽어보아야 한다.

지금까지 간단하게 소개한 법들 이외에도 우리가 알아야 할 교육법들은 많다. 이는 주제별로 나누어 뒤에서 차차 살펴보기로 하자.

「사립학교법」읽어보기

교육법은
어떻게 변해왔을까?

　8·15 광복 이후부터 오늘에 이르기까지 우리나라의 교육체제는 크게 달라졌다. 현대식 교육제도는 맨땅에서 시작해서 이만큼 왔다고 해도 과언이 아니다. 새로운 교육체제를 논하려면 교육법제 변천사에 대한 이해도 필요하다. 그러자면 관련 논문이나 책을 찾아보는 것이 제일 좋겠지만 오늘 내게 영향을 미치고 있는 법령도 잘 이해하지 못하는 상황에 이 짬을 내기란 쉬운 일이 아니다. 그렇게 바쁜 분들을 위해 대한민국 정부수립 이후 만들어진 교육 관련 주요 법령들을 국가법령정보에서 밝히고 있는 제정일자, 제정이유, 주된 내용 등을 골자로 정리해보았다. 독재정권 시절의 법 제정 또는 개정이유를 읽다 보면 민주주의에 역행하는 것도 많다. 이 또한 교육법제의 흐름이라 생각하고 가볍게 읽어보기 바란다.

정부수립 이후 1950년대까지

　교육체제가 수립되는 시기이다. 미군정 법령에 의해 운영되다가 한국교육위원회 및 조선교육심의회가 주도하여 홍익인간의 교육이념을 채택한다. 1953년 휴전 이후 복구과정에서 교육정책 역시 교육시설·설비의 확충을 목표로 자유방임적인 정책기조로 일관하면서 사학에 크게 의존한다. 그 결과 1950년대 중반부터 초·중등학교 및 대학이 증가함에 따라 학교의 수가 늘어난다. 이 시기에 제정된 주요 교육법령은 아래와 같다.

○ 「대한민국헌법」

[시행 1948. 7. 17.] [헌법 제1호, 1948. 7. 17., 제정]

제16조에서 모든 국민은 균등하게 교육을 받을 권리가 있다는 교육수권을 선언하였고, 초등의무교육의 무상원칙 및 국가의 교육 관련 감독권과 교육제도 법정주의의 원칙을 천명하였다.

○ 「정부조직법」

[시행 1948. 7. 17.] [법률 제1호, 1948. 7. 17., 제정]

정부의 행정조직의 대강을 정하여 통일적이고 체계 있는 국무수행을 도모하였고 이에 따라 문교부가 설치되었다.

○ 「교육법」

[시행 1949. 12. 31.] [법률 제86호, 1949. 12. 31., 제정]

헌법 규정에 따라 교육에 관한 사항을 규정하였다. 6-3-3-4제를 근간으로 한 학제, 교육자치제를 담았다. 한국 교육체제의 기본법의 면모를 갖추었으나 한국전쟁의 발발로 교육체제 구축작업은 본격화되지 못하고 특별조치령으로 유지하였다.

○「교육법 시행령」

[시행 1952.4.23.] [대통령령 제633호, 1952.4.23., 제정]

「교육법」에서 위임한 사항을 시행하기 위한 구체적인 사항을 담았다. 「교육법」에 규정되었던 교육자치제는 지방의회가 같은 달 구성됨에 따라 6월 4일에 출범하였다.

○「교육공무원법」

[시행 1953. 4. 18.] [법률 제285호, 1953. 4. 18., 제정]

교육에 종사하는 공무원의 직무와 책임의 특수성에 비추어 그 자격, 임면, 보수, 복무, 신분보장과 징계 등에 관한 기준을 정함으로써 학문연구의 자유, 신분보장, 처우개선, 정치적 중립을 보장하는 동시에 교육공무원으로 하여금 그 직무에 전심전력할 수 있는 환경을 조성하여 교육을 쇄신·진흥시키려 하였다.

○「국립학교 설치령」

[시행 1953. 4. 20.] [대통령령 제780호, 1953. 4. 20., 제정]

국가가 설립·경영하는 학교의 설치·조직 및 운영 등에 관하여 필요한 사항을 규정하였다.

○「교육공무원 징계령」

[시행 1953. 7. 6.] [대통령령 제803호, 1953. 7. 6., 제정]

교육공무원의 징계에 관하여 구체적인 사항을 정하였다.

○「교육공무원자격검정령」

[시행 1953. 10. 22.] [대통령령 제824호, 1953. 10. 22., 제정]

교육공무원의 자격검정에 관하여 구체적인 사항을 정하였다. 「교원자격검정령」[대통령령 제1649호, 1964. 2. 26., 제정] 이 제정됨에 따라 1964년 2월 26일 폐지된다.

○「교육공무원임용령」

[시행 1953. 11. 1.] [대통령령 제828호, 1953. 11. 1., 제정]

교육공무원의 임용에 관하여 구체적인 사항을 정하였고, 국·공립 사범대학 및 교육대학 졸업자를 우선 채용하였다.

○「교수자격인정령」

[시행 1953. 11. 13.] [대통령령 제833호, 1953. 11. 13., 제정]

교수, 부교수, 조교수, 강사의 자격기준의 한계와 그 자격인정에 관하여 구체적인 사항을 정하였다. 1998년 2월 24일 일부개정되면서 「교수자격기준 등에 관한 규정」으로 제명이 바뀐다.

○「국민학교·중학교·고등학교·사범학교교육과정시간배당기준령」

[시행 1954. 3. 1.] [문교부령 제35호, 1954. 4. 20., 제정]

국민학교, 중학교, 고등학교 및 사범학교의 교육과정시간배당기준을 정하였다.

○「교육공무원보수규정」

[시행 1954. 12. 1.] [대통령령 제964호, 1954. 12. 8., 제정]

교육공무원의 보수에 관하여 구체적인 사항을 정하였다.

○「중학교교과과정」

[시행 1955. 8. 1.] [문교부령 제45호, 1955. 8. 1., 제정]

중학교의 국어과, 수학과, 사회생활과, 과학과, 체육과, 음악과, 미술과, 실업가정과 및 외국어과의 과정을 정하였다.

○「고등학교및사범학교교과과정」

[시행 1955. 8. 1.] [문교부령 제46호, 1955. 8. 1., 제정]

고등학교 및 사범학교의 국어과, 사회과, 수학과, 체육과, 음악과, 미술과, 실업가정과, 교육 및 철학과와 외국어과의 과정을 정하였다.

○「대학설치기준령」

[시행 1955. 8. 4.] [대통령령 제1063호, 1955. 8. 4., 제정]

학교의 설립 형태를 국립, 공립, 사립으로 구분하고 구체적인 사항(설립인가, 교원배치기준, 시설기준, 자산 및 경비, 대학조사위원회)을 정하였다.

○「교육세법」

[시행 1958. 8. 28.] [법률 제496호, 1958. 8. 28., 제정]

국고부담과 호별세부가금, 특별세부가금 등의 징수와 학부형의 직접 부담으로 충당되고 있는 지방세 의존에서 탈피하여 의무교육제도의 건전한 육성발전을 도모하기 위해 정상적인 조달방안으로 독립세로서의 교육세를 징수하였다. 「소득세법」[1961.12.8., 법률제821호] 제정·시행으로 폐지되었다.

○ 「의무교육재정교부금법」

[시행 1959. 1. 1.] [법률 제514호, 1958. 12. 29., 제정]

교육구의 재정수입액과 재정수요액의 산출기준을 법령으로써 규정하여 확실성 있는 재정부족액을 파악케 하고 이에 균형 있는 국고보조를 시행함으로써 의무교육의 건전한 발전을 기하고자 하였다.

○ 「중학교·고등학교·사범학교시설기준령」

[시행 1959. 4. 1.] [문교부령 제82호, 1959. 4. 1., 제정]

중학교, 고등학교와 사범학교시설의 기준을 구체적으로 정하였다.

이와 같은 법령이 만들어짐으로써 구 「교육법」 제정으로 출발된 교육체제화 작업은 교육 내용과 교육 형식 측면에서 최소한의 체계를 갖추게 된다.

1960년대

학교교육 체제가 정비되는 시기이다. 5·16군사정변으로 들어선 박정희 정권은 「교육에관한임시특례법」을 만들어서 교육체제를 정비한다. 또한 제5차 헌법개정에 따른 제3공화국 헌법 제27조에는 교육의 자주성과 정치적 중립성의 보장이 천명되어 있는데, 이 규정은 사립학교 교원의 경우 교육공무원과 동일하게 노동3권을 제한하는 이론적 근거로 사용되었다는 점에서 교원의 권리보장보다는 그 권리를 제한하는 근거가 되기도 하였다. 또한 사학의 자주성 확보와 공공성 증진을 목적으로 한 「사립학교법」을 제정하여 교육에 관한 국가관리체제를 강화하게 된다. 이 시기에 제정된 주요 교육법령은 아래와 같다.

○ 「교육에관한임시특례법」

[시행 1961. 9. 1.] [법률 제708호, 1961. 9. 1., 제정]

사립학교는 "민법상의 비영리법인으로 설립·경영되고 있어 국가의 감독은 민법의 일반적 규정에 따른 소극적 통제방법이어서 학교법인의 공공성 확보와 발전을 이룩할 수 없으며 더욱 이러한 법적 불비에 편승한 교육계의 부패와 병폐를 일소하고 국민교육의 정상적 질서를 회복하는 동시에 그 질적 향상을 도모"하려 하였다. 문교재건자문위원회 설치, 학교정비를 위한 학교·학과의 통폐합 및 학급·학생 수 재조정, 2년제 교육대학의 신설 및 대학교원 임용시 실적심사제 도입, 교원의 노동운동 및 집단행위 금지, 정년 60세로 5년 단축, 대학 학사학위 국가고시제를 도입하였다. 5·16군사정변 당시의 무질서하던 교육행정질서를 바로잡기 위하여 제정된 것인데 그 후 이 특례법에 의한 특별조치로 말미암아 대체로 교육계의 정상적인 질서가 회복되어 존치시킬 현실적인 필요성이 없게 되어 1963년 12월 5일 폐지하였다.

○ 「국민체육진흥법」

[시행 1962. 9. 17.] [법률 제1146호, 1962. 9. 17., 제정]

국민체육을 진흥하여 국민의 체력을 증진시키고 건전한 정신을 함양하여 명랑한 국민생활을 영위하고자 하였다.

○「산업교육진흥법」

[시행 1963. 9. 19.] [법률 제1403호, 1963. 9. 19., 제정]

경제개발5개년계획을 수행함에 소요되는 기술계 인적자원의 양적 확보와 질적 향상을 도모하고 나아가서는 국가경제의 자립발전에 기여할 수 있는 유능한 기술인을 양성하고자 하였다.

○「사립학교법」

[시행 1963. 7. 27.] [법률 제1362호, 1963. 6. 26., 제정]

사립학교의 설립주체, 그 재산 및 회계와 감독 기타 사립학교 교원의 자격과 신분보장 등을 규정함으로써 사립학교의 건전한 발달을 도모하고자 하였다.

○「도서·벽지교육진흥법」

[시행 1967. 1. 1.] [법률 제1870호, 1967. 1. 16., 제정]

지리적·경제적·문화적·사회적 혜택을 받지 못하는 산간지·낙도·수복지구 및 접적지구인 도서벽지의 의무교육을 진흥하고자 하였다.

○「과학교육진흥법」

[시행 1967. 3. 30.] [법률 제1927호, 1967. 3. 30., 제정]

각급학교의 과학교육과정이 과학교육목표에 알맞게 편성되어 있지 못하며 과학담당교원은 수적으로 부족하고 질적으로 저조하며, 과학교재는 실험을 충분히 할 수 있을 만치 확보되어 있지 못하고 실험비는 소요액에 태반이 부족한 실정인 바 이를 혁신하여 실질적인 과학교육을 진흥할 수 있는 새로운 교육시책을 마련하고자 하였다. 2018년 4월 25일 「과학·수학·정보 교육 진흥법」으로 전부개정된다.

○ 「교육법」 개정

[시행 1964. 1. 1.] [법률 제1464호, 1963. 12. 5., 일부개정]

종전의 지방교육행정은 「교육법」이 밝히고 있는 교육의 자립성과 정치적 중립성에 대한 아무런 제도적인 보장도 없이 일반행정사무와 함께 지방자치단체의 장의 관할하에 처리되어왔다. 그러다 1962년 12월 26일 헌법이 개정되어 교육의 자립성과 정치적 중립성은 헌법상의 보장을 받게되었고, 이 개정헌법의 정신에 따라 지방교육행정을 일반행정기관으로부터 분리 독립할 수 있도록 교육행정기구를 마련하여 교육자치제를 실시하였다. 교육·학예에 관한 행정사무의 집행기관으로서 서울특별시·부산시 및 도에 교육위원회를, 시 및 군에 교육장을 두어 그 사무에 관하여 당해 지방자치단체를 대표하게 하였다.

○ '국민교육헌장'

[시행 1968. 12. 5.]

박정희 정권의 국가주의적·전체주의적 교육이념을 담은 헌장으로 국회의 만장일치 동의를 받아 1968년 12월 5일 공포되었다. 반공과 민족중흥이라는 집권세력의 통치 이데올로기를 사회적 이상으로 삼고 그 실현

같이 읽자, 교육법!

을 국민교육의 지표로 삼은 국민교육헌장은 선포 당시부터 정치적 논란을 빚었다. 1960년대 말부터 1990년 초에 초·중등교육을 받은 한국인들은 헌장 내용을 외워야 했다. 1973년 3월 30일에는 대통령령으로 헌장 선포일인 12월 5일을 정부주관 기념일로 지정하여 1993년까지 헌장 이념의 구현을 다짐하는 기념식을 베풀며, 스승에 대한 공경을 표시하는 각종 기념행사를 했다. 1994년부터 기념식 행사는 개최하지 않았으며 이후 초·중·고등학교 교과서에서 국민교육헌장이 삭제되었다. 2003년 11월 27일 대통령령으로 국민교육헌장선포기념일이 폐지되었다.

1970년대

학교교육 체제가 강화되는 시기이다. 1970년대의 교육정책의 기조는 국민교육헌장의 선포로써 그 기본 방향이 제시되었고, 이른바 유신헌법(1972. 12. 27., 제7차 헌법개정)의 공포로서 본격화되었다.

유신헌법은 제27조에 교육 관련 조항을 포함하였는데 1962년의 제3공화국 헌법과의 차이점은 의무교육의 적용범위를 초등교육 외에도 법률이 정하는 교육으로 확대하여 국민의 교육기회를 보다 확대시킨 것이라고 할 수 있다. 1970년대 초부터는 기업형 과외교육으로 학원 과외가 사회 산업으로 정착하기 시작했고 입시준비를 위한 다양한 형태의 대학생에 의한 과외가 성행하게 되었다. 이로 인해 1974년 고교평준화정책을 시행하여 고교입시를 폐지하고 학군단위로 추첨을 통해 입학할 수 있는 방법을 모색하였다. 이 시기에 제정된 주요 교육법령과 교육정책은 다음과 같다.

○ 「지방교육재정교부금법」

[시행 1972. 1. 1.] [법률 제2330호, 1971. 12. 28., 제정]

"중학교 무시험제를 실시함으로써 희망자 전원이 중학교에 진학하게 됨에 따라 중등교육기관의 급격한 팽창이 불가피하게 되었고, 또한 앞으로 의무교육년한을 중학교까지 연장하는 문제가 대두되게 되었으므로 중등교육 재정수요와 의무교육정상화를 위한 연차적인 재정수요를 효율적으로 배분·사용할 수 있게 하기 위하여 현행의 의무교육재정교부금과 지방교육교부세를 지방재정교부금으로 통합하여" 합리적으로 집행하고자 하였다. 이 법의 제정으로 「의무교육재정교부금법」과 「지방교육교부금법」은 폐지되었다.

○ 「한국교육개발원육성법」

[시행 1973. 3. 14.] [법률 제2616호, 1973. 3. 14., 제정]

교육의 목적·내용·방법 등의 개발에 관한 조사·연구와 그 보급 및 활용을 목적으로 하는 한국교육개발원의 설립과 그 육성을 위하여 국가가 재정적으로 지원하게 함으로써 교육발전에 기여하고자 하였다. 「정부출연연구기관등의설립·운영및육성에관한법률」[1999.1.29., 법률 제5733호]이 제정됨에 따라 폐지되었다.

○ '고등학교 평준화' 정책

[1974 시행]

중학교 교육의 정상화를 촉진하고, 고등학교의 평준화를 기하여 학교 간 격차를 해소하고, 과학 및 실업교육을 진흥시키고, 지역 간 교육의 균형 발전을 도모하고, 국민의 교육비 부담을 경감하고, 학생인구의 대도시 집중경향을 억제하기 위하여 문교부 방침으로 실시되었다.

○ 「한국정신문화연구원육성법」

[시행 1978. 12. 5.] [법률 제3116호, 1978. 12. 5., 제정]

한국문화의 정수를 깊이 연구하여 새로운 창조의 기반으로 삼아 주체적 역사관과 건전한 가치관을 정립함으로써 미래한국의 좌표와 그 기본원리를 탐구하여 민족중흥을 위한 국민정신을 드높이고 민족문화창달에 기여하기 위하여 설립된 재단법인 한국정신문화연구원을 보호육성하고자 하였다. 국책연구기관 설립근거가 되었으며 2005년 2월 3일 「한국학중앙연구원육성법」으로 개정되었다.

1980년대부터 외환위기까지

교육개혁이 추진되는 시기이다. 대학입시 과열로 고교생의 과외가 성행하자 1980년대 이후 교육적, 교육 외적 측면에서 과외 수업에 대한 정부의 본격적인 개입이 시작되고 법적으로 금지 조치를 시행한다.

1980년 '7·30 교육개혁조치'를 시작으로 교육체제의 갈등과 교육민주화 운동과정을 거치면서 교육개혁의 중심축으로서 대통령 자문기구가 신설되어 관련 법규의 제정 및 개정을 주도한다. 제5공화국 시기에는 「교육개혁심의회규정」, 제6공화국 시기에는 「교육정책자문회의규정」, 문민정부 시기에는 「교육개혁위원회규정」에 근거하여 설치된 자문기구에 의하여 교육개혁이 추진되었다.

○ '7·30 교육개혁조치' 발표

1980년 7월 30일 국가보위비상대책위원회는 '7·30 교육개혁조치'라 불리는 학교교육 정상화 및 과열과외 해소 방안을 발표하였다. 주된 내용은 과외금지, 대학본고사 폐지와 고교내신성적 반영, 대학입학인원 확대, 대학졸업정원제 실시, 전일수업제 대학운영, 방송통신대학 확충, 교육방송 실시, 교육대학 수업연한 연장, 교육과정 축소조정 등이었다.

○ 「대한민국헌법」 제8차 개정

[시행 1980. 10. 27.] [헌법 제9호, 1980. 10. 27., 전부개정]

제8차 개정헌법은 역대 헌법개정 중 교육조항에 가장 많은 변화를 가져왔다. 먼저 기존의 "교육의 자주성과 정치적 중립성은 보장되어야 한다"는 조항에 전문성을 추가하면서 이들이 법률이 정하는 바에 의하여 보장된다고 명확히 규정(제29조 제4항)하였다.

또한, 제5공화국 헌법은 국가의 평생교육진흥의무규정(제29조 제5항)을 신설하여 「사회교육법」 제정을 필두로 사회교육 진흥의 헌법적 기초를 마련하기도 하였다.

그리고 헌법 제29조 제6항에는 법률의 위임사항에 교육재정과 교원의 지위에 관한 사항이 추가되었는데 이를 계기로 교육재원 확보를 위한 「교육세법」을 비롯하여 「교육환경개선특별회계법」과 「지방교육양여금법」이 제정되었으며, 교원지위에 관한 규정은 교원의 노동기본권 제한의 헌법적 근거로 활용되었고, 「교원지위 향상을 위한 특별법」 제정과도 관계되어 논의되었다.

같이 읽자, 교육법!

○「교육개혁심의회규정」

[시행 1985. 3. 7.] [대통령령 제11657호, 1985. 3. 7., 제정]

선진조국을 이끌어나갈 위대한 국민역량의 바탕이 되는 국가교육의 발전을 위하여, 주체적인 교육이념에 기초한 교육정책 및 교육제도의 종합적인 개선책의 수립 등에 관하여 대통령의 자문에 응하기 위하여 대통령 소속하에 교육개혁심의회를 설치하였다. 1988년 5월 9일 「중앙교육협의회규정개정령」이 제정되며 폐지하였다.

○「대한민국헌법」 제9차 개정

[시행 1988. 2. 25.] [헌법 제10호, 1987. 10. 29., 전부개정]

제9차 개정헌법에서는 제31조 제4항에 기존의 교육의 자주성·전문성·정치적 중립성 외에 대학의 자율성이 추가로 규정되었다. 이 규정은 학문의 자유에 대한 보충적 규정으로 해석되기도 하나 헌법재판소는 대학입시요강에 대한 헌법재판에서 이 조항에 근거하여 사립대학뿐만 아니라 국·공립대학도 대학자치라는 헌법상의 기본권을 향유할 수 있는 기본권의 주체로 인정되는 계기가 마련되었다고 보았다. 제6공화국의 교육개혁은 「중앙교육심의회규정」 및 「교육정책자문회규정」에 근거한 대통령 및 교육부장관 자문기구에 의해 주도되었는데 그 주된 법령을 연도별로 살펴보면 다음과 같다.

○「중앙교육심의회규정」

[시행 1988. 5. 9.] [대통령령 제12448호, 1988. 5. 9., 전부개정]

교육개혁심의회에서 건의된 교육개혁안을 효율적으로 추진하기 위하

여 교육정책에 관한 문교부장관의 자문기구인 중앙교육협의회의 조직을
개선하고 그 운영을 활성화하였다.

○ 「교육정책자문회의규정」

[시행 1988. 12. 27.] [대통령령 제12563호, 1988. 12. 27., 제정]

교육에 관한 기본정책방향 및 교육제도의 장기발전 등에 관한 대통령
의 자문에 응하게 하기 위하여 대통령 소속하에 교육정책자문회의를 설
치하였다.

○ 「교육환경개선특별회계법」

[시행 1990. 1. 1.] [법률 제4140호, 1989. 12. 21., 제정]

국민학교·중학교·고등학교 및 특수학교의 노후시설의 개체와 교
원편의시설의 확충 등을 위하여 교육환경개선특별회계를 설치하였다.
2007년 1월 19일 폐지된다.

○ 「사학진흥재단법」

[시행 1989. 3. 31.] [법률 제4103호, 1989. 3. 31., 제정]

사학진흥재단을 설립하고 사학진흥기금을 1,500억 원 이상의 규모로
조성하여 고등학교 이상의 사립학교 및 학교법인에 대하여 실험·실습시
설 등 교육시설의 개·보수와 확충을 위한 자금으로 장기저리융자하게
함으로써 사학을 지원·육성하려는 목적으로 제정하였다. 1995년 12월
29일 「한국사학진흥재단법」으로 개정되어 운영되고 있다.

○ 「한국장학회법」

[시행 1989. 3. 31.] [법률 제4104호, 1989. 3. 31., 제정]

우수한 자질을 갖춘 학생들이 경제적 이유로 학업에 어려움을 겪지 않도록 학자금의 무상지원·대여와 기숙사의 제공 등 장학사업을 수행할 한국장학회를 설립·운영하였다.

○ 「독학에 의한 학위 취득에 관한 법률」

[시행 1990. 4. 7.] [법률 제4227호, 1990. 4. 7., 제정]

고등학교를 마친 후 경제적·시간적 제약 때문에 대학에 진학할 수 없는 사람일지라도 자학자습을 하거나 다양한 교육기관과 매체를 활용하여 학습한 후 국가기관이 실시하는 시험절차를 거쳐 학사학위를 취득할 수 있는 제도를 마련하였다.

○ 「교육공무원법」 개정

[시행 1990. 12. 31.] [법률 제4304호, 1990. 12. 31., 일부개정]

교육공무원법 제11조 제1항의 규정에 의하여 국·공립의 교육대학·사범대학의 졸업자 등을 교사로 우선하여 채용하는 규정이 1990년 10월 8일 헌법재판소의 위헌결정으로 효력을 잃게 됨에 따라 교사채용은 공개전형에 의하도록 하되, 1993연도까지는 임용권자가 정하는 일정비율에 따라 1989학년도 이전에 국·공립의 교육대학·사범대학 등에 입학하여 졸업한 자를 선발·임용할 수 있게 하였다.

○「지방교육자치에 관한 법률」

[시행 1991. 6. 20.] [법률 제4347호, 1991. 3. 8., 제정]

지방자치단체의 교육·학예사무의 관장기관의 설치와 그 조직 및 운영 등에 관한 사항이 「교육법」에 규정되어 있으나, 교육의 자주성 및 전문성을 신장시키고 지방교육의 특수성을 살리며 교육의 지역 간 균형발전을 도모하기 위하여 교육·학예사무의 관장기관을 광역자치단체인 특별시·직할시 및 도로 하며, 「교육법」에 규정되어 있는 교육자치에 관한 조항을 떼어서 별도의 법률로 제정함으로써 지방교육자치제를 발전시키려 하였다.

○「청소년기본법」

[시행 1993. 1. 1.] [법률 제4477호, 1991. 12. 31., 제정]

미래사회의 주역이 될 청소년들이 지식을 바탕으로 건강하고 정서와 용기가 충만하며, 예절과 협동을 바탕으로 공동체적 삶을 실천하고, 자유민주주의 원칙에 대한 신념과 조국에 대한 긍지를 가지고 인류공영에 이바지할 줄 아는 밝고 능동적인 모습으로 자랄 수 있도록 하기 위하여 가정·사회 및 국가의 책임과 의무를 정하고 이를 실천하기 위한 기본적인 사항을 정하였다.

○「교원 징계 처분 등의 재심에 관한 규정」

[시행 1991. 6. 19.] [대통령령 제13389호, 1991. 6. 19., 제정]

교원지위향상을위한특별법의 제정(1991.5.31., 법률 제4376호)으로 교원의 징계 기타 의사에 반하는 불리한 처분에 대한 재심청구사건을 심사·

결정할 교원징계재심위원회가 교육부에 설치됨에 따라 그 재심의 청구·심사 및 결정 등 재심절차에 관하여 필요한 사항을 정하였다.

○ 「교원 지위 향상을 위한 교섭·협의에 관한 규정」

[시행 1992. 6. 2.] [대통령령 제13658호, 1992. 6. 2., 제정]

교원지위향상을위한특별법이 제정(1991.5.31., 법률 제4367호)되어 교육회가 교육부장관 및 교육감과 교원의 전문성 신장 및 지위 향상을 위한 교섭·협의를 할 수 있도록 함에 따라 그 교섭·협의절차 등에 관한 사항과 교섭·협의사항을 심의하기 위한 교원지위향상심의회의 운영 등에 관하여 필요한 사항을 정하였다.

○ 「특수학교시설·설비기준령」

[시행 1992. 10. 1.] [대통령령 제13736호, 1992. 10. 1., 제정]

학교시설·설비기준령, 특수교육진흥법시행령 및 각종학교등의체육장기준에관한규칙을 준용하거나 이들 규정에 산재되어 있는 특수학교의 시설·설비기준에 관한 사항을 통합하여 특수학교의 교육과정에 부합되는 합리적인 기준을 정함으로써 특수교육의 진흥을 도모하였다.

문민정부에서의 교육관계법령 개혁은 '교육개혁위원회'의 활동과 더불어 진행되었다. 구 「교육법」을 「교육기본법」, 「초·중등교육법」, 「고등교육법」으로 재편하여 제정(1997. 11. 18.)한 것이 주목할 만한 성과다. 또한 교육규제를 완화하여 1996년에는 총 2,639건의 규제를 폐지 또는 완화하였으며, 1997년에는 477건의 교육규제를 폐지 또는 완화하였다.

1997년에는 교육 관련 기구의 신설 및 독립을 위한 법률제정이 많았는데 학교교육과 관련하여서는 「한국교육과정평가원법」을 제정하여 교육과정 개발과 학력평가 업무를 전담토록 하였고, 교육정보화 기반구축을 위하여 「한국교육방송원법」을 제정하여 독립시켰다. 한편, 평생교육 및 직업교육분야에서는 열린교육사회와 평생학습사회 구축을 위해 「학점인정등에관한법률」을 제정하였고, 또한 신직업교육체제 구축을 위하여 「직업교육훈련촉진법」, 「자격기본법」, 「한국직업능력개발원법」을 제정·공포하였다.

○ 「교육개혁위원회규정」

[시행 1993. 8. 10.] [대통령령 제13955호, 1993. 8. 10., 제정]

21세기에 대비한 교육의 기본방향을 정립하고, 교육의 장기발전을 위한 국민적 합의의 도출 및 범정부적·범사회적 교육개혁의 추진 등에 관한 대통령의 자문에 응하기 위하여 대통령 소속하에 교육개혁위원회를 설치·운영하였다.

○ 「교육기본법」

[시행 1998. 3. 1.] [법률 제5437호, 1997. 12. 13., 제정]

구 「교육법」은 1949년 12월 31일 제정·공포된 이후 38회에 걸친 개정으로 체계와 내용의 일관성이 부족하고 새로운 교육여건에 부응하지 못하는 등의 문제점이 있으며, 그동안 지속적으로 추진해 온 교육개혁을 법제적으로 뒷받침하는 차원에서 교육법을 교육기본법, 초·중등교육법, 고등교육법등 3개 법률로 구분하여 새롭게 제정하는 일환으로 제안된 것으로서, 교육기본법은 자유민주주의 교육체제를 지향하는 헌법정신을 구현하여 학교교육과 사회교육을 포괄하는 교육에 관한 기본적인 사항을 규정하여 모든 교육관계법의 기본법으로 제정하였다.

○ 「초·중등교육법」

[시행 1998. 3. 1.] [법률 제5438호, 1997. 12. 13., 제정]

구 「교육법」은 1949년 12월 31일 제정·공포된 이래 38회의 개정으로 인하여 그 체계와 내용의 일관성이 부족하고, 새로운 교육여건에 부합하지 못하며, 각급학교의 특수성을 충분히 반영하지 못하고 있는 등의 문제점이 있어 교육법의 전면적인 개정의 필요성이 제기되었으며, 그동안 확정·발표된 교육개혁방안에서 초·중등교육분야에 관하여 국민의 교육받을 권리를 강화하고 국민중심의 교육으로의 변화를 지향하는 많은 방안들이 발표·시행됨에 따라 이의 제도화를 위한 법적 근거를 명확히 하여 교육개혁방안의 제도화를 위한 법적기반을 마련하였다.

○ 「고등교육법」

[시행 1998. 3. 1.] [법률 제5439호, 1997. 12. 13., 제정]

구 「교육법」은 1949년 12월 31일 제정·공포된 이래 38회의 개정으로 인하여 그 체계와 내용의 일관성이 부족하고, 새로운 교육여건에 부합하지 못하며, 각급학교의 특수성을 충분히 반영하지 못하고 있는 등의 문제점이 있어 교육법의 전면적인 개정의 필요성이 제기되었으며, 그동안 확정·발표된 교육개혁방안에서 고등교육분야에 관하여 국민에게 고등교육을 받을 기회를 확대하고 대학의 자율성신장과 질적 수준의 향상을 지향하는 많은 방안들이 발표·시행됨에 따라 이의 제도화를 위한 법적 근거를 명확히 하여 교육개혁방안의 제도화를 위한 법적 기반을 마련하였다.

○ 「한국교육과정평가원법」

[시행 1998. 1. 1.] [법률 제5344호, 1997. 8. 22., 제정]

학력평가기능을 담당하던 국립교육평가원이 1997년 12월 31일 폐지되게 됨에 따라 동 평가원에서 담당하는 대학수학능력시험 등 전국단위의 학력평가시험을 실시할 대체기관이 필요하게 되었고, 교육과정의 연구·개발과 학업성취의 평가를 각각 다른 기관에서 분리하여 수행함에 따라 나타난 문제점을 해소하기 위하여 제1차 교육개혁방안(1995년 5월 31일 발표)에서 위의 두 기능을 통합하여 하나의 기관에서 전담하도록 하는 방침을 확정함에 따라 교육과정의 연구·개발과 학업성취의 평가를 통합하여 운영함으로써 초·중등교육의 개혁을 뒷받침함과 아울러 학생·학부모 및 교사 등에게 신뢰성 높고 다양한 교육정보를 제공하기 위하여 한국교육과정평가원을 설립하였다.

○ 「한국교육방송원법」

[시행 1997. 1. 13.] [법률 제5273호, 1997. 1. 13., 제정]

한국교육개발원 부설의 교육방송과 멀티미디어교육연구센터를 한국교육개발원으로부터 분리하여 한국교육방송원을 새로이 설립함으로써 교육방송의 독자성과 전문성을 확보하고, 멀티미디어교육지원체제를 구축하여 학습자료·정보를 연구개발 및 보급하며, 원격교육을 통하여 학교

같이 읽자, 교육법!

교육과 사회교육을 지원·확충하는 등 언제, 어디서나 평생에 걸쳐 교육을 받을 수 있는 사회의 구현에 이바지하였다.

○「학점인정 등에 관한 법률」

[시행 1997. 3. 1.] [법률 제5275호, 1997. 1. 13., 제정]

교육개혁의 일환으로 학교교육 외에 사회교육시설 등에서 객관적으로 평가인정된 학습과정을 이수한 경우 학점을 인정받을 수 있도록 하고, 그 인정받은 학점이 누적되어 일정기준을 충족하는 경우 학력인정 및 학위취득과 연계되도록 함으로써 학교교육, 특히 고등교육 분야에서 소외되어 왔던 계층에 대한 교육에의 접근기회를 넓히는 등 언제, 어디서나 평생에 걸쳐 교육을 받을 수 있는 사회를 실현하기 위한 제도적 장치를 마련하였다.

○「직업교육훈련 촉진법」

[시행 1997. 4. 1.] [법률 제5316호, 1997. 3. 27., 제정]

21세기의 세계화·정보화 시대에 대비한 신직업교육훈련체제를 구축하기 위하여 직업교육과 직업훈련의 연계운영을 도모하고 직업교육훈련의 효율성과 질을 높임으로써 모든 국민에게 소질과 적성에 맞는 다양한 직업교육훈련의 기회를 제공하여 국민생활수준의 향상과 국가경제의 발전에 이바지하였다.

○「자격기본법」

[시행 1997. 4. 1.] [법률 제5314호, 1997. 3. 27., 제정]

산업사회의 발전에 따른 다양한 자격수요에 부응하여 자격제도를 국가자격과 민간자격으로 구분하고 자격제도의 관리주체를 다원화하는 등 자격제도에 관한 기본적인 사항을 정함으로써 자격제도의 관리·운영을 체계화·효율화하고 자격제도의 공신력을 높여 국민의 직업능력개발을 촉진하고 사회경제적 지위 향상을 도모하였다.

○ 「한국직업능력개발원법」

[시행 1997. 3. 27.] [법률 제5315호, 1997. 3. 27., 제정]

직업교육훈련의 활성화와 국민의 직업능력향상을 위하여 직업교육훈련정책 및 자격제도의 연구·개발사업, 직업교육훈련 프로그램의 개발·보급 등의 업무를 수행하는 한국직업능력개발원을 설립하고 그 조직 및 운영에 관한 사항을 정하였다.

외환위기 이후 현재까지

인재 개발 정책이 마련되는 시기이다. 1997년 IMF의 구제금융을 받으면서 근본적인 국가 경쟁력 제고를 위한 새로운 인재 개발 정책이 필요하다는 인식이 고조되었다. 이에 따라 경제적·양적 관점에 치우쳤던 교육에 전인적 발달이라는 질적 측면을 포함한 종합적인 인재 개발을 위해 1998년 교육인적자원부를 출범시켰다. 부총리제를 도입하여 개별 부처 입장을 넘어 국가적 차원에서 교육정책, 연구개발정책, 노동시장정책 등을 포괄하는 인적자원개발정책을 추진하도록 하였다. 이 시기에 제정 또는 개정된 주요 교육법령은 다음과 같다.

○ 「교원의 노동조합 설립 및 운영 등에 관한 법률」 (약칭: 교원노조법)

[시행 1999. 7. 1.] [법률 제5727호, 1999. 1. 29., 제정]

그동안 제한되어왔던 교원의 노동기본권을 보장함으로써 보편화된 국제노동기준을 준수할 수 있도록 하고, 노사정위원회에서 합의한 교원의 노동기본권 보장방안을 존중하여 그 보장범위와 단체교섭의 구조 등을 정하였다. 이로써 전국교직원노동조합이 합법화한다.

○ 「인적자원개발 기본법」

[시행 2003. 2. 27.] [법률 제6713호, 2002. 8. 26., 제정]

정부는 인적자원개발정책의 효율적인 추진을 위하여 5년마다 인적자원개발기본계획을 수립·추진하도록 하고, 각 부처의 인적자원개발정책의 원활한 조정 등을 위하여 부총리 겸 교육인적자원부장관을 의장으로 하는 인적자원개발회의를 두도록 하며, 그 밖에 인적자원개발에 관한 각 부처의 추진실적을 매년 평가하고 인적자원개발에 관한 지표를 마련하는 등 인적자원개발을 위한 기본적인 사항을 정하였다.

○ 「영재교육진흥법」

[시행 2002. 3. 1.] [법률 제6215호, 2000. 1. 28., 제정]

재능이 뛰어난 사람을 조기에 발굴하여 능력과 소질에 맞는 교육을 실시함으로써 개인의 자아실현을 도모하고 국가·사회의 발전에 기여하고자 하였다.

○ 「학교폭력예방 및 대책에 관한 법률」

[시행 2004. 7. 30.] [법률 제7119호, 2004. 1. 29., 제정]

심각한 사회문제로 대두하고 있는 학교폭력문제에 효과적으로 대처하기 위한 전담기구의 설치, 정기적인 학교폭력 예방교육의 실시, 학교폭력 피해자의 보호와 가해자에 대한 선도·교육 등 학교폭력의 예방 및 대책을 위한 제도적 틀을 마련하였다.

○ 「교육공무원법」 개정

[시행 2004. 10. 15.] [법률 제7223호, 2004. 10. 15., 일부개정]

교육공무원임용시험에서 사범대학 등의 졸업자에게 부여하여왔던 가산점 제도가 법률에 근거가 없다는 이유로 위헌결정(헌법재판소 2004. 3. 25. 선고 2001헌마882 결정)됨에 따라, 교육공무원 임용시험에 반영되는 가산점에 대한 법적근거를 마련하되, 사범대학 지역가산점 및 부전공·복수전공 가산점은 2010년도까지 한시적으로 적용하고, 교육대학의 지역가산점과 어학·정보처리·체육·기술 분야의 가산점 및 도서·벽지 지역 근무가산점은 계속 부여하였다.

○ 「초·중등교육법」 개정

[시행 2011. 10. 26.] [법률 제10914호, 2011. 7. 25., 일부개정]

전문화된 교사에 대한 시대의 요청에 부응하기 위해 현행 교사자격체제를 보다 세분화하여 상위자격을 마련하고, 교사의 능력과 자질을 향상시킬 필요에 따라 초·중등교육단계에 수석교사를 두어 새로운 교수법을 개발·보급하고, 교사의 교수·연구활동을 적극적으로 지원하도록 하였다.

○ 「취업 후 학자금 상환 특별법」

[시행 2010. 1. 22.] [법률 제9935호, 2010. 1. 22., 제정]

취업 후 학자금 상환제도를 도입하여 대학생들이 재학 중에는 이자 부담 없이 등록금과 생활비를 대출받고, 졸업 후에는 소득수준에 따라 장기간에 걸쳐 대출금을 상환하도록 함으로써 대학생과 학부모들의 학자금 부담을 줄였다. 주요 내용은 대출 대상선정, 대출 금리 결정조건, 졸업 후 대출받은 학자금을 상환해야 하는 기준 등 취업 후 상환 학자금대출의 시행을 위하여 필요한 사항을 정하였다.

○ 「국립대학법인 서울대학교의 설립·운영에 관한 법률」

[시행 2011. 12. 28.] [법률 제10413호, 2010. 12. 27., 제정]

국가가 설립·경영하던 서울대학교를 독립 법인화하여 대학운영의 자율성과 책임성을 제고하고, 대학의 교육·연구 역량을 강화함으로써 세계적 수준의 대학으로 육성하기 위하여 국립대학법인 서울대학교의 설립·운영에 필요한 사항을 정하였다.

○ 「교육공무원법」 개정

[시행 2012. 1. 1.] [법률 제11066호, 2011. 9. 30., 일부개정]

공모를 통하여 교장을 임용할 수 있도록 함으로써, 유능한 인재에게 교장직 문호를 개방하고, 단위학교의 책임경영을 강화하였다. 한편 법 문장을 원칙적으로 한글로 적고, 어려운 용어를 쉬운 용어로 바꾸며, 길고 복잡한 문장을 간결하게 하는 등 국민이 법 문장을 이해하기 쉽게 정비하였다.

○ 「교원의 지위 향상 및 교육활동 보호를 위한 특별법」

[시행 2019. 10. 17.] [법률 제16309호, 2019. 4. 16., 일부개정]

교육활동 침해로부터 교원을 보호함으로써 교육활동에 전념할 수 있도록 교원에 대한 법률상담, 특별휴가, 심리상담 및 조언 등의 보호조치를 마련하고, 교육활동 침해 시 제재의 실효성을 확보하기 위하여 교육활동 침해 학생에 대해서는 학교교권보호위원회의 심의를 거쳐 전학, 퇴학 등을 포함한 조치를 할 수 있도록 하며, 특별교육 또는 심리치료에 참여할 의무가 있는 보호자가 참여하지 아니한 경우에 300만 원 이하의 과태료를 부과할 수 있도록 하는 등 현행 제도의 운영상 나타난 일부 미비점을 개선·보완하였다.

○ 「국가교육위원회 설치 및 운영에 관한 법률」

[시행 2022. 7. 2.] [법률 제18298호, 2021. 7. 20., 제정]

국가교육위원회를 설치하여 교육정책이 사회적 합의에 기반하여 안정적이고 일관되게 추진되도록 함으로써 교육의 자주성·전문성·정치적 중립성을 확보하고 교육발전에 이바지하고자 하였다.

교육과정 관련
법령을 알아볼까?

    교사가 학교에서 하는 주된 일은 교육과정 운영, 수업, 평가와 생활교육이다. 이 밖에도 교육이라는 이름이 붙은 각종 행정업무들의 부담이 차츰 늘어가면서 이에 대한 부담을 호소하는 교사들이 늘고 있다. 이 내용은 따로 다루기로 하고 여기에서는 교육과정, 수업, 평가가 어떤 법령과 연결되어 있는지, 법령에서 부여한 권한과 책임은 어디까지인지 살펴보고자 한다. 교육과정, 수업, 평가의 모든 행위들은 법령에 따라 이루어진다. 그런데 이와 관련한 법령을 알고 있는 이는 의외로 드물다. 교육활동을 계획하고 실행할 때 관련 법령은 중요하다. 아무리 좋은 의도의 교육활동도 법령에 위배되면 실행할 수 없고, 설령 실행했다 하더라도 감사 등을 통해 뒷감당을 톡톡히 해야 하기 때문이다. 그럼 지금부터 관련 법령을 차례대로 알아보자.

    「대한민국헌법」 제31조는 교육에 대한 내용을 밝히고 있다. 교육에 대한 국민의 권리와 의무, 나아가 국가의 책무를 선언적으로 밝히고 있다. 헌법 제31조는 모두 6개의 항으로 이루어져 있는데 그 가운데 3개의 항에 '법률'이라는 말이 들어 있다. 제2항에서 자녀에게 법률이 정하는 교육을 받게 할 의무를, 제4항에서 교육의 자주성·전문성·정치적 중립성 및 대학의 자율성은 법률이 정하는 바에 의하여 보장되어야 함을, 제6항에서 학교교육 및 평생교육을 포함한 교육제도와 그 운영, 교육재정 및 교원의 지위에 관한 기본적인 사항은 법률로 정하도록 밝히고 있다. 그 의미를 되새기며 헌법 제31조를 읽어보자.

「대한민국헌법」
제31조 ① 모든 국민은 능력에 따라 균등하게 교육을 받을 권리를 가진다.
② 모든 국민은 그 보호하는 자녀에게 적어도 초등교육과 법률이 정하는 교육을 받게 할 의무를 진다.
③ 의무교육은 무상으로 한다.
④ 교육의 자주성·전문성·정치적 중립성 및 대학의 자율성은 법률이 정하는 바에 의하여 보장된다.
⑤ 국가는 평생교육을 진흥하여야 한다.
⑥ 학교교육 및 평생교육을 포함한 교육제도와 그 운영, 교육재정 및 교원의 지위에 관한 기본적인 사항은 법률로 정한다.

헌법 제31조에서 법률이 정하도록 한 것들 가운데 가장 기본적인 것이 「교육기본법」이다. 이 법 제1조는 그 목적을 다음과 같이 밝히고 있기 때문이다.

「교육기본법」
제1조(목적) 이 법은 교육에 관한 국민의 권리·의무 및 국가·지방자치단체의 책임을 정하고 교육제도와 그 운영에 관한 기본적 사항을 규

같이 읽자, 교육법!

정함을 목적으로 한다.
[전문개정 2007. 12. 21.]

같은 법 제9조에서 '학교교육'에 대한 내용이 나온다. 학교의 의미, 학교의 책무, 학교교육의 방향을 밝히고, 학교의 종류와 학교의 설립·경영 등 학교교육에 관한 기본적인 사항은 따로 법률로 정한다고 밝히고 있다. 그 내용을 되새기며「교육기본법」제9조를 읽어보자.

「교육기본법」

제9조(학교교육) ① 유아교육·초등교육·중등교육 및 고등교육을 하기 위하여 학교를 둔다.

② 학교는 공공성을 가지며, 학생의 교육 외에 학술 및 문화적 전통의 유지·발전과 주민의 평생교육을 위하여 노력하여야 한다.

③ 학교교육은 학생의 창의력 계발 및 인성(人性) 함양을 포함한 전인적(全人的) 교육을 중시하여 이루어져야 한다.

④ 학교의 종류와 학교의 설립·경영 등 학교교육에 관한 기본적인 사항은 따로 법률로 정한다.

[전문개정 2007. 12. 21.]

「교육기본법」제9조 제4항에서 "학교교육에 관한 기본적인 사항은 법률로 정한다"고 했는데, 이에 따른 법률이「유아교육법」,「초·중등교육법」,「고등교육법」이다. 따라서 이 법률들에서 교육과정, 수업, 평가와 관련된 내용을 살펴보면 된다. 물론 법률은 선언적인 내용을 밝히고 있는 게 많으므로 시행령, 시행규칙도 같이 살펴야 한다. 내용에 따라 구체적인 사항은 교육감에게 위임한 것들도 있으므로 시·도교육청의 지침이나

계획 등도 알아둘 필요가 있다. 이제 학교급에 따라 유치원, 초·중등학교, 대학교의 순으로 관련 법령을 살펴보자.

법령체계도 확인

「유아교육법」 법령 체계도

　　교육과정, 수업, 평가에 관한 법령을 이해하려면 법령체계도를 먼저 살피는 것이 좋다. 이 체계에 따라 교육과정이 만들어지기 때문이다. 먼저 그림을 통해 법령체계도의 흐름을 개괄적으로 살펴보고 구체적인 내용은 QR코드를 통해 각 법령의 내용을 확인하면 된다.

　「유아교육법」, 「초·중등교육법」, 「고등교육법」의 법령체계를 이해했다면 해당 학교에서 운영해야 하는 교육과정으로 본격적으로 들어가보자.

「유아교육법」 법령체계도

법령체계도	Korea Law 국가법령정보센터

유아교육법 시행령

상하위법	신구법	판례	헌재결정례	법령해석례	행정심판례	의견제시사례	입법추진현황

[본문] [제정·개정문] [연혁] [3단비교] [신구조문대비]

■ 상하위법

　▣ 법률 **유아교육법** [시행 2021. 6. 23.] [법률 제17661호, 2020. 12. 22., 일부개정]

　　▣ 시행령 **유아교육법 시행령** [시행 2021. 7. 13.] [대통령령 제31880호, 2021. 7. 13., 일부개정] [본문] [3단비교] [관례들]

　　　▣ 시행규칙 유아교육법 시행규칙 [시행 2021. 7. 16.] [교육부령 제242호, 2021. 7. 16., 일부개정]

　　　　⊞ 행정규칙

　　　　⊞ 자치법규

　　▣ 시행령 고등학교 이하 각급 학교 설립·운영 규정 [시행 2020. 11. 24.] [대통령령 제31176호, 2020. 11. 24., 타법개정]

　　　▣ 시행규칙 고등학교 이하 각급 학교 설립 규정 시행규칙 [시행 2017. 1. 18.] [교육부령 제116호, 2017. 1. 18., 일부개정]

　　　　⊞ 자치법규

　　▣ 시행령 교원 등의 연수에 관한 규정 [시행 2021. 1. 5.] [대통령령 제31359호, 2021. 1. 5., 일부개정]

　　　▣ 시행규칙 교원 등의 연수에 관한 규정 시행규칙 [시행 2021. 1. 6.] [교육부령 제223호, 2021. 1. 6., 일부개정]

　　　　⊞ 행정규칙

　　▣ 시행령 교원자격검정령 [시행 2021. 6. 23.] [대통령령 제31825호, 2021. 6. 23., 일부개정]

　　　▣ 시행규칙 교원자격검정령 시행규칙 [시행 2021. 6. 23.] [교육부령 제238호, 2021. 6. 23., 일부개정]

　　　　⊞ 행정규칙

　　▣ 시행령 교육과정심의회 규정 [시행 2021. 7. 14.] [대통령령 제31894호, 2021. 7. 14., 일부개정]

　　▣ 시행령 외국인학교 및 외국인유치원의 설립·운영에 관한 규정 [시행 2016. 7. 28.] [대통령령 제27374호, 2016. 7. 26., 일부개정]

　⊞ 행정규칙

　⊞ 자치법규

「초·중등교육법」 법령체계도

「초·중등교육법」 법령체계도

「고등교육법」 법령체계도

「고등교육법」 법령체계도

유치원 교육과정

유치원 교육과정은 「유아교육법」 제13조에 있다. 다른 학교와 달리 특이하게도 유치원은 '교육과정' 이외에 법적으로 '방과후 과정'을 운영한다. 2012년 3월 21일 「유아교육법」이 개정되면서부터다. 개정 이전에 제13조 제1항은 "유치원은 교육과정을 운영하여야 한다"였는데 개정을 통해 "교육과정 운영 이후에는 방과 후 과정을 운영할 수 있다"는 내용이 포함되었기 때문이다. 제정 당시 유치원 방과 후 과정의 법제화를 두고 인력 부족, 소요 재정 확충, 관리 주체의 불분명, 유아의 건강권 등을 이유로 교육 현장에서는 우려의 목소리가 높았지만 법제화를 막는 데는 한계가 있었다. 최근에는 「초·중등교육법」에도 방과후 과정을 포함하는 내용의 법률 개정안이 일부 의원들에 의해 발의되고 있는 상황이다. 방과후 과정을 이와 같은 방식으로 운영하는 것이 마땅한지 유치원의 방과후 과정 운영 결과를 면밀히 평가한 후에 논의되어야 할 것이다.

유치원 교육과정을 이해하기 위해 관련 법 조문을 읽어보자.

「유아교육법」

제13조(교육과정 등) ① 유치원은 교육과정을 운영하여야 하며, 교육과정 운영 이후에는 방과후 과정을 운영할 수 있다. 〈개정 2012. 3. 21.〉

② 교육부장관은 제1항에 따른 교육과정 및 방과후 과정의 기준과 내용에 관한 기본적인 사항을 정하며, 교육감은 교육부장관이 정한 교육과정 및 방과후 과정의 범위에서 지역 실정에 적합한 기준과 내용을 정할 수 있다. 〈개정 2008. 2. 29., 2010. 3. 24., 2012. 3. 21., 2013. 3. 23.〉

같이 읽자, 교육법!

③ 교육부장관은 유치원의 교육과정 및 방과후 과정 운영을 위한 프로그램 및 교재를 개발하여 보급할 수 있다. 〈개정 2008. 2. 29., 2012. 3. 21., 2013. 3. 23.〉

같은 법 제13조 제2항에서 교육부장관은 교육과정 및 방과후 과정의 기준과 내용에 관한 기본적인 사항을 정하도록 했는데 이것이 '누리과정'으로 불리는「유치원 교육과정」과「특수교육 교육과정」이다.

교육부가 고시한 유치원 교육과정, 초·중등학교 교육과정 전문은 교육부 홈페이지와 국가교육과정정보센터에 게재되어 있다.

※ 교육부 홈페이지(www.moe.go.kr)〉정보·법령〉입법·행정예고
※ 에듀넷·티클리어(www.edunet.net)〉왼쪽 상단 전체메뉴("≡")〉교육정책〉교육과정〉국가 교육과정〉2015개정 교육과정
※ 국가교육과정정보센터(www.ncic.go.kr)〉교육과정 자료실〉교육과정 원문 및 해설서

국가법령정보에도 탑재되어 있으니 읽기 편한 방법을 찾아 읽으면 된다. 여기서는 국가법령정보에 탑재된 고시문을 QR코드로 안내해드린다.

[시행 2015. 3. 1.] [교육부고시 제2015-61호, 2015. 2. 24., 폐지제정]

「유치원 교육과정」
읽어보기

「특수교육 교육과정」
읽어보기

[시행 2018. 8. 2.] [교육부고시 제2018-163호, 2018. 7. 27., 일부개정]

교육부 고시문까지 확인했으면 자신이 근무하고 있는 지역의 내용도 확인해야 한다. 법 제13조 제2항에서 "교육감은 교육부장관이 정한 교육과정 및 방과후 과정의 범위에서 지역 실정에 적합한 기준과 내용을 정할 수 있다"고 했으므로 이에 따라 교육감은 해당 시·도의 유치원 교육과정을 편성·운영할 수 있는 지침 또는 계획 등을 개발하여 유치원에 안내하고 있기 때문이다. 마찬가지로 이 자료 또한 교육청이 제작하여 유치원으로 보내주기도 하고 해당 시·도교육청 홈페이지에도 올려놓고 있으니 쉽게 찾아볼 수 있다.

여기가 끝이 아니다. 법령체계도에서 살펴본 바와 같이 유아교육법은 시행령과 시행규칙도 같이 살펴봐야 한다. 그러나 교육과정과 관련해서 법률에서 시행령과 시행규칙에 별도로 위임한 것이 없다. 그래도 시행령과 시행규칙은 살펴야 한다. 시행령에는 학기, 수업일수, 학급편성, 휴업일, 수료 및 졸업, 학급 수 및 학급당 학생 수에 대한 내용을, 시행규칙에는 유아교육비 지원 방법을 구체적으로 밝히고 있다. 이 내용들은 유치원 교육과정을 편성하는 데 아주 기본적인 내용들이니 꼭 알아두어야 한다. 그러자면 관련 시행령과 시행규칙도 꼭 읽어볼 필요가 있다.

초·중등학교 교육과정

초·중등학교의 교육과정은 「초·중등교육법」 제23조에 근거하고 있다. 먼저 관련 법령의 조항을 읽어보자.

「**초·중등교육법**」

제23조(교육과정 등) ① 학교는 교육과정을 운영하여야 한다.

② 교육부장관은 제1항에 따른 교육과정의 기준과 내용에 관한 기본적인 사항을 정하며, 교육감은 교육부장관이 정한 교육과정의 범위에서 지역의 실정에 맞는 기준과 내용을 정할 수 있다. 〈개정 2013. 3. 23.〉

③ 학교의 교과敎科는 대통령령으로 정한다.

[전문개정 2012. 3. 21.]

같은 법 제23조 제2항에서 교육부장관은 "교육과정의 기준과 내용에 관한 기본적인 사항"을 정하도록 했는데 이것이 「초·중등학교 교육과정」, 「특수교육 교육과정」, 「고등기술학교 교육과정」이다. 해당 교육과정 고시문은 앞에서 말한 교육부와 한국교육과정평가원 홈페이지에 탑재되어 있다. 여기에서는 국가법령정보에 탑재된 고시문을 읽을 수 있도록 안내한다.

「초·중등학교 교육과정」

[시행 2018. 8. 2.] [교육부고시 제2018-162호, 2018. 7. 27., 일부개정]

「초·중등학교 교육과정」

「유아교육법」과 마찬가지로 「초·중등교육법」에서도 교육감은 "교육부장관이 정한 교육과정의 범위에서 지역의 실정에 맞는 기준과 내용"을 정할 수 있다. 이에 따라 교육감은 해당 시·도의 '교육과정 편성·운영 지침'을 만들어 소속 학교에 안내하고 있다. 교육청은 이 자료를 책자로 만들어 배포하기도 하고, 교육청 홈페이지에도 게시하고 있으니 쉽게 찾아볼 수 있다. 여기서 하나 제안하자면 '지침'이라는 명칭도 바꾸면 좋겠다. 지침指針이란 방향과 목적 등을 가리켜 이끄는 길잡이나 방침을 말하는데 학교의 교육과정 운영을 지원한다는 의미로 '편성·운영지원계획' 등으로 바꾸면 좋겠다. 그게 교육청의 역할이고 학교자치 측면에서도 더 적절하니 말이다.

유치원과는 달리 초등학교에서부터는 가르치는 과목을 뜻하는 교과敎科가 있다. 같은 법 제3항에서 이를 밝히고 있는데 교과는 대통령령으로 정하도록 하고 있다. 이를 같은 법 시행령 제43조에서 아래와 같이 밝히고 있다.

「초·중등교육법 시행령」
제43조(교과) ① 법 제23조 제3항에 따른 학교의 교과는 다음 각 호와 같다. 〈개정 2001. 1. 29., 2003. 1. 29., 2008. 2. 29., 2013. 3. 23., 2013. 10. 30.〉
1. 초등학교 및 공민학교 : 국어, 도덕, 사회, 수학, 과학, 실과, 체육, 음악, 미술 및 외국어(영어)와 교육부장관이 필요하다고 인정하는 교과
2. 중학교 및 고등공민학교 : 국어, 도덕, 사회, 수학, 과학, 기술·가정, 체육, 음악, 미술 및 외국어와 교육부장관이 필요하다고 인정하는 교과
3. 고등학교 : 국어, 도덕, 사회, 수학, 과학, 기술·가정, 체육, 음악, 미술 및 외국어와 교육부장관이 필요하다고 인정하는 교과
4. 특수학교 및 고등기술학교 : 교육부장관이 정하는 교과
② 다음 각 호의 어느 하나에 해당하는 고등학교의 장은 산업계의

같이 읽자, 교육법!

수요를 교육에 직접 반영하기 위하여 필요한 경우에는 제1항 제3호의 교과와 다르게 자율적으로 교과(제1호에 해당하는 학교의 경우에는 해당 학과의 교과로 한정한다)를 편성·운영할 수 있다. 〈신설 2013. 10. 30., 2017. 1. 10.〉

1. 제76조의3 제1호에 따른 일반고등학교 중 산업분야의 인재 양성을 목적으로 하는 학과로서 교육감이 지정한 학과를 설치·운영하는 고등학교

2. 제90조 제1항 제10호에 따른 산업수요 맞춤형 고등학교

3. 제91조 제1항에 따른 특성화고등학교 중 산업분야의 인재양성을 목적으로 하는 고등학교

이처럼 교육과정의 내용을 국가가 엄격히 관리하다 보니 교육과정이 경직성·획일성을 띤다. 이에 같은 법 제61조는 학교 또는 교육과정을 자율적으로 운영할 수 있는 "자율학교"를 지정·운영할 수 있도록 하고 있다. 자율학교에 근무하거나 근무할 계획인 교원이라면 관련 조항도 반드시 알아두어야 한다.

「초·중등교육법」

제61조(학교 및 교육과정 운영의 특례) ① 학교교육제도를 포함한 교육제도의 개선과 발전을 위하여 특히 필요하다고 인정되는 경우에는 대통령령으로 정하는 바에 따라 제21조 제1항·제24조 제1항·제26조.제1항·제29조 제1항·제31조·제39조·제42조 및 제46조를 한시적으로 적용하지 아니하는 학교 또는 교육과정을 운영할 수 있다.

② 제1항에 따라 운영되는 학교 또는 교육과정에 참여하는 교원과 학생 등은 이로 인하여 불이익을 받지 아니한다.

[전문개정 2012. 3. 21.]

같은 법 제61조에서 말하고 있는 학교를 같은 법 시행령에서 "자율학교"라 밝히고 있다. 같은 법 시행령 제105조는 자율학교의 지정·운영에 대한 사항을 다음과 같이 밝히고 있다.

「초·중등교육법 시행령」
제105조(학교 및 교육과정 운영의 특례) ① 교육감은 다음 각 호의 어느 하나에 해당하는 국립·공립·사립의 초등학교·중학교·고등학교 및 특수학교를 대상으로 법 제61조에 따라 학교 또는 교육과정을 자율적으로 운영할 수 있는 학교(이하 "자율학교"라 한다)를 지정·운영할 수 있다. 다만, 국립학교를 자율학교로 지정하려는 경우에는 미리 교육부장관과 협의해야 한다. 〈개정 2011. 1. 17., 2013. 3. 23., 2016. 8. 2., 2019. 9. 24., 2021. 3. 23.〉
1. 학습부진아 등에 대한 교육을 실시하는 학교
2. 개별학생의 적성·능력 개발을 위한 다양하고 특성화된 교육과정을 운영하는 학교
3. 학생의 창의력 계발 또는 인성함양 등을 목적으로 특별한 교육과정을 운영하는 학교
4. 특성화중학교
5. 산업수요 맞춤형 고등학교 및 특성화고등학교
6. 「농어업인 삶의 질 향상 및 농어촌지역 개발촉진에 관한 특별법」 제3조 제4호에 따른 농어촌학교
7. 그 밖에 교육감이 특히 필요하다고 인정하는 학교
② 자율학교를 운영하려는 학교의 장은 다음 각 호의 사항이 포함된 신청서를 작성하여 교육감에게 제출하여야 한다.

같이 읽자, 교육법!

1. 학교운영에 관한 계획

2. 교육과정 운영에 관한 계획

3. 입학전형 실시에 관한 계획

4. 교원배치에 관한 계획

5. 그 밖에 자율학교 운영 등에 관하여 교육감이 정하여 고시하는 사항

③ 제2항에도 불구하고 교육감은 학생의 학력향상 등을 위하여 특히 필요하다고 인정되는 공립학교를 직권으로 자율학교로 지정할 수 있다. 이 경우 지정을 받은 학교의 장은 지체 없이 제2항 각 호의 사항을 작성하여 교육감에게 제출하여야 한다.

④ 자율학교는 5년 이내로 지정·운영하되, 교육감이 정하는 바에 따라 연장 운영할 수 있다.

⑤ 교육부장관 또는 교육감은 자율학교의 운영에 필요한 지원을 하여야 한다. 〈개정 2013. 3. 23.〉

⑥ 제1항부터 제5항까지에서 규정한 사항 외에 자율학교의 지정 및 운영에 필요한 사항은 교육부장관이 정하여 고시한다. 〈개정 2013. 3. 23.〉

[전문개정 2010. 6. 29.]

같은 법 시행령 제105조 제6항에 따라 교육감은 자율학교의 지정 및 운영에 필요한 사항을 「자율형 공립고등학교의 지정 및 운영에 관한 훈령」에서 정하고 있다.

자율학교에 대하여 관심이 있는 사람은 훈령도 같이 살펴보기 바란다.

「자율형 공립고등학교의 지정 및 운영에 관한 훈령」 읽어보기

결국 우리나라 초·중등학교에 주어진 교육과정 운영의 자율권은 교과(군)별 수업시수를 20% 범위 내에서 늘리거나 줄이는 정도다.

지역 특성에 맞는 교과를 만들 수도 없다. 우리나라의 교육과정을 흔히 '국가수준 교육과정'이라 하는데 이는 교육부장관이 교육과정 고시를 통해 기본적인 사항을 정하여 행정규칙으로 고시하고, 교과 또한 시행령을 통해 정해주고 있기 때문이다. 당연히 경직성, 획일성을 띠게 된다.

교육과정은 학교교육의 핵심이다. 시대 변화에 따라 지역과 학습자의 특성에 따라 교육당사자들이 교육과정의 방법과 내용을 일정 정도 주체적으로 결정할 수 있어야 한다. 그러자면 국가수준 교육과정의 범위를 축소하고 지역수준 교육과정, 학교수준 교육과정, 교사수준 교육과정, 학생수준 교육과정을 편성·운영할 수 있도록 권한과 책임을 부여하는 것이 교육과정 개정의 핵심이 되어야 한다.

아울러 자율학교의 경우에는 교육과정의 자율성을 넘어서는 더 적극적인 학교를 상상할 필요가 있다. 「초·중등교육법」 제61조에 따라 자율학교는 대통령령으로 정하는 바에 따라 같은 법 "제21조 제1항·제24조 제1항·제26조 제1항·제29조 제1항·제31조·제39조·제42조 및 제46조를 한시적으로 적용하지 아니하는 학교 또는 교육과정을 운영할 수 있다"고 밝히고 있기 때문이다. 그 내용이 무엇인지부터 알아보자.

「초·중등교육법」

제21조(교원의 자격) ① 교장과 교감은 별표 1의 자격 기준에 해당하는 사람으로서 대통령령으로 정하는 바에 따라 교육부장관이 검정檢定·수여하는 자격증을 받은 사람이어야 한다. 〈개정 2013. 3. 23.〉
제24조(수업 등) ① 학교의 학년도는 3월 1일부터 시작하여 다음 해 2월 말일까지로 한다.
제26조(학년제) ① 학생의 진급이나 졸업은 학년제로 한다.

제31조(학교운영위원회의 설치) ① 학교운영의 자율성을 높이고 지역의 실정과 특성에 맞는 다양하고도 창의적인 교육을 할 수 있도록 초등학교·중학교·고등학교 및 특수학교에 학교운영위원회를 구성·운영하여야 한다.

② 국립·공립학교에 두는 학교운영위원회는 그 학교의 교원 대표, 학부모 대표 및 지역사회 인사로 구성한다.

③ 학교운영위원회의 위원 수는 5명 이상 15명 이하의 범위에서 학교의 규모 등을 고려하여 대통령령으로 정한다.

[전문개정 2012. 3. 21.]

제39조(수업연한) 초등학교의 수업연한은 6년으로 한다.

[전문개정 2012. 3. 21.]

제42조(수업연한) 중학교의 수업연한은 3년으로 한다.

[전문개정 2012. 3. 21.]

제46조(수업연한) 고등학교의 수업연한은 3년으로 한다. 다만, 제49조에 따른 시간제 및 통신제通信制 과정의 수업연한은 4년으로 한다.

[전문개정 2012. 3. 21.]

현재는 이 특례조항을 내부형교장공모제에 일부 적용하는 수준이다. 그마저도 대통령령으로 정하는 바에 한정된다. 교원의 자격은 「교원자격검정령」을 다시 적용해야 한다. 수업학년도는 교육감 소속 '자율학교등 지정·운영위원회'의 심의를 거쳐야 한다. 학년제의 경우 이와 관련된 대통령령이 없다. 학교운영위원회는 시행령 제58조에 따라 국·공립 학교 운영위원회의 구성 내용을 따라야 한다. 초·중등학교의 수업연한은 시행령 제50조에 따라 수료 및 졸업 등의 요건을 엄격하게 규정하고 있다. 학교 및 교육과정 운영의 특례라고 이름 붙였지만 학교는 특례조항을 적용하려면 대통령령이 정하는 바에 따라 다시 촘촘한 규정에 얽매여야 한다. '빛 좋은 개살구'는 딱 이럴 때 하는 말이다. 자율학교에 주어진 특례마저도 실상은 이름만 번지르르하지 알맹이가 없다. 국가수준 교육과정이 갖는 한계를 극복하기 위해서라도 관련 대통령령을 유연하게 개정해야 한다.

대학의 교육과정

대학교의 교육과정은 「고등교육법」 제21조에 근거하고 있다. 먼저 관련 법령의 조항을 읽어보자.

「고등교육법」

제21조(교육과정의 운영) ① 학교는 학칙으로 정하는 바에 따라 교육과정을 운영하여야 한다. 다만, 국내대학 또는 외국대학과 공동으로 운영하는 교육과정에 대하여는 대통령령으로 정한다.
② 국내대학은 대통령령으로 정하는 바에 따라 외국대학으로 하여금 국내대학 교육과정을 운영하게 하고, 그 교육과정을 이수한 학생에게 국내대학 학위를 수여할 수 있다. 〈신설 2017. 11. 28.〉
③ 교과(教科)의 이수(履修)는 평점과 학점제 등에 의하되, 학점당 필요한 이수시간 등은 대통령령으로 정한다. 〈개정 2017. 11. 28.〉
[전문개정 2011. 7. 21.]

대학의 교육과정은 학칙으로 정해서 운영하기 때문에 유치원, 초·중등학교에 비해 상대적으로 유연하다. 그러나 대학도 마음대로 교육과정을 운영할 수는 없다. 같은 법 제1항에 따른 「고등교육법 시행령」 제13조

(국내대학 및 외국대학과의 교육과정 공동운영), 제2항에 따른 같은 법 시행령 제13조의2(외국대학의 국내대학 교육과정 운영), 제3항에 따른 같은 법 시행령 제14조(학점당 이수시간)를 따라야 하기 때문이다. 대학에 근무하는 교원이나 대학생을 자녀로 둔 교원이라면 해당 시행령의 내용까지 살펴보기 바란다.

예비교사를 길러내는 교대와 사대의 교육과정을 개편해야 한다는 목소리도 높다. 2019년 5월, 전국교육대학생연합과 실천교육교사모임이 예비교사와 현장교사를 상대로 공동으로 설문조사를 실시한 적이 있다. 설문조사 결과에 따르면 예비교사와 현장교사 모두 교대 교육과정 운영에 불만족하는 것으로 나타났다. 이들은 현장실습을 확대하고 임용시험을 개선하는 등 실질적인 대책 마련이 요구된다고 성명서를 발표했다. 자세한 설문 결과와 성명서 내용은 교대 교육과정을 개편하는 데 시사하는 바가 크다. 그 내용을 참고하고 싶다고 요즘에도 가끔 연락이 오는데 QR코드로 안내하니 참고하기 바란다.

[초등 예비교사-현장교사 공동성명] 교대 교육과정, 현장과의 연계성 강화하라.

교육과정과 교사의 역할

국회의원들이 제출한 법률안에 대한 검토의견서를 보내달라는 공문서가 종종 온다. 법률 조문 하나가 어떻게 만들어지냐에 따라 교육 현장에 미치는 여파가 크다 보니 나는 이를 관심 있게 살피며 의견서를 작성해서 보낸다. 의원들의 입법안은 교육 발전을 위해 꼭 필요한 내용도 있지만 교육 발전을 가로막는 내용들도 많이 있다. 단적으로 2019년 11월에 학교에 도착한 입법안을 예로 든다. 「초·중등교육법」 제23조를 다음 표와 같이 개정하겠다는 내용이었다. 국회의원들의 교육과 교육과정에 대한 몰이해에서 비롯된 입법안이다. 이 입법안은 교육계의 반발로 결국 철회되었다.

신구조문 대비표

현행	개정안
제23조(교육과정 등) ① 학교는 교육과정을 운영하여야 한다. ② · ③(생략)	제23조(교육과정 등) ① ───────────예절 및 체험농사과목(1인 1평 농사를 말한다)을 포함한 교육과정을─────────. ② · ③(현행과 같음)

현행 교육법에서는 교육과정을 법적으로 정의하고 있지 않다. 학교는 교육과정을 운영하여야 한다고만 밝히고 있다. 교육과정에 대한 정의는 없이 교육과정의 기준과 내용에 대한 기본적인 사항을 교육부장관이 정하도록 하고 있다. 교육감은 교육부장관이 정한 교육과정의 범위에서 지역 실정에 맞는 기준과 내용을 정할 수 있도록 하고 있다. 즉 교육과정이 교사와 학생에게 어떤 의미인지가 빠져 있다. 아울러서 교육과정 실행을 위해 교사가 어떤 역할을 해야 하는지도 빠져 있다.

교육과정에 관한 법령을 개정할 때에는 그것이 살아 숨 쉬는 학교를 만들기 위해서라도 이어지는 관련 질문에 대한 사회적 합의가 있어야 한다. 교육과정은 교사와 학생에게 어떤 의미일까? 교사는 교육과정과 관련하여 어떤 역할을 해야 할까? 지금처럼 체계적으로 치밀하게 조직된 교육과정을 잘 전달하는 역할에 머물러야 할까? 교과서 재구성을 교육과정 재구성으로 쓰고 있는 것이 현실이지만, 한 걸음 더 나아가 교육과정 속에 담긴 지식의 성격과 의도까지 파악하고 재구성하는 역할이어야 할까?

아니면 아예 교육과정을 구성할 때 교사도 참여할 수 있게 해달라고 개발자의 역할을 요구해야 하는 걸까?

수업, 평가 관련 법령을 알아볼까?

수업과 관련된 법령을 알기 전에 교과서에 대해서 알아보려고 한다. 교과서를 교육과정에서 다룰지 수업에서 다룰지 고민이 있었는데 수업에서 다루기로 했다. 아직도 은연중에 교과서를 교육과정과 동일시하는 인식이 남아있으니 교육과정과 교과서는 다른 맥락이라고 일부러 선을 그어보려는 의도이다.

유치원과 대학은 교과서를 법령에서 따로 다루지 않고 초·중등학교의 경우만 교과서와 관련된 법령이 있다. 먼저 이를 살펴보자.

교과용 도서 관련 법령

「초·중등교육법」

제29조(교과용 도서의 사용) ① 학교에서는 국가가 저작권을 가지고 있거나 교육부장관이 검정하거나 인정한 교과용 도서를 사용하여야 한다. 〈개정 2013. 3. 23.〉

② 교과용 도서의 범위·저작·검정·인정·발행·공급·선정 및 가격 사정(査定) 등에 필요한 사항은 대통령령으로 정한다.

[전문개정 2012. 3. 21.]

제43조(교과) ① 법 제23조 제3항에 따른 학교의 교과는 다음 각 호와 같다. 〈개정 2001. 1. 29., 2003. 1. 29., 2008. 2. 29., 2013. 3. 23., 2013. 10. 30.〉

1. 초등학교 및 공민학교 : 국어, 도덕, 사회, 수학, 과학, 실과, 체육, 음악, 미술 및 외국어(영어)와 교육부장관이 필요하다고 인정하는 교과

2. 중학교 및 고등공민학교 : 국어, 도덕, 사회, 수학, 과학, 기술·가정, 체육, 음악, 미술 및 외국어와 교육부장관이 필요하다고 인정하는 교과

3. 고등학교 : 국어, 도덕, 사회, 수학, 과학, 기술·가정, 체육, 음악, 미술 및 외국어와 교육부장관이 필요하다고 인정하는 교과

4. 특수학교 및 고등기술학교 : 교육부장관이 정하는 교과

② 다음 각 호의 어느 하나에 해당하는 고등학교의 장은 산업계의 수요를 교육에 직접 반영하기 위하여 필요한 경우에는 제1항 제3호의 교과와 다르게 자율적으로 교과(제1호에 해당하는 학교의 경우에는 해당 학과의 교과로 한정한다)를 편성·운영할 수 있다. 〈신설 2013. 10. 30., 2017. 1. 10.〉

1. 제76조의3 제1호에 따른 일반고등학교 중 산업분야의 인재 양성을 목적으로 하는 학과로서 교육감이 지정한 학과를 설치·운영하는 고등학교

2. 제90조 제1항 제10호에 따른 산업수요 맞춤형 고등학교

3. 제91조 제1항에 따른 특성화고등학교 중 산업분야의 인재양성을 목적으로 하는 고등학교

제55조(교과용도서의 사용) 법 제29조 제2항의 규정에 의한 교과용도서의 범위 등에 관하여 필요한 사항은 따로 대통령령으로 정한다.

「초·중등교육법」 그리고 같은 법 시행령에 교과 및 교과용 도서 사용에 관한 규정이 있다. 이를 상세하게 규정하기 위해 대통령령으로 「교과용도서에 관한 규정」을 정했다. 이 영 제2조에서 교과용 도서에 대한 용어의 정의를 밝히고 있는데 이 개념도 알아두자. 교과용 도서라고 하면 흔히 교과서만 떠올리는데 교과서 및 지도서를 포함하는 것이라는 사실도 알게 된다. 아울러 국정역사교과서로 홍역을 치른 적이 있으니 교과용 도서를 국정, 검정, 인정으로 구분하는 기준도 알아두어야 한다.

「교과용 도서에 관한 규정」

제2조(정의) 이 영에서 사용하는 용어의 정의는 다음과 같다. 〈개정 2008. 2. 29., 2013. 3. 23.〉

1. "교과용도서"라 함은 교과서 및 지도서를 말한다.
2. "교과서"라 함은 학교에서 학생들의 교육을 위하여 사용되는 학생용의 서책·음반·영상 및 전자저작물 등을 말한다.
3. "지도서"라 함은 학교에서 학생들의 교육을 위하여 사용되는 교사용의 서책·음반·영상 및 전자저작물 등을 말한다.
4. "국정도서"라 함은 교육부가 저작권을 가진 교과용도서를 말한다.
5. "검정도서"라 함은 교육부장관의 검정을 받은 교과용도서를 말한다.
6. "인정도서"라 함은 국정도서·검정도서가 없는 경우 또는 이를 사용하기 곤란하거나 보충할 필요가 있는 경우에 사용하기 위하여 교육부장관의 인정을 받은 교과용도서를 말한다.
7. "개편"이라 함은 교육과정의 전면개정 또는 부분개정이나 그 밖의 사유로 인하여 교과용도서의 총 쪽수(음반·영상·전자저작물 등의 경우에는 총 수록 내용)의 2분의 1을 넘는 내용을 변경하는 것을 말한다.
8. "수정"이라 함은 교육과정의 부분개정이나 그 밖의 사유로 인하여 교과용도서의 문구·문장·통계·삽화 등을 교정·증감·변경하는 것으로

같이 읽자, 교육법!

서 개편의 범위에 이르지 아니하는 것을 말한다.

　「교과용도서에 관한 규정」은 교과용 도서의 편찬 방법 등을 세세하게 규정하고 있으니 관련 법령을 알아두는 것도 필요하다. 교육부는 행정규칙으로, 시·도교육청은 자치법규로 교과용 도서에 대한 세부적인 내용을 정하여 고시하고 있으므로 학교급, 지역에 맞는 내용을 찾아보는 것도 교과용 도서를 이해하고 이를 능동적으로 활용하는 데 도움이 될 것이다. 교사가 이런 법령을 잘 알아야 국정역사교과서와 같은 망령을 다시 불러오지 않는다.

교과용 도서 관련 법령체계도

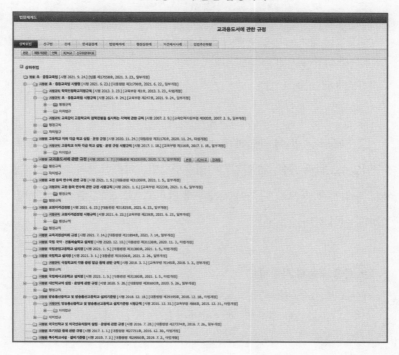

수업과 관련된 법령

학교에서 매일 이루어지는 수업은 어떤 법령과 연관이 있을까? 수업은 가장 많은 시간을 할애하는 것이라 법률에서 상세하게 정하고 있을 것 같은데 의외로 간단하다. 「초·중등교육법」 제24조는 수업 운영에 필요한 사항을 아래와 같이 밝히고 있다.

「초·중등교육법」

제24조(수업 등) ① 학교의 학년도는 3월 1일부터 시작하여 다음 해 2월 말일까지로 한다.

② 수업은 주간晝間·전일제全日制를 원칙으로 한다. 다만, 법령이나 학칙으로 정하는 바에 따라 야간수업·계절수업·시간제수업 또는 방송·통신수업 등을 할 수 있다.

③ 학교의 학기·수업일수·학급편성·휴업일과 반의 편성·운영, 그 밖에 수업에 필요한 사항은 대통령령으로 정한다.

[전문개정 2012. 3. 21.]

「초·중등교육법」이 간단하게 밝힌 내용을 같은 법 시행령에서 '학기', '수업일수', '학급편성', '휴업일', '수업운영방법', '자유학기의 수업운영방법', '수업시각' 등으로 나누어 자세하게 밝히고 있으므로 관련된 조항을 알아두어야 한다.

「초·중등교육법 시행령」

제44조(학기) ① 법 제24조 제3항의 규정에 의한 학교의 학기는 매학년도를 두 학기로 나누되, 제1학기는 3월 1일부터 학교의 수업일수·

같이 읽자, 교육법!

휴업일 및 교육과정 운영을 고려하여 학교의 장이 정한 날까지, 제2학기는 제1학기 종료일 다음 날부터 다음 해 2월 말일까지로 한다. 〈개정 2004. 2. 17., 2010. 6. 29.〉

② 제1항에도 불구하고 제91조의3에 따른 자율형 사립고등학교, 제91조의4에 따른 자율형 공립고등학교 및 제105조에 따른 자율학교(이하 "자율학교등"이라 한다)의 장은 교육부장관이 정하는 바에 따라 제105조의4에 따른 자율학교등 지정·운영위원회의 심의를 거쳐 학기를 달리 정할 수 있다. 〈신설 2010. 6. 29., 2013. 2. 15., 2013. 3. 23.〉

③ 중학교의 장은 제1항에 따른 학기 중 한 학기 또는 두 학기를 자유학기로 지정하여야 한다. 이 경우 지정 대상 학기의 범위 등 자유학기의 지정에 관한 세부 사항은 교육부장관이 정한다. 〈신설 2015. 9. 15., 2017. 11. 28.〉

제45조(수업일수) ① 법 제24조 제3항에 따른 학교의 수업일수는 다음 각 호의 기준에 따라 학교의 장이 정한다. 다만, 학교의 장은 천재지변, 연구학교의 운영 또는 제105조에 따른 자율학교의 운영 등 교육과정의 운영상 필요한 경우에는 다음 각 호의 기준의 10분의 1의 범위에서 수업일수를 줄일 수 있으며, 이 경우 다음 학년도 개시 30일 전까지 관할청에 보고하여야 한다. 〈개정 2019. 9. 24.〉

1. 초등학교·중학교·고등학교·고등기술학교 및 특수학교(유치부는 제외한다): 매 학년 190일 이상

2. 공민학교 및 고등공민학교: 매 학년 170일 이상

② 초등학교·중학교·고등학교 및 특수학교의 장은 제1항 제1호의 기준에 따라 수업일수를 정하려면 법 제31조 제1항에 따른 학교운영위원회의 심의 또는 자문을 거쳐야 한다. 〈개정 2019. 9. 24.〉

[전문개정 2011. 10. 25.]

제46조(학급편성) 법 제24조 제3항의 규정에 의한 학교의 학급편성은 같은 학년, 같은 학과로 하여야 한다. 다만, 학교의 장은 교육과정의

운영상 특히 필요한 경우에는 2개 학년 이상의 학생을 1학급으로 편성할 수 있다.

제47조(휴업일 등) ① 법 제24조 제3항에 따른 학교의 휴업일은 학교의 장이 매 학년도가 시작되기 전에 법 제31조 제1항에 따른 학교운영위원회의 심의 또는 자문을 거쳐 정하되, 토요일, 관공서의 공휴일 및 여름·겨울 휴가가 포함되어야 한다. 〈개정 2001. 3. 2., 2019. 9. 24.〉

② 학교의 장은 비상재해 기타 급박한 사정이 발생한 때에는 임시휴업을 할 수 있다. 이 경우 학교의 장은 지체 없이 관할청에 이를 보고하여야 한다.

③ 제1항에도 불구하고 학교의 장은 토요일 또는 관공서의 공휴일에 체육대회·수학여행 등의 학교 행사를 개최할 수 있다. 이 경우 미리 학생, 학부모 및 교원의 의견을 듣고, 법 제31조 제1항에 따른 학교운영위원회의 심의 또는 자문을 거쳐야 한다. 〈신설 2019. 9. 24.〉

④ 학교의 장은 제3항에 따라 학교 행사가 개최되는 날을 제45조 제1항에 따른 수업일수에 포함할 수 있으며, 그 수업일수만큼 제1항에 따른 휴업일을 별도로 정해야 한다. 〈신설 2019. 9. 24.〉

제48조(수업운영방법 등) ① 삭제 〈2005. 1. 29.〉

② 학교의 장은 교육상 필요한 때에는 학년 또는 학과 등을 달리하는 학생을 병합하여 수업할 수 있다.

③ 학교의 장은 방송프로그램을 수업에 활용할 수 있다. 〈개정 2001. 1. 29., 2008. 2. 29., 2011. 3. 18.〉

④ 학교의 장은 교육상 필요한 경우에는 원격수업 등 정보통신매체를 이용하여 수업을 운영할 수 있다. 이 경우 교육 대상, 수업 운영 방법 등에 관하여 필요한 사항은 교육감이 정한다. 〈개정 2013. 10. 30.〉

⑤학교의 장은 교육상 필요한 경우 보호자의 동의를 얻어 교외체험학습을 허가할 수 있다. 이 경우 학교의 장은 교외체험학습을 학칙이

정하는 범위 안에서 수업으로 인정할 수 있다.

제48조의2(자유학기의 수업운영방법 등) ① 중학교의 장은 자유학기에 학생 참여형 수업을 실시하고 학생의 진로탐색 등 다양한 체험을 위한 체험활동을 운영하여야 한다.

② 제1항에 따른 학생 참여형 수업 및 체험활동에 관한 세부 사항은 교육부장관이 정한다.

[본조신설 2015. 9. 15.]

제49조(수업시각) 수업이 시작되는 시각과 끝나는 시각은 학교의 장이 정한다.

이상한 것은 수업과 관련된 법 조항의 주어가 실제 수업을 하는 교사가 아니라 모두 학교의 장이라는 점이다. 이는 평가도 마찬가지다. 매일 학생들을 만나 수업과 평가를 하는 교사에게 수업과 평가에 대한 법적 권한이 없다는 것은 결코 가볍게 넘길 일이 아니다. 이 권한은 마땅히 행위의 주체인 교사에게 주어져야 한다. 교사에게 수업과 평가에 관한 법적인 권한이 주어졌을 때 책임감 또한 같이 커진다. 관련 법령을 개정할 때 이 부분은 반드시 실제 행위의 주체인 교사에게 돌려주어야 한다.

평가와 관계된 법령

교육과정과 수업이 주로 교사에게 주어진 관심이라면 평가는 그 결과를 두고 학생에게 이목이 집중된다. 그렇다 보니 학부모들은 교육과정과 수업 못지않게 학생 평가를 위해 교사들이 들이는 공을 잘 모른다. 오로지 학생의 평가 결과에만 관심이 있다. 그 정점을 찍는 것이 수능 성적인 것은 두말할 것도 없다.

이렇게 평가에 관심이 많으니 평가에 들이는 행정력은 상당하다. 하지만 법령에 나타난 평가는 허술하기 짝이 없다. 「교육기본법」에는 학생 평가에 대해 어떤 언급도 없다. 「초·중등교육법」 제9조에서 학생 평가에 대한 언급이 나오는데 이도 문제가 많다. 무엇이 문제인지 관련 법령을 위계에 따라 살펴보자.

「초·중등교육법」

제9조(학생·기관·학교 평가) ① 교육부장관은 학교에 재학 중인 학생을 대상으로 학업성취도를 측정하기 위한 평가를 할 수 있다. 〈개정 2013. 3. 23.〉

② 교육부장관은 교육행정을 효율적으로 수행하기 위하여 특별시·광역시·특별자치시·도·특별자치도 교육청과 그 관할하는 학교를 평가할 수 있다. 〈개정 2013. 3. 23.〉

③ 교육감은 교육행정의 효율적 수행 및 학교 교육능력 향상을 위하여 그 관할하는 교육행정기관과 학교를 평가할 수 있다.

④ 제2항 및 제3항에 따른 평가의 대상·기준·절차 및 평가 결과의 공개 등에 필요한 사항은 대통령령으로 정한다.

⑤ 평가 대상 기관의 장은 특별한 사유가 있는 경우가 아니면 제1항부터 제3항까지의 규정에 따른 평가를 받아야 한다.

⑥ 교육부장관은 교육감이 그 관할 구역에서 제3항에 따른 평가를 실시하려는 경우 필요한 지원을 할 수 있다. 〈개정 2013. 3. 23.〉

[전문개정 2012. 3. 21.]

이 조항은 교육부장관에게 주어진 학생·기관·학교 평가에 대한 권한을 밝히는 것이 핵심이다. 이 조항에 근거해서 소위 '일제고사'가 시행된 것인데 학교교육에 대한 국가의 질 관리 차원에서 이를 인정한다 하더라도 이는 '평가 주체의 오류'를 담고 있다. 평가의 주체는 교사인데 학생의 학업성취도 평가를 어떻게 교육부장관과 교육감이 한단 말인가? 「초·중등교육법」을 개정할 때 학생에 대한 평가권을 교사가 바르게 행사할 수 있도록 평가의 주체를 교사로 바꾸어야 한다.

「초·중등교육법 시행령」

제10조(학생의 평가) 법 제9조 제1항의 규정에 의한 학생의 학업성취도 평가에 관하여 필요한 사항은 교육부장관이 정한다. 〈개정 2001. 1. 29., 2008. 2. 29., 2013. 3. 23.〉

모법에서 평가 주체의 오류가 있다고 했는데, 시행령에서도 이 문제는 계속된다. 더구나 '중복의 오류'까지 덧붙여진다. 모법에서 모호하게 규정하고 있는 사항은 시행령에서 구체적으로 정해야 하는데 시행령 또한 모법의 모호성을 되풀이하고 있다. 모법에서 교육부장관이 학생의 학업성취도 평가를 할 수 있다고 했으면 시행령에서는 학생의 평가에 대한 구체적인 사항을 밝혀야 한다.

그런데 시행령은 "학생의 학업성취도에 평가에 관하여 필요한 사항은 교육부장관이 정한다"고 밝히면서 같은 말을 반복하고 있다. 교육부령인 시행규칙으로 이를 밝히려는 의도로 보이는데 이어지는 시행규칙을 보면 이 또한 문제가 있다는 것을 알 수 있다. 그렇다면 시행령의 이 조항은 아예 모법으로 올려서 통합하고 시행령에서는 학생의 평가에 대한 사항을 구체화하는 것이 법 체계에 맞다.

[시행 2019. 9. 17.] [교육부령 제188호, 2019. 9. 17., 타법개정]

지금까지 인용한 법 조문과 달리 이번에는 법제만 밝혔다. 이상하지 않은가? 다 이유가 있다. 시행령에서 학생의 평가에 관하여 필요한 사항을 교육부장관이 정한다고 했으면 마땅히 교육부령인 시행규칙에서 이를 구체적으로 밝혀야 하는데 관련 조항이 없다. 「초·중등교육법 시행규칙」모든 조항을 살피더라도 학생의 평가에 관한 언급이 없다. '누락의 오류'가 발생한다. 시행규칙에서 평가와 관련된 내용을 굳이 찾자면 학교생활기록의 기재내용(제21조), 관리·보존(제22조), 작성·관리 실태 점검(제23조), 학업성적관리위원회의 설치·운영(제24조), 학교생활기록 작성·관리 세부지침(제25조) 등과 같은 학교생활기록부와 관련된 내용이다. 교육부는 과정중심평가를 강조하고 있지만 법령에는 평가의 과정에 대해서는 어떠한 언급도 없다. 오로지 평가 결과의 기록에만 관심이 있으니 이게 가장 큰 문제다. 과정중심평가의 취지를 살리려면 법령에 평가의 목적, 과정, 방법 등을 밝혀야 하는데 애석하게도 현재 법령에 그 내용은 없다. 하루빨리 이와 같은 내용이 법령에 포함되기를 바라며 애지중지하는 평가 결과의 기록에 관한 법령을 살펴보자.

평가 결과를 어떻게 기록하고 관리해야 하는지는 교육부 훈령인 「학교생활기록 작성 및 관리지침」에 밝히고 있다. 지침에는 출결상황(제8조), 수상경력(제9조), 자격증 및 인증 취득상황(제10조), 창의적 체험활동상황(제13조), 교과학습발달상황(제15조), 자유학기활동상황(제15조의2), 독서활동상황(제15조의3), 행동특성 및 종합의견(제16조) 등의 내용을 입력하고 관리하는 방법을 밝히고 있다.

제15조(교과학습발달상황) ① 교과학습발달상황의 평가는 별표 9 '교과
학습발달상황 평가 및 관리'에 의거 시행한다.

이 별표 9가 엄청난 위력을 발휘한다. 그깟 별표가 뭐라고 하겠지만 그
위력을 증명하기 위해 에피소드를 하나 전한다. 2016년 4월, 교육부는 별
표 9를 개정하려 하였다. 교과학습의 평가는 지필평가와 수행평가로 구
분해서 실시해야 하는데 이를 교과 특성에 따라 수행평가만으로도 평가
할 수 있도록 하는 내용을 담고 있었다. 과정중심의 성장평가를 실시하기
위해서는 중간고사, 기말고사와 같은 일제평가 방식에서 벗어나야 하는
데 수행평가만으로 평가할 수 있도록 하면 학력이 떨어질 거라며 한국교
총이 강하게 반대했다. 결국 예정대로 별표 9는 개정이 되었지만 그 소동
은 법도 아니고 시행령도 아니고 시행규칙도 아닌 교육부 훈령인 「학교생
활기록부 작성 및 관리지침」의 별표에 담긴 문장에서 단어 하나를 바꾸는
데서 비롯된 것이었다.

이게 가장 큰 문제다. 교육부장관이 훈령의 문구 하나만 바꾸면 학생
에 대한 평가가 좌지우지된다. 교육과정도 마찬가지다. 온 나라를 떠들썩
하게 했던 국정역사교과서도 교육과정 고시문의 부칙 하나를 바꾸면서
벌어진 일이다. 이와 같은 사례에서 보듯이 교육부의 권한은 비상식적으
로 너무 크다. 지방교육자치라는 말이 무색할 정도다. 교육부가 시·도교육
청과 학교를 하급기관으로 보고 훈령으로 학생에 대한 평가를 좌지우지하

는 것부터 바로잡아야 한다. 뒤에서 차차 다루겠지만 교육부의 이 거대한
힘을 빼내지 않으면 학생 평가의 온전한 방향 전환은 사실상 불가능하다.

수업, 평가와 교사의 역할

위 사례는 수업권, 평가권을 교사가 법적으로 갖는 것이 얼마나 중요
한지 단적으로 보여준다. 교사에게 이 권한이 있다면 단체행동권마저 없
는 교사들이지만 최소한 정권에 따라 교육이 휘둘리는 것은 막을 수 있
다. 이미 실행하고 있지만 법적으로 교사에게 주어지지 않은 수업권과 평
가권을 교사에게 주어야 한다. 저절로 주어지는 것은 없다.

같이 읽자, 교육법!

학교회계와 교육과정은
얼마나 일치하는가?

2018년 8월, 세종시교육감으로부터 교육청 행정직원들을 상대로 강의를 해달라는 요청을 받은 적이 있다. 요지는 행정직원들이 교육과정을 이해해야 원활하게 지원할 수 있으니 적절한 조언을 해달라는 것이었다. 취지가 고마워서 수락하기는 했지만 날짜가 다가오니 이 강의를 어떻게 꾸려가야 할지 고민이 많았다. 교원과 행정직원 사이에 업무 갈등이 늘어가고 있는 상황이라 학교단위 연수 때면 행정직원도 참석하도록 안내하여 함께한 적은 있지만 행정직원만을 대상으로 하는 강의는 처음이라 부담도 있었다.

강의 날짜는 다가오고 있었는데 가닥을 잡기가 쉽지 않았다. 업무분장을 두고 교원과 행정직원의 갈등이 늘어가고 있는 상황이라 더 그러했다. 업무분장에 대한 논의는 뒤로하고 학교회계와 교육과정을 주제로 잡았다. 갈등을 피하려는 의도는 아니었다. 학교회계와 교육과정이 따로 놀고 있는 현실을 직시하는 것에서부터 이야기를 시작해야 한다고 생각했다. 교육과정-수업-평가의 일체화가 구호처럼 돌고 있지만 그나마 이는 의도적으로 맞추어가고 있는데 교육과정과 학교회계의 불일치가 가장 심각한 상황이라 여겨졌기 때문이다. 이 때 얘기했던 학교회계의 속사정은 지금도 크게 변하지 않고 있다. 마찬가지로 이 현실을 직시하는 데에서부터 출발해야 접점이라도 찾을 수 있으니 학교회계의 현실부터 들여다보자.

학교회계의 현실

1) 교원은 학교회계를 배운 적이 없다.

「유아교육법」 제19조의7 제6항, 제19조의8 제6항과 「초·중등교육법」 제30조의2 제5항 및 제30조의3 제6항은 학교회계의 설치·운영에 필요한 사항을 밝히고 있다. 그러나 돌아보면 교원의 양성 과정이나 연수 과정에서 학교회계를 자세히 배운 적이 없다. 그저 담당업무에 따라 전임자의 업무 파일을 참고하여 예산요구서를 작성할 뿐이다. 마찬가지로 행정직원은 교육과정을 배운 적이 없다. 교육과정과 학교회계는 유기적으로 연동해야 교육적 효과가 나타나는데 교원은 학교회계에, 행정직원은 교육과정에 대한 이해가 부족하니 조화를 이루기가 쉽지 않다.

2) 법령에서 정한 교직원의 임무가 모호하여 업무분장에 따른 갈등이 커지고 있다.

「초·중등교육법」 제19조는 학교에 교원과 직원을 두며 두 직종을 합하여 "교직원"이라 부르고, 직종별 배치 기준을 대통령령으로 정하도록 하고 있다. 같은 법 제20조는 교직원의 임무를 밝히고 있는데 이를 살펴보자.

「초·중등교육법」

제20조(교직원의 임무) ① 교장은 교무를 총괄하고, 소속 교직원을 지도·감독하며, 학생을 교육한다. 〈개정 2021. 3. 23.〉

같이 읽자, 교육법!

② 교감은 교장을 보좌하여 교무를 관리하고 학생을 교육하며, 교장이 부득이한 사유로 직무를 수행할 수 없을 때에는 교장의 직무를 대행한다. 다만, 교감이 없는 학교에서는 교장이 미리 지명한 교사(수석교사를 포함한다)가 교장의 직무를 대행한다.
③ 수석교사는 교사의 교수·연구 활동을 지원하며, 학생을 교육한다.
④ 교사는 법령에서 정하는 바에 따라 학생을 교육한다.
⑤ 행정직원 등 직원은 법령에서 정하는 바에 따라 학교의 행정사무와 그 밖의 사무를 담당한다.
[전문개정 2012. 3. 21.]

자세하지도 않은 이 조항을 요약하면 교원은 교육을, 행정직원은 행정사무를 담당하는 것이다. 그런데 학교의 일이라는 것이 교육인지 행정사무인지 명확히 구분되지 않고 서로 얽힌 것들이 태반이다. 예를 들어보면 안전만 해도 그렇다. 교육청에서 안내된 공문서에 따라 업무를 수행할 때 안전교육인지 안전시설인지 구분이 모호하고 섞여 있는 경우가 많다. 이 공문서를 누가 처리할지를 두고 교원과 행정직원 사이에 벌어지는 갈등은 대부분 이 때문이다. 이와 같은 갈등이 늘어가자 교육부와 교육청은 업무가이드라인을 제시하고 있지만 이마저도 늘어가는 학교의 사무를 담아내기에는 부족하다. 더구나 두 직종의 눈치를 보느라 명확히 구분하여 담아내지 못하고 "학교 자율"에 맡긴다며 책임을 학교에 떠넘기고 있는 실정이다 보니 업무 갈등은 계속 늘고 있다.

3) 교육이 아닌 사업 중심으로 예산이 편성된다.

교육부, 교육청, 학교에서 만들어내는 계획서를 보면 사업이라는 말이 많이 쓰인다. 교육계획서 취지에 걸맞게 특색교육, 역점교육이라고 하면 될 것을 교육이라는 말을 대신하여 특색사업, 역점사업으로 쓰고 있다. 예산서는 상황이 더 심각하다. 심지어 에듀파인 과제카드는 각 부서별 업무를 중심으로 나열되어 있고 교육과정 운영에 필수적인 학년, 교과 등의 이름이 아예 없다. 학년과 교과를 중심에 두고 세부적인 업무가 이를 지원하는 체계로 학교회계가 운영되어야 교육과정이 살아나는데 학교회계 편성과 운영 실태를 보면 교육보다는 사업이 우선하고 있다. 교육과 사업의 사전적 정의를 생각해보더라도 이 현상이 바람직한 것은 아니다. 나는 교육자이지 사업가가 아니다.

교육敎育 : 사회생활에 필요한 지식이나 기술 및 바람직한 인성과 체력을 갖도록 가르치는 조직적이고 체계적인 활동

사업事業 : 주로 생산과 영리를 목적으로 지속하는 계획적인 경제 활동, 비영리적인 일정한 목적을 가지고 지속하는 조직적인 사회 활동

4) 학교자치에 걸맞지 않게 목적사업비가 너무 많다.

목적사업비를 이야기하기 전에 예산 구조를 간단히 이해할 필요가 있다. 그리 어려운 내용이 아닌데 자주 쓰는 말이 아니다 보니 교사들은 이에 대해서도 둔감한 편이다. 그렇게 둔감할수록 행정직원들에게 때론 무시를 당하기도 한다. 그런 수모를 당하지 않기 위해서라도 간단한 회계 용어 정도는 알아두자.

학교로 오는 돈은 교육청에서 지급되니 교육청 예산 구조를 먼저 간단히 알아야 한다. 교육청의 예산은 교육비특별회계(교특회계)와 학교회계로

같이 읽자, 교육법!

나뉜다. 어렵게 생각할 것 없이 지출되는 돈의 출처가 어디냐에 따라 이를 구분하면 된다. 교육청에서 지출되는 돈은 교특회계, 학교에서 지출되는 돈은 학교회계라 이해하면 쉽다. 가령 내가 받는 월급은 교육청에서 지급되니 교특회계이고, 출장비는 학교에서 지급되니 학교회계로 보면 된다.

학교회계는 크게 학교운영비, 목적사업비, 수익자부담금으로 나뉜다. 학교운영비는 교육청에서 학급 수, 학생 수 등을 고려하여 학교에 보내는 돈이다. 이를 기준으로 학교에서는 본예산을 작성한다. 목적사업비는 교육청에서 목적을 정해서 학교로 보내는 돈이다. 수익자부담금은 현장체험학습비 등과 같이 수익자가 직접 비용을 부담하는 돈이다. 교육자치의 취지를 살리자면 이 가운데 학교운영비가 차지하는 비중이 높아야 한다. 〈2020 공립·사립학교(교비) 회계분석종합보고서〉에 따르면 2019년 기준으로 교육비특별회계전입금(A=B+C)을 학교운영비(B)와 목적사업비(C)로 구분하였을 때 목적사업비 비율(C/A)은 대부분의 지역이 과반이며 전국 평균은 61.6%인 것을 알 수 있다. 학교 재정 현실이 이러한데 학교 재정 운영의 자율성을 이야기하고 있다.

5) 언제까지 영수증에 풀칠해야 할까?

예산을 지출하고 이를 증빙하기 위한 처리 방법도 학교마다 조금씩 차이가 있다. 어떤 학교는 사업담당자가 행정직원에게 영수증만 건네기도 하는데, 어떤 학교는 사업담당자가 직접 영수증을 A4용지에 풀칠하여 붙인 다음 건네기도 한다. 어떤 식이든 영수증을 풀칠해서 붙이는 것으로 끝나지 않고 영수증을 복사해서 A4용지에 붙인다. 재무감사 기간까지 영수증을 보관해야 하는데 잉크가 휘발되어 구매내역을 확인하기 어렵기 때문이다. 지출 증빙을 이런 절차로 하다 보니 학교 행정실 캐비닛의 상당 부분은 지출결의서가 차지하고 있다. 영수증을 붙이느라 시간 들고, 이를 감사로 확인하는 데도 시간이 든다. 낭비되는 종이와 잉크카트리지만 해도 상당하다.

영수증 하나 다루는 데만 해도 이렇게 품이 드니 영수증에 풀칠을 누가 하는지를 두고도 학교마다 갈등이 있다. 그런데 이걸 가지고 싸울 일이 아니다. 언제까지 이런 구시대적인 방식으로 지출 증빙을 해야 하나? 근본적인 해법을 찾아보자. 학교회계의 지출 증빙을 전자화할 수는 없을까? NEIS에 지출 예산 탭을 만들고, 예산에 부합한 카테고리를 찾아서 영수증을 촬영하여 사진으로 첨부하고 세출예산액, 지출액, 잔액을 표기하는 식으로 말이다. 나아가 영수증만 사진으로 첨부하면 시스템이 영수증에 적힌 예산을 자동으로 읽어들여 예산액을 표기하는 방식이면 더 좋다. 상상이 아니다. 민간의 회사 중에는 이미 이와 같은 지출증빙시스템을 쓰고 있는 곳이 많다. 그런데 공공기관은 고급인력들에게 영수증 풀칠이나 시키고 있다. 이러면서 4차산업혁명, 인공지능, 원격교육 운운하는 것이 부끄럽지 않은가?

학교회계와 교사의 역할

"교사가 학교회계까지 알아야 하나요?"

학교회계의 중요성을 이야기하며 이에 대해 관심을 갖자고 하면 꼭 돌아오는 질문이다. 안 그래도 할 일이 많은데 교육법과 마찬가지로 배워본 적도 없고, 필요하다 싶어 찾아보려 해도 무엇을 보아야 하는지 막막하고, 막상 찾아서 보려니 용어부터 낯설고, 돈과 결부된 일은 감사로 연결되니 피할 수 있으면 피하고 싶고, 학교회계는 행정직원의 몫이 아니냐는 되물음이다. 그럼에도 불구하고 내 대답은 단호하다. 학교회계는 행정직원의 몫이 아니라 학교 구성원 모두의 몫이다.

학교운영비 편성 절차만 보더라도 예산 요구권은 교직원 모두에게 있다. 이렇게 요구한 예산을 학교운영위원회 심의를 거쳐 집행하는 담당자가 행정직원이다. 그런데 학교회계는 행정직원의 몫이라 단정하고 관심조차 갖지 않으려 한다. 그래서는 안 된다. 모르면 행정편의주의에 휘둘린다. 이에 휘둘리지 않으면서 학교예산을 소신껏 교육활동을 위해 쓰려면 교사가 반드시 학교회계를 알아야 한다. 아무리 좋은 요리 재료가 있다 하더라도 요리 도구가 없거나 사용법을 모르면 제대로 된 요리를 할수 없다. 마찬가지로 교육과정(요리 재료)만 알고 있고 학교회계(요리 도구)를 모른다면 교사의 입장에서도 수업을 비롯하여 학교생활 만족도는 떨어질 수밖에 없다.

이렇게 답하고 나면 금방 수긍하면서 다른 질문이 이어진다.

"학교회계가 중요한지는 알겠는데 어디서부터 시작해야 할지 모르겠어요. 특별한 방법이 있나요?"

특별한 방법이 있다면 얼마나 좋겠는가. 교직을 이수하는 대학에서 최소 한 학기 정도 교육재정 관련 강좌를 개설하여 학교회계 절차까지 배웠다면 좋았겠지만 이미 지난 일이니 교육법과 마찬가지로 스스로라도 찾아서 배우는 수밖에 없다. 학교회계를 이해하려면 꼭 읽어봐야 하는 법령과 지침이 있는데 머리 아픈 학교회계 이야기가 너무 길어지니 잠깐 쉬었다가 교육재정으로 본격적으로 만나자.

교육재정
관련 법령을 알아볼까?

    오늘날 학교회계의 현실은 행정직원의 말 한마디에 교사가 교육에 전념할 수 있는 여건이 결정된다고 해도 과언이 아니다. 여기서 미묘한 갈등이 계속 생긴다. 교사가 이 갈등을 풀 수 있는 방법은 딱 하나다. 교육을 이해해달라고 매달릴 것이 아니라 그동안 내가 무심했던 교육재정과 학교회계에 관심을 가지는 것이 먼저다. 내가 교육재정과 학교회계에 관련된 법령을 찾아 읽기 시작했던 이유도 이 때문이다. 그렇게 내가 찾아 읽었던 법령들에서 중요한 내용을 찾아 그 의미를 설명하는 방식으로 이야기를 이어가려고 한다.

    「대한민국헌법」 제31조는 교육의 지향점을 밝히고 있다. 이 가운데 제3항과 제6항은 교육재정의 운영 방향을 밝히고 있다.

> **「대한민국헌법」**
> 제31조 ① 모든 국민은 능력에 따라 균등하게 교육을 받을 권리를 가진다.

같이 읽자, 교육법!

② 모든 국민은 그 보호하는 자녀에게 적어도 초등교육과 법률이 정하는 교육을 받게 할 의무를 진다.

③ 의무교육은 무상으로 한다.

④ 교육의 자주성·전문성·정치적 중립성 및 대학의 자율성은 법률이 정하는 바에 의하여 보장된다.

⑤ 국가는 평생교육을 진흥하여야 한다.

⑥ 학교교육 및 평생교육을 포함한 교육제도와 그 운영, 교육재정 및 교원의 지위에 관한 기본적인 사항은 법률로 정한다.

「교육기본법」 제7조는 국가와 지방자치단체에 교육재정을 안정적으로 확보하도록 하고 있다.

「교육기본법」

제7조(교육재정) ① 국가와 지방자치단체는 교육재정을 안정적으로 확보하기 위하여 필요한 시책을 수립·실시하여야 한다.

② 교육재정을 안정적으로 확보하기 위하여 지방교육재정교부금 등에 관하여 필요한 사항은 따로 법률로 정한다.

[전문개정 2007. 12. 21.]

「초·중등교육법」 제30조의2와 제30조의3은 국립·공립의 초등학교·중학교·고등학교 및 특수학교에 각 학교별로 학교회계學校會計를 설치·운영하도록 하고 있으며, 학교회계의 설치·운영에 필요한 사항은 국립학교의 경우에는 교육부령으로, 공립학교의 경우에는 시·도의 교육규칙으로 정하도록 하고 있다.

「초·중등교육법」

제30조의2(학교회계의 설치) ① 국립·공립의 초등학교·중학교·고등학교 및 특수학교에 각 학교별로 학교회계學校會計를 설치한다.

② 학교회계는 다음 각 호의 수입을 세입歲入으로 한다.

1. 국가의 일반회계나 지방자치단체의 교육비특별회계로부터 받은 전입금

2. 제32조 제1항에 따라 학교운영위원회 심의를 거쳐 학부모가 부담하는 경비

3. 제33조의 학교발전기금으로부터 받은 전입금

4. 국가나 지방자치단체의 보조금 및 지원금

5. 사용료 및 수수료

6. 이월금

7. 물품매각대금

8. 그 밖의 수입

③ 학교회계는 학교 운영과 학교시설의 설치 등을 위하여 필요한 모든 경비를 세출歲出로 한다.

④ 학교회계는 예측할 수 없는 예산 외의 지출이나 예산초과지출에 충당하기 위하여 예비비로서 적절한 금액을 세출예산에 계상計上할 수 있다.

⑤ 학교회계의 설치에 필요한 사항은 국립학교의 경우에는 교육부령으로, 공립학교의 경우에는 시·도의 교육규칙으로 정한다. 〈개정 2013. 3. 23.〉

[전문개정 2012. 3. 21.]

제30조의3(학교회계의 운영) ① 학교회계의 회계연도는 매년 3월 1일에 시작하여 다음 해 2월 말일에 끝난다.

② 학교의 장은 회계연도마다 학교회계 세입세출예산안을 편성하여 회계연도가 시작되기 30일 전까지 제31조에 따른 학교운영위원회에

같이 읽자, 교육법!

제출하여야 한다.

③ 학교운영위원회는 학교회계 세입세출예산안을 회계연도가 시작 되기 5일 전까지 심의하여야 한다.

④ 학교의 장은 제3항에 따른 예산안이 새로운 회계연도가 시작될 때 까지 확정되지 아니하면 다음 각 호의 경비를 전년도 예산에 준하여 집행할 수 있다. 이 경우 전년도 예산에 준하여 집행된 예산은 해당 연도의 예산이 확정되면 그 확정된 예산에 따라 집행된 것으로 본다.

1. 교직원 등의 인건비

2. 학교교육에 직접 사용되는 교육비

3. 학교시설의 유지관리비

4. 법령상 지급 의무가 있는 경비

5. 이미 예산으로 확정된 경비

⑤ 학교의 장은 회계연도마다 결산서를 작성하여 회계연도가 끝난 후 2개월 이내에 학교운영위원회에 제출하여야 한다.

⑥ 학교회계의 운영에 필요한 사항은 국립학교의 경우에는 교육부 령으로, 공립학교의 경우에는 시·도의 교육규칙으로 정한다. 〈개정 2013. 3. 23.〉

[전문개정 2012. 3. 21.]

이상의 법 조문을 요약하면 '국가와 지방자치단체는 안정적으로 교육 재정을 확보하고, 각급학교는 학교회계를 설치·운영함으로써 교육재정 을 효율적으로 집행해야 한다'이다. 이를 구체적으로 알아가기 위해서는 「지방재정교부금법」을 이해해야 하는데 이 법을 붙들면 머리가 아파온 다. 특히 교부금을 산출하는 복잡한 계산식을 접하면 교육재정과 학교회 계에 대해 알고 싶었던 마음마저 뚝 떨어진다. 이럴 때는 법령의 우선순 위를 따지기보다 내 삶에 밀접한 것에서부터 알아가는 것이 좋다. 가장 먼저 학교회계 편성 및 운영 지침부터 읽어보자.

⋮ 「(학년도) 학교회계 편성 및 운영 지침」 ⋮

학교회계에 입문하려면 가장 먼저 이 지침을 읽는 것이 좋다. 학교운영비 편성을 위해서도 알아야 하지만 감사를 대비해서라도 알아두는 것이 좋다. 각 시·도교육청이 마련한 학교회계 규칙에 따르면 교육감은 예산편성기본지침을 작성하여 회계연도 개시 3개월 전까지 소속 학교의 장에게 시달해야 한다. 3월에 학교의 회계연도가 시작하니 늦어도 11월 말에는 학교로 안내된다.

학교회계 편성 및 운영 지침에는 당해연도의 교육재정 운용 여건 및 전망, 학교회계 예산 편성 및 운영 지침, 학교운영비 배분 계획, 학교회계 예산과목 체계, 예산편성 기준단가, 학교회계 예·결산 각종 서식, 회계 관련 법규 및 지침이 담겨있다. 따라서 이 지침을 통독하고 나면 학교회계에 대한 전반적인 개념과 흐름을 이해할 수 있다.

이왕 읽는 김에 빨간펜을 하나 들고 읽자고 제안한다. 회계지침을 읽어나가다가 어떤 내용을 수정하거나 첨삭하여 교육에 더 부합하도록 개정하면 좋겠다는 생각이 들면 이를 메모해두었다가 교육청에 개정을 제안해보자. 지침은 법령에 비하여 바꾸기가 쉽다. 타당한 제안이라 여겨진다면 교육청도 선뜻 받아들일 것이다. 지침에 담긴 용어, 절차 등은 학교에 큰 영향을 미치는데 이런 노력으로 사소한 것 하나라도 개선이 된다면 이만큼 학교를 이롭게 하는 것도 없다. 예를 들어보자면 이런 노력으로 강사료 지급기준을 바꾸기도 했다.

「공무원 보수 등의 업무지침」에 따르면 직종이 다른 공무원의 보수 체

[별표] 호봉획정을 위한 공무원경력의 상당계급 기준표

직종	상당계급구분								
1. 일반직등 (보수규정 별표 3 및 별표 4의 적용 직종)	1급	2급	3급	4급	5급	6급	7급	8급	9급
2. 일반직 우정직군					우정 1~2급	우정 3~6급	우정 7급	우정 8급	우정 9급
3. 기능직						기능 1~6급	기능 7급	기능 8급	기능 9~10급
4. 경찰 · *군인	소장	준장	대령	중령	소령	대위: 경감 중위: 경위	소위·준위	원사·상사·중사	하사
*교육공무원 — 초·중등교원봉급표 적용대상자				24 호봉 이상	18-23 호봉	14-17 호봉: 경감 11-13 호봉: 경위	9-10 호봉	4-8 호봉	3호봉 이하
*교육공무원 — 대학교원봉급표 적용대상자		30 호봉 이상	24-29 호봉	17-23 호봉	11-16 호봉	9-10호봉 ⇒ 경감 7-8호봉 ⇒ 경위	6호봉 이하		
4. 경찰	치안정감	치안감	경무관	총경	경정	경감: 3년 이상자, 기능직은 5급이상, 우정직군은 3~5급 경위: 3년 미만자, 기능직·우정직군은 6급	경사	경장	순경

계를 맞추기 위해 공무원경력의 상당계급 기준표를 운용하고 있다. 이 표에 따라 호봉을 획정하고 이에 준하여 보수를 지급한다. 교원의 경우 24호봉 이상이면 4급에 상당하는데 올해 내 호봉이 32호봉이니 이를 한참 웃돈다. 그런데 나는 지금까지 교사라는 이유로 만년 3등급의 강사비를 받아왔다. 회계지침 안에 강사비 지급과 관련한 내용이 있는데 대부분 교장(장학관), 교감(장학사), 교사로 차등을 두어 강사비를 지급하고 있었기 때문이다.

교원은 무급직으로 단일호봉체제를 유지한다. 따라서 경력에 따라 호봉이 오르고 직위가 아닌 호봉에 따라 보수가 인상된다. 즉 승진을 했다고 해서 보수가 오르는 것도 아니다. 강사비는 수당이다. 수당은 보수에 해당한다. 그렇다면 교원의 강사비는 마땅히 호봉에 따라 지급해야 한다. 이에 대한 문제제기를 했더니 2019년에 충남교육청이 최초로 직위가 아닌 호봉을 기준으로 강사비를 지급하기 시작했다. 한번 불이 붙기 시작하자 다른 지역으로도 널리 퍼지고 있다. 그 지역으로 강의를 가면 다른 지역보다 더 신바람이 난다. 돈 몇 푼 때문에 그러는 것이 아니다. 내 자존감을 살려줬기 때문이다.

이렇듯 회계지침 안에는 중요한 내용도 있으니 꼼꼼하게 살펴보기 바란다. 회계지침은 보통 "학교회계 편성 및 운영 지침"이라는 이름으로 교육청에서 책자로 학교에 배부한다. 보통 학교에 3부 정도는 보내고 있으니 교장실, 교무실, 행정실에 가면 책자를 볼 수 있다. 책자를 구하기가 어려우면 교육청 홈페이지에 파일로 공개하고 있으니 내려받아서 보면 된다.

예산편성지침을 읽고 학교회계를 개괄적으로 이해했다면 단위학교의 세입·세출예산서 및 결산서를 읽어야 한다. 자신이 근무하는 학교의 교육비 총액이 얼마인지를 알기 위해서는 세입예산서를 먼저 보는 것이 좋다. 세입예산의 규모를 알았다면 학교운영비와 목적사업비를 구분해내는 것이 좋다. 그런 다음 세출예산서를 읽으면서 예산편성지침에서 안내한 것들이 잘 반영되었는지를 따져가며 세출예산서를 읽는 것이 좋다. 만약 반영되지 않은 것이 있다면 잘 메모해두었다가 추경예산에 반영되도록 제안하면 된다. 세입·세출예산서 및 결산서는 학교 누리집을 찾아보면 누구나 열람할 수 있다.

⋮ 「(지자체명) 공립학교회계 규칙」

「초·중등교육법」 제30조의2 및 제30조의3과 「유아교육법」 제19조의7 및 제19조의8에 따라 공립학교는 학교회계의 설치·운영에 필요한 사항을 정하고 있다. 이렇게 마련된 회계규칙에는 예산, 결산, 수입, 지출, 회계관계공무원, 세입세출 외 현금 및 장부서식 등이 담겨 있다. 자신이 근무하고 있는 지역의 회계규칙을 볼 수 있도록 국가법령정보에서 "공립학교회계 규칙"으로 검색하여 QR코드로 안내한다. 회계규칙은 학교회계 편성 및 운영지침의 근거가 되므로 반드시 알아두어야 한다.

「(지자체명) 공립학교회계 규칙」 읽어보기

⋮ 「국립 유치원 및 초·중등학교 회계규칙」

「유아교육법」 제19조의7 제6항 및 제19조의8 제6항과 「초·중등교육

「국립 유치원 및
초·중등학교 회계
규칙」읽어보기

법」제30조의2 제5항 및 제30조의3 제6항에 따라 국립 유치원의 유치원회계와 국립 초등학교·중학교·고등학교 및 특수학교의 학교회계의 설치·운영에 필요한 사항을 규정하고 있다. 공립학교의 회계규칙과 대동소이한 내용인데 국립학교라 교육부장관이 교육부령으로 정하고 있다.

「학교회계 재정분석보고서」

앞에서 언급한 학교회계규칙에 따르면 교육감은 매년 초·중·고등학교를 대상으로 재정분석을 실시하고 재정분석보고서를 발간하여야 한다. 학교회계 재정운영의 자율성을 확대하고 책무성을 강화하기 위한 목적으로 발간하는 이 보고서를 읽으면 지방교육재정의 흐름을 한눈에 이해할 수 있다. 교육행정을 하는 이들이라면 반드시 읽어보아야 한다. 이 보고서는 교육청 홈페이지에 공개하고 있다.

이상의 법규를 살펴보았다면 교육재정과 학교회계에 대한 안목이 생겼을 것이다. 그렇다고 여기서 멈추면 그동안 했던 노력이 빛을 발하지 못한다. 안정적인 교육재정을 확보하기 위해서라도 교육 현장에 몸담고 있는 사람이 제대로 목소리를 내야 한다. 그러기 위해서는 교육세, 지방교육재정교부금, 교육비특별회계 등의 내용도 알아두어야 한다.

여기서는 법의 목적만 밝히고 법 조문의 내용을 따로 살필 수 있도록 QR코드로 안내한다.

같이 읽자, 교육법!

「교육세법」

교육의 질적 향상을 도모하기 위하여 필요한 교육재정의 확충에 드는 재원을 확보하기 위하여 만든 법이다.

「교육세법」읽어보기

「지방교육재정교부금법」

지방자치단체가 교육기관 및 교육행정기관(그 소속기관을 포함)을 설치·경영하는 데 필요한 재원財源의 전부 또는 일부를 국가가 교부하여 교육의 균형 있는 발전을 도모하기 위하여 만든 법이다.

「지방교육재정교부금법」읽어보기

「교육비특별회계 회계기준에 관한 규칙」

「지방재정법」제10조·제53조 및 같은 법 시행령 제62조에 따라 교육비특별회계의 회계처리와 재무제표 보고에 관한 기준을 규정하기 위하여 만든 법이다.

「교육비특별회계 회계기준에 관한 규칙」읽어보기

「지방자치단체 교육비특별회계 예산편성 운용에 관한 규칙」

「지방재정법」제5조 제2항·제4항 및 제38조 제2항에 따라 성과중심의 건전한 지방교육재정 운용과 특별시·광역시·특별자치시·도 및 특별자치도 교육청 간 재정운용의 균형을 확보하기 위한 회계연도별 특별시·광역시·특별자치시·도 및 특별자치도 교육청 예산편성기준에 관한 사항을 규정하기 위하여 만든 법이다.

「지방자치단체 교육비특별회계 예산편성 운용에 관한 규칙」읽어보기

여기까지 읽었다면 큰 산은 넘었다. 이 정도 이해하고 나면 행정직원

의 고충도 이해하게 된다. 학교회계에 관심이 있는 교사를 만난 것만으로도 행정직원은 반가움을 표시한다. 그 틈을 놓치지 않고 교육과정과 학교회계가 일치해야 교육력이 높아진다는 말을 건네면 된다. 그 말 한마디로 행정직원은 교육과정에 관심을 갖는다. 양자에 대한 서로의 관심은 결국 학교의 교육력을 높이는 열쇠가 될 것이다.

같이 읽자, 교육법!

07

아동학대는 어떻게 예방하고 대응할까?

양부모의 학대로 숨진 생후 16개월 입양아동 사건 등 심각한 아동학대 범죄사건이 지속적으로 발생하면서 사회적 문제가 되고 있다. 반면에 아동학대범죄의 신고에 따른 현장 대응의 실효성이 낮다는 지적이 이어지고 있다. 이에 현행법상 아동학대사건 대응 절차의 미비점을 개선·보완함으로써 아동학대범죄를 예방하고 피해아동 보호를 강화하려는 의도로 「아동학대범죄의 처벌 등에 관한 특례법」이 잇따라 개정되었다. 그 주요 내용을 먼저 살펴보자.

「아동학대범죄의 처벌 등에 관한 특례법」의 주요 개정 내용

가. 아동학대범죄 신고의무자의 신고가 있는 경우 시·도, 시·군·구 또는 수사기관은 정당한 사유가 없는 한 즉시 조사 또는 수사에 착수하도록 함(제10조 제4항 신설).

나. 사법경찰관리나 아동학대전담공무원이 현장조사를 위하여 출입할 수 있는 장소에 '피해아동을 보호하기 위하여 필요한 장소'를 추가함(제11조 제2항).

다. 현장조사를 하는 사법경찰관리 또는 아동학대전담공무원은 피해

아동, 아동학대범죄신고자, 목격자 등이 자유롭게 진술할 수 있도록 아동학대행위자로부터 분리된 곳에서 조사하는 등 필요한 조치를 하도록 함(제11조 제5항 신설).

라. 현장출동이 동행하여 이루어지지 않은 경우 수사기관의 장과 시·도지사 또는 시장·군수·구청장은 현장출동에 따른 조사 등의 결과를 서로에게 통지하도록 함(제11조 제7항 신설).

마. 정당한 사유 없이 아동학대전담공무원의 출석·진술 및 자료제출 요구에 따르지 아니하거나 거짓으로 진술 또는 자료를 제출한 사람에게는 1천만 원 이하의 과태료를 부과함(제11조의2 제1항 후단 및 제63조 제1항 제3호의2 신설).

바. 현행 응급조치기간의 상한인 72시간에 공휴일이나 토요일이 포함되는 경우로서 피해아동 등의 보호를 위하여 필요하다고 인정되는 경우에는 48시간의 범위에서 그 기간을 연장할 수 있도록 함(제12조 제3항 및 제15조 제2항 등).

사. 사법경찰관리는 아동학대범죄 행위의 제지 또는 아동학대행위자의 격리 조치를 하기 위하여 다른 사람의 토지·건물·배 또는 차에 출입할 수 있음을 명시함(제12조 제8항 신설).

아. 아동학대범죄사건의 증인이 피고인 또는 그 밖의 사람으로부터 생명·신체에 해를 입거나 입을 염려가 있다고 인정될 때에는 증인의 신변안전을 위하여 필요한 조치를 할 수 있도록 함(제17조의2 신설).

자. 법원은 피해아동보호명령의 기간이 종료된 경우 시·도지사 또는 시장·군수·구청장에게 그 사실을 통지하도록 함(제50조 제5항 신설).

차. 현행 아동학대전담공무원 및 아동보호전문기관의 종사자 외에 사법경찰관리에 대해서도 아동학대사건의 조사에 필요한 전문지식, 이 법에서 정한 절차 및 관련 법제도 등에 관한 교육을 실시하도록 함(제55조).

카. 업무수행 방해죄의 법정형을 현행 5년 이하의 징역 또는 1천

500만 원 이하의 벌금에서 5년 이하의 징역 또는 5천만 원 이하의 벌금으로 상향하고, 현행법상 500만 원 이하의 과태료를 부과하고 있는 이 법 위반행위에 대한 과태료 부과 금액을 1천만 원 이하로 상향함 (제61조 제1항 및 제63조 제1항).

물론 이 조치만으로 아동학대범죄를 예방하기에는 한계가 있다. 아무리 처벌을 강화한다고 해도 범죄의 근본 원인을 제거하지 않는 한 아동학대범죄는 어디서든 일어날 수 있고, 법망을 교묘히 피해갈 수 있기 때문이다. 범죄자에 대한 처벌 못지않게 아동이 안전하게 보호받으며 성장할 수 있는 환경을 만들기 위해 함께 노력해야 한다.

교사는 아동학대 예방을 위해 노력해야 할 뿐만 아니라 아동학대범죄를 알게 되었을 때 신고해야 할 의무가 있는 사람이다. 그 의무를 다하지 않았을 때 아동은 물론이고 교사 자신도 피해를 보게 된다. 따라서 아동뿐만 아니라 교사 자신을 지키기 위해서도 아동학대 관련 법령을 반드시 알아두어야 한다.

아동학대 예방을 위해 알아야 할 법령

아동학대를 예방하고 대처하기 위해서는 아동복지법과 아동학대처벌법을 먼저 살펴보아야 한다. 「아동복지법」은 "아동이 건강하게 출생하여 행복하고 안전하게 자랄 수 있도록 아동의 복지를 보장하는 것을 목적"으로, 「아동학대범죄의 처벌 등에 관한 특례법」(약칭: 아동학대처벌법)은 "아동학대범죄의 처벌 및 그 절차에 관한 특례와 피해아동에 대한 보호절차 및 아동학대행위자에 대한 보호처분을 규정함으로써 아동을 보호하여 아동이 건강한 사회 구성원으로 성장하도록 함을 목적"으로 만들어진 법이다.
「아동복지법」 제3조를 통해 아동학대 관련 법적 정의를 알고 가자.

「아동복지법」

제3조(정의) 이 법에서 사용하는 용어의 뜻은 다음과 같다. 〈개정 2014. 1. 28.〉

1. "아동"이란 18세 미만인 사람을 말한다.
2. "아동복지"란 아동이 행복한 삶을 누릴 수 있는 기본적인 여건을 조성하고 조화롭게 성장·발달할 수 있도록 하기 위한 경제적·사회적·정서적 지원을 말한다.
3. "보호자"란 친권자, 후견인, 아동을 보호·양육·교육하거나 그러한 의무가 있는 자 또는 업무·고용 등의 관계로 사실상 아동을 보호·감독하는 자를 말한다.
4. "보호대상아동"이란 보호자가 없거나 보호자로부터 이탈된 아동 또는 보호자가 아동을 학대하는 경우 등 그 보호자가 아동을 양육하기에 적당하지 아니하거나 양육할 능력이 없는 경우의 아동을 말한다.
5. "지원대상아동"이란 아동이 조화롭고 건강하게 성장하는 데에 필요한 기초적인 조건이 갖추어지지 아니하여 사회적·경제적·정서적 지원이 필요한 아동을 말한다.
6. "가정위탁"이란 보호대상아동의 보호를 위하여 성범죄, 가정폭력, 아동학대, 정신질환 등의 전력이 없는 보건복지부령으로 정하는 기준에 적합한 가정에 보호대상아동을 일정 기간 위탁하는 것을 말한다.
7. "아동학대"란 보호자를 포함한 성인이 아동의 건강 또는 복지를 해치거나 정상적 발달을 저해할 수 있는 신체적·정신적·성적 폭력이나 가혹행위를 하는 것과 아동의 보호자가 아동을 유기하거나 방임하는 것을 말한다.

7의2. "아동학대관련범죄"란 다음 각 목의 어느 하나에 해당하는 죄를 말한다.

가. 「아동학대범죄의 처벌 등에 관한 특례법」 제2조 제4호에 따른 아동학대범죄

나. 아동에 대한 「형법」 제2편 제24장 살인의 죄 중 제250조부터 제255조까지의 죄

8. "피해아동"이란 아동학대로 인하여 피해를 입은 아동을 말한다.

9. 삭제 〈2016. 3. 22.〉

10. "아동복지시설"이란 제50조에 따라 설치된 시설을 말한다.

11. "아동복지시설 종사자"란 아동복지시설에서 아동의 상담·지도·치료·양육, 그 밖에 아동의 복지에 관한 업무를 담당하는 사람을 말한다.

아동학대와 관련한 법적 정의를 이해했다면 아동학대범죄에 대해 관심을 가져야 한다. 앞에서 살펴보았듯이 아동복지법에서 밝히고 있는 아동학대의 죄는 다음 두 가지에 해당한다. 교사는 아동에게 이와 같은 행동을 해서는 안 될 뿐만 아니라 아동학대의 정황을 알게 되었을 때 신고해야 할 의무가 있으므로 아동학대범죄는 어떤 것이 있는지 반드시 알아두어야 한다.

아동학대범죄

가. 「아동학대범죄의 처벌 등에 관한 특례법」 제2조 제4호에 따른 아동학대범죄

상해, 특수상해, 폭행, 특수폭행, 폭행치사상, 유기, 영아유기, 학대, 아동혹사, 유기등 치사상, 체포, 감금, 중체포, 중감금, 특수체포, 특수감금 및 미수범, 체포·감금 등의 치사상, 협박, 특수협박 및 미수범, 미성년자 약취 유인, 추행 등 목적 약취 유인, 인신매매, 강간, 유사강간, 강제추행, 준강간, 준강제추행 및 미수범, 강간등 상해·치상, 강간등 살인·치사, 미성년자등에 대한 간음, 업무상위력 등에 의한 간음, 미성년자에 대한 간음·추행, 명예훼손, 출판물들에 의한 명예훼손, 모욕,

주거·신체 수색, 강요 및 미수범, 공갈, 특수공갈 및 미수범, 재물손괴, 아동학대 살해·치사, 아동학대중상해 및 상습범

나. 아동에 대한 「형법」 제2편 제24장 살인의 죄 중 제250조부터 제255조까지의 죄 살인, 존속살해, 영아살해, 촉탁·승낙에 이한 살인, 자살 교사 및 방조, 위계 등에 의한 촉탁살인, 살인·존속살해·촉탁살인 예비·음모

아동학대범죄 대응 요령

누구나 아동학대범죄를 알게 된 경우나 그 의심이 있는 경우에는 지자체 또는 수사기관에 신고할 수 있다. 특히 아동과 관련된 직무를 수행하면서 아동학대범죄를 알게 된 경우에는 즉시 신고해야 할 의무가 있다. 정당한 사유 없이 신고를 하지 않은 사람은 1천만 원 이하의 과태료 처분을 받게 된다. 공무원의 경우 과태료 처분에 그치지 않고 징계까지 받게 된다. 반드시 관련 법 조문을 읽고 자신이 아동학대범죄 즉시 신고의무자 가운데 어디에 해당하는지 찾아서 밑줄을 그어보고, 어디에 신고해야 하는지도 알아두자.

「아동학대범죄의 처벌 등에 관한 특례법」

제10조(아동학대범죄 신고의무와 절차) ① 누구든지 아동학대범죄를 알게 된 경우나 그 의심이 있는 경우에는 특별시·광역시·특별자치시·도·특별자치도(이하 "시·도"라 한다), 시·군·구(자치구를 말한다. 이하 같다) 또는 수사기관에 신고할 수 있다. 〈개정 2020. 3. 24.〉

② 다음 각 호의 어느 하나에 해당하는 사람이 직무를 수행하면서 아동학대범죄를 알게 된 경우나 그 의심이 있는 경우에는 시·도, 시·군·구 또는 수사기관에 즉시 신고하여야 한다. 〈개정 2016. 5. 29., 2019. 1. 15., 2020. 3. 24.〉

1. 「아동복지법」 제10조의2에 따른 아동권리보장원(이하 "아동권리보장

원"이라 한다) 및 가정위탁지원센터의 장과 그 종사자

2. 아동복지시설의 장과 그 종사자(아동보호전문기관의 장과 그 종사자는 제외한다)

3. 「아동복지법」 제13조에 따른 아동복지전담공무원

4. 「가정폭력방지 및 피해자보호 등에 관한 법률」 제5조에 따른 가정폭력 관련 상담소 및 같은 법 제7조의2에 따른 가정폭력피해자 보호시설의 장과 그 종사자

5. 「건강가정기본법」 제35조에 따른 건강가정지원센터의 장과 그 종사자

6. 「다문화가족지원법」 제12조에 따른 다문화가족지원센터의 장과 그 종사자

7. 「사회보장급여의 이용·제공 및 수급권자 발굴에 관한 법률」 제43조에 따른 사회복지전담공무원 및 「사회복지사업법」 제34조에 따른 사회복지시설의 장과 그 종사자

8. 「성매매방지 및 피해자보호 등에 관한 법률」 제9조에 따른 지원시설 및 같은 법 제17조에 따른 성매매피해상담소의 장과 그 종사자

9. 「성폭력방지 및 피해자보호 등에 관한 법률」 제10조에 따른 성폭력피해상담소, 같은 법 제12조에 따른 성폭력피해자보호시설의 장과 그 종사자 및 같은 법 제18조에 따른 성폭력피해자통합지원센터의 장과 그 종사자

10. 「119구조·구급에 관한 법률」 제2조 제4호에 따른 119구급대의 대원

11. 「응급의료에 관한 법률」 제2조 제7호에 따른 응급의료기관등에 종사하는 응급구조사

12. 「영유아보육법」 제7조에 따른 육아종합지원센터의 장과 그 종사자 및 제10조에 따른 어린이집의 원장 등 보육교직원

13. 「유아교육법」 제2조 제2호에 따른 유치원의 장과 그 종사자

14. 아동보호전문기관의 장과 그 종사자

15. 「의료법」 제3조 제1항에 따른 의료기관의 장과 그 의료기관에 종사하는 의료인 및 의료기사

16. 「장애인복지법」 제58조에 따른 장애인복지시설의 장과 그 종사자로서 시설에서 장애아동에 대한 상담·치료·훈련 또는 요양 업무를 수행하는 사람

17. 「정신건강증진 및 정신질환자 복지서비스 지원에 관한 법률」 제3조 제3호에 따른 정신건강복지센터, 같은 조 제5호에 따른 정신의료기관, 같은 조 제6호에 따른 정신요양시설 및 같은 조 제7호에 따른 정신재활시설의 장과 그 종사자

18. 「청소년기본법」 제3조 제6호에 따른 청소년시설 및 같은 조 제8호에 따른 청소년단체의 장과 그 종사자

19. 「청소년 보호법」 제35조에 따른 청소년 보호·재활센터의 장과 그 종사자

20. 「초·중등교육법」 제2조에 따른 학교의 장과 그 종사자

21. 「한부모가족지원법」 제19조에 따른 한부모가족복지시설의 장과 그 종사자

22. 「학원의 설립·운영 및 과외교습에 관한 법률」 제6조에 따른 학원의 운영자·강사·직원 및 같은 법 제14조에 따른 교습소의 교습자·직원

23. 「아이돌봄 지원법」 제2조 제4호에 따른 아이돌보미

24. 「아동복지법」 제37조에 따른 취약계층 아동에 대한 통합서비스지원 수행인력

25. 「입양특례법」 제20조에 따른 입양기관의 장과 그 종사자

③ 누구든지 제1항 및 제2항에 따른 신고인의 인적 사항 또는 신고인임을 미루어 알 수 있는 사실을 다른 사람에게 알려주거나 공개 또는 보도하여서는 아니 된다.

④ 제2항에 따른 신고가 있는 경우 시·도, 시·군·구 또는 수사기관은

정당한 사유가 없으면 즉시 조사 또는 수사에 착수하여야 한다. 〈신설 2021. 1. 26.〉

한편 아동학대범죄의 수사 또는 아동보호사건의 조사·심리 및 그 집행을 담당하거나 이에 관여하는 사람은 그 직무상 알게 된 비밀을 누설하여서는 안 되는 비밀엄수의 의무가 있다. 비밀엄수의 의무를 위반할 경우 3년 이하의 징역이나 5년 이하의 자격정지 또는 3천만 원 이하의 벌금에 처해진다. 이 정도 형량을 받으면 교사는 그 직마저 잃는다. 무심코 내뱉은 말이 아동학대 피해자에게 2차 가해를 입힐 수 있다는 사실을 인식하고 관련 법 조문을 읽어보기 바란다.

> **「아동학대범죄의 처벌 등에 관한 특례법」**
>
> 제62조(비밀엄수 등 의무의 위반죄) ① 제35조 제1항에 따른 비밀엄수 의무를 위반한 보조인, 진술조력인, 아동보호전문기관 직원과 그 기관장, 상담소 등에 근무하는 상담원과 그 기관장 및 제10조 제2항 각 호에 규정된 사람(그 직에 있었던 사람을 포함한다)은 3년 이하의 징역이나 5년 이하의 자격정지 또는 3천만 원 이하의 벌금에 처한다. 다만, 보조인인 변호사에 대하여는 「형법」 제317조 제1항을 적용한다. 〈개정 2016. 5. 29.〉
>
> ② 제10조 제3항을 위반하여 신고인의 인적사항 또는 신고인임을 미루어 알 수 있는 사실을 다른 사람에게 알려주거나 공개 또는 보도한 자는 3년 이하의 징역이나 3천만 원 이하의 벌금에 처한다. 〈개정 2016. 5. 29.〉
>
> ③ 제35조 제2항의 보도 금지 의무를 위반한 신문의 편집인·발행인 또는 그 종사자, 방송사의 편집책임자, 그 기관장 또는 종사자, 그 밖

의 출판물의 저작자와 발행인은 500만 원 이하의 벌금에 처한다.

제63조(과태료) ① 다음 각 호의 어느 하나에 해당하는 사람에게는 1천만 원 이하의 과태료를 부과한다. 〈개정 2020. 3. 24., 2021. 1. 26.〉

1. 정당한 사유 없이 판사의 아동보호사건의 조사·심리를 위한 소환에 따르지 아니한 사람

2. 정당한 사유 없이 제10조 제2항에 따른 신고를 하지 아니한 사람

3. 정당한 사유 없이 제11조 제6항을 위반하여 사법경찰관리, 아동학대전담공무원 또는 아동보호전문기관의 직원이 수행하는 현장조사를 거부한 사람

3의2. 정당한 사유 없이 제11조의2 제1항 후단을 위반하여 아동학대전담공무원의 출석·진술 및 자료제출 요구에 따르지 아니하거나 거짓으로 진술 또는 자료를 제출한 사람

4. 정당한 사유 없이 제13조 제1항에 따른 긴급임시조치를 이행하지 아니한 사람

5. 정당한 사유 없이 제36조 제1항 제4호부터 제8호까지의 보호처분이 확정된 후 이를 이행하지 아니하거나 집행에 따르지 아니한 사람

6. 정당한 사유 없이 제39조에 따른 보고서 또는 의견서 제출 요구에 따르지 아니한 사람

② 제1항에 따른 과태료는 대통령령으로 정하는 바에 따라 관계 행정기관의 장이 부과·징수한다.

「아동복지법」 읽어보기

「아동학대범죄의 처벌 등에 관한 특례법」 읽어보기

이 밖에도 아동복지법과 아동학대처벌법에는 알아야 할 중요한 내용이 많다. 직접 찾아서 읽어보거나 안내한 QR코드를 통해서라도 반드시 읽어보기 바란다.

아동학대와 관련하여 교사는 법에서 정한 의무를 다해야겠지만 아동학대신고를 대비할 필요도 있다. 최근 이와 같은

같이 읽자, 교육법!

사례가 늘어가고 있어서 안타까움을 더하고 있다. 오죽했으면 나에게까지 하소연하며 도움을 청할까 싶어서 그 사연을 들어보면 기막힌 일들도 있었다. 유치원에 다니는 아이가 왼쪽과 오른쪽 신발을 거꾸로 신고 귀가하여 발가락이 아프다고 하자 이를 살피지 않은 교사의 책임을 물어 아동학대로 신고한 경우도 있었다. 물론 이런 이유로 처벌을 받지는 않겠지만, 이 아이를 유치원에서 계속 보아야 하는 교사의 심정이 어떠했을지를 생각하면 지금도 마음이 아프다.

나라고 예외일 수 없다. 누구에게나 닥칠 수 있는 일이다. 만약 이런 상황이 나에게 닥친다면 당황하지 말고 차분하게 대응해야 한다. 교육청은 학생인권과 교권을 보호하기 위하여 법률상담을 지원하고 있다. 교원단체도 회원들을 상대로 법률상담을 하고 있다. 상담 비용은 걱정하지 않아도 된다. 법률상담은 무료이고 본인의 귀책사유가 없을 경우 소송비까지 지원받을 수 있다. 보험 하나쯤은 들고 있으면서 교원단체에는 가입하지 않은 교사가 많은데 이참에 교원단체에 하나쯤은 가입하면 좋겠다. 소신껏 교육할 수 있는 버팀목이 되어줄 것이다. 혹 어느 교원단체에 가입할지 모르겠다면 현장 중심, 교육 중심의 교원단체를 표방하며 교원단체의 역사를 새롭게 써나가고 있는 실천교육교사모임으로 초대한다. QR코드를 타고 들어오면 실천교육교사모임을 만날 수 있다.

'실천교육교사모임'
과 함께해요.

08

교권침해는
어떻게 예방하고 대응할까?

교권과 관련해서 이어지는 글은 송원재 선생님의 강의자료 〈다시 교권
을 말하다〉의 내용을 참고하여 서술했음을 밝힌다. 소중한 자료를 흔쾌
히 나누어주신 송원재 선생님께 이 자리를 빌려 다시 한번 감사드린다.

'교권'은 무엇일까?

이 책을 주로 읽는 이들은 교원일 테니 먼저 '교원'을 주체로 하여 그 뒤
에 '권위', '권력', '권리', '권한'을 붙여보자. '교원의 권위', '교원의 권력', '교
원의 권리', '교원의 권한'으로 읽히는데 이렇게 교권을 정의하기에는 무
언가 석연치 않다. 「교육기본법」에서 교육당사자로 밝히고 있는 '학습자',
'보호자', '교원단체', '학교 등의 설립자·경영자', '국가 및 지방자치단체'를
주체로 하여 같은 말을 뒤에 붙여보니 또 그 뜻이 달라진다. 교육당사자
대신에 '교육'을 주체로 하여 같은 말을 붙여보니 교권의 의미는 엄숙해지
기까지 한다. 하지만 교권이 무엇인지 명확하게 정의를 내리기는 여전히
쉽지 않다.

교권이라는 말 뒤에 '침해'라는 말을 붙이면 상황은 조금 구체화한다.

그렇다고 그 상황을 교권의 포괄적인 의미로 정의하기도 쉽지 않다. 이렇게 교권이라는 말이 폭넓게 쓰이고 있어서인지 교권침해를 예방하고 교육활동을 보호하려는 취지로 만든 교원지위법에도 교권에 대한 법적 정의가 없다. 교권에 대한 법적 정의가 없는데 교권침해를 예방하기 위한 조치를 강구하고 있는 실정이다. 하지만 이를 꼭 나쁘게 볼 것은 아니다. 교권을 그만큼 폭넓게 적용할 수 있기 때문이다. 이렇듯 교권은 법적 정의는 명확하지 않지만 교육 전반에 걸쳐 '교육권', '노동권', '시민권' 등의 의미로 쓰이고 있다. 관련 법 조문에 나타난 교권의 함축적인 의미는 다음과 같다.

교권의 함축적인 의미

교권	내포된 의미	법으로 본 교권	교권의 실체
교육권	학생의 학습권을 실현하기 위한 가르칠 권리	「대한민국헌법」 제31조 제1항, 제4항 ○"모든 국민은 능력에 따라 균등하게 교육을 받을 권리를 가진다." ○"교육의 자주성·전문성·정치적 중립성 및 대학의 자율성은 법률이 정하는 바에 의하여 보장된다." 「초·중등교육법」 제20조 제4항 ○"교사는 법령에서 정하는 바에 따라 학생을 교육한다."	▷수업권 ▷평가권 ▷교육과정 재구성권 ▷수업방법 선택권 ▷전문직으로 존중받을 권리 ▷교육활동을 위한 질서유지권 ▷교육활동에 간섭받지 않을 권리
노동권	보편적 노동 기준에 따라 노동할 권리	「교육기본법」 제14조 제1항 ○"학교교육에서 교원의 전문성은 존중되며, 교원의 경제적·사회적 지위는 우대되고 그 신분은 보장된다."	▷보수에서 우대받을 권리 ▷안전하고 적절한 환경에서 근무할 권리 ▷직장 내에서 차별이나 위협을 받지 않을 권리 ▷신분상 부당한 지배나 통제를 받지 않을 권리 ▷업무와 관련하여 부당한 간섭을 받지 않을 권리

| 시
민
권 | 헌 법 이
보 장 한
기 본 권
을 향유
할 권리 | 「대한민국헌법」 제7조 제2항
○"공무원의 신분과 정치적 중립성은
법률이 정하는 바에 의하여 보장된다."
「대한민국헌법」 제21조 제1항
○"모든 국민은 언론·출판의 자유와 집
회·결사의 자유를 가진다." | ▷부당한 정치적 압박을 받지
않을 권리
▷언론과 출판의 자유
▷노동조합을 만들어 활동할 권
리
▷제한 없이 공직에 입후보하거
나 취임할 권리
▷정치적 의사를 표현할 권리 |

교권과 학생인권의 관계

교권에 내포된 함축적인 의미, 관련 법 조문, 교권의 실체를 따져보면 교권의 의미가 상당히 크고 깊다는 것을 알 수 있다. 그럼에도 불구하고 교권을 학생인권과 대립하는 것으로 해석하는 경우를 종종 보게 된다. 이는 잘못된 해석이다. 인권은 인간이라면 누구나 누려야 할 기본권이므로 학생의 인권과 교원의 인권은 동등한 가치를 지닌다. 교권과 학생인권이 대립한다고 말하는 것은 과거 그릇된 경험에서 비롯된 착시 현상이다. 교권추락 원인을 최근 신장되고 있는 학생인권에서 찾는 것도 과도한 피해의식이다.

나아가 교권에 대한 과잉 해석도 경계해야 한다. 교권은 학생의 학습권을 실현하기 위한 수단적 권리이므로 학생의 인권을 침해하는 교권은 성립할 수 없다. 마찬가지로 교권을 침해하는 학생인권도 성립할 수 없다. 그럼에도 불구하고 아직도 교권과 학생인권의 관계를 혼동하고 있다면 대립과 대칭의 사전적인 의미를 되새긴 뒤 아래 물음에 답해보자.

대립對立 : 의견이나 처지, 또는 속성 등이 서로 맞서거나 반대됨

대칭對稱 : 사물들이 서로 동일한 모습으로 마주보며 짝을 이루고 있는

같이 읽자, 교육법!

상태

　Q. 교권과 학생인권은 대립하는가, 대칭하는가?

교권 보호를 위해 알아야 할 법령과 제도

　교권 보호를 위해서는 법령이나 제도보다 교권의 의미를 명확하게 이해하는 것이 우선이다. 그런 의도로 지금까지 교권의 의미를 다각도에서 살펴보았다. 그렇다고 법령이나 제도에 무심해서도 안 된다. 법령과 제도는 의미를 뒷받침해주는 버팀목이기 때문에 이에 대해서도 잘 알아두어야 한다. 교권침해는 '교육활동을 침해하는 행위'이다. 따라서 교육활동이 무엇이고, 이를 침해하는 행위가 무엇인지 구체적으로 알아두어야 한다.

1) '교육활동'에 대한 법적 이해

　교권은 교육활동과 관련하여 보호받을 수 있는 권한이다. 따라서 교육활동을 법에서 어떻게 정의하는지 알고 있어야 한다. 교사의 선의로 이루어진 활동 중이라 하더라도 법적인 교육활동에 들어가지 않으면 보호를 받지 못하기 때문이다. 그러나 교육활동의 법적 정의가 무엇인지 알아보려 해도 「초·중등교육법」에도 나오지 않고 교권침해 대책을 마련한 「교원의 지위 향상 및 교육활동 보호를 위한 특별법」에서도 찾을 수 없다. 단적인 예를 들었지만 교육법에 대한 대대적인 정비가 필요하다는 것을 법을 읽을수록 알게 된다. 교육활동의 법적 정의는 「학교안전사고 예방 및 보상에 관한 법률」 제2조 제4호에서 찾을 수 있다.

：　「학교안전사고 예방 및 보상에 관한 법률」　　　　　：

제2조(정의)

4. "교육활동"이라 함은 다음 각 목의 어느 하나에 해당하는 활동을 말한다.

가. 학교의 교육과정 또는 학교의 장(이하 "학교장"이라 한다)이 정하는 교육계획 및 교육방침에 따라 학교의 안팎에서 학교장의 관리·감독 하에 행하여지는 수업·특별활동·재량활동·과외활동·수련활동·수학여행 등 현장체험활동 또는 체육대회 등의 활동

나. 등·하교 및 학교장이 인정하는 각종 행사 또는 대회 등에 참가하여 행하는 활동

다. 그 밖에 대통령령으로 정하는 시간 중의 활동으로서 가목 및 나목과 관련된 활동

2) '교육활동 시간'에 대한 법적 이해

「학교안전사고 예방 및 보상에 관한 법률」 제2조 제4호 다목에서 "대통령령이 정하는 시간"에 주목해야 한다. 그 시간에 벌어진 활동을 법적인 교육활동으로 보기 때문이다. 같은 법 시행령 제2조에서 교육활동 시간의 법적인 의미를 찾을 수 있다.

「학교안전사고 예방 및 보상에 관한 법률 시행령」

제2조(교육활동과 관련된 시간) 「학교안전사고 예방 및 보상에 관한 법률」(이하 "법"이라 한다) 제2조 제4호 다목에서 "대통령령이 정하는 시간"이란 다음 각 호의 어느 하나에 해당하는 시간을 말한다. 〈개정 2012. 3. 30.〉

1. 통상적인 경로 및 방법에 의한 등·하교 시간
2. 휴식시간 및 교육활동 전후의 통상적인 학교체류시간
3. 학교의 장(이하 "학교장"이라 한다)의 지시에 의하여 학교에 있는 시간

같이 읽자, 교육법!

4. 학교장이 인정하는 직업체험, 직장견학 및 현장실습 등의 시간

5. 기숙사에서 생활하는 시간

6. 학교 외의 장소에서 교육활동이 실시될 경우 집합 및 해산 장소와
집 또는 기숙사 간의 합리적 경로와 방법에 의한 왕복 시간

3) '교육활동 침해행위'에 대한 법적 이해

이상의 내용을 정리해보면 "적법한 교육활동 시간에 이루어지는 적법
한 교육활동"이 보호의 대상이라는 것을 알 수 있다. 따라서 "적법한 교육
활동 시간에 이루어지는 적법한 교육활동을 침해하는 행위"에 대해서 법
적인 조치를 취할 수 있다. 교원지위법 제15조에서는 이를 다음과 같이
밝히고 있다.

「교원의 지위 향상 및 교육활동 보호를 위한 특별법」

제15조(교육활동 침해행위에 대한 조치) ① 제3항에 따른 관할청과 「유아
교육법」에 따른 유치원 및 「초·중등교육법」에 따른 학교(이하 "고등학
교 이하 각급학교"라 한다)의 장은 소속 학교의 학생 또는 그 보호자 등이
교육활동 중인 교원에 대하여 다음 각 호의 어느 하나에 해당하는 행
위(이하 "교육활동 침해행위"라 한다)를 한 사실을 알게 된 경우에는 즉시
교육활동 침해행위로 피해를 입은 교원의 치유와 교권 회복에 필요한
조치(이하 "보호조치"라 한다)를 하여야 한다. 〈개정 2019. 4. 16.〉

1. 「형법」제2편 제25장(상해와 폭행의 죄), 제30장(협박의 죄), 제33장(명
예에 관한 죄) 또는 제42장(손괴의 죄)에 해당하는 범죄 행위

2. 「성폭력범죄의 처벌 등에 관한 특례법」제2조 제1항에 따른 성폭력
범죄 행위

3. 「정보통신망 이용촉진 및 정보보호 등에 관한 법률」제44조의7 제
1항에 따른 불법정보 유통 행위

---

4. 그 밖에 교육부장관이 정하여 고시하는 행위로서 교육활동을 부당하게 간섭하거나 제한하는 행위

② 보호조치의 유형은 다음 각 호와 같다. 〈신설 2019. 4. 16.〉

1. 심리상담 및 조언

2. 치료 및 치료를 위한 요양

3. 그 밖에 치유와 교권 회복에 필요한 조치

③ 제1항에 따라 보호조치를 한 고등학교 이하 각급학교의 장은 지체 없이 다음 각 호의 구분에 따른 지도·감독기관(이하 "관할청"이라 한다)에 교육활동 침해행위의 내용과 보호조치 결과를 보고하여야 하며, 교육감은 대통령령으로 정하는 중대한 사항의 경우에 이를 교육부장관에게 즉시 보고하여야 한다. 〈개정 2019. 4. 16., 2019. 12. 10.〉

1. 국립의 고등학교 이하 각급학교: 교육부장관

2. 공립·사립의 고등학교 이하 각급학교: 교육감

④ 제3항에 따라 보고받은 관할청은 교육활동 침해행위로 피해를 입은 교원이 요청하는 경우 교육활동 침해행위가 관계 법률의 형사처벌 규정에 해당한다고 판단하면 관할 수사기관에 고발하여야 한다. 〈신설 2019. 4. 16.〉

⑤ 교육활동 침해행위로 피해를 입은 교원의 보호조치에 필요한 비용은 교육활동 침해행위를 한 학생의 보호자(친권자, 후견인 및 그 밖에 법률에 따라 학생을 부양할 의무가 있는 자를 말한다. 이하 같다) 등이 부담하여야 한다. 다만, 피해교원의 신속한 치료를 위하여 교육활동 침해행위로 피해를 입은 교원 또는 고등학교 이하 각급학교의 장이 원하는 경우에는 관할청이 부담하고 이에 대한 구상권을 행사할 수 있다. 〈신설 2019. 4. 16.〉

⑥ 제5항에 따른 보호조치 비용부담 및 구상권의 범위, 절차 등에 필요한 사항은 대통령령으로 정한다. 〈신설 2019. 4. 16.〉

[본조신설 2016. 2. 3.]

여기서 같은 법 제2조 제4호에 따라 "교육부장관이 정하여 고시하는 행위로서 교육활동을 부당하게 간섭하거나 제한하는 행위"에 주목해야 한다. 교육부는 「교육활동 침해 행위 고시」에서 이를 다음과 같이 밝히고 있다.

「교육활동 침해 행위 고시」

제2조(교원의 교육활동 침해 행위) 교원의 교육활동을 부당하게 간섭하거나 제한하는 행위는 다음 각 호와 같다.

1. 「형법」 제8장(공무방해에 관한 죄) 또는 제34장 제314조(업무방해)에 해당하는 범죄 행위로 교원의 정당한 교육활동을 방해하는 행위
2. 교육활동 중인 교원에게 성적 언동 등으로 성적 굴욕감 또는 혐오감을 느끼게 하는 행위
3. 교원의 정당한 교육활동에 대해 반복적으로 부당하게 간섭하는 행위
4. 그 밖에 학교장이 「교육공무원법」 제43조 제1항에 위반한다고 판단하는 행위

학교의 장은 「교원의 지위 향상 및 교육활동 보호를 위한 특별법」 제18조에 따라 "교육활동 침해 학생에 대한 조치"를 취할 수 있다. 이 때 법적 절차가 중요하다. 법적 절차를 지키지 않은 조치는 오히려 아동학대가 될 수도 있으니 반드시 법적 절차를 지켜야 한다.

「교원의 지위 향상 및 교육활동 보호를 위한 특별법」

제18조(교육활동 침해 학생에 대한 조치 등) ① 고등학교 이하 각급학교의 장은 소속 학생이 교육활동 침해행위를 한 경우에는 해당 학생에 대하여 다음 각 호의 어느 하나에 해당하는 조치를 할 수 있다. 다만, 퇴학처분은 의무교육과정에 있는 학생에 대하여는 적용하지 아니한다. 〈개정 2019. 4. 16.〉

1. 학교에서의 봉사

2. 사회봉사

3. 학내외 전문가에 의한 특별교육 이수 또는 심리치료

4. 출석정지

5. 학급교체

6. 전학

7. 퇴학처분

② 고등학교 이하 각급학교의 장은 제1항 제6호에 따른 조치를 하기 전에 해당 학생이 「학교폭력예방 및 대책에 관한 법률」 제17조 제3항에 따라 교육감이 정한 기관에서 특별교육을 이수하거나 심리치료를 받도록 하여야 한다. 〈신설 2019. 4. 16.〉

③ 고등학교 이하 각급학교의 장은 제1항 제1호, 제2호, 제4호 및 제5호의 조치를 받은 학생이 「학교폭력예방 및 대책에 관한 법률」 제17조 제3항에 따라 교육감이 정한 기관에서 특별교육 또는 심리치료를 받게 할 수 있다. 〈신설 2019. 4. 16.〉

④ 관할청은 제1항부터 제3항까지의 규정에 따른 특별교육 또는 심리치료에 해당 학생의 보호자도 참여하게 하여야 한다. 〈개정 2019. 4. 16.〉

⑤ 고등학교 이하 각급학교의 장이 제1항 각 호의 어느 하나에 해당하는 조치를 할 때에는 해당 학생이나 보호자에게 의견을 진술할 기회를 주는 등 적정한 절차를 거쳐야 한다. 〈신설 2019. 4. 16.〉

⑥ 고등학교 이하 각급학교의 장이 제1항 각 호의 어느 하나에 해당하는 조치를 할 때에는 제19조 제2항에 따른 학교교권보호위원회의 심의를 거쳐야 한다. 〈신설 2019. 4. 16.〉

⑦ 교육활동 침해행위를 한 학생이 제1항 제1호부터 제3호까지의 규정에 따른 조치를 받은 경우 또는 제2항 및 제3항에 따른 특별교육 및 심리치료를 받은 경우 이와 관련된 결석은 학교의 장이 인정하는 때

에는 이를 출석일수에 산입할 수 있다. 〈신설 2019. 4. 16.〉

⑧ 제1항 제6호 및 제7호에 따른 조치에 대하여 이의가 있는 학생 또는 그 보호자는 그 조치를 받은 날부터 15일 이내 또는 그 조치가 있음을 안 날부터 10일 이내에 「초·중등교육법」 제18조의3에 따른 시·도학생징계조정위원회에 재심을 청구할 수 있다. 이 경우 재심청구, 심사절차, 결정통보 등은 같은 법 제18조의2 제2항부터 제4항까지의 규정을 준용한다. 〈신설 2019. 4. 16.〉

⑨ 그 밖에 조치별 적용 기준 및 절차 등에 필요한 사항은 대통령령으로 정한다. 〈신설 2019. 4. 16.〉

[본조신설 2016. 2. 3.]

[제목개정 2019. 4. 16.]

같은 법 시행령 제11조는 교육활동 침해 학생에 대한 조치를 취할 때 조치별 적용 기준을 다음과 같이 밝히고 있다.

「교원의 지위 향상 및 교육활동 보호를 위한 특별법 시행령」

제11조(교육활동 침해 학생에 대한 조치 등) ① 법 제18조 제1항에 따른 조치별 적용 기준은 다음 각 호의 사항을 고려하여 교육부장관이 정하여 고시한다.

1. 교육활동 침해행위의 심각성·지속성·고의성

2. 교육활동 침해행위를 한 학생의 반성 정도 및 선도 가능성

3. 교육활동 침해행위를 한 학생과 교육활동 침해행위로 피해를 입은 교원과의 관계가 회복된 정도

4. 교육활동 침해행위로 피해를 입은 교원의 임신 여부, 장애 여부 및 그 정도

5. 교육활동 침해행위를 한 학생의 장애 여부 및 그 정도

② 고등학교 이하 각급학교의 장은 법 제18조 제1항 각 호의 어느 하

나에 해당하는 조치를 할 때에는 다음 각 호의 기간 이내에 해야 한다. 다만, 부득이한 사유가 있는 경우에는 그 기간을 7일의 범위에서 1회 연장할 수 있다.

1. 법 제18조 제1항 제1호부터 제5호까지의 규정에 따른 조치의 경우: 법 제19조 제2항에 따른 학교교권보호위원회의 심의가 끝난 날부터 7일 이내

2. 법 제18조 제1항 제6호에 따른 조치의 경우: 같은 조 제2항에 따라 해당 학생이 특별교육을 이수하거나 심리치료를 받은 날부터 14일 이내

3. 법 제18조 제1항 제7호에 따른 조치의 경우: 법 제19조 제2항에 따른 학교교권보호위원회의 심의가 끝난 날부터 14일 이내

③ 고등학교 이하 각급학교의 장은 법 제18조 제1항 제6호에 따라 전학 조치를 할 때에는 초등학교·중학교의 장은 교육장에게, 고등학교의 장은 교육감에게 각각 해당 학생이 전학할 학교의 배정을 요청해야 한다.

④ 제3항에 따른 요청을 받은 교육감 또는 교육장은 교육활동 침해행위를 한 학생이 전학할 학교를 배정하되, 해당 교육활동 침해행위로 피해를 입은 교원의 보호에 충분한 거리 등을 고려해야 하며, 관할구역 외의 학교를 배정할 필요가 있는 경우에는 해당 교육감 또는 교육장에게 이를 통보해야 한다.

⑤ 제4항에 따른 통보를 받은 교육감 또는 교육장은 해당 교육활동 침해행위를 한 학생이 전학할 학교를 배정해야 한다.

⑥ 교육감 또는 교육장은 제4항 및 제5항에 따라 전학 조치된 학생과 해당 교육활동 침해행위로 피해를 입은 교원이 추후 해당 학생의 전학, 상급학교 입학 및 해당 교원의 전보로 인해 같은 학교에 배정되지 않도록 노력해야 한다.

⑦ 교육감은 법 제18조 제1항 제7호에 따라 퇴학처분을 받은 학생에

같이 읽자, 교육법!

대하여 해당 학생의 반성 정도 및 선도 가능성 등을 종합적으로 고려하여 「초·중등교육법」 제60조의3에 따른 대안학교로의 입학 등 해당 학생의 건전한 성장에 적합한 대책을 마련해야 한다.
[전문개정 2019. 10. 15.]

　　이를 구체화하여 「교육활동 침해 행위 고시」 제3조에서 "교육활동 침해학생 조치별 적용 기준"을 별표로 다음과 같이 밝히고 있다.

[별표] 교육활동 침해학생 조치별 적용 기준

○ 학생의 교육활동 침해행위 심의 기준

① 기본 판단 요소

구분	침해행위 심각성	침해행위 지속성	침해행위 고의성
매우높음	5	5	5
높음	4	4	4
보통	3	3	3
낮음	2	2	2
매우낮음	1	1	1
없음	0	0	0

구분	침해학생 반성 정도	학생과 교원 관계회복 정도
높음	0	0
보통	1	1
낮음	2	2
없음	3	3

② 추가 판단 요소

구분	추가 판단 기준	조치 내용
감경	교육활동 침해학생이 장애가 있는 경우	1단계 감경
가중	피해교원이 임신하거나 장애가 있는 경우	1단계 가중
특별교육 또는 심리치료	학생 선도·교육에 필요하다고 인정되는 경우	단독 조치 또는 1호·2호·4호·5호·6호와 병과 가능

※ 1단계 감경(→) 또는 가중(←) 처분 : 7호 ↔ 6호 ↔ 5호 ↔ 4호 ↔ 2호 ↔ 1호
※ 교내봉사에서 감경될 경우 '조치없음' 결정

○ 교육활동 침해학생에 대한 조치결정 기준

구분		점수	조치 내용
조치없음		0~4	-
교내선도	1호	5~7	학교에서의 봉사
외부기관 연계선도	2호	8~10	사회 봉사
	3호	-	교내외 전문가에 의한 특별교육 또는 심리치료
교육 환경 변화	교내 4호	11~13	출석정지
	교내 5호	14~16	학급교체
	교외 6호	17~21	전학
	교외 7호		퇴학

전학·퇴학 조치 결정 시 준수사항

1. 최초 발생한 교육활동 침해행위에 대하여 전학 또는 퇴학 조치를 결정할 수 없음
2. 전학 또는 퇴학 조치는 동일교 재학기간 중 교육활동 침해행위로 출석정지 또는 학급교체 처분을 받았던 학생이 다시 교원의 교육활동을 침해한 경우에 한하여 결정할 수 있음
3. 위의 1항, 2항에도 불구하고 「형법」 제2편 제25장(상해와 폭행의 죄) 및 「성폭력범죄의 처벌 등에 관한 특례법」 제2조 제1항에 해당하는 행위는 최초 발생한 사안이라도 전학 또는 퇴학 조치 가능

지금까지 교권과 관련하여 중요한 내용들을 살펴보았는데 법령 전체를 보려면 법령을 검색해서 보거나 다음에 안내된 페이지를 통해서 확인하기 바란다.

「교원의 지위 향상 및 교육활동 보호를 위한 특별법」 읽어보기

「교원의 지위 향상 및 교육활동 보호를 위한 특별법 시행령」 읽어보기

「학교안전사고 예방 및 보상에 관한 법률」 읽어보기

「학교안전사고 예방 및 보상에 관한 법률 시행령」 읽어보기

「학교안전사고 예방 및 보상에 관한 법률 시행규칙」 읽어보기

「교육활동 침해 행위 고시」 읽어보기

09

학교폭력은
어떻게 예방하고 대응할까?

학교폭력, 이 네 글자를 떠올리면 피해가고 싶은 생각부터 든다. 원래부터도 학교를 법정으로 만드는 이 법의 탄생을 탐탁지 않게 생각했었는데 학교폭력 책임교사를 하면서 겪었던 일 때문에 이 생각이 굳어졌다.

2019년에 있었던 일이니 그리 오래된 이야기도 아니다. 초등학교 6학년 여학생들 사이에 미묘한 갈등이 있다며 이를 해결해달라는 학부모의 민원이 있었다. 학교에서는 학생 상담을 통해 사안을 조사하고, 학교생활교육위원회를 열어 담임교사와 함께 학생들을 대상으로 화해와 조정을 위한 프로그램을 운영했다. 이 활동에 참여한 학생들의 후기를 보더라도 이 프로그램은 의미가 있었다. 담임교사도 열정을 다해 지도했다.

그러나 학부모의 생각은 달랐다. 자녀가 따돌림을 당하고 있는데 학교에서는 미온적으로 대응하고 있다며 언론사에 제보까지 해서 기사가 나왔다. 기사에 따르면 관련된 학생들은 일진 수준의 폭력성을 보이고 있었고, 학교는 적극적으로 노력하지 않고 학교폭력을 축소·은폐하는 데 급급하고 있었다. 기본적인 사실관계도 확인하지 않은 왜곡된 기사다. 기자에게 항의하며 정정보도를 요청했지만 응하지 않았다. 언론중재위원회에 제소하고 명예훼손 소송을 할까도 생각해보았지만 아이들 문제를 해결하는 것이 급했기에 언론사까지 상대하며 싸울 여력이 없었다.

학생이 집에서 하는 말과 학교에서 하는 말이 다른 것이 근본 문제였다. 이 학생은 학교에서는 관련 학생들과 잘 어울려 지내는데 집에 가서는 부모에게 다른 말을 하고 있었다. 이는 학생 상담을 통해 내가 직접 확인한 내용이었다. 학부모의 민원이 계속되자 책임교사였던 나는 학생의 보호자에게 학생 상담기록 등의 구체적인 자료를 보여주며 상황을 설명했다. 그러나 보호자의 태도는 완강했다. 학교폭력대책자치위원회(당시에는 학교에 위원회가 있었는데 지금은 교육지원청으로 이관되어 '학교폭력대책심의위원회'라는 이름으로 운영되고 있다) 개최는 원하지 않지만 관련 학생들과 보호자들로부터 사과를 받겠다는 입장만 되풀이했다. 이 상황을 다른 보호자들에게 전했지만 이들은 지역신문에 난 왜곡된 기사로 피해를 본 건 오히려 자기 자식들이라며 도리어 사과를 받아야겠다는 입장이었다.

언제까지 학부모들 감정싸움에 교육력을 낭비할 수 없어 보호자들이 원하지 않지만 위원장 직권으로 학교폭력대책자치위원회를 열었다. 회의 결과 위원들은 만장일치로 해당 사안이 "학교폭력 아님"으로 결론을 내렸다. 이 사실을 통지하자 학부모는 국가인권위원회에 진정민원을 냈다. 조사관으로부터 온 조사 내용은 신문에 난 왜곡보도와 같은 내용이었다. 국가인권위원회에서 보낸 질의서에 답변을 해가면서 서러운 생각이 들었다. 조사 결과 학교에 의한 인권침해는 없다고 결론이 났다. 물론 그 학부모는 학교에 사과 한마디 없었고 학생은 그해 겨울 졸업하고 학교를 떠났다.

이런 사연까지 있었으니 학교폭력 하면 피해가고 싶은 생각부터 든다.

나만 그런가. 학생과 학부모는 가해든 피해든 어디든 연루되고 싶지 않아 피하고 싶고, 교사는 관련 업무를 처리하느라 들이는 시간과 노력에 대한 회의가 커서 피하고 싶다. 그러나 내 경험에서처럼 관련 법이 엄연히 시행되는 상황이라 피할 수도 없다. 사안 발생 유무와 상관없이 법에서 정한 예방교육과 실태조사 등은 정기적으로 해야 하고, 학교폭력 신고가 있으면 법에서 정한 절차와 문서를 갖추는 데 많은 시간과 노력을 들여야 한다. 앞의 경우에서 이 절차들 가운데 하나라도 소홀히 했다면 이에 따른 책임을 또 져야 했을 것이다. 법에서 요구하는 문서들을 절차에 따라 만들고 있노라면 마치 내가 학교가 아니라 경찰 또는 검찰에서 일하고 있는 것 같은 생각이 들 때가 있다. 두 직종에서 일하는 분들을 폄하하려는 것이 아니다. 학교폭력을 예방하고 대책을 마련하기 위한 노력이 그만큼 교육과는 거리가 멀다는 것에서 오는 회의감 때문이다.

이렇듯 거리를 두고 싶은 학교폭력이지만 그렇다고 교사가 이 일을 안 할 수도 없다. 법에서 정한 책임교사는 겨우 면한다 해도 모든 교원은 학교폭력 예방과 신고의무가 있기 때문이다. 그렇다고 마지못해 형식적으로 이 일을 한다는 것은 학생의 인권과 교사의 자존감을 위해서도 바람직하지 않다. 「학교폭력예방 및 대책에 관한 법률」(학교폭력예방법)이 문제가 있기는 하지만 아주 의미 없는 법은 아니기 때문이다. 우선 이 법의 제정 배경과 이후 여러 차례 개정을 거치면서 주요 내용이 어떻게 바뀌었는지 이해할 필요가 있다.

학교폭력예방법 제정 배경과 이후 주요 개정 내용

2004년 1월 29일 제정되어 2004년 7월 30일부터 시행된 학교폭력예방

　　　　　　　　　　　　　　　　　　　같이 읽자, 교육법!

법은 제정이유를 다음과 같이 밝히고 있다.

이 법의 시행으로 학교폭력대책자치위원회가 학교에 생겼다. 또한 「초·중등교육법」 제18조(학생의 징계)에 따른 징계로는 할 수 없었던 전학 조치까지 생기게 되었다. 그러나 제정된 학교폭력예방법에 따르면 학교폭력대책자치위원회는 필수가 아니었으므로 선도위원회(이후 "생활교육위원회"로 바뀜)에서 학교폭력을 처리하는 것이 관행이었다.

학교폭력예방법이 크게 변화하게 된 계기는 2011년 대구의 한 중학생의 자살 사건이었다. 이후 유사한 사건이 발생하면서 학교폭력은 사회적으로 큰 이슈가 되었다. 이 사건으로 국회에서는 법률 개정안이 쏟아졌다. 2012년에만 두 차례에 걸쳐 개정이 이루어지는데 주된 내용은 모든 학교폭력 사안에 대해서 반드시 학교폭력대책자치위원회를 개최하도록 의무화하고 이를 위반하면 학교폭력 은폐·축소로 간주한다는 것이었다. 이때부터 재심절차가 생겼는데 피해학생과 가해학생의 재심을 이원화하여 피해학생은 시·도교육청에 구성된 학교폭력대책지역위원회가 담당하고, 가해학생은 시·도교육청에 구성된 학생징계조정위원회가 담당하게 되었다.

정부도 학교폭력근절 종합대책을 발표했다. 교육부 훈령인 「학교생활기록 작성 및 관리지침」을 개정하여 학교폭력 가해학생이 받은 조치를 학교생활기록부에 기재하겠다는 내용이었다. 교육부의 이와 같은 조치에 "학생에게 주홍글씨를 새기는 것이다", "이중처벌로 학생의 인권을 침해한다"는 등의 이유로 반대하며 교육부의 방침에 따르지 않는 교육감들이 많았다. 그러나 교육부는 조치에 불응하는 교육감을 형사고발하기까지 하면서 관련 지침을 강행했다.

학교폭력예방법 제1조는 "학교폭력의 예방과 대책에 필요한 사항을 규정함으로써 피해학생의 보호, 가해학생의 선도·교육 및 피해학생과 가해학생 간의 분쟁조정을 통하여 학생의 인권을 보호하고 학생을 건전한 사회구성원으로 육성함"을 목적으로 밝히고 있는데, 2012년부터 이 법은 사실상 목적과는 다르게 '가해학생의 징계와 처벌' 위주로 변화한 셈이다. 이후 학교는 학교폭력으로 몸살을 앓는다. 학교장을 상대로 한 재심, 행정심판, 행정소송이 급증하고 학교폭력 관련 민원이 잇따른다. 당연히 학교폭력 관련 업무는 교사들이 기피하는 업무 제1호가 되었다.

2019년에 다시 학교폭력법을 개정하여 2020년 3월 1일부터 학교에 구성되던 '학교폭력대책자치위원회'를 폐지하고 교육지원청에 '학교폭력대책심의위원회'를 신설하였다. 이 조치로 학폭위의 조치에 대하여 이의를 제기하는 상대방이 학교장이 아닌 교육장이 됨으로써 학교의 부담은 줄게 되었다. 그러나 학폭위가 교육지원청으로 이관되었음에도 학교폭력 사안처리와 관련한 모든 서류는 학교에서 작성하여 교육지원청으로 보내야 하고, 교육지원청에서 요구하는 서류가 늘어남에 따라 학교의 심적

같이 읽자, 교육법!

부담은 줄어든 반면에 행정적인 부담은 오히려 늘어났다.

'학교장 자체해결제'도 이때 법적으로 도입된다. '학교장 자체해결제'는 〈2012년 학교폭력사안처리 가이드북〉에도 있었지만 법적 근거가 없이 매뉴얼에만 있다 보니 구속력이 약하여 2019년 9월 1일부터 학교장 자체 해결제의 법적 근거를 마련한 것이다. 내 사례에서처럼 학교가 화해를 시도하면 화해 종용, 학교폭력 축소·은폐라는 오해를 살까 봐 학폭위로 무조건 넘기는 문제가 있었는데 이 조치로 인하여 학교폭력을 교육적으로 해결할 수 있는 법적 절차가 생긴 것이다. 그러나 이 또한 관련 보호자들의 동의가 모두 있어야 하는 등 절차가 복잡하여 중간중간에 진통이 발생하고 있는 것이 현실이다.

또한 재심을 폐지하고 불복절차를 행정심판으로 일원화했다. 이전에는 피해학생과 가해학생의 재심이 별도로 존재했고 재심 이후에 다시 행정심판을 청구하거나, 행정소송을 제기하여 절차가 지연되는 문제가 있었다. 사립학교는 행정심판을 청구할 수 없어서 학교에 따라 불복절차가 다른 것도 문제였다. 그러나 이제는 공·사립 구별 없이 교육지원청이 심의하고 교육장 명의로 처분을 하니 사립학교 재학생도 행정심판을 청구할 수 있게 되었다.

여기에 더해 교육부는 「학교생활기록 작성 및 관리지침」을 개정하여 경미한 사안인 1호~3호 조치는 학교생활기록부 기재를 유보할 수 있도록 했다. 종전에는 1호~9호까지 모두 학교생활기록부에 기재하였으나 2020년부터 1~3호 조치는 1회에 한하여 학교생활기록부에 기재하지 않도록 했다.

학교폭력예방법은 어떻게 개정해야 하는가?

학교폭력예방법은 2004년 1월 29일 제정 이후 2021년 6월 23일까지 총 27회에 걸쳐 개정되었다. 이 가운데 다른 법률이 개정됨으로써 개정된 11회를 제외하더라도 16회에 걸쳐 전부 또는 일부가 개정되었다. 평균 잡아 1년에 한 번 꼴로 개정된 셈이다. 학교폭력에 대한 사회적 관심이 높아짐으로써 대응하기 위한 것이라고 번번이 개정이유를 밝히고 있지만 바꾸어 말하면 그만큼 졸속으로 법을 개정한 것을 스스로 인정하는 것이다. 학교폭력에 대한 사회적 관심이 썩 반갑지만은 않은 이유는 또 있다. 지금도 포털에 "학교폭력"을 검색하면 "학교폭력 전문 변호사"라는 광고가 제일 먼저 뜬다. 자식 일이라면 물불을 안 가리는 한국 부모들의 애타는 심정을 이용하여 학교폭력으로 법조계의 수익을 늘린 것은 아닌지 씁쓸함마저 든다.

이렇게 잦은 개정이 있었는데 또 개정을 하자고 하니 의아할 것이다. 모든 법이 마찬가지듯이 학교폭력예방법도 사회 변화에 따라 다시 개정될 것이다. 그때를 대비하여 앞으로 학교폭력예방법을 어떻게 개정하는 것이 교육에 보탬이 되는지 교육 주체가 같이 고민하고 해법을 찾아가자는 것이다. 이런 노력이라도 있어야 이후에 개정이 될 때 조금이나마 더 좋은 방향으로 나아갈 수 있다고 생각한다. 이런 취지로 몇 가지 제안을 해본다.

먼저 학교폭력이라는 말부터 바꾸자. 학교폭력이 아니라 '학생폭력'으로 말이다. 학교폭력을 자꾸 거론하니 마치 학교가 폭력의 온상이라도 된 것 같다. 요즘엔 초등학교 저학년 아이들도 학교폭력이라는 말을 달고 산다. 친구들과 사소한 일로 말다툼을 하고도 학교폭력 신고를 하는 사례가 늘어가고 있다. 학교 문턱에 들어와 처음 배우는 말이 '학교폭력'이어야 하는 현실이 참 아프다. 「학교폭력예방 및 대책에 관한 법률」 제2조는 학교폭력을 다음과 같이 정의하고 있다.

> 1. "학교폭력"이란 학교 내외에서 학생을 대상으로 발생한 상해, 폭행, 감금, 협박, 약취·유인, 명예훼손·모욕, 공갈, 강요·강제적인 심부름 및 성폭력, 따돌림, 사이버 따돌림, 정보통신망을 이용한 음란·폭력 정보 등에 의하여 신체·정신 또는 재산상의 피해를 수반하는 행위를 말한다.

"학생을 대상으로 발생한" 것인 만큼 학교폭력이 아니라 '학생폭력'이다.

다음으로 관련 서류를 간소화하자. 다음은 「학교폭력 사안처리 가이드북」이 밝히고 있는 학교폭력 사안 발생 시 작성해야 하는 서류 목록이다. '필수'는 반드시 작성해야 하고 '선택'은 필요에 따라 선택해서 쓰는 서류지만 실상은 선택도 필수인 상황이고, 교육청 상황에 따라 여기에 부대서류를 또 요구받는다. 사소한 학교폭력 신고만 들어와도 학교에서는 '신고 및 접수', '사안조사', '학교장 자체해결제'와 관련된 서류를 작성해야 한다. 보고를 위한 최종 서류가 이 정도이고 해당 서류를 건별로 작성하기 위한 부대서류까지 합친다면 관련 서류는 한참 늘어난다. 관련 학생이 여럿일 경우는 해당 학생 수만큼 서류는 더해진다. 학교폭력대책심의위원회가 교육지원청으로 이관되기는 했지만 모든 서류는 학교에서 작성해서 교육지원청에 보내고 있는 실정이다. 학교폭력대책심의위원회에 전문 인력을 배치하고 학교폭력 대책과 관련된 일체의 사무를 담당하도록 해야한다. 그래야 교사가 조사가 아닌 교육과 상담을 한다.

「학교폭력 사안처리 가이드북」에서 요구하는 학교폭력 관련 서류 목록

1. 신고 및 접수

1-1 (필수) 학교폭력 신고 접수 대장

1-2 (필수) 학교폭력 사안 접수 보고서

2. 사안조사

2-1 (선택) 학생 확인서

2-2 (선택) 보호자 확인서

2-3 (선택) (피해·가해학생) 긴급조치 보고서

2-4 (필수) 학교폭력 사안조사 보고서(사전, 사후)

2-5 (선택) 피해·가해학생 보호자 개인정보

2-6 (선택) 학교폭력대책심의위원회 개최 요구 공문

3. 학교장 자체해결제

3-1 (필수) 학교폭력 전담기구 심의결과 보고서

3-2 (필수) 학교폭력대책심의위원회 개최 요구 의사 확인서

3-3 (필수) 학교장 자체해결 결과 보고서

3-4 (선택) 학교폭력대책심의위원회 개최 요청서 (보호자)

3-5 (선택) 학교폭력대책심의위원회 개최 요구 취소 요청서 (보호자)

4. 학교폭력대책심의위원회

4-1 (필수) 학교폭력 가해학생 조치(제1호·제2호·제3호) 조건부 기재유보 관리대장

5. 분쟁조정

5-1 선택 분쟁조정 신청서

나아가 학교폭력예방법은 폐지되어야 한다. 앞에서도 이야기했지만 교사가 법령과 매뉴얼에 따라 움직이다 보니 심신이 피폐해져서 병가와

휴직에 들어가는 것을 자주 본다. 정작 중요한 교육적인 화해와 관계 회복에 소홀한 데서 오는 회의감도 크다. 교사가 서류가 아닌 학생과 마주하도록 해야 한다. 학교가 수사기관이나 법정이 아닌 학교 본연의 역할을 할 수 있도록 해야 한다. 성인 범죄 못지않은 심각한 사안에 대해서는「소년법」을 강화해서 해결하면 된다. 소년법을 읽어보니 불가능한 것도 아니다. 그동안의 시행착오를 통해 이제 결단할 때도 됐다. 학교폭력예방법을 폐지하는 것도 개정이다.

골치 아픈 법을 가지고 장황하게 이야기해서 대충 이 정도로 마무리하려고 했는데 그래도 이거 하나는 짚고 넘어가야겠다. 학교폭력유공교원 가산점 말이다. 학교폭력예방법 제11조 제11항에 따르면 교육감은 관할 구역에서 학교폭력의 예방 및 대책 마련에 기여한 바가 큰 학교 또는 소속 교원에게 상훈을 수여하거나 소속 교원의 근무성적 평정에 가산점을 부여할 수 있다. 2012년 3월 21일에 신설된 독소조항이다. 교원은 마땅히 학교폭력을 예방하고 대책을 마련할 의무를 다해야 하는데도 불구하고 이를 학교 전체 교원의 40%만이, 그것도 "가산점 주세요" 하는 식으로 신청서를 내야만 그 가산점을 받을 수 있다. 이런 현실이 못마땅해 나는 학교폭력 책임교사를 수년간 해오면서도 한 번도 그 가산점을 신청한 적이 없다. 부당한 법령에 거부로 저항하고 있는 것이다. 학폭예방 승진가산점에 맞서 내가 왜 이런 저항까지 해야 하나? 참으로 부끄러운 교단의 현실이다. 관련 조항은 반드시 삭제해야 한다.

학교폭력 관련 법령
학교폭력예방법 개정에 대한 희망사항을 이야기했는데

「학교폭력예방 및 대책에 관한 법률」읽어보기

「학교폭력예방 및 대책에 관한 법률 시행령」 읽어보기

「학교폭력 가해학생 조치별 적용 세부기준 고시」 읽어보기

「학교생활기록 작성 및 관리지침」 읽어보기

현행법령이 살아 있는 상황에 교사는 어쨌든 관련 법령과 매뉴얼을 알고 지켜야 한다. QR코드를 통해 법령과 매뉴얼을 반드시 읽어보기 바란다.

법령뿐만 아니라 학교폭력 사안을 처리하는 관련 지침과 매뉴얼도 알아두어야 한다. 교육부훈령인 「학교생활기록 작성 및 관리지침」에는 학교폭력 가해학생에 대한 조치 결과를 기록하고 삭제하는 구체적인 방법이 제시되어 있다. 이 훈령에 따라 가해사실을 기록하고 이후에 다시 삭제하느라 이중고를 겪고 있지만 관련 지침을 위반할 경우 징계를 받아야 하니 꼭 확인해두기 바란다. 학교폭력 가해 사실 삭제와 관련해서는 단순한 지침 안내를 넘어 시스템에 대한 개선이 필요하다. 교원의 인사이동 등으로 이를 제때 처리할 수 없는 문제가 있기 때문이다. 학교생활기록부 정정대장에 삭제 요망 날짜를 적어놓는 조치를 취하기는 했는데, 이는 매뉴얼에도 없는 임시방편 조치일 뿐이다. NEIS 시스템을 개선해서 삭제 예정 날짜를 설정해 놓으면 시스템 관리자에게 자동 알림이 뜨는 등의 보완책이 필요하다.

또한 교육부에서 해마다 발행하는 〈학교폭력 사안처리 가이드북〉도 살펴보기 바란다. 학교에도 책자로 전달되지만 포털에 검색해도 파일을 금방 찾을 수 있다. 이 가이드북에는 학교폭력예방법의 개괄과 함께 학교폭력 사안을 처리하는 구체적인 절차가 명시되어 있으므로 관련 업무 처리에 도움이 될 것이다. 아, 학교폭력은 언제나 말해도 참 골치 아프다.

[별표] 학교폭력 가해학생 조치별 적용 세부 기준

			기본 판단 요소					부가적 판단요소	
			학교폭력의 심각성	학교폭력의 지속성	학교폭력의 고의성	가해학생의 반성정도	화해정도	해당 조치로 인한 가해학생의 선도가능성	피해학생이 장애학생 인지 여부
판정 점수		4점	매우 높음	매우 높음	매우 높음	없음	없음	해당점수에 따른 조치에도 불구하고 가해학생의 선도 가능성 및 피해학생의 보호를 고려하여 시행령 제14조 제5항에 따라 학교폭력대책심의위원회 출석위원 과반수의 찬성으로 가해학생에 대한 조치를 가중 또는 경감할 수 있음	피해학생이 장애학생인 경우 가해학생에 대한 조치를 가중할 수 있음
		3점	높음	높음	높음	낮음	낮음		
		2점	보통	보통	보통	보통	보통		
		1점	낮음	낮음	낮음	높음	높음		
		0점	없음	없음	없음	매우 높음	매우 높음		
가해학생에 대한 조치	교내 선도	1호	피해학생에 대한 서면사과			1~3점			
		2호	피해학생 및 신고·고발 학생에 대한 접촉, 협박 및 보복행위의 금지			피해학생 및 신고·고발학생의 보호에 필요하다고 심의위원회가 의결할 경우			
		3호	학교에서의 봉사			4~6점			
	외부 기관 연계 선도	4호	사회봉사			7~9점			
		5호	학내외 전문가에 의한 특별 교육이수 또는 심리치료			가해학생 선도·교육에 필요하다고 심의위원회가 의결할 경우			
	교육 환경 변화	교내	6호	출석정지			10~12점			
		7호	학급교체			13~15점			
		교외	8호	전학			16~20점			
		9호	퇴학처분			16~20점			

민원은 어떻게 처리할까?

교사들이 제일 힘들어하는 것은 교권침해다. 그런데 교권침해의 상당수는 민원에서 비롯된다. 앞에서 살펴보았듯이 헌법이 공무원을 "국민 전체에 대한 봉사자"로 밝히고 있지만 악성민원인에게 시달리고 나면 이들에게는 봉사 대신 처벌이 필요하다는 것을 절실하게 느낄 때도 있다. 더구나 악성민원인에게 시달리는 교사를 보호하지는 못하고 사과를 종용하는 상황으로 내몰리고 나면 교직에 대한 깊은 회의감마저 든다.

학교는 민원에 상당히 취약한 시스템을 갖고 있다. 이 시스템에 대한 개선도 반드시 있어야겠지만 민원에 대한 교직원의 이해도 많이 부족한 편이다. 실제로 대부분의 교사들은 민원의 개념, 종류, 처리 절차, 처리 기간, 민원인 응대 요령 등을 알지 못하고 교단에 선다. 발령이 나면 그때그때 민원을 몸으로 겪으며 터득해가고 있는 실정이다. 교사를 이렇게 민원에 무지한 상태로 학교에 보내면 안 된다. 교원양성기관은 교육과정을 구성할 때 교직을 수행하는 데 꼭 필요한 내용들이 반영될 수 있도록 해야 한다.

같이 읽자, 교육법!

민원의 법적 근거

「대한민국헌법」 제26조는 국민청원권을 밝히고 있다. 민원의 법적 근거는 여기에서부터 시작한다. 먼저 헌법부터 읽어보자.

여기서 민원의 두 가지 성격을 생각해볼 수 있다. 민원인이 국가기관에 청원하는 것은 권리이지만 국가기관이 청원에 대해 심사하는 것은 의무가 된다. 즉 동일 사안의 민원이지만 청원인에게는 권리가 되고, 심사자에게는 의무가 되는 것이다. 국가기관에 근무한다고 모두 의무자인 것은 아니다. 국가기관에 근무하는 사람이라 하더라도 국민의 한 사람으로 청원을 했을 때에는 권리자가 될 수 있다.

나아가 헌법이 국민청원권을 밝히고 있다고 해서 모든 요구가 권리가 되는 것은 아니다. '법률이 정하는 바'에 따랐을 때에만 권리로 인정받을 수 있다. 그 법률이 바로 「민원 처리에 관한 법률」(약칭: 민원처리법)이다. 이 법은 민원 처리에 관한 기본적인 사항을 규정하여 민원의 공정하고 적법한 처리와 민원행정제도의 합리적 개선을 도모함으로써 국민의 권익을 보호함을 목적으로 만든 법이다.

그렇다면 이제 본격적으로 법 속으로 들어가보자. 민원처리법 제2조는 "민원이란 민원인이 행정기관에 대하여 처분 등 특정한 행위를 요구하는 것"이라 정의하고 민원의 종류를 표와 같이 밝히고 있다. 법 제8조에 따라 민원의 신청은 전자문서를 포함한 문서로 해야 하지만, 기타민원은 구술(口述) 또는 전화로 할 수 있다.

민원의 종류

민원의 구분		내용	처리기간
일반민원	법정민원	법령·훈령·예규·고시·자치법규 등(이하 "관계법령 등"이라 한다)에서 정한 일정 요건에 따라 인가·허가·승인·특허·면허 등을 신청하거나 장부·대장 등에 등록·등재를 신청 또는 신고하거나 특정한 사실 또는 법률관계에 관한 확인 또는 증명을 신청하는 민원	행정기관별 〈민원편람〉에 수록
	질의민원	법령·제도·절차 등 행정업무에 관하여 행정기관의 설명이나 해석을 요구하는 민원	법령 (14일 이내) 제도·절차 (7일 이내)
	건의민원	행정제도 및 운영의 개선을 요구하는 민원	14일 이내
	기타민원	법정민원, 질의민원, 건의민원 및 고충민원 외에 행정기관에 단순한 행정절차 또는 형식요건 등에 대한 상담·설명을 요구하거나 일상생활에서 발생하는 불편사항에 대하여 알리는 등 행정기관에 특정한 행위를 요구하는 민원	즉시
고충민원	「부패방지 및 국민권익위원회의 설치와 운영에 관한 법률」 제2조 제5호에 따른 고충민원	행정기관등의 위법·부당하거나 소극적인 처분(사실행위 및 부작위를 포함한다) 및 불합리한 행정제도로 인하여 국민의 권리를 침해하거나 국민에게 불편 또는 부담을 주는 사항에 관한 민원(현역 장병 및 군 관련 의무복무자의 고충민원을 포함한다)	7일 이내

학교에서 요구받는 민원은 대부분 '기타민원'이다. 기타라는 말 속에 함축된 의미는 많은 경우 '문서가 아닌 말 또는 전화로, 근무시간과 무관하게 아무 때나 신청해서, 신청 즉시 처리를 요구하는 민원'이다. 예측이 불가능한 이 민원에서 오는 피로감이 적지 않다. 그 실상이 어떤지 재미

있는 예를 하나 들어본다.

실천교육교사모임 회장을 하던 시절 나는 초등학교 1학년 담임을 하고 있었다. 학교의 일로도 바쁘지만 학교 밖 일로도 정신없이 보내던 시절이었다. 어느 날인가 교육부장관과 교원단체 대표자들과 간담회가 있었다. 수업을 마치고 부랴부랴 이 자리에 참석했는데 인사를 나누고 간담회를 막 시작하려던 찰나에 학부모로부터 전화가 걸려왔다. 나는 교사가 어떻게 살아가고 있는지 그 실상을 교육부장관에게 직접 보여줄 수 있는 절호의 기회라 생각하고 참석자들에게 양해를 구하고 전화를 받았다. 학부모는 아이가 학교에서 실내화를 잃어버리고 왔다며 찾아달라고 했다. 나는 내일 아침 출근해서 찾아보겠다고 하고 통화를 마쳤다. 전화 통화가 끝나자 모두들 웃었다. 그러나 그 웃음 뒤에 서글픔이 묻어있다는 걸 그 자리에 있는 모든 이들은 알고 있었다.

민원을 대하는 자세

교사들이 받는 민원을 돌아보면 사실 이 정도는 애교에 속한다. 학교는 '민원폭풍지대'라고 해도 과언이 아니다. 학부모, 지역 주민을 비롯하여 온갖 사람들이 보내는 기타민원으로 넘쳐난다. 학교만 그런가. 교육청도 마찬가지다. 퇴근을 미루고 시간외근무를 하며 담당업무를 처리하는 이들이 갈수록 늘어가는데 그들이 태만해서가 아니다. 속사정을 들여다보면 근무시간에는 민원인의 전화를 받느라 많은 시간을 쓰기 때문이다. 나의 일화에서 보듯이 교사의 퇴근 이후에도 기타민원은 이어진다. 코로나19 이후 기타민원은 폭증한 상태이고 이 민원에 제때 응하지 못하면 그에 대한 불만까지 얹혀 기타민원이 더해진다.

상황이 이렇다 보니 투폰 또는 투넘버 서비스를 이용하는 교사들이 늘고 있다. 일반공무원들처럼 교사도 사생활을 보호받기 위해 개인 휴대전화 번호를 공개하지 않아야 한다는 움직임도 일고 있다. 이런 움직임을 좋지 않게 바라보는 학부모들 시선 때문에 이마저도 속 편하게 실행하는 교사들은 많지 않다.

학부모의 민원에 시달리는 교사에게 더 억장이 무너지는 일은 교사가 잘못한 것이 없는데도 학부모의 항의에 무조건 사과부터 하라고 종용하는 교장, 교감의 태도이다. 이렇듯 교권을 지켜주어야 할 자리에 있는 사람들이 교권을 침해하는 사례도 적지 않게 발생하고 있다.

교사는 민원 처리 의무자이기도 하지만 경우에 따라 민원 청구의 권리자가 될 수도 있다. 교육정책이나 이를 집행하는 교육행정 과정에 불합리하고 교육을 방해하는 것이 있다면 얼마든지 이를 개선해달라는 요구를 국민의 한 사람으로 할 수 있기 때문이다. 이와 같은 마음으로 지금까지 내가 요구했던 민원들도 적지 않다.

우선 생각나는 것만 떠올려봐도 문서 작성의 부담을 지나치게 강요했던 학교교육과정 제출 요구를 없앴다. 같은 취지로 교육부 사업 중 하나인 '100대 교육과정'도 결국 내가 신청했던 민원이 계기가 되어 폐지되었다. 아직 온전하게 개선된 것은 아니지만 스승의 날을 교육의 날로 바꾸자는 것, 교원단체 시행령을 만들어달라는 것, 교장제도를 개혁하자는 것, 목적사업비를 축소하고 학교운영비를 늘려달라는 것, 학교회계지침을 교육과정 운영에 맞게 개선해달라는 것 등은 모두 국민신문고, 국회, 청와대, 교육청 등의 국가기관에 내가 직접 신청한 민원들이다. 신호등, 가로등의 고장, 어린이보호구역에 불법주차된 차량 등은 '생활불편신고'

앱을 통해 즉각 신고한다.

이렇게 자주 민원을 내니 지금까지 내가 개선을 요구하며 낸 민원만 모아도 책 한 권이 넘을 것이다. 그래서인지 누가 나에게 '프로민원러'라는 별명을 하나 붙여주었다. 난 이 별명이 좋다. 세상은 불편한 것을 불편하다고 말해야 바뀐다. 불편한데 참고 사는 것은 나를 위해서도 나와 더불어 살아가는 아이들을 위해서도 바람직하지 않다.

"고기도 먹어본 사람이 잘 먹는다"는 말이 있다. 경험이 중요하다는 것을 강조한 말일 텐데 민원도 마찬가지다. 민원도 내본 사람이 잘 처리한다. 학부모 말에 당장 교사에게 사과부터 하라고 종용하는 교장, 교감이 있다면 이 사람들은 자신 또는 타인의 권리를 지키기 위해 국가기관에 민원 한 번 내본 적이 없는 사람들일 것이다. 민원을 받으면 인사 평가에 불이익을 주는 내규를 운영하는 곳도 있다. 심지어 조퇴를 하면 불이익을 주는 곳도 있다고 하니 말 다했다. 만약 당신이 근무하는 곳에 이와 같은 내규와 관행이 있다면 그걸 바꾸는 것에서부터 출발하자. 악성민원에 대한 대응 요령은 저절로 길러지는 것이 아니다. 자신의 권리를 찾기 위해 민원을 요구하는 것에서부터 자연스럽게 생긴다.

법에는 나오지 않는 말이지만 지금까지 내가 학교에 근무하면서 받아왔던 민원을 민원인의 특성에 따라 합당한 민원, 모호한 민원, 이기적인 민원, 악성민원으로 구분한다. 내가 구분한 민원의 성격에 따라 대응 방법도 달라진다. 누구도 가르쳐주지 않아서 순전히 내가 겪으며 터득한 것이지만 이만한 소신, 배짱, 요령이라도 있어야 민원에서 살아남을 수 있는 게 학교의 현실이다.

민원 대응 요령

▷ 합당한 민원은 적극 수용한다.

▷ 모호한 민원은 사실부터 확인한다.

▷ 이기적인 민원은 대응하지 않는다.

▷ 악성민원은 법적으로 대응한다.

민원의 권리와 의무를 오롯이 행사하려면 국민권익위원회가 운영하는 온라인 국민참여포털 '국민신문고'(https://www.epeople.go.kr/index.jsp)에 회원가입 정도는 해두는 것이 좋다. 국민신문고는 ① 법령·제도·절차 등 행정업무에 관한 질의 또는 상담형식을 통한 설명이나 해석의 요구, ② 정부시책이나 행정제도 및 운영의 개선에 관한 건의, ③ 행정기관의 위법·부당하거나 소극적인 처분 및 불합리한 행정제도로 국민의 권리를 침해하거나 국민에게 불편 또는 부담을 주는 사항의 해결요구인 고충민원을 주로 처리하므로 공무를 처리할 때 많은 도움을 받을 수 있다.

교원이 민원에 대한 부담을 내려놓고 교육활동에 전념할 수 있도록 하기 위해서는 학교에 '민원 처리 시스템'을 구축하여 시스템을 통하지 않은 민원은 처리가 불가능하도록 만들 필요가 있다. 또한 '보호자 상담 예약제'를 통해 무분별한 학교 방문과 과도한 요구를 막을 필요도 있다. 이와 같은 요구는 민원, 상담 앱 등을 통해 NEIS와 연동해서 교원에게 개별 통보가 갈 수 있도록 함으로써 얼마든지 운영할 수 있다.

민원과 관련된 다음 법령들도 살펴보기 바란다.

같이 읽자, 교육법!

「민원 처리에 관한 법률」 읽어보기

「부패방지 및 국민권익위원회의 설치와 운영에 관한 법률」 (약칭: 부패방지권익위법) 읽어보기

「교육부 공무원 행동강령」 읽어보기

11

감사에도 끄떡없는
적극행정은 어떻게 가능한가?

공공기관에서 일하는 사람이 업무와 관련하여 제일 부담스러워하는 것이 민원이라면 그다음은 감사다. 「공공기관의 운영에 관한 법률」에 따르면 공공기관이 마땅히 해야 할 사무가 정해져 있고, 이를 처리하는 과정에 비위행위가 있을 경우 그에 합당한 조치를 취하도록 하고 있기 때문이다. 이렇듯 공공기관의 투명성 확보를 위해서 감사는 꼭 필요한 과정이긴 하지만 감사를 받는 쪽은 이를 준비하는 과정에서 느끼는 심신의 피로가 적지 않기에 공공기관 종사자들은 감사에 상당한 부담을 느낀다.

그러나 감사를 지나치게 의식하다 보면 오히려 업무 효율이 떨어지는 결과를 가져온다. 겪어본 사람들은 알겠지만 굳이 필요하지도 않은 서류 뭉치들을 감사를 대비한다며 잔뜩 만들어낸다. 학교에서 벌어지는 일들에 빗대자면 과학실험이 주인데 실험보고서만 잔뜩 쓰게 한다거나, 상담이 주인데 상담일지 작성 및 관리에 많은 신경을 쓰는 일 등에서 오는 회의감이다. 따지고 보면 이 서류들은 법령에서 정한 서류도 아니다. 매뉴얼이나 공문서에 예시로 나와 있는 것들이 대부분인데 '예시'가 무슨 뜻인가? 예를 들어 보여준다는 것인데 그 예시가 학교로 들어오면 예시에서 점 하나

같이 읽자, 교육법!

만 틀려도 안 되는 지침처럼 작용한다. 심지어 학교생활기록부 평가 서술어 끝에 마침표를 찍을지 말지를 두고 회의하는 모습을 볼 때에는 교육의 전문성이 이렇게 구현되는지 씁쓸할 때도 많다. "~을(를)잘함."과 "~을(를)잘함"이 무슨 차이인가? 교육적으로 어떤 의미도 없는 점 하나를 붙이느냐 마느냐를 두고 회의를 이어가고, 회의 결과에 따라 서술어를 통일하느라고 생활기록부 정정대장까지 손 대고 있는 게 학교의 현실이다.

교사들을 이렇게 서류 작성 및 관리에 공을 들이도록 하는 사람들은 책임과 적자생존을 자주 이야기한다. 여기에서 말하는 책임은 공공기관 종사자가 마땅히 져야 할 책임이 아니다. '감사에 걸리면 어쩌려고 그래?', '누가 책임지려고?'를 뜻하는 말이다. 이 말을 하는 사람에 따라 '나는 그 책임을 지기 싫다'는 속뜻마저 담겨 있다. 그러면서 이어서 하는 말이 '적자생존'이다. 이 또한 환경에 적응하는 것만 살아남고 그렇지 못한 것은 도태되는 생태계 현상을 말하는 것이 아니다. '적는 자가 살아남는다'며 서류 만드는 데 공을 들이라는 재촉이다. '누가 책임지려고?'가 아니라 '내가 책임질 테니 소신껏 해봐'라는 말을 듣고 싶다. 이 말을 듣고 싶다면 감사에 덜컥 쪼는 마음부터 갖지 않아야 한다. "쫄지 마"가 응원으로 주문으로 생기면 얼마나 좋겠냐만 이런 내공은 저절로 생기는 것이 아니다. 상대를 알아야 담력도 생긴다. 감사가 무엇인지부터 알아보자.

감사란 무엇인가?

감사란 법적 권한이 있는 기관이 단체나 조직의 업무 상황을 감독하고 조사하는 것을 말한다. 감사의 법적 근거는 헌법에서부터 찾을 수 있다. 헌법 제2절은 행정부에 국무총리와 국무위원, 국무회의, 행정각부, 감사원을 두도록 하고 있는데, 헌법 제97조는 감사원을 헌법기관으로 두는 목적을 다음과 같이 밝히고 있다.

「대한민국헌법」
제97조 국가의 세입·세출의 결산, 국가 및 법률이 정한 단체의 회계검사와 행정기관 및 공무원의 직무에 관한 감찰을 하기 위하여 대통령 소속하에 감사원을 둔다.

헌법 제100조는 감사원의 조직·직무범위·감사위원의 자격·감사대상 공무원의 범위 기타 필요한 사항은 법률로 정하도록 하고 있다. 이에 따라 만들어진 법이 「감사원법」인데 법 제20조는 감사원의 임무를 다음과 같이 밝히고 있다.

「감사원법」
제20조(임무) 감사원은 국가의 세입·세출의 결산검사를 하고, 이 법 및 다른 법률에서 정하는 회계를 상시 검사·감독하여 그 적정을 기하며, 행정기관 및 공무원의 직무를 감찰하여 행정 운영의 개선과 향상을 기한다.

제아무리 헌법기관인 감사원이라 하더라도 대한민국 모든 공공기관을 감사할 수 있는 여력은 없다. 그래서 '다른 법률'에 따라 행정기관 및 공무원의 직무에 대하여 '자체감사'를 할 수 있도록 2010년 3월 22일에 「공공감사에 관한 법률」 (약칭: 공공감사법)이 만들어진다. 공공감사법은 제정이유를 다음과 같이 밝히고 있다.

같이 읽자, 교육법!

「공공감사에 관한 법률」

[시행 2010. 7. 1.] [법률 제10163호, 2010. 3. 22., 제정]

◇공공감사에 관한 법률 제정이유

중앙행정기관, 지방자치단체 및 공공기관의 자체감사기구의 조직과 활동, 감사기구의 장의 임용 등에 있어 자체감사기구의 독립성과 전문성을 확보하고 효율적인 운영에 필요한 제도를 도입하여 중앙행정기관, 지방자치단체 및 공공기관의 내부통제제도를 내실화하고, 감사원의 자체감사 지원, 감사원 감사와 자체감사의 연계 및 중복감사 방지 등 효율적인 감사체계의 확립에 필요한 제반사항을 규정함으로써 행정 업무 및 공공기관 운영의 적정성과 효율성, 국민에 대한 책임성 등을 확보하기 위한 제도적 기반을 마련하려는 것임.

이와 같은 취지로 제정된 공공감사법에 따라 모든 공공기관은 자체감사를 받아야 하는데 법 제2조는 자체감사를 다음과 같이 정의하고 있다.

「공공감사에 관한 법률」

제2조(정의)

1. "자체감사"란 중앙행정기관, 지방자치단체 및 공공기관의 감사기구의 장이 그 소속되어 있는 기관(그 소속 기관 및 소관 단체를 포함한다) 및 그 기관에 속한 자의 모든 업무와 활동 등을 조사·점검·확인·분석·검증하고 그 결과를 처리하는 것을 말한다.

또한 공공감사법 제19조 제2항은 자체감사의 종류, 감사계획의 수립, 자체감사 대상기관에 대한 감사계획 통보 등에 대해서 대통령령으로 정하도록 함에 따라 공공감사법 시행령 제10조는 자체감사의 종류를 다음과 같이 구분하고 있다.

자체감사는 실시 방법에 따라 실지감사와 일상감사로 나뉜다. '실지감사'(법 제21조)는 감사기구의 장이 자체감사 대상기관에 감사담당자를 보내서 하는 감사이고, '일상감사'(법 제22조)는 자체감사기구가 소속된 기관의 주요 업무 집행에 앞서 그 업무의 적법성·타당성 등을 점검·실시하는 감사를 말한다. 일상감사로 확인된 사항에 대해서는 자체감사를 하지 않을 수도 있으며 일상감사의 대상·기준 및 절차는 같은 법 시행령 제13조에서 자세히 밝히고 있다. 자체감사는 감사기구에서 마련한 연간감사계획에 따라 실시하지만 감사대상기관에서 감사기구에 신청할 수도 있다. 따라서 학교에서 부조리한 일이 벌어지는 것을 인지했다면 감사기구에 자체감사를 신청하여 이를 바로잡으려는 노력도 해야 한다.

자체감사의 종류

1. 종합감사	자체감사 대상기관의 주기능·주임무 및 조직·인사·예산 등 업무 전반의 적법성 · 타당성 등을 점검하기 위하여 실시하는 감사
2. 특정감사	특정한 업무·사업·자금 등에 대하여 문제점을 파악하여 원인과 책임 소재를 규명하고 개선대책을 마련하기 위하여 실시하는 감사
3. 재무감사	예산의 운용실태 및 회계처리의 적정성 여부 등에 대한 검토와 확인을 위주로 실시하는 감사
4. 성과감사	특정한 정책·사업·조직·기능 등에 대한 경제성·능률성·효과성의 분석과 평가를 위주로 실시하는 감사
5. 복무감사	자체감사 대상기관에 속한 사람의 복무의무 위반, 비위(非違) 사실, 근무실태 점검 등을 목적으로 실시하는 감사

공무원의 징계

감사와 따로 떼어놓을 수 없는 게 징계다. 징계란 공직에 있는 사람의 의무 위반에 대하여 국가기관이 내리는 행정적 제재를 말하는데 법률 용

교육공무원 징계의 종류

징계의 종류		징계의 효력	관련법규
중 징 계	파면	○공무원관계로부터 배제 ○5년간 공무원 임용 제한 ○재직기간 5년 미만인 자는 퇴직급여액의 1/4, 5년 이상인 자는 퇴직급여액의 1/2을 각각 감액	국가공무원법 제33조 공무원연금법 제64조 공무원연금법시행령 제55조
	해임	○공무원관계로부터 배제 ○5년간 공무원 임용 제한 ○퇴직급여에 크게 영향을 주지 않으나 공금횡령 및 유용 등으로 해임의 경우 퇴직급여의 1/8~1/4 감액하여 지급	국가공무원법 제33조 공무원연금법 제64조 공무원연금법시행령 제55조
	강등	○동종의 직무 내에서 하위의 직위에 임명 ○공무원의 신분은 보유하나 3개월간 직무에 종사 불가 ○기간 중 보수의 2/3를 감액 ○징계처분의 집행이 종료된 날부터 18월간 승진, 승급 제한	국가공무원법 제80조 공무원 수당규정 제19조 제5항[별표4] 공무원보수규정 제14조 교육공무원 임용령 제16조 교육공무원 승진규정 제11조
	정직	○공무원의 신분은 보유하나 1~3월 간 직무에 종사 불가 ○정직 기간 중 보수(수당 포함)의 2/3를 감액 ○징계처분의 집행이 종료된 날부터 18월간 승진, 승급 제한 ○처분기간은 경력평정에서 제외	국가공무원법 제80조 공무원 수당규정 제19조 제5항[별표4] 공무원보수규정 제14조 교육공무원 임용령 제16조 교육공무원 승진규정 제11조
경 징 계	감봉	○감봉 기간 중 보수(수당 포함)의 1/3을 감함 ○처분기간 및 처분집행의 종료일로부터 12월간 승진, 승급제한	국가공무원법 제80조 공무원 수당규정 제19조 제5항[별표 4] 공무원 보수규정 제14조 교육공무원 임용령 제16조
	견책	○훈계하고 회개하게 함 ○처분집행의 종료일로부터 6월간 승진, 승급 제한	국가공무원법 제80조 공무원 보수규정 제14조 교육공무원 임용령 제16조

어가 다 그렇지만 일상에서 쓰는 말이 아니다 보니 들어는 봤어도 그 뜻을 정확히 이해하지 못하는 말들이 많다. 자주 있는 일은 아니니 징계와 관련

된 용어는 더 낯설다. 그래도 이 말들의 의미는 알아두어야 한다. 알아야 징계도 피할 수 있기 때문이다. 교육공무원의 징계 내용은 표와 같다.

학교에서 자체감사 후에 가장 많이 받는 조치가 '주의' 또는 '경고'인데 이는 징계에는 해당하지 않는다. 따라서 교원인사기록카드에는 해당 조치 내용이 기록되지 않는다. 다만 지역별 인사기준에 따라 전보, 포상 등에 일정기간 제약은 있다. '불문경고'는 다르다. 「교육공무원 징계양정 등에 관한 규칙」 제4조에 따라 징계의결이 요구된 사람에게 공적이 있는 경우에는 징계를 감경할 수 있는데, 가장 가벼운 징계인 견책에 해당할 경우 감경할 징계유형이 없으므로 견책을 감경할 때 사용하는 불이익이 불문경고이다. 불문경고는 징계의 종류에는 해당되지 않지만 인사기록카드에 불문경고를 받은 사실이 기재되었다가 1년 후에 말소되고 그 기간 동안 근무성적평정이나 성과급, 포상 등에서 불이익을 받을 수 있다.

지난 교직생활을 돌아보면 나도 주의 조치 1회, 불문경고 조치 1회를 받은 기억이 있다. 주의 조치는 발령 초기 실험약품수불부 정리 부주의로 받았고, 불문경고 조치는 스승의 날 운영 방식을 개선하라는 취지로 교육부에 보낸 공문이 문제시되어 받은 조치다.

논란이 되었던 것은 겸직 시 출장 여부였다. 2017년에 나는 전주교대 총장의 요청을 받아, 1년 동안 시간강사로서 교대 4학년 학생들을 대상으로 주1회 교직실무에 대한 강의를 한 적이 있다. 오전에 내 수업을 마치고 오후에 나가는 강의였다. 이후에도 두 건이 더 있었다. 나는 2018년과 2019년 두 해에 걸쳐 교육부장관의 위촉을 받아 초등교원양성대학교 발전위원을 맡았다. 2019년에는 대통령 소속 국가교육회의 의장의 위촉을 받아 전문위원을 했었다. 세 건 모두 규정에 따라 겸직을 신고하고 직을 수행했다.

그런데 자체감사에서 2017년에 전주교대에 출강하며 시간강사로 겸직을 한 것을 복무규정 위반이라며 감사반이 지적했다. 애초에는 외부강의 위반이라고 지적하다가 국립대학교는 외부 강의 적용 대상이 아니라고 내가 소명하자 감사반은 이튿날 겸직에 따른 복무 위반이라며 아래와 같은 내용을 근거로 제시했다.

「국가공무원 복무·징계 관련 예규」

(인사혁신처 예규 164쪽에 나오는 내용이다.)

○ 근무시간 내에 겸직업무에 종사하는 것은 원칙적으로 금지하되, 다음과 같은 경우에는 근무시간 내에도 가능

- 해당 공무원의 담당직무 수행과 관련이 있는 경우
- 소속 기관의 기능 및 국가정책 수행의 목적상 필요한 경우
- 그 밖에 소속 기관의 장이 필요하다고 인정하는 경우

※ 이 경우 복무관리는 원칙적으로 연가·외출·조퇴 등으로 조치

감사반의 요지는 맨 아래에 "※" 표시가 되어 있는 "복무관리는 원칙적으로 연가·외출·조퇴 등으로 조치"해야 하는데 내가 여비를 지급하지 않는 출장으로 복무하여 시간외수당 등의 부당이익을 취했다는 내용이었다.

나는 이를 수긍하지 못하겠다며 같은 예규 163쪽에 나오는 "복무규정 제25조 본문에 따른 금지요건"을 제시했다. 그 내용을 살펴보자.

「국가공무원 복무·징계 관련 예규」

다. 복무규정 제25조 본문에 따른 금지요건

---

(1) 공무원의 직무 능률을 떨어뜨릴 우려가 있는 경우
○ 근무시간 내에는 전적으로 직무 수행에 전념하여야 하고, 근무시간 외의 시간에 따른 영리업무(비영리업무 포함)에 종사함으로써 평소 직무 수행에 지장을 주어서는 안 됨

예규에 따르면 겸직 허용 여부와 그에 따른 복무 형태는 공무원이 직무 능률을 떨어뜨릴 우려가 있는 경우에 따라 결재권자가 판단해야 한다. 즉 결재권자는 소속 교직원이 겸직을 신청했을 때, 직무 능률을 떨어뜨릴 우려가 있는 경우에 겸직을 허가하면 안 되고, 직무 능률을 떨어뜨리지 않는다고 판단하면 겸직을 허가하여 일반적인 원칙에 따라 상위법령인 「국가공무원 복무규정」을 적용해서 직무 연관성이 있으면 출장이고, 없으면 연가·외출·조퇴 등으로 처리하면 되는 것이다.

당시 내가 신청한 겸직에 대해 교장은 직무 연관성이 있다고 판단했다. 교직실무라는 강의는 곧 교단에 나올 후배들을 위해 꼭 필요한 과정이고, 이를 위해 바쁜 시간을 쪼개서 모교에 출강하는 나의 헌신성을 격려했다. 왕복 교통비가 5만원이 들었지만 두 시간 강의를 하면 강사비 6만원을 받는 정도였으니 출장비라도 보태주고 싶지만 강사비를 받으니 출장비는 줄 수 없고, 만일의 경우 교통사고라도 나면 마땅히 공무를 수행하다 벌어진 일이니 그에 대한 대비책으로라도 출장은 필요하다는 판단이었다.

그러나 감사반은 이를 인정하지 않았다. 내 겸직이 공무원의 직무 능률을 떨어뜨릴 우려가 있다는 말을 했다. 나는 그 근거를 대라며 그 판단은 결재권자가 하는 것이지 감사반이 하는 것이 아니라는 말로 맞섰다. 내 말에 대해 감사반은 모든 겸직에 따른 복무는 직무 관련성이 있어도

같이 읽자, 교육법!

출장이 아니라 연가·외출·조퇴 등으로 해야 한다는 말만 되풀이했다. 그래서 나는 내가 맡고 있던 두 건의 겸직(교육부 초등교원양성대학교 발전위원, 국가교육회의 전문위원)도 겸직신고를 하고 활동하고 있는데 이에 따른 복무도 출장이 아니라 연가·외출·조퇴 등으로 해야 하는지 물었더니 감사반은 출장이 아니겠냐며 대답했다. 방금 자기 입으로 했던 말을 이렇게 뒤집고 있었다.

나는 규정을 자의적으로 해석하여 감사를 하면 안 된다는 말을 하고 감사실을 나왔지만 이튿날 또 학교를 찾은 감사반은 다시 나를 부르더니 감사결과확인서에 서명을 요구했다. 내가 소명했던 의견은 반영되지 않고 감사반의 의견만 그대로 나열되어 있었다. 부당이득을 취했다는 대목에서는 웃음마저 나왔다. 교통비도 되지 않는 강의비를 받으며 후배들을 위해 강의를 한 것이 부당이득을 취한 것이 되는 이유를 물었더니 정액분 시간외수당 계산에 포함되니 그렇다는 대답이었다. 그 수당은 월 14일 이상 근무하면 자동으로 받게 되는 것인데 나는 매월 그 이상을 학교에서 근무하여 해당 복무 건은 시간외수당 계산에 영향을 미치지 못한다고 주장하며 그 내용을 빼달라고 했다. 나머지 내용도 마찬가지였다. 조목조목 반박하며 확인서를 수정해나갔다. 감사반의 주장과 내 주장이 다른 부분은 위반이 아니라 다툼의 소지가 있다는 말로 바꾸었다. 그렇게 작성된 확인서에 나는 내 이름 석 자를 또박또박 쓰고 감사실을 나왔다.

내가 이렇게 깐깐하게 나왔던 것은 내 일신상의 안위를 위해서가 아니다. 기껏해야 주의 조치 정도를 받을 텐데 그 정도 받는다고 교사로 살아가는 데 아무 문제없다. 당시 이와 비슷한 일로 감사에서 부당한 처분을 받는 교사들이 많았는데 마침 내가 당사자가 되었으니 교사로서 적극적으로 대응해 직접 해결해보고 싶었다. 감사에 대응하는 내 태도를 보니 어떤가? 후련하지 않은가? 내 경험이 감사로 인해 주눅 들어 있는 교사들에게 작은 위안이라도 되었으면 하는 마음에 주절주절 이야기를 꺼내보았다.

지금까지 살펴본 바와 같이 교육공무원은 감사 결과 비위 사실이 확인되면 비위의 유형, 비위의 정도 및 과실의 정도에 따라 징계를 받는다. 흔히 있는 일은 아니지만 교육도 삶도 예측이 불가능할 때가 많고, 예측한다고 다 대비할 수 있는 것도 아니므로 징계 또한 누구에게나 닥칠 수 있는 일이다. 꼭 징계를 피하기 위해서만이 아니라도, 공무원이 어떤 의무를 다해야 하고, 그 의무를 위반하거나 소홀히 했을 때 어떤 징계를 받게 되는지는 기본적으로 알아둘 필요가 있다.

교육공무원의 고충 청구

교육공무원 징계양정 등에 관한 규칙 [별표] 〈개정 2020. 7. 28.〉
징계기준(제2조 제1항 관련)

비위의 유형 \ 비위의 정도 및 과실	비위의 정도가 심하고 고의가 있는 경우	비위의 정도가 심하고 중과실인 경우 또는 비위의 정도가 약하고 고의가 있는 경우	비위의 정도가 심하고 경과실인 경우 또는 비위의 정도가 약하고 중과실인 경우	비위의 정도가 약하고 경과실인 경우
1. 성실의무 위반 가. 공금횡령·유용, 업무상 배임	파면	파면-해임	해임-강등	정직-감봉
나. 직권남용으로 다른 사람의 권리 침해	파면	해임	강등-정직	감봉

같이 읽자, 교육법!

내용				
다. 부작위 또는 직무태만, 소극 행정 또는 회계질서 문란	파면	해임	강등-정직	감봉-견책
라. 시험문제를 유출하거나 학생 의 성적을 조작하는 등 학생 성적과 관련한 비위 및 학교 생활기록부 허위사실 기재 또 는 부당 정정 등 학교생활기 록부와 관련한 비위	파면	해임	해임-강등- 정직	감봉-견책
마. 신규채용, 특별채용, 승진, 전 직, 전보 등 인사와 관련한 비위	파면	해임	해임-강등- 정직	감봉-견책
바. 「학교폭력예방 및 대책에 관 한 법률」에 따른 학교폭력을 고의적으로 은폐하거나 대응 하지 아니한 경우	파면	해임	해임-강등- 정직	감봉-견책
사. 연구부정행위	파면	해임	해임-강등- 정직	감봉-견책
아. 연구비의 부당 수령 및 부정 사용 등 연구비의 수령 및 사 용과 관련한 비위	파면	파면-해임	해임-강등	정직-감봉
자. 소속 기관 내의 「교육공무원 법」 제52조 각 호의 어느 하나 에 해당하는 성 관련 비위를 고의로 은폐하거나 대응하지 않은 경우	파면	해임	해임-강등- 정직	감봉-견책
차. 「국가공무원법」 제78조의2제 1항 각 호의 어느 하나 또는 「지방공무원법」 제69조의2제 1항 각 호의 어느 하나에 해 당하는 비위를 신고하지 않거 나 고발하지 않은 행위	파면-해임	강등-정직	정직-감봉	감봉-견책
카. 부정청탁에 따른 직무수행	파면	파면-해임	강등-정직	감봉-견책
타. 부정청탁	파면	해임-강등	정직-감봉	견책
파. 성과상여금을 거짓이나 부정 한 방법으로 지급받은 경우	파면-해임	강등-정직	정직-감봉	감봉-견책
하. 그 밖의 성실의무 위반	파면-해임	강등-정직	감봉	견책
2. 복종의무 위반 가. 지시사항 불이행으로 업무 추 진에 중대한 차질을 준 경우	파면	해임	강등-정직	감봉-견책
나. 그 밖의 복종의무 위반	파면-해임	강등-정직	감봉	견책
3. 직장 이탈 금지 위반 가. 집단 행위를 위한 직장 이탈	파면	해임	강등-정직	감봉-견책

나. 무단결근	파면	해임-강등	정직-감봉	견책
다. 그 밖의 직장 이탈 금지 위반	파면-해임	강등-정직	감봉	견책
4. 친절·공정의무 위반	파면-해임	강등-정직	감봉	견책
5. 비밀 엄수의무 위반 가. 비밀의 누설·유출	파면	파면-해임	강등-정직	감봉-견책
나. 비밀 분실 또는 해킹 등에 의한 비밀 침해 및 비밀 유기 또는 무단 방치	파면-해임	강등-정직	정직-감봉	감봉-견책
다. 개인정보 부정 이용 및 무단 유출	파면-해임	강등-정직	정직	감봉-견책
라. 개인정보의 무단 조회·열람 및 관리 소홀 등	파면-해임	강등-정직	감봉	견책
마. 그 밖에 보안관계 법령 위반	파면-해임	강등-정직	감봉	견책
6. 청렴의무 위반	비고 제6호에 따름			
7. 품위유지의무 위반 가. 성희롱	파면	파면-해임	강등-정직	감봉-견책
나. 미성년자 또는 장애인에 대한 성희롱	파면	파면-해임	해임-강등	강등-정직
다. 성매매	파면	파면-해임	해임-강등	강등-정직
라. 미성년자 또는 장애인에 대한 성매매	파면	파면	파면-해임	해임
마. 성폭력	파면	파면	파면-해임	해임
바. 미성년자 또는 장애인에 대한 성폭력	파면	파면	파면	파면-해임
사. 공연음란 행위	파면	파면-해임	강등-정직	감봉-견책
아. 미성년자 또는 장애인에대한 공연음란 행위	파면	파면-해임	해임-강등	강등-정직
자. 카메라 등을 이용한 불법촬영 또는 불법촬영물 유포	파면	해임	해임-강등-정직	감봉-견책
차. 「교육공무원법」 제52조 각 호의 어느 하나에 해당하는 성 관련 비위의 피해자에게 2차 피해를 입힌 경우	파면	해임	해임-강등-정직	감봉-견책
카. 「교육공무원법」 제52조 각 호의 어느 하나에 해당하는 성 관련 비위를 신고한 사람에게 피해(신고자 신상정보의 유출, 신고자에 대한 폭행·폭언, 그 밖에 신고자의 의사에 반하는 일체의 불리한 처우를 말한다)를 입힌 경우	파면	해임	해임-강등-정직	감봉-견책

236

타. 가목부터 카목까지에서 규정한 사항 외의 성 관련 비위	파면	해임	해임-강등-정직	감봉-견책
파. 학생에 대한 신체적·정신적·정서적 폭력 행위	파면-해임	해임-강등	강등-정직	감봉-견책
하. 음주운전	비고 제7호에 따름			
거. 그 밖의 품위유지의무 위반	파면-해임	강등-정직	감봉	견책
8. 영리 업무 및 겸직 금지 의무 위반	파면-해임	강등-정직	감봉	견책
9. 정치운동 금지 위반	파면	해임	강등-정직	감봉-견책
10. 집단 행위 금지 위반	파면	해임	강등-정직	감봉-견책

비고
1. 제1호 다목에서 "부작위"란 교육공무원이 상당한 기간 내에 이행해야 할 직무상 의무가 있는데도 이를 이행하지 않는 것을 말한다.
1의2. 제1호 사목에서 "연구부정행위"란 「학술진흥법」 제2조 제5호에 따른 연구자에 해당하는 교육공무원이 같은 법 제15조에 따른 연구부정행위를 저지른 경우를 말한다.
2. 삭제 〈2020. 7. 28.〉
3. 제1호 카목에서 "부정청탁에 따른 직무수행"이란 「부정청탁 및 금품등 수수의 금지에 관한 법률」 제6조의 부정청탁에 따른 직무수행을 말한다.
4. 제1호 타목에서 "부정청탁"이란 「부정청탁 및 금품등 수수의 금지에 관한 법률」 제5조에 따른 부정청탁을 말한다.
5. 제1호 파목에서 "성과상여금"이란 「공무원수당 등에 관한 규정」 제7조의2 제10항에 따른 성과상여금을 말한다.
6. 비위행위가 청렴의무 위반에 해당하는 경우 그 징계기준은 「공무원 징계령 시행규칙」 별표 제1의2를 준용한다.
6의2. 제7호 가목 및 나목에서 "성희롱"이란 「양성평등기본법」 제3조 제2호에 따른 성희롱을 말한다.
7. 비위행위가 음주운전에 해당하는 경우 그 징계기준은 「공무원 징계령 시행규칙」 별표 제1의3을 준용한다.

　　교육공무원은 복무 중 고충이 있을 때에는 이를 처리해달라는 요청을 할 수 있다. 감사 결과에 승복하지 못할 때에도 재심을 청구할 수 있다. 그러나 교직생활을 하면서 자주 있는 일도 아니고 설령 있다 하더라도 초기 대응이 중요한데 관련 절차를 몰라 골든타임을 놓치고 마는 경우도 많다. 「교육공무원법」 제49조는 교육공무원의 고충 청구 및 심사 절차를 다음과 같이 밝히고 있으므로 이와 같은 권리가 있다는 것 정도는 알아두어야 한다.

「교육공무원법」

제49조(고충처리) ① 교육공무원(공립대학에 근무하는 교육공무원은 제외한다. 이하 이 조에서 같다)은 누구나 인사·조직·처우 등 각종 직무조건과 그 밖의 신상문제에 대하여 인사상담이나 고충의 심사를 청구할 수 있으며, 이를 이유로 불이익한 처분이나 대우를 받지 아니한다.
② 제1항에 따라 청구를 받은 임용권자나 임용제청권자(임용추천권자를 포함한다. 이하 같다)는 이를 제3항에 따른 고충심사위원회 회의에 부쳐 심사하게 하거나 소속 공무원으로 하여금 상담하게 하고, 그 결과에 따라 고충의 해소 등 공정한 처리를 위하여 노력하여야 한다.
③ 교육공무원의 고충을 심사하기 위하여 교육부에 교육공무원 중앙고충심사위원회를 두고, 임용권자 또는 임용제청권자 단위로 교육공무원 보통고충심사위원회를 두되 교육공무원 중앙고충심사위원회의 기능은 「교원의 지위 향상 및 교육활동 보호를 위한 특별법」에 따른 교원소청심사위원회에서 관장한다. 〈개정 2013. 3. 23., 2016. 2. 3.〉
④ 교육공무원 중앙고충심사위원회는 다음 각 호의 사항을 심사한다. 〈개정 2012. 3. 21., 2012. 12. 11.〉
1. 교육공무원 보통고충심사위원회의 심사를 거친 재심청구
2. 부교수 이상의 대학교원과 제29조 제1항 및 제29조의2제1항에 따라 대통령이 임용하는 장학관·교육연구관 및 교장·원장의 고충
3. 제58조에 따라 교육감이 임용하는 장학관과 교육연구관 중 교육행정기관에 근무하는 과장급 이상의 직위에 해당하는 사람, 교육연수기관의 장, 교육연구기관의 장, 교원연수기관의 장의 고충
⑤ 교육공무원 보통고충심사위원회는 다음 각 호의 사항을 심사한다. 〈개정 2012. 12. 11., 2013. 3. 23., 2021. 3. 23.〉
1. 조교수 이하의 대학교원의 고충

같이 읽자, 교육법!

2. 제30조에 따라 교육부장관이 임용하는 교육공무원의 고충

3. 제58조에 따라 교육감이 임용하는 교육전문직원(제4항 제3호에 해당하는 사람은 제외한다)의 고충

⑥ 제5항에도 불구하고 같은 항에 규정된 교육공무원의 고충이 임용권자를 달리하는 둘 이상의 기관에 관련된 경우에는 교육공무원 중앙고충심사위원회에서 심사하고, 원래 소속 기관의 교육공무원 보통고충심사위원회에서 고충을 심사하는 것이 부적당하다고 인정되는 경우에는 바로 위 상급기관의 교육공무원 보통고충심사위원회에서 심사할 수 있다.

⑦ 임용권자나 임용제청권자는 심사 결과 필요하다고 인정할 때에는 처분청 또는 관계 기관의 장에게 그 시정을 요청할 수 있으며, 요청을 받은 처분청 또는 관계 기관의 장은 특별한 사유가 없으면 이를 이행하고, 그 처리결과를 통보하여야 한다. 다만, 부득이한 사유로 이행하지 못할 경우에는 그 사유를 통보하여야 한다.

⑧ 교육공무원 고충심사위원회의 구성·권한·심사절차와 그 밖에 필요한 사항은 대통령령으로 정한다.

[전문개정 2011. 9. 30.]

교육은 계획이 필요하지만 교육이라서 계획대로 이루어지지 않을 때가 많다. 당연히 교육을 위해서라면 계획보다는 변화된 현재의 상황을 최우선으로 해야 한다. 그러나 이 경우 지침에 위배되는 상황을 마주하게 될 때가 있다. 이때 지침을 무시하고 할 것인가 아니면 지침대로 할 것인가에 대한 고민을 하게 된다. 지침을 무시하고 할 경우 교육 효과는 높아질지 몰라도 감사와 징계에 대한 부담이 있다. 지침대로 하면 그런 고민을 할 필요는 없지만 교육자로서 양심이 편하지 않다. 당신이라면 이 경우 어떤 선택을 할 것인가?

앞에서 감사와 징계에 대해 개략적으로 살펴보았는데 교사들은 주의 또는 경고 등의 조치에 대해서도 이를 불명예스럽게 여기는 경우가 많다. 뭐 지적을 받아서 기분 좋은 사람이 어디 있겠냐만 교사들의 경우 이 지적을 유난히 더 못 견뎌한다. 그래서 위와 같은 상황에서도 교육적인 대처보다는 교육과는 좀 거리가 있는 매뉴얼에 따라 기계적으로 일을 처리하는 경향이 있다. 이때 적극행정을 이용하면 교육적으로 훨씬 의미 있는 결정을 할 수 있다.

적극행정에 대한 면책

「공공감사에 관한 법률」 제23조의2에서 언급한 '적극행정에 대한 면책'을 구현하기 위하여 마련한 「적극행정 운영규정」 제2조는 적극행정과 소극행정의 의미를 다음과 같이 밝히고 있다.

> **「적극행정 운영규정」**
>
> 제2조(정의) 이 영에서 사용하는 용어의 뜻은 다음과 같다. 〈개정 2020. 8. 25.〉
> 1. "적극행정"이란 공무원이 불합리한 규제를 개선하는 등 공공의 이익을 위해 창의성과 전문성을 바탕으로 적극적으로 업무를 처리하는 행위를 말한다.
> 2. "소극행정"이란 공무원이 부작위 또는 직무태만 등 소극적 업무행태로 국민의 권익을 침해하거나 국가 재정상 손실을 발생하게 하는 행위를 말한다.

적극행정을 실현한 사람을 지침에 따라 기계적으로 조처하는 대신 그

같이 읽자, 교육법!

책임을 면하게 하고, 나아가 적극행정을 장려하기 위한 법적 조치를 공공감사에 관한 법률에서 찾을 수 있다. 적극행정에 대한 면책 개념, 면책 기준, 면책의 운영 절차를 알아두어야 적극행정을 실행할 의지가 생기므로 관련 법 조항을 반드시 확인하기 바란다.

「공공감사에 관한 법률」

제23조의2(적극행정에 대한 면책) ① 자체감사를 받는 사람이 불합리한 규제의 개선 등 공공의 이익을 위하여 업무를 적극적으로 처리한 결과에 대하여 그의 행위에 고의나 중대한 과실이 없는 경우에는 이 법에 따른 징계 요구 또는 문책 요구 등 책임을 묻지 아니한다.

② 제1항에 따른 면책의 구체적인 기준, 운영절차, 그 밖에 필요한 사항은 대통령령으로 정한다.

[본조신설 2015. 2. 3.]

「공공감사에 관한 법률 시행령」

제13조의3(적극행정에 대한 면책의 기준) ① 자체감사를 받는 사람이 법 제23조의2에 따라 적극행정면책을 받기 위해서는 다음 각 호의 요건을 모두 갖추어야 한다. 〈개정 2019. 5. 14.〉

1. 자체감사를 받는 사람의 업무처리가 불합리한 규제의 개선, 공익사업의 추진 등 공공의 이익을 위한 것일 것

2. 자체감사를 받는 사람이 대상 업무를 적극적으로 처리한 결과일 것

3. 삭제 〈2019. 5. 14.〉

4. 자체감사를 받는 사람의 행위에 고의나 중대한 과실이 없을 것

② 제1항 제4호의 요건을 적용하는 경우 자체감사를 받는 사람이 다음 각 호의 요건을 모두 갖추어 업무를 처리한 것으로 인정되는 경우에는 그 행위에 고의나 중대한 과실이 없는 경우에 해당하는 것으로

추정한다. 〈개정 2019. 5. 14.〉

1. 자체감사를 받는 사람과 대상 업무 사이에 사적인 이해관계가 없을 것

2. 대상 업무를 처리하면서 중대한 절차상의 하자가 없었을 것

3. 삭제〈2019. 5. 14.〉

4. 삭제〈2019. 5. 14.〉

[본조신설 2015. 5. 18.]

제13조의4(적극행정에 대한 면책의 운영절차) ① 자체감사 대상기관의 장 또는 자체감사를 받는 사람이 법 제23조의2에 따른 적극행정에 대한 면책을 받으려는 경우에는 별지 제1호서식의 적극행정면책 신청서에 적극행정면책 사유를 소명하기 위한 증거자료 등을 첨부하여 자체감사가 종료된 후 감사기구의 장에게 제출하여야 한다.

② 제1항에 따른 면책신청을 받은 감사기구의 장은 면책신청이 이유가 있다고 인정될 때에는 면책결정을 하고 이를 자체감사결과의 처리에 반영하여야 한다.

③ 감사기구의 장은 자체감사결과 지적된 사항에 대하여 직권으로 검토한 결과 법 제23조의2에 따른 적극행정에 대한 면책의 요건을 갖추었다고 인정될 때에는 제1항에 따른 면책신청이 없는 경우에도 면책결정을 할 수 있다.

④ 감사기구의 장은 제2항 또는 제3항에 따라 면책결정을 한 때에는 지체 없이 이를 자체감사 대상기관의 장에게 알려야 한다. 이 경우 제2항에 따라 면책결정을 한 때에는 면책을 신청한 사람에게도 이를 알려야 한다.

⑤ 감사기구의 장은 제2항 또는 제3항에 따라 면책결정을 한 때에는 매 분기 종료 후 10일 내에 이를 감사원에 알려야 한다.

⑥ 제1항부터 제5항까지에서 규정한 사항 외에 적극행정에 대한 면책의 운영절차 및 결과의 처리 등에 관한 세부사항은 중앙행정기관

같이 읽자, 교육법!

적극행정은 내가 두 차례 직접 경험하기도 했다. 그 경험담을 들려주는 것이 적극행정에 대한 실행 의지를 북돋울 수 있을 것 같아 이를 소개한다.

첫 번째 경험은 학교에서 기자재를 구입할 때였다. 실물화상기가 낡아 이를 구매할 예산을 편성하고 집행하려고 하는데 문제가 생겼다. 파손되어 사용하기 어려운 실물화상기가 폐기 처분을 기다리며 창고에 있었지만 아직 내용연수가 1년 정도 남아 있어서 폐기도 못하고 있는 상황이었다. 내용연수가 지나지 않은 기자재를 폐기하고 새 기자재를 구입하는 것은 감사에서도 충분히 문제가 될 소지가 있었다. 이쯤 되면 다들 구매를 포기한다. 1년을 기다렸다가 구매하는 쪽으로 가닥을 잡는다. 그러나 나는 그럴 수 없었다. 1년이면 아이들이 좋은 수업을 못 받게 되는 피해도 상당히 컸다.

교육청 감사과에 전화해서 사정을 전하고 적극행정을 펼칠 수 있는 방법이 있는지 물어보았다. 감사과에서도 처음 접하는 상황이라 적절한 조언을 바로 해주지 못했다. 그때 내 의견은 물품선정위원회를 열어 해당 기자재의 조기 구매 필요성을 제기한 뒤 학교운영위원회가 이를 심의하여 집행하면 문제가 되지 않을 것 같다는 것이었다. 관련 절차를 다 거치고, 법정위원회인 학교운영위원회가 필요성을 결정하여 심의한 사항이니 이렇게 집행한다면 적극행정으로 보아야 하지 않느냐는 물음까지 더했다. 감사과에서는 그렇게 볼 수도 있다는 의견을 주었는데 여기서 그치지 않았다. 관련 내용을 내가 민원으로 넣을 테니 그 내용을 담아 회신을 해 달라는 부탁을 했다. 그래야 학교의 회계담당직원도 감사에 신경쓰지 않고 집행에 적극적으로 나설 것이라는 의중도 전했다. 교육청 감사과는 내가 신청한 민원에 적극행정으로 볼 수 있다는 답변을 해주었고, 이를 근거로 실물화상기를 계획대로 구매하여 모든 학급에 설치할 수 있었다.

두 번째 경험은 실천교육교사모임 회장을 할 때 있었던 일이다. 코로나19로 인하여 학생들이 등교도 못하고 있던 상황이었다. 위기를 타개하기 위하여 교육부는 교원단체와 상시 연락체계를 취하고 교육 현장의 여론을 수렴하기 위한 간담회를 수시로 이어갔다. 기자회견을 겸한 간담회 자리에서 있었던 일이다. 교원단체와 교육부가 한마음으로 위기를 극복하기 위해 노력하겠다는 의지를 밝히는 자리는 엄숙하기까지 했다. 기자회견이 끝나고 비공개 간담회를 이어갔다. 그때 교감에게서 문자가 왔다. 정보공개 자료를 업로드하고 작성자 마감을 하라는 내용이었다. 「교육관련기관의 정보공개에 관한 특례법」에 따라 이루어지는 행정이지만 수업도 못하고 있는 상황에 교과진도 운영 계획, 평가 계획 등의 자료를 정보공개한다는 것은 도무지 불가능한 상황이었다.

이에 나는 간담회 자리에서 교육부장관에게 정보공시를 연기해 줄 것을 제안했다. 담당부서 책임자가 바로 난감함을 표했다. 내가 앞에서 말한 그 법을 거론하며 불가하다는 답변이었다. 여기에서 포기하지 않았다. 공공감사법이 밝힌 '적극행정에 대한 면책'을 언급하며 「교육부 규제심의 및 적극행정 운영 규정」에 따라 적극행정위원회를 열고 정보공시 연기를 결정한다면 교육부도 부담을 덜 것이라며 연기의 필요성을 강조했다. 이

같이 읽자, 교육법!

제안은 받아들여졌고 교육부는 4월 1차 정보공시를 학생이 등교하는 6월 이후로 미루어 실시하는 조치를 안내하였다. 이후 적극행정은 정보공시 연기에서 그치지 않고 교원능력개발평가 유보로까지 이어졌다.

두 번의 적극행정을 경험하고 나서 법 때문에 안 된다고 이유를 대는 이들에게 그게 가능하도록 만든 법도 있다고 내 경험담을 들려준다. 이제 선택은 당신 몫이다. 감사에 움츠러들며 매뉴얼에 의존한 소극행정을 할 것인가, 상황을 감안하여 교육을 이롭게 하는 적극행정을 할 것인가? 적극행정을 하기 위해서라도 관련 법령을 알아두어야 한다.

「공공감사에 관한 법률」 읽어보기

「공공감사에 관한 법률 시행령」 읽어보기

「교육공무원 징계령」 읽어보기

「적극행정 운영 규정」 읽어보기

「교육공무원 징계양정 등에 관한 규칙」 읽어보기

제3장

법과 교육

여기까지 동행했다면 당신은 어떤 문제 상황에 맞닥뜨리더라도 당황하거나 회피하지 않고 차분하게 대처할 줄 아는 소양과 능력을 갖추었을 것이다. 열심히 노력한 당신 덕분이다. 그렇게 노력한 자신의 이름을 불러주며 아낌없는 칭찬을 크게 해주면 좋겠다.

스스로를 격려하고 칭찬했다면 다음 여행을 또 떠나보자. 학교를 하루라도 겪어보았으면 알겠지만 교육은 법과 촘촘하게 얽혀 있다.

법은 그런대로 갖추어졌지만 이 법이 지켜지지 않을 때, 시대가 변했는데 법은 여전히 구시대에 머물고 있을 때 힘들었다. 여기에 맞서느라 민원, 청원, 고발도 참 많이 했었다. 그 글들을 소환하여 지켜야 할 것과 바꾸어야 할 것이 무엇인지 이야기를 이어간다. 그래서 제3장을 '법과 교육'이라고 이름을 붙였다. 함께 생각해보는 계기가 되었으면 한다.

01

교육은 정치적 중립성을 보장받고 있을까?

2019년 7월 23일, 나는 제20대 국회의원 151명을 고발했다. 실천교육교사모임 회장 자격으로 하는 고발이라 회원들의 동의를 구하기 위해 회원들이 함께 쓰고 있는 페이스북 그룹 '실천교육교사모임 광장'에 취지를 설명했다. 참고로 실천교육교사모임은 헌법 제26조가 밝힌 국민청원권의 취지를 살려 회원 누구나 광장에 제안의 글을 올릴 수 있고, 이 제안에 대하여 회원의 10% 이상이 "좋아요" 또는 댓글로 동의 의사를 밝히면 이사회에서 적극 검토하여 이를 단체의 입장으로 채택할지 결정한다. 이렇게 살핀 제안은 특별한 일이 없는 한 대부분 채택된다.

당시 국회는 정쟁을 일삼으며 석 달 가까이 열리지 않는 개점휴업 상황이었다. 할 일은 하지 않던 국회의원들이 자립형사립고등학교 살리는 일에 팔을 걷고 나선 것이 못마땅했는지 제안의 글에 동의의 댓글이 이어지기 시작했다. 나는 바로 고발장을 써내려갔다. 지금이야 교원단체의 틀을 갖춰 단체 자문변호사도 있지만 그때는 단체의 토대를 구축하던 시기라 고발장도 직접 써야 했다.

난생 처음 고발장을 써봤는데 피고발인이 국회의원이고, 한 명도 아니라 151명이나 되니 고발장을 접수하기 전에 법조인에게 검토라도 받고 싶었다. 지인에게 도움을 받을 수 있는 변호사를 부탁했더니 바로 연결해주었다. 소개받은 변호사에게 고발장 초안을 메일로 보냈다. 변호사는 법률 용어 몇 개를 수정하고, 피고발인이 많으니 첨부자료로 담는 것이 좋겠다는 의견과 함께 아주 잘 쓴 고발장이라며 칭찬까지 해주었다. 변호사의 칭찬에 고무된 나는 퇴근길에 고발장을 접수하기 위해 전주지검으로 향했다.

고발장을 접수하고 며칠이 지나자 수사지휘통지서가 우편으로 배송되었다. 사건번호가 수리되어 담당검사가 배정되었고, 일정 기간까지 경찰서에 사건을 배정해 수사를 지휘하겠다는 내용이었다. 사건번호는 하나였지만 사건 진행 상황 문자는 피고발인별로 151건이 따로 왔다. 문자폭탄이 따로 없었다. 우편으로 받은 수사진행상황도 마찬가지로 151장이었다. 검찰에 전화해서 단일 사건이므로 한 건으로 보내달라고 했더니 문자든 우편이든 피고발인별로 작성되어 고발인에게 통보하도록 되어 있어서 어쩔 수 없다는 답변이었다.

이후 나는 경찰서에서 출석요구서를 받고 고발인 조사를 받았다. 조사 이후 해당 사건은 전주지검에서 서울남부지검으로 송치되었고, 다시 서울남부지검에서 영등포경찰서로 배정되었다. 검찰은 피고발인 151명에 대한 소환조사도 않더니 2019년 12월 5일 〈고발사건 처분 결과 통지서〉 151장을 우편으로 보내왔다. 해당 사건을 모두 "각하"한다는 내용이었다. 통지서를 받고 수사 여부와 각하 이유를 알려고 안내문에 적힌 전화번호로 전화를 했다. 지방검찰청 전화번호가 검찰청 콜센터로 통합되었다는 안내와 함께 '1301' 번호를 안내했다. 번호를 눌렀더니 주민등록번호를 넣어 인증도 받아야 했고, 통화를 위한 사전 절차도 복잡했다. 통화 내용

같이 읽자, 교육법!

은 녹음된다는 안내멘트까지 나왔다.

어떤 민원인인들 무서운 검찰에게 말 한마디 함부로 하기 어려울 텐데 이런 절차를 두는 것이 과도하다는 생각부터 들었다. 하지만 허술하기 짝이 없는 학교의 보안을 생각하면 공권력은 최소한 이 정도의 권위는 있어야 한다는 생각도 들었다. 그래서 하는 말이다. 학교도 공공기관이다. 하려면 같이 하자. 오히려 우선순위를 두자면 민원사각지대인 학교에 이런 조치가 먼저 취해져야 하는 것 아닌가?

복잡한 과정을 거친 통화 끝에 불기소 이유서는 검찰청을 직접 방문해서 열람해야 한다는 답변을 받았다. 퇴근길에 검찰청으로 다시 차를 몰았다. 민원실에 신청하자 불기소 이유서는 바로 받을 수 있었다. A4 두 장 분량의 다소 긴 글이었는데 그 내용은 세 줄로 요약이 가능했다. ① 151명의 국회의원이 교육부장관에게 자사고였던 상산고를 일반고로 전환한다는 전북교육감의 결정에 동의하지 말라는 요구서를 낸 것은 사실이다. ② 이 내용이 직권남용권리행사방해죄로 고발되자 교육부에 해당 사실을 물었더니 교육부는 회의에서 이 사실을 다루지 않았다고 한다. ③ 따라서 피고발인들은 교육부장관의 권리행사를 방해하지 않았으므로 기소할 수 없다.

참으로 신묘하다. 검찰의 논리는 ① 음주운전으로 사고를 낸 사람이 있다. ② 피해자한테 물어보니 가해자의 음주운전 여부를 모르겠다고 한다. ③ 따라서 음주운전자를 기소할 수 없다는 말과 같다. 이게 말이 되나? 더구나 직권남용에 대한 검찰의 이중잣대도 납득할 수 없었다. 당시 검찰은 김승환 전북교육감이 지방직공무원 승진 인사에 압력을 행사했다는 의혹만으로 관련자의 증언도 없이 그를 기소했다. 그런데 피고발인 151명의 국회의원들은 명백한 행위와 증거가 있음에도 불구하고 소환조사 한 번 하지 않고 불기소를 통지했다.

　「대한민국헌법」 제11조 제1항은 "모든 국민은 법 앞에 평등하다"고 밝히고 있다. 국회의원은 대한민국의 국민이 아닌가? 검찰이 이렇게 고무줄 잣대로 기소권을 행사하니 국민의 지탄을 받을 수밖에 없다. 하여튼 불기소 이유를 받아들일 수는 없었지만 검찰의 결정에 불복하여 일을 더 진행하고 싶지는 않았다. 이상의 내용들을 세상에 널리 알린 것만으로도 소기의 목적을 달성했다고 생각했다. 애초에 151명의 국회의원들이 유죄로 처벌을 받을 것이라고는 기대도 안 했다. 과반의 의원이 유죄 판결을 받으면 의회가 해산되는 일이 벌어질지도 모르니 말이다.

　이제야 속내를 밝히자면 이 고발을 통해 내가 노린 것은 따로 있었다. 피고발인들에게 헌법이 보장한 교육의 전문성과 정치적 중립성은 그렇게 만만한 것이 아니니 앞으로 경거망동하지 말라는 경고를 하고 싶었다. 나의 의도가 적절했는지 당시 제출했던 고발장을 통해 확인해보기 바란다. 고발장을 읽으면서 진지하게 생각해보면 좋겠다. 교육은 헌법이 밝힌 교육의 중립성을 법대로 보장받고 있을까? 「국가공무원법」, 「교육공무원법」, 「공직선거법」을 읽으며 교육의 정치적 중립성을 훼손하는 조항은 없는지 찾아보자. 만약 찾았다면 그 조항이 무엇인지 따져보고 이를 어떻게 바꾸어야 교육의 정치적 중립성을 보장받을 수 있는지 생각해보자.

「국가공무원법」 읽어
보기

「교육공무원법」 읽어
보기

「공직선거법」 읽어보
기

같이 읽자, 교육법!

고 발 장

고발인   실천교육교사모임 회장 정 성 식
         전북 익산시 (원문에 있던 상세주소는 생략함)

피고발인 정○○ 국회의원 외 150명 국회의원
         서울시 영등포구 의사당대로 1
         피고발인 명단(첨부 1)

1. 고발취지
고발인은 피고발인들을 직권남용권리행사방해죄로 고발하오니 조사하시어 죄가 되는 경우 엄벌하여 주시기 바랍니다.

2. 고발사실
피고발인들은 국정 전반에 대한 국정감사 등 직무를 수행하는 국회의원들이다. 피고발인들은 2019. 7. 18. '상산고 자립형 사립고(자사고) 지정 취소 부동의 요구서'를 교육부장관에게 전달하여 교육부장관으로 하여금 상산고 자립형 사립고(자사고) 지정 취소 부동의를 하도록 압력을 행사함으로써 직권을 남용하여 교육부장관으로 하여금 의무 없는 일을 하게 하였다.

3. 이 사건의 경위
고발인은 「대한민국헌법」을 존중하며 헌법 제31조가 밝힌 교육의 자주성·전문성·정치적 중립성을 보장받고, 「교육기본법」 제2조가 밝힌 홍익인간의 교육이념 아래 자주적 생활능력과 민주시민으로서 필요한 자질을 갖추기 위해 노력하는 교사입니다. 아울러 「교육기본법」 제15조에 따라 교원이 상호 협동하여 교육의 진흥과 문화의 창달에 노력하기 위하여 실천교육교사모임이라는 교원단체를 조직하여 이 단체의 회장을 맡고 있는 사람입니다.

피고발인 정○○ 국회의원 외 150명은 「대한민국헌법」이 밝힌 입법권을 행사하고(헌법 제40조), 청렴의 의무(헌법 제46조 제1항)를 바탕으로, 국가의 이익을 우선

하여 양심에 따라 직무를 행하고(헌법 제46조 제2항), 그 지위를 남용하여서는 아니 되는(헌법 제46조 제3항) 대한민국 국회 제20대 국회의원들입니다.

피고발인들은 지난 7월 18일 정○○ 바른미래당 의원이 주축이 되어 여야 의원 151명의 서명을 받은 '상산고 자립형 사립고(자사고) 지정 취소 부동의 요구서'를 교육부장관에게 전달하였습니다. (첨부 2. 증거자료 참고)

자사고 재지정 평가는 「초·중등교육법 시행령」에 따라 교육감의 권한으로 시·도 교육규칙에 따라 이루어지고, 교육부장관이 최종 동의 여부를 밝히도록 하고 있습니다.

법률이 정한 절차에 따라 진행하고 있는 자사고 재지정 평가에 대해 국회의원들이 교육부장관에게 부동의 하도록 요구하는 것은 헌법이 법률에 따라 보장받아야 한다고 밝힌 교육의 자주성·전문성·정치적 중립성을 침해할 뿐만 아니라 교육자치를 훼손하게 됩니다.

4. 결어
피고발인들은 「형법」 제123조에 밝힌 직권남용권리행사방해죄를 범한 명백한 사실이 있으므로, 이를 조사하여 엄벌하여 주시기 바랍니다.

2019. 7. 23.
위 고발인
실천교육교사모임회장 정성식

전주지방검찰청 귀중

같이 읽자, 교육법!

02

'시행령 공화국'이 부끄럽지 않은가?

자사고 재지정 문제는 국회의원들까지 나서서 교육부장관과 교육감에게 의견을 낼 정도로 뜨거운 이슈였다. 법에서 정한 시기와 절차에 따라 진행되는 평가에 대해서 정치인들까지 가세하여 감 놔라 배 놔라 하고 있었다. 자사고 재지정 여부를 결정해야 하는 교육감들은 곤혹스러워했다. 평가 결과 자사고로 재지정을 받지 못한 학교가 나오면 이에 대해 동의 여부를 다시 결정해야 하는 교육부장관도 부담이었다. 청와대도 부담인 눈치였다. 정치권까지 가세하여 자사고 재지정 여부를 정치 쟁점화하고 있는 상황이니 총선을 앞두고 이 사안이 미칠 민심의 향배에 촉각을 곤두세우고 있었다.

나는 정치인들이 얼마나 집요하게 이 문제를 파고들었는지 확인하기 위하여 가장 먼저 자사고 평가를 한 전북교육청을 상대로 정보공개를 청구했다. 의원들의 자료 제출 요구로 업무가 마비될 지경이라는 교육청 관계자의 말을 듣고 누가, 어떤 자료를, 얼마나 요구하는지 내 눈으로 직접 확인하고 싶었다. 이렇게 받은 자료를 공개한다. 자사고 살리기에 나선 정치권의 민낯을 극명하게 보여주는 자료이다. 교육자치의 한계가 그대로 읽힌다. 이 자료를 실명과 함께 공개하는 것은 이를 어떻게 극복할 것인지 함께 생각해보자는 것이지 해당 의원들을 비난할 뜻은 1도 없다.

상산고 자사고 재지정 평가 관련 의원 요구 자료 현황
(2019. 7. 5. 기준)

국회의원 및 도의원 요구자료 목록
(2019. 6. 20. 이후)

순	정당별	요구자	요구일	제출일	위원별건수	요구내용
1	자유한국당	전희경	2019.05.18.	2019.06.20.	1	지역 내 자사고 현황
					2	2019년 자사고 재지정 평가 기준(이전 기준과 비교)
					3	자사고 재지정 평가 절차
					4	자사고 평가발표가 늦어진 이유
					5	자사고 재지정 평가 결과보고서 사본
2	자유한국당	김한표	2019.06.20.	2019.06.21.	1	자사고 평가위원 명단
					2	평가현장에서 이뤄진 질의응답서 및 학교 제출보고서
					3	교육감 선거 당시 자사고 및 특목고에 대한 공약 혹은 정책방향에 대한 발언
					4	건학이념과 지정취지를 반영한 특성화교육 프로그램 운영, 학부모 학교교육 참여 확대 및 지역사회와의 협력, 학교 업무 정상화 및 참여소통 협력의 학교문화 조성의 평가기준 및 배점
3	자유한국당	전희경	2019.06.20.	2019.06.21.	1	평가결과보고서
					2	평가결과 심의회 회의록
4	더불어민주당	조승래	2019.06.20.	2019.06.21.	1	자사고 지정 평가 심사자료 및 향후계획
5	더불어민주당	김해영	2019.06.20.	2019.06.21.	1	80점 관련 보도자료
					2	평가결과보고서
6	바른미래당	임재훈	2019.06.20.	2019.06.24.	1	31개 지표별 평가기준 및 평가결과
					2	평가일시 및 기간, 평가참여자 명단, 평가의견
					3	교육부 권고 기준 및 커트라인(5년 전과 비교)
					4	교육부와의 문서수발대장 및 관련문서, 재지정 권고문
					5	80점 상향 사유 및 근거, 형평성 문제
					6	80점 결정과정 및 회의록
					7	사회통합전형 대상자 비율(5년 전, 타교육청 비교)

같이 읽자, 교육법!

순	정당별	요구자	요구일	제출일	위원별건수	요구내용
7	더불어민주당	김해영	2019.06.21.	2019.06.24.	1	상산고 평가 결과보고서
					2	지역 내 자사고 현황
					3	자사고 평가계획표, 평가점수표
					4	사회통합 항목 반영 이유
					5	80점 설정 근거
					6	이전 평가기준과 비교
					7	상산고 측 반박 주장
8	더불어민주당	조승래	2019.06.21.	2019.06.24.	1	자사고 평가기준 및 절차
					2	최근 5년간 평가기준 변동내용
					3	지역내 자사고 평가일정 및 향후계획
9	바른미래당	이태규	2019.06.21.	2019.06.24.	1	평가결과 일체 및 지정 취소 사유
					2	지난 4월 확대 간부회의 회의록
					3	80점 상향 근거
					4	2010년 남성고, 군산중앙고 지정 취소 평가결과 일체
					5	2010년 남성고, 군산중앙고 측 소송 판결문
10	바른미래당	임재훈	2019.06.21.	2019.06.24.	1	2014, 2019 자사고 평가 기준점수 산출 근거
					2	2014, 2019년 자사고 재지정 평가 관련 자율학교 등 지정운영위원회 회의 현황
					3	2014, 2019년 자사고 평가표준안 작성을 위한 교육부와 협의한 내용 공문
11	더불어민주당	서영교	2019.06.22.	2019.06.24.	1	자사고 현황 및 평가대상 학교, 재지정 평가일자 등
					2	자사고 평가기준 및 배점표
					3	자사고 평가결과
12	더불어민주당	조승래	2019.06.22.	2019.06.24.	1	감사 등 지적사례 평가 상세내역
					2	2016년 이후 사회통합 관련 상산고와 주고 받은 공문
					3	2017년 이후 상산고 전형별 입학 인원
					4	2019, 2020 전라북도 고등학교 입학전형 기본계획
					5	2015년 자사고와 일반고 비교평가 결과
13	자유한국당	전희경	2019.06.21.	2019.06.27.	1	2014, 2015년 평가위원별 채점표
					2	사회통합전형 대상자 선발 비율 자율 안내 관련 공문
					3	2019년 평가위원별 채점표
					4	2019년 평가위원 명단
					5	평가위원 자격, 선정 절차, 선정 근거
					6	평가를 위한 전라북도 자율학교 등 지정·운영위원회 회의록
					7	자율학교 등 지정·운영위원회 명단(주요이력 포함)
					8	자율학교 등 지정·운영위원회 자격, 선정 절차, 선정 근거

순	정당별	요구자	요구일	제출일	위원별건수	요구내용
14	정의당	여영국	2019.06.22.	2019.06.24.	1	평가지표
					2	평가일정 및 평가위원
					3	평가 심의자료, 평가 결과자료
15	더불어민주당	조승래	2019.06.22	2019.06.24.	1	학교에 발신한 평가계획 공문
					2	지정 관련 심의안건 및 회의록
16	자유한국당	곽상도	2019.06.24.	2019.06.25.	1	3월 고교 입학전형 기본계획
					2	재지정 평가 절차 및 규정
					3	최근 5년간 재지정 평가, 학교별 지표별 세부내역
17	더불어민주당	조승래	2019.06.24.	2019.06.25.	1	평가 관련하여 학교와 주고받은 공문 일체(파일 45건)
18	자유한국당	전희경	2019.06.24.	2019.06.25.	1	일반고 평가시 70점을 넘었으므로 자사고는 80점으로 상향해야 한다고 한 내용의 사실 여부
					2	2015년 자사고와 비교한 일반고 평가결과
					3	일반고 평가결과표
19	자유한국당	전희경	2019.06.27.	2019.06.27.	1	전북교육청이 자사고에 2015~2019년 사회통합전형 선발비율에 대해 내려보낸 공문 사본(5건)
					2	전라북도교육청이 사회통합전형 선발비율 관련 교육부로부터 받은 공문 사본
20	바른미래당	정운천	2019.06.27.	2019.06.27.	1	자사고 도입 이후 전북교육청 내 자사고 지정 및 취소 현황 내역
					1-1	지정 취소 처분에 따른 소송 현황 결과 내역
					2	지정 취소 기준점수 80점 상향 사유 중 '일반고 정상화를 위한 기관장의 강한 의지'의 의미
21	바른미래당	정운천	2019.06.28.	2019.06.29.	1	2015~2020학년도 전라북도 고입 사회통합전형 계획 및 기준 알림 발송 공문(6건)
22	바른미래당	정운천	2019.06.28.	2019.06.29.	1	전북교육청 일반고 교육역량 강화 추진계획 공문(학교교육과-26951, 2013.12.24.)
23	바른미래당	정운천	2019.06.28.	2019.06.29.	1-1	일자별 평가진행 현황(2018.5.10~2019.6월말)
					1-2	상산고 청문 실시일(법령 근거 포함)
					1-3	지정 취소 동의 신청 예정일(법령 근거 포함)
					2-1	2018년 12월 19일자 전라북도 자율학교 등 지정·운영위원회 회의록(발언자 포함)
					2-2	각 회의별 안건 자료
24	바른미래당	정운천	2019.06.28.	2019.06.29.	1	자율학교 등 지정·운영위원회 구성 현황(최근 2년간 구성 변동 및 구성 근거 포함)
					2	자사고 자체평가단 평가위원 구성 현황(최근 2년간 구성 변동 및 구성 근거 포함)
					3	2019년 자사고 자체평가단 회의 개최 현황(일시, 참석자, 상정안건, 결과)
					3-1	각 회의별 회의록 및 안건자료

같이 읽자, 교육법!

순	정당별	요구자	요구일	제출일	위원별건수	요구내용
25	더불어민주당	서영교	2019.06.27.	2019.07.02.	1	서면질의 5건
26	바른미래당	임재훈	2019.06.28.	2019.07.03.	1	서면질의 35건 (교육감 직접 답변 요구, 서면제출 및 대면보고 요구)
27	바른미래당	임재훈	2019.07.01.	2019.07.03.	1	서면질의 35건 (교육감 직접 답변 요구, 서면제출 및 대면보고 요구)
28	바른미래당	정운천	2019.07.01.	2019.07.02.	1	2015년 자사고 평가시 일반고 평가지표
29	정의당	여영국	2019.07.03.	2019.07.05.	1	일반고 비교평가 내용
30	정의당	여영국	2019.07.04.	2019.07.05.	1	학교장 제출한 운영성과 보고서
31	더불어민주당	박용진	2019.07.04.	2019.07.05.	1	[긴급]상산고 평가 결과보고서
					2	[긴급]평가항목별 지표 및 점수, 근거자료
					3	[긴급]평가항목별 지표 및 점수, 근거자료
32	바른미래당	임재훈	2019.07.01.	2019.07.03.	1	[요구자료 폭주로 누락됨] 교육감 발언에 대한 답변 요구 14건
33	전라북도의회	두세훈	2019.07.05.	2019.07.10.	1	상산고 신입생 모집요강
					2	상산고 재지정 선정절차 및 선정기준
					3	상산고 평가내용 및 평가항목, 평가결과 등
					96건	

상산고 재지정 평가 결과 발표가 있던 2019년 6월 20일부터 7월 5일까지, 의원들은 총 96건의 자료 제출을 요구했다. 어느 정도 예상은 했지만 의원들의 자료 제출 요구는 상상을 초월했다. 마치 사냥감을 노리는 승냥이 떼를 보는 것 같았다.

이 요구가 정상으로 보이는가? 자료 제출을 요구한 의원들은「국회법」제128조와「지방자치법」제40조를 지켰을까? 그 기간 동안 교육청은 정상적인 업무가 가능했을까?

어차피 이 사안은 법적 다툼을 통해 결론지어질 것이 뻔했다. 그래서 나는 그때 이 사안에 대해 특별한 의견을 피력하지 않았다. 대신 무책임,

무성의, 무능으로 시행령 통치를 답습하며 이 상황을 불러온 정부를 호되게 비판했다.

교육계도 시행령 공화국이다

「대한민국헌법」제75조는 "대통령은 법률에서 구체적으로 범위를 정하여 위임받은 사항과 법률을 집행하기 위하여 필요한 사항에 관하여 대통령령을 발할 수 있다"고 밝히고 있다. 그러나 법률에서 위임받은 사항이 아닌 것까지 시행령에 담아 통치해서 늘 문제가 많았다. 이를 경계하고 민주공화국을 바로 세우고자 시민들은 '시행령 공화국'이라는 울분의 표현을 써가며 저항했다. 그 결과는 촛불항쟁으로 번졌고 국정농단 세력에 대한 탄핵으로까지 이어졌다.

시행령 통치가 어떤 문제를 불러오고 있는지 교육과 관계된 사안들만이라도 간단히 짚어보려고 한다. 자꾸 길어지니 사안과 그 사안에 따른 법 조항까지만 말하고 법 조문은 따로 인용하지 않겠다. 법 조문까지 찾아보고 싶으면 제1장에서 말한 방법을 기억하여 찾아보기 바란다.

첫째, 앞에서 꺼낸 자사고 재지정 관련이다. 「초·중등교육법 시행령」제91조 제3항에 따라 자사고 지정 권한은 교육감에게 있다. 애초 이 조항은 교육감이 자사고 지정 또는 지정 취소 시 교육부장관과 '협의'하도록 되어 있었다. 그런데 2014년 박근혜 정부는 이를 개정해 교육부장관이 '동의'하도록 바꾸었다. 여기에 더해 「초·중등교육법 시행규칙」을 개정하여 교육부장관의 동의 절차를 까다롭게 정함으로써 사실상 자사고 지정 권한을 교육부장관이 갖게 되었다.

문재인 정부는 자사고 폐지를 공약으로 제시했었다. 교육자치를 확대

같이 읽자, 교육법!

하기 위해 교육부의 권한을 시·도교육감에게 이양하겠다는 입장도 밝혔다. 이 약속을 지키려고 했다면 관련 시행령부터 원점으로 되돌렸어야 했다. 그랬다면 교육자치를 확대했다는 찬사를 들었을 테고, 정치적 부담을 느낄 이유도 없었다. 헌법이 밝힌 교육의 자주성, 전문성, 정치적 중립성을 제대로 구현하는 길이기도 했다. 집권 초기 그렇게 강조했던 적폐청산이기도 했다. 그런데 가장 기본적인 것도 하지 않고 교육계를 벌집으로 만들어놓고 말았다. 대체 왜 그랬을까?

둘째, 전교조 법외노조 관련이다. 정부가 이를 해결하려는 의지만 있었다면 충분히 길은 있었다. 국회 공전을 이유로 교원노조법 개정이 어려운 상황이더라도 행정관청이 "노동조합으로 보지 아니함"을 통보할 수 있도록 정한 「노동조합 및 노동관계조정법 시행령」 제9조 제2항만이라도 개정해서 원점으로 되돌렸다면 충분히 가능한 일이었다. 그러나 정부는 이 문제를 해결하기 위해 어떤 노력도 하지 않았다.

2020년 9월 3일, 대법원이 "노동조합이 행정관청으로부터 설립신고서에 대한 시정 요구를 받고 그 시정 요구 기간 내에 이행하지 않으면 노동조합으로 보지 아니함을 통보하도록 한 규정은 법률의 위임 없이 법률이 정하지 않은 법외노조 통보에 관하여 규정함으로써 무효"라고 판결(대법원 판결 2020. 9. 3. 선고 2016두32992)하자 관련 규정을 삭제하고, 사용자가 과반수 노동조합임을 통보받은 사실을 공고하지 않은 경우에는 교섭창구 단일화 절차에 참여한 노동조합이 노동위원회에 이의신청을 할 수 있도록 시행령을 개정하였다. 말 그대로 뒷북이었다.

셋째, 누리과정 관련이다. 누리과정 운영 지원을 위한 비용을 누가 분담할 것인지를 놓고 갈등이 촉발되어 우리 사회를 한동안 떠들썩하게 했던 일이다. 이 논란을 촉발했던 「유아교육법 시행령」 제29조와 제34조, 「영유아보육법 시행령」 제23조, 「지방교육재정교부금법 시행령」은 아직도 건재하다.

넷째, 내부형 교장공모 관련이다. 교장제의 모순을 극복하기 위해 노무현 정부 때 「교육공무원법」을 개정하여 도입한 제도였는데 이명박 정부는 시행령으로 비율을 축소하면서 이를 유명무실하게 만들었다. 문재인 정부에서 이를 원점으로 되돌리려고 하자 교총은 "무자격 교장" 운운하며 결사항전을 벌였다. 그 결과 모법 취지를 온전하게 살리지 못하고 「교육공무원 임용령」 제12조의6 제2항은 적당히 타협한 채 개정되고 말았다.

몇 가지 예를 들었지만 시행령 통치는 따지자면 끝이 없다. 법률을 위반한 시행령으로 많은 문제가 불거졌고 앞으로도 문제는 생길 것이다. 시행령으로 통치하는 것은 헌법에도 어긋날 뿐만 아니라 국회에서 마련한 법률과도 정면으로 배치된다. 꼬리가 몸통을 흔드는 시행령은 반드시 바로잡아야 한다. 시행령 개정은 정부의 의지에 달렸지 국회까지 갈 일도 아니다.

자사고 재지정, 전교조 법외노조 행정처분, 누리과정 운영비 부담, 교장공모제 확대 적용 논란에서 불거진 교육계의 혼란만으로도 시행령 통치가 얼마나 위험한지 우리는 충분히 경험했다. 무엇보다 민주공화국인 대한민국이 '시행령 공화국'이라 불리는 것이 부끄럽다. 정부와 국회는 부끄럽지 않은가? 언제까지 시행령 공화국을 그대로 둘 것인가? 정권이 바뀔 때마다 교육이 흔들리지 않도록 '시행령 통치 금지법'이라도 만들자. 시끄러워서 못 살겠다.

QR코드로 안내하는 아래 법령들에서 모법 취지를 벗어난 조항을 찾아보는 것도 의미 있는 일이다. 귀찮다 생각하지 말고 본문에서 밝힌 내

같이 읽자, 교육법!

용을 직접 찾아보며 확인해보기 바란다. 이런 과정을 통해서 법적 민감성이 길러진다.

「국가공무원법」읽어
보기

「교육공무원법」읽어
보기

「공직선거법」읽어보
기

「초·중등교육법 시행
령」읽어보기

「초·중등교육법 시행
규칙」읽어보기

「노동조합 및 노동관
계조정법 시행령」읽
어보기

「유아교육법 시행령」
읽어보기

「영유아 보육법 시행
령」읽어보기

「지방교육재정교부
금법 시행령」읽어보
기

「교육공무원 임용령」
읽어보기

03

국회의원 자료 요구는
적법하게 이루어지는가?

2018년에 나는 그동안 관행이라는 이름으로 대수롭지 않게 여겨왔던 국회의원 자료 요구의 위법성을 지적하기 시작했다. '까라면 까'라는 속된 말이 있는데 왜 까야 하는지 이유를 물었다. 2018년 10월 7일 청와대 국민청원 게시판에 포문을 열었다. 어떤 내용인지 당시 썼던 청원 글을 살펴보자.

> 국회의원 요구 자료, 해도 해도 너무합니다.
>
> 국정감사가 다가오니 아니나 다를까 국회의원 자료 요구가 시작됩니다. 주말을 앞둔 지난 주 금요일에도 야당의 한 의원실이 요구하여 교육부에서 교육청을 거쳐 학교로 발송된 자료 제출 요구 공문을 받았습니다. 내용은 최근 3년간 저소득층 자녀의 수학여행비 지원 현황을 작성해서 월요일까지 보고하라는 것이었습니다. 이 공문은 그래도 다른 요구 사항들에 비하면 상황이 나은 편입니다. 이런 공문들 중에는 심지어 몇 년 치 자료를 요구하면서 실명이 드러나지 않도록 익명으로 처리한 회의록까지 요구하는 경우도 있었기 때문입니다.
> 국회의원들의 이와 같은 요구 공문들은 시간을 넉넉하게 주는 것도 아닙니다. 보통 제목에 [긴급]이라 적혀 있고, 당일 보내서 당일 몇 시까지 제출 기한을 강조하는 것들도 많습니다. 국정감사나 청문회가 열리는 중에는 상황이 더 심각합니다.

각종 자료 제출 요구로 이를 처리하는 행정기관들은 업무가 마비될 지경입니다. (관련 링크 2 참고)

심지어 「교육관련기관의 정보공개에 관한 특례법」에 따라 정보공개가 되어 누구나 알 수 있는 내용을 다시 요구하기도 합니다. 학교에서는 이런 요구에 응하느라 때로는 수업마저 파행을 겪기도 합니다. 국회의원들이 행정기관의 실태를 알아보기 위해 자료 제출을 요구하는 것은 꼭 해야 할 일입니다. 의정활동의 중요한 대목이기도 합니다. 그러나 아무리 목적이 좋다 해도 정해진 절차를 지키지 않으면 이는 정당성을 갖기가 어렵습니다.

행정은 법치주의를 원칙으로 합니다. 보고, 서류 등의 제출 요구 또한 관련법에 근거해야 합니다. 국회법에는 국회의원들이 자료 제출을 요구하는 절차를 상세하게 적시하고 있습니다. 이 절차가 지켜지지 않는 것을 문제 삼는 것입니다.

국회법 제128조에 따르면 개별의원이 자료 제출 요구를 할 수 없습니다. 본회의, 위원회, 소위원회 의결로 이를 요구하도록 하고 있습니다. 청문회, 국정감사, 국정조사와 관련된 서류 등도 재적위원 3분의 1 이상의 요구로 할 수 있도록 명시하고 있습니다. 이는 무분별한 자료 제출 요구를 막기 위한 입법 조치라고 생각합니다. (첨부 1 국회법 참고)

그러나 실상은 이 조항이 잘 지켜지지 않고 있습니다. (관련 링크 2 참고)

자료 제출 요구가 본회의, 위원회, 소위원회의 요구 또는 위원회 재적위원 3분의 1 이상의 요구로 오는 것은 극히 드뭅니다. 요구 자료의 대부분은 개별 의원이 목적과 경과도 밝히지 않고 급박하게 요구하는 것들이 대부분입니다. 사정이 이렇다 보니 이미 제출한 내용을 다른 의원이 양식만 달리해서 제출을 요구하는 경우도 있습니다.

국회의원들뿐만 아니라 지방의회의원들도 마찬가지입니다. 지방자치법 제40조에는 국회법과 같은 취지로 자료 제출의 절차 등을 명시하고 있는데 지방의회의원들도 이를 잘 지키지 않고 있습니다. (첨부 1 지방자치법 참고)

법률과 조례를 정하는 입법기관에서 정작 법을 지키지 않는 것입니다. 이는 입법기관의 신뢰를 스스로 떨어뜨리는 결과를 가져옵니다. 입법 취지와 다르게 무분별한 자료 제출 요구가 발생하게 됩니다. 그 결과 행정기관에서는 내실 있는 행정보다는 문서 만능주의가 판을 치게 됩니다.

이에 우리는 입법기관은 물론이고 행정기관에 적법한 행정 풍토가 자리 잡기를 바라는 마음으로 아래와 같이 관련 행정을 개정해줄 것을 요구합니다.

1. 국회의원과 지방의회의원은 국회법과 지방자치법에서 정한 자료 제출 요구 절차에 따라 자료 제출을 요구하기 바랍니다.

2. 자료를 요구한 곳에서는 법에서 정한 특별한 예외적인 경우를 제외하고는 자료 취합의 결과가 어떻게 활용되었는지 기자회견, 보도자료 등을 통해 알려주기 바랍니다.

3. 교육부를 비롯하여 국가와 지방의 행정기관 등은 국회의원 또는 지방의회의원들로부터 자료 제출 요구가 있을 때 적법절차에 따른 요구인지 반드시 확인하고 공문서를 이첩하기 바랍니다.

2018년 10월 7일
실천교육교사모임

첨부 1 : 관련기사 [서울시 국정감사 "무차별 자료요구, 죽어나는 직원"]
첨부 2 : 관련기사 [국회의원 정부 자료요구, 알고 보면 '불법'?]

국회의원 요구자료
관련기사1

국회의원 요구자료
관련기사2

이 청원에 대하여 8,373명이 동의했다. 기대에 미치지 못했지만 당시 실천교육교사모임 회원 수가 1,000명이 채 되지 않았던 상황을 감안하면 놀라운 성과이기도 했다. 청와대 국민청원으로 여론을 환기했으니 상황의 심각성을 알리기 위해 국회에 직접 민원을 넣고 싶었다. 민원을 신청하려고 국민신문고에 로그인하니 민원 대상에 국회가 없었다. 어찌 된 일인지 알아보려고 사이트 아래에 안내되어 있는 정부민원안내 콜센터(국번 없이 110번)에 전화를 걸었다. 담당 직원의 안내를 받고서야 알게 되었다.

같이 읽자, 교육법!

국민신문고는 국민권익위원회가 운영하는 온라인 국민참여포털로 행정부를 상대로 한 민원을 종합해서 취급하는 곳이고, 국회에 민원을 신청하려면 국회에 직접 해야 한다는 것을.

국회로 가자. 포털에 "국회"를 검색하자 "대한민국 국회"가 바로 나타났다. 국회 사이트를 둘러보았다. 30일 이내 10만 명의 동의를 받아 청원을 제출할 수 있는 '국민동의 청원', 법률안, 예결산 등 모든 의안을 볼 수 있는 '의안정보', 회부된 법률안에 대하여 국민들의 의견을 받는 '입법예고', 각종 법률정보를 제공하는 '법률정보' 등이 첫 화면에 바로 나타났다. 내가 찾는 국회민원은 "소통마당" 메뉴 아래에서 바로 확인할 수 있었다. 국회에 민원을 신청하려면 회원 가입을 해야 했다. 회원 가입을 하자 인증은 바로 되었다. 국회의원들 욕만 했지 국회에 의견 한 번 내어본 적이 없이 살아온 내가 국회를 상대로 민원, 청원, 법률안에 대한 의견 등을 낼 수 있는 시민으로 바뀌는 순간이었다. 실제로 이후부터 청원동의, 법률안에 대한 의견을 활발하게 내고 있다.

어쨌든 이와 같은 절차를 거쳐 2018년 10월 10일 국회 홈페이지 '국회민원' 게시판에 처음으로 국회의원 자료 제출 요구에 대한 민원글을 올렸다. 국회의원들의 자료 제출 요구 공문은 모두 [긴급]이라는 머리말을 달고 오기에 나도 민원 제목 앞에 [긴급]을 붙였다. 그렇게 머리말을 단 이유를 설명하며 민원글은 시작한다.

> [긴급] 국회의원 자료 제출 요구,
> 적법절차에 따라 이루어지기 바랍니다.

(국정감사가 시작되어 국회의원의 자료 제출 요구가 늘어나는 때이므로 이 민원 내용이 국회의장님을 비롯하여 모든 국회의원님들에게 신속하게 전달되었으면 하는 마음으로 부득이 제목에 [긴급]이라 표시를 하였습니다. 이 점 헤아려주시기 바랍니다.)

■ 민원 신청 이유

안녕하십니까?

우리는 교육 현장에서 대한민국 미래의 기둥이 될 학생들과 함께 생활하는 교육자들입니다. 지난 금요일에 최근 3년 간 저소득층 학생 수학여행비 지원 현황을 조사해서 보고하라는 모 의원의 요구 자료가 있었습니다. 오늘 출근해서 보니 다른 자료 요구가 하나 더 들어왔습니다. 학교에서 사용하고 있는 농구공의 현황을 브랜드별로 조사해서 보고하라는 내용입니다. 이 자료들 이외에도 국정감사가 시작되면 국회의원 요구 자료가 몇 십 건씩 학교로 날아옵니다. 하나같이 [긴급]이라는 이름을 붙여서 시작됩니다.

상황의 심각성을 알려드리기 위하여 최근 5년 간 학교에 접수된 국회의원의 자료 요구 공문 현황을 알아보았습니다. 2014년 80건, 2015년 62건, 2016년 42건, 2017년 63건, 2018년 현재까지 20건입니다. 요구 건수만 합해도 책 한 권 분량이 넘습니다. 내용은 천차만별이지만 중복된 자료 요구까지 있습니다.

국회의원의 국정감사 및 조사권은 입법부가 행정부를 견제하는 데 있어서 매우 중요한 권한입니다. 그리고 그 기본이 되는 것이 행정부의 성실한 자료 제출임은 부정할 수 없습니다. 그러나 목적이 아무리 합당하다 하더라도 정해진 절차를 따르지 않으면 정당성을 갖기가 어렵습니다. 헌법, 국회법 등에는 국회의원의 자료 제출 요구 권한 및 관련 절차를 명시하고 있는데 이 절차가 지켜지지 않고 있습니다. 이에 대한 개선을 요구하고자 이 민원을 신청하게 되었습니다.

■ 국회의원의 자료 제출 요구와 절차에 대한 법률적 근거

먼저 국회의원이 자료 제출을 요구할 수 있는 권한과 이에 대한 절차를 관련법을 토대로 살펴보겠습니다.

첫째, 「대한민국헌법」을 살펴보겠습니다.

「대한민국헌법」

제61조 ① 국회는 국정을 감사하거나 특정한 국정사안에 대하여 조사할 수 있으며, 이에 필요한 서류의 제출 또는 증인의 출석과 증언이나 의견의 진술을 요구할 수 있다.

같이 읽자, 교육법!

② 국정감사 및 조사에 관한 절차 기타 필요한 사항은 법률로 정한다.

헌법 제61조 제1항에서는 국회에게 국정을 감사하거나 국정사안을 조사하기 위하여 '서류의 제출'을 요구할 권한(자료요구권)을 부여하고 있습니다. 여기서 중요한 것은 자료요구권은 그 목적이 분명하게 있으며, '국회의원'이 아니라 '국회'의 권한으로 명시하고 있다는 점입니다. 또한 여기서의 자료요구권은 선언적 규정이기 때문에 동조 제2항에서 이에 대한 구체적 절차를 법률로 정하도록 하고 있습니다. 그렇다면 개별 법률에서 정하고 있는 '국회'의 자료요구권의 행사 절차가 어떻게 되어 있는지 살펴보는 것이 중요합니다. 이 절차를 규정한 것이 국회법 제128조입니다.

둘째, 「국회법」을 살펴보겠습니다.

「국회법」
제128조(보고·서류 등의 제출 요구) ① 본회의, 위원회 또는 소위원회는 그 의결로 안건의 심의 또는 국정감사나 국정조사와 직접 관련된 보고 또는 서류와 해당 기관이 보유한 사진·영상물(이하 이 조에서 "서류등"이라 한다)의 제출을 정부, 행정기관 등에 요구할 수 있다. 다만, 위원회가 청문회, 국정감사 또는 국정조사와 관련된 서류등의 제출을 요구하는 경우에는 그 의결 또는 재적위원 3분의 1 이상의 요구로 할 수 있다.
② 제1항에 따라 서류등의 제출을 요구할 때에는 서면, 전자문서 또는 컴퓨터의 자기테이프·자기디스크, 그 밖에 이와 유사한 매체에 기록된 상태나 전산망에 입력된 상태로 제출할 것을 요구할 수 있다.
③ 제1항에도 불구하고 폐회 중에 의원으로부터 서류등의 제출 요구가 있을 때에는 의장 또는 위원장은 교섭단체 대표의원 또는 간사와 협의하여 이를 요구할 수 있다.
④ 위원회(소위원회를 포함한다. 이하 이 장에서 같다)가 제1항의 요구를 할 때에는 의장에게 그 사실을 보고하여야 한다.
⑤ 제1항의 요구를 받은 정부, 행정기관 등은 기간을 따로 정하는 경우를 제외하고는 요구를 받은 날부터 10일 이내에 보고 또는 서류등을 제출하여야 한다. 다만, 특별한 사유가 있을 때에는 의장이나 위원장에게 그 사유를 보고하고 그 기간을 연장할 수 있다. 이 경우 의장이나 위원장은 제1항의 요구를 한 의원에게 그 사실을 통보한다.

⑥ 제1항의 보고 또는 서류등의 제출 요구 등에 관하여 그 밖에 필요한 절차는 다른 법률에서 정하는 바에 따른다.

「국회법」에서는 국회의 자료요구권의 행사절차를 구체적으로 정하고 있습니다. 그런데 헌법에서 명시한 것처럼 '국회'의 권한이기 때문에 개별 국회의원이 아니라 본회의, 위원회, 또는 소위원회의 의결을 거쳐 행정기관에 요구할 수 있도록 하고 있습니다. 다만, 국정감사나 조사의 경우에는 그 긴급성 등 때문에 재적위원 3분의 1이상의 요구가 있다면 할 수 있도록 하고 있습니다.

셋째, 「국정감사 및 조사에 관한 법률」을 살펴보겠습니다.

「국정감사 및 조사에 관한 법률」
제10조(감사 또는 조사의 방법) ① 위원회, 제5조 제1항에 따른 소위원회 또는 반은 감사 또는 조사를 위하여 그 의결로 감사 또는 조사와 관련된 보고 또는 서류등의 제출을 관계인 또는 그 밖의 기관에 요구하고, 증인·감정인·참고인의 출석을 요구하고 검증을 할 수 있다. 다만, 위원회가 감사 또는 조사와 관련된 서류등의 제출 요구를 하는 경우에는 재적위원 3분의 1 이상의 요구로 할 수 있다.
② 제1항에 따른 서류등의 제출은 서면, 전자문서 또는 컴퓨터의 자기테이프·자기디스크, 그 밖에 이와 유사한 매체에 기록된 상태나 전산망에 입력된 상태로 제출할 것을 요구할 수 있다.
③ 위원회(제5조 제1항에 따른 소위원회 또는 반을 포함한다. 이하 같다)는 제1항의 증거의 채택 또는 증거의 조사를 위하여 청문회를 열 수 있다.
④ 제1항 본문의 요구를 받은 관계인 또는 기관은 「국회에서의 증언·감정 등에 관한 법률」에서 특별히 규정한 경우를 제외하고는 누구든지 이에 따라야 하고, 위원회의 검증이나 그 밖의 활동에 협조하여야 한다.
⑤ 감사 또는 조사를 위한 증인·감정인·참고인의 증언·감정 등에 관한 절차는 「국회에서의 증언·감정 등에 관한 법률」에서 정하는 바에 따른다.

이 법의 경우에도 「국회법」과 자료 제출의 절차가 크게 다르지 않습니다.
넷째, 「국회에서의 증언·감정 등에 관한 법률」을 살펴보겠습니다.

「국회에서의 증언·감정 등에 관한 법률」
제4조(공무상 비밀에 관한 증언·서류등의 제출) ① 국회로부터 공무원 또는 공무원

같이 읽자, 교육법!

이었던 사람이 증언의 요구를 받거나, 국가기관이 서류등의 제출을 요구받은 경우에 증언할 사실이나 제출할 서류등의 내용이 직무상 비밀에 속한다는 이유로 증언이나 서류등의 제출을 거부할 수 없다. 다만, 군사·외교·대북 관계의 국가기밀에 관한 사항으로서 그 발표로 말미암아 국가안위에 중대한 영향을 미칠 수 있음이 명백하다고 주무부장관(대통령 및 국무총리의 소속기관에서는 해당 관서의 장)이 증언등의 요구를 받은 날부터 5일 이내에 소명하는 경우에는 그러하지 아니하다.
② 국회가 제1항 단서의 소명을 수락하지 아니할 경우에는 본회의의 의결로, 폐회 중에는 해당 위원회의 의결로 국회가 요구한 증언 또는 서류등의 제출이 국가의 중대한 이익을 해친다는 취지의 국무총리의 성명聲明을 요구할 수 있다.
③ 국무총리가 제2항의 성명 요구를 받은 날부터 7일 이내에 그 성명을 발표하지 아니하는 경우에는 증언이나 서류등의 제출을 거부할 수 없다.

이 법의 경우에는 자료 요구권 행사의 절차를 규정한 것은 아니고, 적법한 절차에 의해서 자료요구를 받은 경우 원칙적으로는 거부할 수 없고, 다만 국가의 기밀과 관련된 부분이라면 거부할 수 있다고 하고 있습니다.

■ 민원 신청 내용

이상에서 살펴본 바와 같이 원칙적으로는 '개별 국회의원'이 자료를 요구할 수 있는 근거는 없습니다. 관련법들에서 국회의원의 자료 제출 요구권을 명시하면서도 이에 합당한 절차를 갖추도록 명시한 것은 무분별한 자료 제출 요구를 막기 위한 입법 조치였을 것입니다. 그럼에도 불구하고 정부 및 행정기관에는 개별 국회의원들의 요구 자료가 넘쳐납니다. 교육부나 교육청뿐만 아니라 대부분의 정부 및 행정기관에서 이에 대한 절차가 지켜지도록 요구하면 되지만 이 기관들은 별다른 이의를 제기하지 못합니다. 만약 어떤 공무원이 절차상의 문제로 자료를 제출할 수 없다고 주장한다면 그 이후 보이지 않는 압박 또는 더 많은 자료 요구가 그 대가로 돌아올 수 있다는 우려를 갖기 때문입니다.
이런 이유로 행정기관에서 적극적인 대처를 하지 못하니 적법절차를 거치지 않고 개별 국회의원들이 자료 제출을 요구하는 관행이 사라지지 않고 지금까지 지속되고 있습니다. 입법기관에서 적법절차를 지키지 않는 것은 입법기관이 스스로의 권위와 신뢰를 무너뜨리는 것입니다. 국회가 적법절차에 따라 자료 제출을 요구할 때 무분별한 자료 제출도 막을 수 있고 명분과 더불어 신뢰를 함께 쌓을 수 있는 것입니다.

이에 우리는 국회의원의 자료 제출 요구가 관련법에 따라 적법하게 이루어질 수 있도록 국회 차원에서 적극적으로 노력해줄 것을 요구합니다. 이와 같은 요구를 하며 우리는 교육자로서의 사명을 다시 한번 되새기게 됩니다. 우리는 「대한민국헌법」이 천명한 교육의 자주성·전문성·정치적 중립성이 법률이 정한 바에 따라 보장받을 수 있도록 함께 노력하겠습니다. 「교육기본법」이 적시한 홍익인간의 교육이념을 실현하기 위해 노력하며 공교육의 신뢰를 지켜가겠습니다. 감사합니다.

2018년 10월 10일
실천교육교사모임

국회민원에 대해 국회사무처는 아래와 같은 내용으로 답변했다.

안녕하십니까. 선생님께서 요청해주신 의견서는 국회 각 상임위원회에 잘 전달하였습니다. 의원님들께서 의정활동을 하시는 데 좋은 참고사항이 될 수 있도록 하겠습니다. 관심 가져주시고 좋은 의견 보내주셔서 감사드립니다.

내가 작성했던 그 길고 길었던 민원글에 비하면 아주 짧은 형식적인 문구였다. 하지만 국회의원들이 달라는 자료를 매번 시간에 쫓겨 내기에 바빴는데, 그런 내가 국회에 요구해서 대답을 들었다는 것에 의미를 두었다.

청와대 국민청원, 국회민원 이외에도 무분별한 의원 요구 자료에 적극적으로 대처하기 위하여 정보공개도 청구했다. 이참에 정보공개청구 방법도 알아두자. 정보공개를 청구하기 위해서는 행정안전부에서 운영하는 "정보공개포털"(www.open.go.kr)에 회원 가입을 하고 대상기관을 선정하여 필요한 정보를 공개청구하면 된다. 그러면 해당기관에서는 법률에 따라 공개 가능 여부를 따져 공개기간 이내에 신청자에게 관련 정보를 알려준다. 정보공개포털도 국회와 마찬가지로 회원 가입을 해두면 적절한 정보를 요구할 수 있고 행정기관을 감시할 수 있는 시민의 눈도 갖추게 된다.

같이 읽자, 교육법!

아래는 2019년 1월 31일, 정보공개포털에 교육부를 상대로 정보공개를 청구한 글이다. 정보공개청구에는 특정 양식이 없는데 처음 정보공개청구를 할 경우 막막한 사람들을 위하여 내가 신청했던 청구글을 그대로 공개한다.

최근 5년간 국회의원 요구 자료 원본 공개 청구

안녕하십니까?

최근 국회의원 요구 자료와 관련하여 많은 논란이 있습니다. 국회의원의 국정감사 및 조사권은 입법부가 행정부를 견제하는 데 있어서 매우 중요한 권한입니다. 그리고 그 기본이 되는 것이 행정부의 성실한 자료 제출임은 부정할 수 없습니다. 그러나 목적이 아무리 합당하다 하더라도 정해진 절차를 따르지 않으면 정당성을 갖기가 어렵습니다. 헌법 제61조에는 자료 요구 권한을, 국회법 제128조에는 국회의원의 자료 제출 요구 관련 절차를 명시하고 있는데 이 절차를 지키지 않은 개별의원의 자료 제출 요구가 끊이지 않고 있기에 논란이 계속 커지고 있습니다.

교원단체 실천교육교사모임은 국회의원 요구 자료 현황을 파악하고 적법절차에 따른 요구를 제안하고자 2018년 10월 15일 신청번호 1AA-1810-214695로 국민신문고에 단체 민원을 신청한 적이 있습니다. 해당 민원은 교육부로 지정되었는데 교육부는 마땅한 이유가 없이 이에 대한 답변을 회피하고 입법부와 행정부의 오래된 관행이라 어쩔 수 없다는 답변으로 일관하였습니다.

적법절차를 무시한 오래된 관행이라면 이참에 끊어야 합니다. 그 관행이 행정법치주의 원칙을 위반한 적폐이기 때문입니다. 이에 단체민원을 넣었을 때와 같은 취지로 최근 5년간(2015.01.01.~2019.01.31.)의 국회의원 요구 자료 원본을 공개해줄 것을 청구합니다.

학교로 오는 대부분의 국회의원 자료 제출 요구는 대부분 공개 공문으로 오는 만큼 비공개를 이유로 교육부에서 공개 청구에 소극적으로 임하지 않기를 바랍니다.

2019년 1월 31일

청구인: 실천교육교사모임 회장 정성식

교육부는 정보공개청구 내용에 대해 공개할 수 없는 자료를 제외하고 '부분 공개'를 결정하고 공개가 가능한 자료를 청구인에게 제공해주었다. 이 과정에서 교육부에 요구하는 자료와 교육청에 요구하는 자료가 다르다는 것을 알고는 2019년 3월 11일에는 전북교육청을 상대로 아래와 같은 내용의 정보공개를 청구했다. 전북교육청도 교육부와 마찬가지로 공개 가능한 자료만 '부분 공개'로 처리하여 정보를 공개했다. 국회와 지방의회에서 교육청에 요구하는 자료의 현황을 파악할 수 있는 소중한 자료였다.

최근 5년간 국회의원 요구 자료 현황

[청구내용]
안녕하십니까?
전북 교육 발전을 위해 노력하는 전북교육청의 노고에 감사드립니다.
국회법 제128조와 지방자치법 제40조에 따른 의원 요구 자료 실태를 파악하고자 아래와 같이 정보공개를 청구합니다.

청구내용: 최근 4년간(2015년~2018년) 국회의원 및 지방의회의원의 자료 제출 요구 현황
1. 국회의원 요구 자료 현황
1-1. 청구기간 내 연도별 총 요구 자료 건수 현황
1-2. 국회의원 요구 자료 목록(공문서, 의정자료시스템 등을 통해 요구 받은 자료 원본 또는 사본)
2. 지방의회의원 요구 자료 현황
2-1. 청구기간 내 연도별 총 요구 자료 건수 현황
2-2. 지방의회의원 요구 자료 목록(공문서 등을 통해 요구 받은 자료 원본 또는 사본)

같이 읽자, 교육법!

이런 노력 덕분인지 최근에는 국회의원 요구 자료가 줄어든 것을 느낀다. 아울러 개별 의원이 요구하는 것은 찾아보기 힘들고 위원회 등의 명의로 요구하면서 적법절차를 지켜가는 것을 확인할 수 있다. 그러면서 다시 알게 된다. 세상에 저절로 바뀌는 것은 없다.

QR코드로 안내하는 다음의 법령들에서 관련 내용이 어떻게 되어 있는지 법 조항을 직접 확인해보는 것도 도움이 될 것이다.

「국회법」읽어보기

「지방자치법」읽어보기

「국정감사 및 조사에 관한 법률」읽어보기

「국회에서의 증언·감정 등에 관한 법률」읽어보기

「공공기관의 정보공개에 관한 법률」읽어보기

276

04

학생의 개인정보까지 정쟁의 도구로 삼아야 하는가?

2021년 7월 7일 오전 10시 10분, 내 휴대전화로 "1301" 번호가 찍힌 문자가 들어왔다. 1301은 검찰청 대표번호다.

> [Web발신]
> 귀하께서 고발한 사건(서울중앙지검2019형제○○○○○호)은 검사 정기인사 사유로 허○○ 검사실에서 서○○ 검사실로 재배당되었습니다. 형사사법포털(www.kics.go.kr)에 접속하여 사건진행상황을 확인할 수 있습니다. 휴대전화 번호가 변경된 경우 정확한 안내 메시지 수신 등을 위해 검사실로 알려주시기 바랍니다.

이 사건번호가 어떤 사건을 이야기하는지 당장 알지 못했다. 최근 몇 년 동안 교육을 위협하는 사건에 대해서 고소·고발을 여러 건 하였으니 사건번호만으로는 당장 알 수 없는 일이기도 했다. 어쩌다 내가 이렇게 살게 되었는지 모르겠는데 그래도 나는 이렇게 법에 민감하게 살아가는 내가 법 모르고 살던 시절보다는 낫다고 생각한다. 수업이 끝나고 〈형사사법포털〉에 접속해서 사건번호를 입력하고 나서야 이 사건이 무엇을 말하는지 알 수 있었다. 이 사건은 조국 전 법무부장관의 딸의 학교생활기록부를 무단공개한 주〇〇 전 의원을 2019년 9월 4일에 고발한 사건이다. 언론에도 몇 차례 보도된 적이 있는데 사건의 전후 맥락을 법적으로 검토해보는 게 좋을 것 같아서 당시 접수했던 고발장을 공개한다.

고발장

고 발 인   실천교육교사모임 회장 정 성 식
             전북 익산시
             010-〇〇〇〇-〇〇〇〇〇

피고발인   1. 국회의원 주〇〇
             서울시 영등포구 의사당대로 1
             2. 성명불상의 학생생활기록부 제공 관련자

고발취지
피고발인들은 「초·중등교육법」 제30조의6 제1항 및 제3항 위반으로 인한 동법 제67조 제2항 제4호, 「개인정보 보호법」 제71조 각호, 「형법」 제307조 제1항의 죄를 범한 자들인바, 공명정대하고 철저하게 조사하여 법에 따라 엄중히 처벌하여주시기 바랍니다.

고발이유
1. 당사자들의 관계
가. 고발인은 전국적으로 1,670여 명이 회원으로 있는 교원단체인 실천교육교사모임의 회장입니다.
나. 피고발인은 자유한국당 국회의원 주〇〇(이하 '주〇〇 의원'이라고 하겠습니다) 및 피고발인 주〇〇 의원에게 개인정보를 불법적으로 제공한 성명불상의 관련자들입니다(이하 '관련자들'이라고 하겠습니다).

2. 이 사건 고발에 이른 경위
가. 주〇〇 의원은 2019. 9. 1. 국회 정론관 기자회관에서 '조국 법무부 장관 후보

          같이 읽자, 교육법!

자의 딸 조모씨가 한영외고 3학년 재학 당시 공주대와 서울대 법대, 서울대 공익인권법센터 3군데에서 인턴을 했다'는 취지의 발언을 하였습니다.

나. 또한 주○○ 의원은 이에 그치지 않고 2019. 9. 3. 국회 예산결산특별위원회 전체회의에 출석하여 '조국 법무부 장관 후보자의 딸 조모씨의 한영외고 재학 시절 영어 과목 성적이 4~8등급, 국어 과목은 8~9등급'이라는 취지의 발언을 하였습니다.

3. 피고발인들의 범죄 행위

가. 「초·중등교육법」 제30조의6 제1항 내지 제3항 위반의 점

1) 「초·중등교육법」 제30조의6 제1항에서는 "학교의 장은 제25조에 따른 학교생활기록 …(중략)… 을 해당 학생(학생이 미성년자인 경우에는 학생과 학생의 부모 등 보호자)의 동의 없이 제3자에게 제공하여서는 아니 된다"고 하면서 단서에는 예외 사유를 두고 있습니다. 그리고 동조 제3항에서는 "제1항 단서에 따라 자료를 받은 자는 자료를 받은 본래 목적 외의 용도로 자료를 이용하여서는 아니 된다"고 명시하고 있습니다.

2) 고등학교 재학 중 인턴 활동 기록과 내신 성적 등은 개인의 학교생활기록부를 보지 않고서는 도저히 알 수 없는 내용입니다. 그럼에도 불구하고 당사자의 동의 없이 학교생활기록부의 내용을 제3자에게 제공하였다면 「초·중등교육법」 제30조의6 제1항을 위반한 것입니다. 그리고 주○○ 의원은 이렇게 불법취득한 학교생활기록부의 내용을 외부로 공표하였습니다. 실제로 기사를 보면, 주○○ 의원은 학교생활기록부 원본을 가지고 있느냐는 기자들의 질문들에 대해서 즉답을 회피하는 등 당사자의 동의 없이 취득한 학교생활기록부의 위법성을 충분히 인식하고 있다고 볼 수 있습니다. 게다가 법령상 예외조항에 해당한다고 볼 여지도 없고, 있다고 하더라도 동조 제3항에 따라 '본래 목적 외의 용도로 자료를 이용한 것이므로' 위법한 것입니다.

3) 그러므로 주○○ 의원에게 조국 법무부 장관 후보자 자녀의 학교생활기록부를 제공하고 다시 그것을 불법적으로 유출한 행위는 「초·중등교육법」 제30조의6 제1항 내지 제3항을 위반한 것이므로 피고발인들은 「초·중등교육법」 제67조 제2항 제4호에 따라 3년 이하의 징역 또는 3천만 원 이하의 벌금에 처해야 합니다.

나. 「개인정보 보호법」 제71조 각호 위반의 점

1) 「개인정보 보호법」 제71조 각호에서는 개인정보를 위법하게 사용한 경우 처벌할 수 있는 벌칙규정을 규정하고 있습니다. 대표적인 예를 들어 동조 제1호는 당사자의 동의 없이 개인정보를 제3자에게 제공하고 제공받은 경우, 제2호는

개인정보 제공의 범위와 절차를 위반하여 제공하고 제공받은 경우, 제5호는 업무상 알게 된 개인정보를 타인에게 제공하고 제공받은 경우, 제6호는 정당한 권한 없이 다른 사람의 개인정보를 유출한 경우 등을 금지하고 있습니다.

2) 「개인정보 보호법」 제2조 제1호를 보면 '개인정보'를 "살아 있는 개인에 관한 정보로서 성명, 주민등록번호 및 영상 등을 통하여 개인을 알아볼 수 있는 정보(해당 정보만으로는 특정 개인을 알아볼 수 없더라도 다른 정보와 쉽게 결합하여 알아볼 수 있는 것을 포함한다)를 말한다"고 하고 있고 개인의 학교생활기록부가 이에 해당하는 것임은 의심의 여지가 없습니다.

3) 그러므로 주○○ 의원에게 조국 법무부 장관 후보자 자녀의 학교생활기록부를 제공하고 다시 그것을 불법적으로 유출한 것은 「개인정보 보호법」 제71조 각 호에 의해 처벌되는 행위에 해당하는 것이므로 피고발인들은 5년 이하의 징역 또는 5천만 원 이하의 벌금에 처해야 합니다.

다. 소위 '면책특권'에 관한 점

1) 피고발인 중 주○○ 의원의 경우 「대한민국헌법」 제45조의 면책특권을 주장할 수도 있기에 이에 대해 먼저 말씀드리고자 합니다.

2) 소위 면책특권은 "면책특권의 대상이 되는 행위는 국회의 직무수행에 필수적인 국회의원의 국회 내에서의 직무상 발언과 표결이라는 의사표현행위 자체에만 국한되지 아니하고 이에 통상적으로 부수하여 행하여지는 행위까지 포함하며, 그와 같은 부수행위인지 여부는 구체적인 행위의 목적·장소·태양 등을 종합하여 개별적으로 판단하여야"(대법원 2011. 5. 13. 선고 2009도14442 판결) 합니다.

3) 주○○ 의원이 국회 예산결산특별위원회 전체회의에서 회의와 관련없는 개인의 성적을 언급하며 개인의 명예를 훼손한 행위를 직무상 발언이라고 볼 수 있는지 의문입니다. 그리고 명예훼손에 관한 점이 면책특권의 범위에 해당한다고 하더라도 「초·중등법교육법」이나 「개인정보 보호법」을 위반하여 학생생활기록부를 제공받고 그것을 활용한 행위 자체는 면책특권의 범위에 해당한다고 볼 수 없습니다.

4. 결 어

흔히 '교육은 백년지대계'라는 말을 합니다. 그렇기 때문에 「대한민국헌법」 제31조 제4항에서도 교육의 자주성·전문성·정치적 중립성을 보장하고 있습니다. 그러나 현실은 정반대입니다. 대한민국에서 교육은 항상 정치에 의해 흔들려 왔습니다. 특히 최근 대학입시와 관련하여 학교생활기록부를 신뢰할 수 있는지 문

같이 읽자, 교육법!

제가 여러 번 제기되면서 겨우 안정되어가던 초·중등교육은 끊임없이 흔들리고 있습니다.

자신의 내밀한 내용이 담긴 학교생활기록부가 정치적 이유로 언제든지 외부에 유출될 수 있다고 생각한다면 과연 누가 안심하고 학교를 다닐 수 있을까요? 그리고 그런 교육을 어떻게 믿을 수 있을까요? 그러므로 이 사안은 특정 정치인이나 정치세력의 일탈 정도가 아니라 우리 교육 전체의 신뢰가 달린 매우 중요한 문제입니다.

종합하면, 피고발인은 「초·중등교육법」 제30조의6 제1항 및 제3항 위반으로 인한 동법 제67조 제2항 제4호, 「개인정보 보호법」 제71조 각호, 「형법」 제307조 제1항의 죄를 범한 자들인바, 공명정대하고 철저하게 조사하여 법에 따라 엄중히 처벌하여주시기 바랍니다.

2019. 9. 4.
위 고발인
실천교육교사모임 회장 정성식

전주지방검찰청 귀중

고발장에 자세한 법적인 내용을 언급하였으므로 여기에서는 이 행위의 위법성 여부를 떠나 법적 민감성에 대해서 이야기를 하려고 한다.

SF 영화는 현실이 된다. 1998년 개봉된 영화 〈트루먼 쇼〉도 어느덧 현실이 됐다. 영화 속 소재인 '몰카'는 이미 사회문제가 돼 급기야 우리나라에서도 사생활 보호를 위해 2011년 「개인정보 보호법」이 만들어진다. 개인정보의 처리 및 보호에 관한 사항을 정함으로써 개인의 자유와 권리를 보호하고, 나아가 개인의 존엄과 가치를 구현하기 위한 목적으로 말이다. 학생의 학교생활기록부는 당연히 개인의 민감정보에 해당한다. 따라서 이에 대한 관리에 교사들은 신경을 곤두세운다. 위법한 행위를 할 경우

직을 잃는 것뿐만 아니라 형사처벌까지 각오해야 하기 때문이다. 교사들 뿐만 아니라 시민들도 마찬가지다. 개인정보에 대해서는 다들 민감하게 반응하며 조심하고 있다.

문제는 앞의 사례처럼 법을 만드는 국회의원들이 개인정보에 너무 둔 감하다는 것이다. 민감한 개인정보를 빼내 이를 정략적으로 이용하는 일 이 늘고 있다. 곽○○ 의원이 문재인 대통령 손자의 학적자료를 공개하는 일이 있었다. 주○○ 의원은 아예 조국 장관 딸의 학교생활기록부 내용까 지 공개했다. 전○○ 의원이 공개한 '출신고교별 서울대 합격자 현황' 내용 은 부동산 사이트에 돌아다니고 있다.

민감한 개인정보가 불법 취득돼 공개되는 것에 대해 문제를 제기하면 해당 의원들은 "적법하게 수집한 정보"라고 주장한다. 과연 그럴까? 헌법 제61조는 개별 의원이 아닌 국회에 서류 제출 요구권을 주고 있다. 또 마 구잡이로 서류 제출을 요구할 수 있는 게 아니라 「국회법」 제128조에 따 라 본회의, 위원회, 소위원회 의결 등의 절차를 거쳐 요구해야 한다. 하지 만 이제까지 공개돼 문제가 된 자료들은 모두 이 절차를 지키지 않고 개 별 의원이 권한을 남용해서 받은 것이다.

이를 문제 삼으면 꼭 "국민의 알 권리 보장"이라는 말을 한다. 언론도 이 말을 곧잘 인용한다. "헌법에 보장된 국민의 알 권리 보장"이라는 말로 민감한 개인정보가 담긴 수사 내용을 "혐의", "정황"이라는 제목을 달고 거리낌 없이 보도한다. 확인된 사실이 아닌, 수사기관에서 유출한 것으로 보이는 혐의와 정황을 마치 사실로 확정 짓고 보도한다.

헌법재판소는 국민의 알 권리를 언론의 자유와 동전의 양면 같은 기 본권으로 해석했지만, 헌법에 이 표현은 나오지 않는다. 이 말은 「공공기관의 정보공개에 관한 법률」에 나온다. 이 법 제1조에서 "공공기관이 보유·관리하는 정보에 대한 국민의 공개 청구 및 공공기관의 공개 의무에 관하여 필요한 사항을 정함으로써 국민의 알권리를 보장하고 국정國政에 대한 국민의 참여와 국정 운영의 투명성을 확보함을 목적으로 한다"고 법의 목적을 밝힐 때 나온다.

여기서 짚고 넘어가야 할 것은 법률에도 국민의 알 권리 보장을 위해서 자료 제공과 공개에 관한 절차를 두고 있다는 점이다. 또 설령 그 절차를 따르더라도 민감한 개인정보는 공개하지 못하도록 '비공개 대상 정보' 조항을 따로 두고 있다. 학교생활기록은 여기에 해당한다. 나아가 「초·중등교육법」 제30조의6(학생 관련 자료 제공의 제한)도 학생 동의 없이 이를 제3자에게 제공하지 못하도록 하고 있다. 이를 위반할 경우 같은 법 제67조와 「개인정보 보호법」 제71조에 따라 제공자와 공개자를 모두 엄하게 처벌하도록 하고 있다.

학생의 학교생활기록을 작성하고 이를 지켜야 하는 교육자로서 묻는다. 개별 의원이 권한을 남용하여 불법으로 자료를 취득하고, 이를 공개하면서 국민의 알 권리를 입에 담는 것이 부끄럽지 않은가? 언론도 마찬가지다. 다른 사람의 학교생활기록부를 알아야 할 권리가 국민 누구에게 있는가? 그건 조국의 딸이어서도 안 되고, 나경원의 아들이어서도 안 되는 것이다. 법을 어기면서도 국민의 알 권리를 자꾸 들먹이니 헌법 조항 몇 개를 들어 호소한다.

제11조 제1항에서 "모든 국민은 법 앞에 평등하다" 했다. 검찰은 국회의원도 똑같이 수사하라. 제17조는 "모든 국민은 사생활의 비밀과 자유를 침해받지 아니한다"라고 규정하고 있다. 정치인들은 어떤 이유로라도

학생의 개인정보를 침해하지 마라.

제21조 제4항에서 "언론·출판은 타인의 명예나 권리 또는 공중도덕이나 사회윤리를 침해하여서는 아니된다"라고 규정하고 있다. 언론은 확인되지 않은 사생활 보도를 멈추고 진실만을 보도해달라.

2년 전에 이렇게 외쳤지만 안타깝게도 이 사건은 이 글을 쓰고 있는 지금까지도 오리무중이다. 아침에 검찰청에서 온 문자를 계기로 형사사법 포털에 접속해서 사건 진행 과정을 살펴보았다. 2019년 9월 4일, 주 의원을 고발했는데 고발인과 참고인에 대한 조사조차 하지 않던 검찰은 2020년 9월 5일, "정기인사"라며 담당검사를 바꾸었다. 그렇게 바뀐 검사도 아무것도 하지 않다가 무슨 연유인지 3일 후인 2020년 9월 8일에 "기타사유"로 다른 검사로 바뀌었다. 갑작스럽게 바뀐 검사도 아무것도 하지 않다가 2021년 7월 7일 "정기인사"로 또 다른 검사로 바뀌었고, 그로부터 2주 후인 7월 21일에는 "기타사유"로 담당검사가 다시 바뀌었다. 이렇게 담당검사가 다섯 번이나 바뀌는 동안 서울중앙지검은 고발인인 내게 담당검사가 바뀌었다는 내용을 알리는 문자만 보내고 어떤 연락도 없었다. 피고발인을 조사했다는 말도 들은 적이 없다. 살아 있는 권력도 수사한다던 검찰은 이렇게 선택적 수사를 하고 있다. 그래서 오늘 내 탄식은 이어진다. 법에서 민감정보로 정한 학교생활기록부마저 정쟁의 도구로 삼는 법에 둔감한 의원들을 어떻게 해야 할까?

다음 법령들을 읽어보며 개인정보 보호에 대한 민감성을 길러보는 것도 좋을 것 같다.

같이 읽자, 교육법!

「초·중등교육법」읽
어보기

「개인정보 보호법」
읽어보기

「형법」읽어보기

05

교육자치를
어떻게 확대할까?

　　교육 현안은 끝이 없다. 최근 이슈들만 떠올려보아도 교원양성 및 승진체계 개편, 수능 정시 비율, 누리과정 운영비 부담, 유아교육의 공공성 강화, 자사고 일반고 전환, 기초학력 보장 대책, 국가교육위원회 설립, 학교폭력 예방 대책, 교권 확보 방안, 고교학점제 등등 수없이 터져 나왔다. 이 현안들의 해법을 찾다 보면 논쟁은 필수이고, 극한 대립으로까지 치닫는 경우도 있다. 학교 일도 만만치 않은데 이렇게 터져 나오는 교육 현안 이슈들에 대해 대응하기는 버겁다. 솔직히 고백하건대 논쟁과 대립이 부담스러워 피하고 싶을 때도 많다.

　　그렇다고 피할 수도 없으니 이럴 때면 상황을 단순하게 보려고 한다. 복잡한 것 같은 교육 현안 이슈들도 실상은 주도권을 누가 쥐느냐의 싸움으로 정리된다. 주도권 싸움이라는 말을 교육에 붙이기에는 민망하니 이를 품위 있게 표현한 말이 교육자치다. 교육자치도 그 이면은 교육에 대한 주도권을 놓고 교육당사자들이 벌이는 치열한 암투인 것이다. 문재인 대통령은 후보 시절 이를 한마디로 정리했다. "교육부가 갖고 있던 초·중등교육의 권한을 시·도교육청에 이양하고, 교육부는 대학에 대한 권한만

같이 읽자, 교육법!

행사하고, 교육정책은 국가교육위원회를 만들어 담당하겠다"는 것이다.

이를 실현하기 위해 정부는 2017년 9월 대통령령으로 '국가교육회의'를 설치했다. 교육 혁신, 학술 진흥, 인적자원 개발 및 인재 양성 관련 주요 정책 사항을 효율적으로 심의·조정하기 위한 조치였다. 향후 국회 입법 절차를 거쳐 국가교육위원회를 만들어가기 위한 토대를 닦는 과정이었다. 같은 해 10월, 교육부 훈령으로 '교육자치정책협의회'를 설치한다. 교육·학예 분야의 지방 분권, 학교 민주주의 등 교육자치를 종합·체계적으로 추진하기 위해 교육부장관과 교육감협의체의 대표자가 공동의장을 맡는 상징적 협의체였다. 국무총리도 힘을 보탰다. 같은 해 12월, 국무총리 훈령으로 '지방교육자치강화추진단'을 교육부 소속으로 구성했다. 지방교육자치 강화를 위한 제도 개선 및 법령 정비 지원 등 지방교육자치 강화 업무를 추진하기 위한 목적이었다. 그간 말만 무성했던 교육자치는 이렇게 틀을 갖추며 순항하는 듯했다.

그러나 이 항로는 그리 순탄치 않았다. 교육부에 설치된 '지방교육자치강화추진단'도 추진 실적이 더뎠다. 곧 눈에 보이는 성과를 낼 것처럼 기대했던 '교육자치정책협의회'도 뚜렷한 성과를 못 냈다. 구체적 상황을 확인하기 위해 전국시도교육감협의회 사무국에 전화해서 현재까지의 권한 이양 진행 상황을 물었던 적이 있다. 사무국 담당자는 "실무선에서 조율이 되지 않으면 안건 상정도 어렵고, 진통 끝에 안건 상정이 되어 회의에서 합의되더라도 교육부에서 '교육자치정책협의회는 교육부장관의 심의·조정기구임'을 강조하는 후속 조치를 보내는 통에 이행 속도를 내지 못하고 있다"며 분통을 터트렸다.

교육부도 무슨 사정이 있을 거라는 생각이 들어 우연히 만난 교육부

고위관계자에게 권한 이양이 더딘 이유를 물었다. "학교자치가 안 되어 있어서 시·도교육청에 권한 이양이 쉽지 않다"는 대답이었다. 유·초·중등교육의 권한을 시·도교육청에 이양하는 궁극적인 목적은 학교자치를 실현하기 위한 것인데 학교자치가 안 되어 있어서 권한 이양이 어렵다고 하니 이 말대로라면 권한 이양은 불가능하다는 생각마저 들었다. 상황이 이러니 교육부와 전국시도교육감협의회가 권한을 이양하기로 합의한 1차 우선 정비과제(범교과 학습 주제 등 창의적 체험 활동 규제적 요소 정비, 교육과정 대강화 및 학교교육과정 편성권 확대, 교원평가제도 개선, 학교폭력대책 관련 비교육적 요소 정비, 연구대회 개선, 정보공시제도의 학교 부담 완화 및 간소화, 외국어고·국제고·자사고 지정 등 권한 배분 등)마저 여전히 교육부가 그 권한을 쥐고 있다.

2021년 7월 1일, 「국가교육위원회 설치 및 운영에 관한 법률」이 국회를 통과하면서 그나마 구색을 갖추었다. 국가교육위원회가 대통령 공약으로 처음 제안된 것이 2002년이었는데 그때부터 20년이 지났고, 문재인 대통령 공약을 기점으로 해도 만 4년이 지나서야 이루어졌다. 국가교육위원회는 교육자치 확대를 위해 어떤 역할을 할지 아직 낙관하기도 어려운 상황이다.

교육자치는 어떻게 확대할 수 있을까? 복잡하고 어려울수록 단순하게 생각해보자. 교육자치는 결국 주도권을 구성원이 행사하도록 하고, 그에 따른 책임을 같이 지도록 하는 것이다. 이를 품위 있게 말하면 권한과 책임의 분배이고, 고상하게 말하면 민주주의이며, 헌법으로 말하면 국민의 기본권 행사다. 우리 헌법은 개정될 때마다 국민 기본권을 늘려왔다. 그 정점이 1987년이었고, 이를 반영하여 개정된 제10호 헌법 130개 조항 가

같이 읽자, 교육법!

운데 "국민"이 주어로 등장하는 조항은 29개에 달한다. 이를 기반으로 국민이 대통령을 뽑는 국민주권시대를 열었다.

교육자치도 같은 맥락으로 본다. 교육주권을 교육당사자에게 돌려주는 것이 핵심이다. 그렇다면 교육주권을 확인하는 바로미터는 무엇일까? 나는 이를 「교육기본법」 제2장에서 밝히고 있는 '교육당사자'(학습자, 보호자, 교원, 교원단체, 학교의 설립자·경영자, 국가와 지방자치단체)가 교육법에서 주어로 얼마만큼 다루어지고 있는지로 보았다. 교육의 주체라면 법 조문에서 주어에 해당될 거라 생각하며 주어를 일일이 찾아 법 조문을 읽어보았다.

결과는 충격이었다. 왜 충격인지 학교에 가장 큰 영향을 미치는 「초·중등교육법」을 예로 든다. 이 법에서 주어로 언급되는 교육당사자는 교육부장관 36회, 학교의 장(교장) 30회, 교사 1회, 학생 1회, 보호자 1회다. 「교육기본법」, 「지방교육자치에 관한 법률」 등 다른 교육법들의 주어를 살펴보아도 마찬가지다. 교육법의 주어는 대부분 교육부장관, 교육감, 학교의 장이 차지하고 있다. 교육의 3주체를 학생, 교사, 학부모라고 하지만 교육법의 3주체는 교육부장관, 교육감, 교장이고 학생, 교사, 학부모는 단지 목적어일 뿐이다.

조항 하나하나를 읽다 보면 실상은 더 참담하다. 교사가 주어에 해당하는 조항도 교사의 자격 기준을 정한 것과 법령에 따라 학생을 교육한다는 것인데 정작 교사에게 교육법을 접할 기회는 주지 않는다. 학생과 보호자가 차지하는 1회마저도 학생 징계에 대해 소명할 수 있다는 부분이다. 교육법의 주어의 실상을 한눈에 비교할 수 있도록 표로 정리해보았다.

교육법의 주어·목적어 현황

교육법	용어	언급횟수	주어	목적어
교육기본법	국가와 지방자치단체	24	24	0
	교육부장관	2	2	0
	학교의 장	1	1	0
	교직원	3	1	2
	학생(학습자)	25	2	23
	학부모(보호자)	1	1	0
초·중등교육법	국가와 지방자치단체	4	4	0
	교육부장관	36	36	0
	학교의 장	30	30	0
	교직원	8	0	8
	교사	28	1	27
	학생(학습자)	78	1	78
	학부모(보호자)	3	1	3

반면에 핀란드의 「기초교육법Basic Education Act」의 법 조문에 나타난 주어를 보면 다르다. "the local authority"(지방정부: 교육공급자가 지방정부이다), "education provider"(교육공급자), "a child" / "a pupil"(학생)이 주를 이루는데 이 가운데 "a child" / "a pupil"이 주어로 가장 많이 등장한다. 교장은 학생 훈육과 관련하여 몇 번 나오는데 이도 "The head teacher and teacher may"로 나온다. 우리나라와 핀란드의 교육법의 주어를 비교해보면 교육을 바라보는 시각이 근본부터 다르다는 것을 알 수 있다.

같이 읽자, 교육법!

내가 바라는 교육자치

교육자치의 실상을 확인하고 나니 한숨이 깊어진다. 그렇다고 여기서 주저앉을 수는 없다. 이럴수록 교육자치를 왜 확대해야 하는지, 내가 바라는 교육자치가 무엇인지 이야기를 끄집어내야 한다. 이런 취지로 내가 바라는 교육자치가 무엇인지 두 가지만 그림을 그려본다.

첫 번째 그림은 교육법의 주어를 교육당사자들이 고르게 나누어 갖도록 하는 것이다. 자사고 재지정 평가 과정에서 드러났듯이 교육부장관과 교육감의 권한이 서로 충돌하는 지점이 많다. 교사가 학생을 평가한 결과를 두고 교장이 반려한다고 생각해보라. 어떤 교사가 이를 받아들이겠는가. 이런 부분부터 이치에 맞게 바꾸기 시작해서 교사, 학생, 학부모에게도 실질적인 권한과 책임을 주자. 각 학교에서 실제로 운영되고 있는 교직원회, 학생회, 학부모회가 법에는 언급조차 없고, 학교운영위원회를 두고 있지만 이마저도 심의기구이고(사립학교는 자문기구), 학생대표는 위원회의 구성원으로 참여할 수도 없는 현실부터 바꾸자.

두 번째 그림은 교장을 학교구성원이 직접 선출하는 것이다. 정치자치의 핵심은 대통령 직선제였고, 교육자치의 핵심은 교육감 직선제였다. 그렇다면 학교자치의 핵심은 교장 직선제여야 한다. 학교에 대한 모든 권한을 쥐고 있는 교장을 언제까지 대통령이 임명할 것인가? 선출된 자는 선출한 자를 위해 일한다. 몸통 대신 꼬리만 건드리는 것이 교육자치일 수는 없다. 교장 직선제로 나아갈 때가 되지 않았나.

나는 두 가지 화두를 던졌다. 당신이 바라는 교육자치는 어떤 그림인가? 다음 법령들을 읽어보며 교육자치의 그림을 함께 그려보자.

「교육기본법」읽어보기

「초·중등교육법」읽어보기

「지방교육자치에 관한 법률」읽어보기

「학교안전사고 예방 및 보상에 관한 법률 시행령」읽어보기

같이 읽자, 교육법!

06

품위의 잣대가
왜 고무줄인가?

품위. 교사가 되기 전에는 잘 듣지 않던 말인데 교사가 되고 나서는 자주 듣는 말이다. 이 말 뒤에 꼭 '유지'와 '의무'가 따라붙어서 말이다. 「국가공무원법」 제63조에서 "공무원은 직무의 내외를 불문하고 그 품위가 손상되는 행위를 하여서는 아니 된다"라고 밝히고 있기 때문이라고 짐작하는데 막상 법에서는 공무원에게 품위 유지의 의무를 강조하면서도 품위가 무엇인지는 명확히 정의를 내리지 않고 있다. 마치 교권의 법적 정의는 없는데 교권침해 예방 및 대책을 다루고 있는 것처럼 말이다. 그렇다면 품위가 무엇인지 알기 위해 사전을 찾아보는 수밖에 없다. 사전에서는 품위를 다음과 같이 정의하고 있다.

품위品位

1. 사회생활 과정에서 형성된 사회적 관념으로서, 사회 성원들이 각각의 지위나 위치에 따라 갖추어야 한다고 생각되는 품성과 교양의 정도

2. 고상한 멋이나 자태

3. 직품과 직위

사전적 정의를 보더라도 품위가 무엇인지 모호하기는 마찬가지다. 내가 교사로서 갖추어야 하는 품성과 교양, 고상한 멋이나 자태가 무엇인지 애매하고, 과거 벼슬의 품계를 따지던 직품은 급수조차 없는 교사인 내게는 가당치도 않은 말이니 내버려두더라도 교사의 직위가 대체 어떤 품위를 가리키는지 알 수 없다. 품위의 정의가 이렇게 모호하다 보니 같은 사안을 두고도 사람에 따라 호불호가 갈리며 갈등을 유발하기도 한다. 여름이 다가오면 아직도 남교사의 반바지, 여교사의 민소매를 두고 교육청에서 공문까지 보내며 품위 운운하고 있는 실정이니 뭐 말 다했다. 실체를 가늠할 수 없는 품위 대신 차라리 예의라고 했으면 하는 생각마저 든다. 예의도 실체가 없기는 마찬가지지만 사회통념상 장례식장에 갈 때와 결혼식장에 갈 때 옷차림을 구분하는 정도의 옷차림 예의는 법으로 정하지 않았더라도 대부분의 사람들이 지키니 말이다.

옷차림을 두고 벌어지는 품위 논란은 그나마 약과다. 징계를 받고 소청심사를 진행하는 교사들에게 도움을 준 적이 있었는데 어떤 징계를 막론하고 품위 유지의 의무 위반은 약방에 감초처럼 징계 사유 중 하나에 반드시 포함되어 있었다. 가장 황당한 것은 품위가 정권의 입맛에 따라 양심의 자유마저도 침해할 때다. 세월호 참사 이후 시국선언에 참여한 교사들에게도 품위가 따라붙었다. 같은 내용의 시국선언을 교수가 하면 '지성의 표출'이 되고, 교사가 하면 '징계의 표적'이 되는 어처구니없는 상황은 또 이렇게 만들어졌다.

징계의 숨은 이야기를 듣다 보면 분노마저 치밀어오를 때도 있다.

같이 읽자, 교육법!

2013년에 있었던 일이다. 전북교육청은 혁신학교를 추진하며 독일에서 혁신교육을 추진했던 강사를 초청하여 특강을 펼친 적이 있다. 나도 그 강연을 듣기 위해 참석했었다. 당시 사회를 보던 장학사가 특강을 시작하기 전에 인사소개와 더불어 한 말이 화근이 되었다. 외국인 강사를 모셔놓고 우리끼리만 국민의례를 하는 것은 꼴사납고 공식 행사도 아닌 강연이니 국민의례를 생략하겠다는 말이었다. 이 말은 그날 "전북교육청 장학사, 국민의례 꼴사납다"로 둔갑하여 언론에 도배되었다. 당시 박근혜 정부와 사사건건 대립각을 세우던 김승환 전북교육감을 흠집 내기 위해 정권과 이에 편승한 언론이 이토록 치졸한 수단까지 써서 집요하게 괴롭혔다.

아니나 다를까 교육부는 바로 반응을 보였다. 해당 장학사를 징계하라는 요구가 담긴 공문서를 전북교육감에게 보냈다. 당사자가 보여주는 그 공문서를 내 눈으로 직접 보았었다. 부적절한 언사가 언론에 보도되어 품위 유지의 의무를 위반했으므로 전북교육감이 징계하라는 내용이 담겨있었다.

이 일이 있고 얼마 지나지 않아 세월호 참사가 일어났다. 모든 국민이 안타까워하고 있을 때 참사 현장에서 컵라면을 먹고 있는 교육부장관의 사진이 언론에 보도되며 화제가 되었다. 사고 수습대책으로 이리저리 바삐 움직이느라 하루종일 식사도 못하다가 그렇게라도 허기를 달랠 수밖에 없었던 상황이었을 것이라 짐작한다. 이 장면을 몰래 찍어 "황제 라면"이라는 자극적인 제목을 달아 보도한 언론이 문제였다. 하지만 여론의 질타를 받는 교육부장관을 두둔할 마음은 들지 않았다. 특강 자리에서 사회를 보던 장학사를 징계하라는 공문서를 전북교육청에 보내고, 세월호 추모교육을 하는 교사를 징계하겠다는 협박성 공문서를 학교에 보낸 당사자가 바로 교육부장관이었기 때문이다.

참사의 슬픔마저도 징계의 대상으로 삼는 교육부의 태도는 도저히 참을 수 없었다. 그날 바로 나는 박근혜 정부의 청와대 자유게시판에 감정을 꾹꾹 누르고 다음과 같은 내용의 글을 올렸다. 같은 게시판에 정권을 비판하는 글을 올렸다가 궁지에 몰린 시민의 사연이 언론에 보도되던 시점이기도 했으니 이 같은 내용의 글을 올리는 부담도 없지 않았다. 글을 다 써놓고 등록버튼 위에 마우스 포인터를 올려놓고 한참 망설였던 기억이 난다.

교육부장관을 해임해주십시오

현직교사 신분으로 이 글을 쓰기가 많이 망설여졌습니다. 무엇보다도 이 글을 국가공무원법에서 금지하고 있는 정치 운동으로 오해하지 않을까 하는 우려가 컸습니다. 그런 의도는 추호도 없음을 먼저 밝히며 단지 두 아이의 부모이자 학교 현장에서 늘 아이들과 함께 생활하는 교사 입장에서 대통령님께 간곡히 요청할 것이 있어 언론보도 내용을 토대로 하여 이 글을 쓰게 되었습니다. 애초에 민원의 형태로 작성을 했지만 청와대 국민신문고에 전하고자 하는 취지와 부합한 민원의 유형이 없어서 부득이 자유게시판에 글을 올리는 것을 양해해주시기 바랍니다.

세월호 침몰 사고가 있고 벌써 한 달여 시간이 지났습니다. 참혹한 그 사고가 있고 나서 대통령님을 비롯하여 온 국민이 슬픔에 잠겨 있지만 눈뜨면 아이들을 학교에서 만나야 하는 일선 학교 교사들의 아픔은 참으로 큽니다. 희생자들을 애도하는 교육도 하고 여느 때와는 달리 안전교육도 각별하게 신경을 쓰지만 아이들의 질문은 이어집니다.

"왜 수학여행을 안 가요?"

같이 읽자, 교육법!

"왜 현장학습을 안 가요?"
"왜 캠프 안 가요?"

아이들의 이런 질문을 당돌하다며 나무랄 수는 없었습니다. 아이들이 그토록 가고 싶어 했던 수학여행, 현장학습, 캠프 등을 못 가게 된 것은 이 아이들의 잘못이 아니기 때문입니다. 상심한 아이들의 마음을 달래느라 정작 학교에서는 슬퍼할 겨를도 없었습니다. 저뿐만 아니라 일선 교사들 모두 하나같이 이런 아픔을 겪고 있습니다.

그러나 이런 아픔을 치유하고 정상적인 교육활동이 가능하도록 대책을 강구했어야 할 교육부장관은 올바르지 못한 처신으로 사회적 물의를 야기하며 학교가 입은 상처를 더 덧나게 했습니다.

교육부장관은 4월 16일 사고 당일 진도실내체육관을 찾았으나 사지에서 겨우 구조된 단원고 학생들과 학부모 등이 사고 충격에서 벗어나지 못한 상황인데도 그곳에서 컵라면을 먹는 부적절한 처신으로 '황제 라면' 논란이 일며 국민들의 비난을 받았습니다. 또 이틀 뒤인 18일에는 단원고 이모 군의 빈소를 방문했을 당시 장관보다 먼저 빈소에 들어간 수행원이 유가족에게 입구 쪽을 가리키며 "교육부장관님 오십니다"라고 귓속말을 했다 유가족들로부터 거세게 항의를 받는 일이 알려지며 공분이 일기도 했습니다.

교육부장관의 부적절한 처신이 언론의 도마에 오른 것은 사고 이전에도 있었습니다. 지난 3월 28일 교육부장관은 광주 지역 초·중·고등학교를 돌면서 학교 실태를 조사하다가 세로로 주차해야 할 자리에 가로로, 그것도 주차면 3개를 차지하고 주차를 하면서 이른바 '황제 주차' 논란이 일기도 했습니다. 부적절한 처신뿐만 아니라 직무 수행 능력도 도마에 올랐습니다. 참사 당일 경기도교육청으로부터 안산 단원고 학생들이 전원 구조됐다는 휴대폰 문자메시지가 전파된 경위와 관련해서도 아직 그 실태조차 파악하지 못하고 있는 상황입니다.

평소 교육부장관은 일선 교육공무원들에게는 공무원의 품위 유지를 강조하였고 이를 위반한 교육공무원에 대하여 엄격하게 징계를 하였습니다. 심지어 사실 관계가 왜곡되어 언론에 보도된 사건만으로도 사회적 물의를 야기했다는 이유로 징계를 요구했던 사례도 있었습니다. 교육부장관 또한 국가공무원입니다. 같은 잣대를 가지고 교육부장관에게도 그 책임을 물어야 한다고 생각합니다. 더군다나 일국의 교육을 담당하는 교육부의 수장이므로 교육부장관은 공무원으로서의 품위를 더 강도 높게 지켜야 하는 자리입니다.

교육부장관은 이런 부적절한 처신으로 여론의 질타를 받으면서도 소셜네트워크서비스(SNS)에 악성댓글이나 유언비어를 올리지 않도록 시달하고 교원의 품위를 유지해 달라는 공문을 일선 학교에 보내고 있습니다.

정작 본인은 부적절한 처신으로 사회적 물의를 야기하면서 일선 학교 교사들에게 교원의 품위를 운운할 자격이 교육부장관에게는 없다고 생각합니다. 세월호 참사로 인한 아픔과 혼란을 하루 빨리 극복하고 학교가 정상적인 학교교육을 수행해갈 수 있도록 교육부장관의 임명권자인 대통령님께 간곡히 요청합니다.

교육부장관을 해임해주십시오.

2014년 5월 25일
청원인 정성식

이 글을 청와대 자유게시판에 올리자 나를 아는 많은 사람들이 걱정했다. 그러나 이 건으로 내가 당한 불이익은 없었다. 교육공무원법에서 금지하고 있는 단체행동에 가담한 것도 아니고, 오로지 나 홀로 민원을 냈을 뿐인데 이를 처벌할 법적인 근거도 없었으니 하고 싶어도 마땅한 명분이 없었을 것이다. 뻔히 그럴 줄 알았으면서도 당시에는 왜 그리 가슴을 졸였는지 모르겠다.

생각해보니 이 건 말고도 있었다. 2016년 7월 9일, "민중은 개돼지"라는 막말 파문을 일으킨 나향욱 교육부 정책기획관을 중징계하라는 내용의 민원을 이튿날인 7월 10일 교육부를 대상기관으로 하여 국민신문고에 올렸다. 품위 유지의 의무 운운하며 교사들을 옥죈 교육부를 생각하면 이 민원글도 위로가 될 것이다.

교육부 나향욱 정책기획관 중징계를 요구합니다

현직 초등교사입니다.

2016년 7월 7일자 경향신문에 보도된 기사를 보고 이 민원을 신청합니다.

보도에 따르면 7월 7일 저녁 서울 종로의 한 식당에서 교육부 나향욱 정책기획관은 경향신문 정책사회부장, 교육부 출입기자와 저녁을 함께 먹는 자리에서 "민중은 개, 돼지와 같다"며 "(우리나라도) 신분제를 정했으면 좋겠다"고 말했다고 합니다. 이 자리에는 교육부 대변인, 대외협력실 과장이 동석했다고 합니다.

기사를 보는 순간 제 눈을 의심했습니다. 일개 교사가 이런 발언을 했더라도 큰 파문이 일 텐데 한 나라의 교육정책을 주관하는 교육부의 고위공직자가 서슴없이 이와 같은 발언을 했다는 사실이 믿기지 않았습니다. 교육부 직제를 보면 정책기획관은 기획조정실 산하 기구로 기획, 예산, 창조행정, 규제개혁, 교육통계 등의 주요 정책을 담당하는 부서입니다. 이 부서를 총괄하는 자리가 정책기획관입니다. 나향욱 정책기획관의 발언은 '민주공화국'을 선언하고 있는 대한민국헌법을 뿌리째 흔들고 있습니다. 개인적인 발언이라고는 하지만 맡고 있는 직책의 특성상 결코 가볍게 다루어서는 안 될 사안입니다.

국가공무원법 제63조(품위 유지의 의무)는 "공무원은 직무의 내외를 불문하고 그 품위가 손상되는 행위를 하여서는 아니 된다"고 적시하고 있습니다.

그 동안 교육부는 시국선언에 참여한 교사들을 상대로 국가공무원법 제63조(품위 유지의 의무), 제65조(정치 운동의 금지), 제66조(집단 행위의 금지) 등을 위반했다며 교원의 징계권을 갖고 있는 시·도교육감에게 해당 교원들의 징계를 요구하기도 하였습니다. 이와 같은 교육부의 요구에 불응하는 교육감을 직무유기로 고발하는 일도 비일비재하였습니다.

나향욱 정책기획관의 발언은 표현이 다소 모호하여 자의적인 해석이 다분한 측면이 있지만 국가공무원법 제63조에서 명시하고 있는 공무원의 품위 유지의 의무를 위반한 것은 분명한 사실입니다. 이는 관련 기사에 달린 댓글만 보아도 알 수 있습니다. 기사 게시 후 하루 만에 600여 개의 댓글이 달렸습니다. 댓글의 내용만 보아도 많은 국민들의 공분을 사고 있습니다.

교육부는 사태의 심각성을 인지했는지 이튿날인 7월 8일 나향욱 정책기획관을 대기발령하였습니다. 그러나 사안에 비하여 교육부의 대응은 미봉책에 불과합니다. 대기발령은 해당 인물이 현재의 직위 또는 직무를 장래에 계속 담당하게 되면 업무상 장애 등이 예상되는 경우에 이를 예방하기 위하여 일시적으로 직위를 부여하지 아니함으로써 직무에 종사하지 못하도록 하는 잠정적인 조치를 의미합니다. 이는 징벌적 제제로서 징계와는 성질이 다릅니다.

나향욱 정책기획관의 발언은 이렇게 가볍게 다루어서는 안 될 일입니다. 대한민국의 교육정책을 관할하는 교육부의 고위직 공무원의 신분으로 아주 부적절한 처사를 한 것이 분명합니다. 비위 사실에 근거하여 중징계를 내리는 것이 마땅하다고 생각합니다. 그동안 교육부가 교원들에게 끊임없이 요구해왔던 공무원의 품위 유지의 의무를 엄하게 물어 이를 위반한 해당 인사를 중징계하기 바랍니다. 그래야만 이번 일로 상심한 국민을 위로할 수 있습니다. 나아가 무너진 교육의 자존심을 바로 세우는 일이기도 합니다.

일개 교사의 답답한 소회를 두서없이 말씀드렸지만 혜량하여 주리라 봅니다. 나향욱 정책기획관을 중징계하기 바랍니다.

2016년 7월 10일
민원인 정성식

이 민원에 대해 교육부는 2016년 7월 14일에 바로 답변했다. 그동안 많은 민원을 신청했지만 답변 기일이 다 되지 않은 민원을 이렇게 빨리 처리하는 경우는 드물었다. 교육부도 상황의 심각성을 알고 있었던 것으

같이 읽자, 교육법!

로 보인다. 신속한 처리뿐만 아니라 답변 내용도 이례적이었다. 교사 개인이 신청한 민원에 대해 교육부는 국민 여러분까지 거론하며 너무나 정중한 사과를 해왔기 때문이다. 혹시라도 공무원의 품위 유지의 의무 운운하며 고초를 겪은 사람이 있다면 이런 사례를 통해서나마 억눌렸던 감정을 펴보시라는 뜻으로 민원에 대한 답변도 공개한다.

먼저, 심려를 끼쳐 드린 데 대해 사과드립니다.
소속 공무원의 부적절한 망언으로 국민 여러분의 마음에 큰 상처를 드려 깊이 사과드립니다.
우리 부는 해당 공무원에 대하여 파면을 포함하여 최고 수위의 중징계를 중앙징계위원회에 7.13.자로 요구한 동시에 직위해제 처분을 하였습니다.

이번 사건을 교육부의 기강을 바로 잡는 계기로 삼아 다시는 이러한 일로 국민 여러분의 심려를 끼쳐 드리지 않도록 노력하겠습니다.

기타 문의사항이 있으시면 044-203-6138로 문의하여 주시기 바랍니다. 감사합니다.

좀 후련한가? 품위는 박물관으로 보내야 할 때도 됐다. 고무줄 잣대로 교사의 품위 운운하지 말고 교육의 품격을 논하자. 품위, 안녕!

「교육기본법」 읽어보기　　「초·중등교육법」 읽어보기　　「지방교육자치에 관한 법률」 읽어보기　　「국가교육위원회 설치 및 운영에 관한 법률」 읽어보기

교육을 위한 행정인가,
행정을 위한 교육인가?

민원을 다룬 제2장에서 다루려다가 길어지는 것 같아 따로 떼어서 풀어보려고 남겨둔 이야기다. 그렇다고 거창한 이야기는 아니다. 민원글 몇개 곁들여서 지금도 답답한 내 속이라도 좀 풀어보려는 거다.

2012년 11월 23일, 나는 전북교육청 민원게시판에 아래와 같은 내용의 민원을 신청했다. 기억하기로 이 글이 내 민원의 신호탄이었다. 어떤 내용이었는지 민원글을 직접 읽어보자.

> 교육과정 제본 제출을 요구하는
> 법률적 근거를 답변해주시기 바랍니다.
>
> **신청내용**
>
> 현직 초등학교 교사입니다. 해마다 3월이면 교육청에서 요구하는 학교교육과정 제출 요구에 대한 의문 사항이 있어 질문을 드립니다.
>
> 대학교수의 강의계획서는 A4 한 장 분량인데 반하여 초등교사의 교육계획서(교육과정)는 책 한 권 분량입니다. 초등교사가 이 책 한 권 분량의 교육과정을 만드

같이 읽자, 교육법!

는 작업은 학년말의 교육과정평가를 시작으로 하여 이듬해 3월의 교원 인사이동이 끝나고 나서도 이어집니다.

3월, 새학년 새학기가 시작되어 새로운 만남을 통해 아름다운 관계 맺기를 시작할 중요한 때이지만 정작 교사들은 교육과정 수립을 위해 많은 시간을 컴퓨터 앞에서 보내며 교육과정이라는 책을 만들어내고 있습니다.

이렇게 만들어진 교육과정은 국가수준의 국민공통기본교육과정을 유지하고 있는 상황이라 전국의 모든 학교가 학사일정, 행사시수 등을 제외하고는 대동소이합니다. 이 똑같은 책을 만들어 제본하기 위해 단위학교에서 평균 100만 원 이상의 예산이 쓰여지고 있으니 전라북도에서만 해도 5억 원 이상을 쓰고 있는 셈입니다. 이렇게 많은 시간과 노력, 예산을 투자하여 만든 책은 교실 책꽂이나 교무실 캐비닛에 사장되어 먼지만 쌓여가는 현실입니다.

「초·중등교육법」 제23조 제1항에서 명시하고 있는 '학교는 교육과정을 운영하여야 한다'는 조항을 이미 단위학교는 나이스 시스템과 정보공시시스템을 이용하여 운영하고 있습니다. 즉 연간학사일정, 교과 편제 및 시수, 수업공개계획, 학생평가계획, 진도표, 예산계획서 등등 학교교육과정의 모든 내용을 시스템에 등록하여 대국민서비스를 실시하고 있습니다.

이와 같은 상황에서 제본된 교육과정 제출을 단위학교에 요구하는 근거가 무엇인가요?

혹 100대 교육과정과 같은 우수교육과정 선발을 위한 것이라면 이는 마땅히 희망하는 학교에 한하여 실시해야 합니다. 가령 모 단체에서 요구한 포스터 우수작을 선정하기 위하여 전교생에게 포스터 그리기 숙제를 내는 것은 교육이 아니라 행정편의주의이기 때문에 학교에서도 이런 숙제는 내지 않습니다.

교육행정은 법치주의를 원칙으로 하고 있습니다. 이미 온라인 시스템을 이용하여 대국민서비스까지 하고 있는 교육과정을 다시 책으로 제본하여 제출을 요구하는 마땅한 법률적 근거를 답변해주시기 바랍니다.

지금 읽어봐도 명문이다. 이 민원글은 내 전작인 《교육과정에 돌직구를 던져라》에 담으려다가 전북교육청이 민원에 적극적으로 대응하는 것을 보고 뺐던 내용이다. 철 지난 이 글을 지금 다시 꺼내는 것은 이 민원글이 '교육을 위한 행정인가, 행정을 위한 교육인가?'라는 물음과 닿아 있기 때문이다.

이 민원에 전북교육청은 바로 답변했다. 답변 내용도 같이 읽어보자.

답변 내용

홈페이지를 방문해주셔서 감사합니다. 「초·중등교육법」 제23조 제1항과 제2항에 의거하여 학교는 교육과정의 기준과 내용에 관한 기본적인 사항을 정하여 교육과정을 운영하도록 되어 있습니다. 또한 전라북도 초등학교 교육과정 편성 운영 지침(전라북 도교육청 고시 2010-16호) 20쪽 2. 교육과정 편성 운영지침, 가. 일반 지침, 1) 편성, 가)항에 의하면 학교에서는 대동소이한 교육과정을 편성하는 것이 아니라 학교 구성원과 지역사회의 요구를 수렴하여 학교 실정에 알맞은 자율적이며 특색 있는 교육과정을 편성하도록 되어 있습니다. 선생님께서 문의하신 교육과정을 제본해서 제출하는 일은 법률적 근거는 없습니다. 따라서 제본해서 제출하는 방법 이외에 홈페이지에 게시하는 방법, 파일로 제출하는 방법 등 다양한 방법을 모색하도록 하겠습니다.

민원 답변 내용에 밑줄은 없었지만 내 마음에 꽂힌 한 문장을 강조하기 위해 일부러 밑줄을 그었다. "교육과정을 제본해서 제출하는 일은 법률적 근거는 없습니다." 이는 내가 민원을 신청하기 전에 충분히 법적인 검토를 했기에 예상하고 있던 답변이다. 예상했던 답변을 확인한 나는 이미 써놓았던 민원을 바로 신청했다. 시즌2인 셈인데 법을 가지고 다투는

민원이라면 나는 항상 이런 식으로 민원을 신청했다. 처음에 법률적 근거를 밝혀달라는 민원을 넣고, 그 민원에 대한 답변이 오면 2차 민원을 넣는 방식이다. 이 정도 정성은 다해야 그나마 승산이 있다. 2012년 12월 3일 전북교육청 민원게시판에 신청한 시즌2 민원글도 같이 확인해보자.

나이스와 정보공시시스템에 입력하는 것으로 학교교육과정 운영이 가능한가요?

현직 초등교사입니다. 전라북도교육청/참여마당/묻고답하기/4289번 답변과 관련하여 궁금한 것이 있어 아래 사항을 추가로 질문합니다.

교육행정정보시스템(이하 나이스)을 도입할 당시 정부는 '교육행정의 정보화를 통하여 교육 생산성을 극대화하고 교원들의 업무를 경감시키기 위한 것'이라고 목적을 밝혔습니다. 이 제도의 시행과 관련하여 사회적 논란이 있었지만 「전자정부법」 제8조(전자적 처리의 원칙), 「교육기본법」 제23조의2(학교 및 교육행정기관업무의 전자화), 「초·중등교육법」 제25조의5(정보시스템에 의한 업무처리)항이 제정됨으로써 학교는 2003년부터 나이스에 의하여 업무를 처리하고 있습니다.

또한 국민의 알 권리를 보장하는 한편 학교의 교육 실태를 정확하게 파악하여 학교교육의 경쟁력을 높이기 위하여 학교 전반의 주요 정보를 객관적이고 투명하고 공개하도록 하는 「교육관련기관의 정보공개에 관한 특례법」이 만들어짐에 따라 2008년 12월부터 학교는 64개 항목의 학교교육에 대한 정보를 매년 1회 이상 '학교정보알리미'에 공개하고 있습니다.

그러나 교육청의 교육과정 관련 행정은 이 법률과 규정들이 만들어지기 이전의 행정 관행을 여전히 따르고 있습니다. 교육청의 이와 같은 행정 관행으로 인하여 학교는 똑같은 내용을 시스템에도 입력하고 종이문서로도 만들어야 하는 이중부담을 안고 있습니다. 즉 나이스와 정보공시시스템에 교육과정을 입력해야 할 뿐만 아니라 교육청에서 요구하는 책자 형태의 교육과정을 별도로 만들고 있는 것입니다. 이는 교육활동에 전념해야 할 교사에게 행정업무로 인한 이중부담을 주는 것이라고 생각합니다.

전라북도교육청이 밝히고 있는 〈교원업무경감계획〉을 보면 "종이문서와 함께 전자문서로 이중 관리되고 있는 학교장 장부를 전자문서로 단일화하여 교사의 업무경감 및 예산 절감을 꾀하고자 한다"고 명시하고 있습니다. 교육과정을 나이스와 정보공시시스템에 입력하여 운영하고 있는 학교의 상황에서 보면 교육청에서 별도의 교육과정을 추가로 제출 요구하는 것은 이 계획과도 정면으로 위배되는 것입니다.

지난 4289번 공개질의 〈교육과정 제본 제출을 요구하는 법률적 근거를 답변해주시기 바랍니다〉에 대하여 전라북도교육청은 '제출 요구에 대한 법률적 근거가 없다'고 밝힌 바 있습니다.

그렇다면 법률적 근거가 없는 교육과정을 단위학교에 제출하도록 요구하는 이유가 무엇인가요? 교육청에서 교육과정을 제출하라는 공문에 의해 일선학교에서 교사들이 감당하고 있는 부담은 너무나 큽니다. 즉 정보공시 따로, 나이스 따로, 교육과정 파일 제출이 따로 이루어짐으로써 일선학교 교사들은 시스템 도입 취지와 어긋나게 업무폭증 상태입니다.

교육청에서는 단위학교의 모든 학교의 교육활동을 나이스와 학교정보알리미를 통해 확인 및 지도 감독이 가능한 상황입니다. 학부모뿐만 아니라 대국민서비스 차원에서 공개되고 있는 교육활동계획과 결과를 만들기에도 교사는 버겁습니다. 따라서 교사의 업무부담을 간소화하기 위하여 도입한 나이스와 정보공시시스템을 시행하는 상황이라면 마땅히 법률적 근거가 없는 행정 관행은 개선되어야 합니다.

12월입니다. 교육과정 작성으로 많은 시간을 할애할 시간입니다. 형식보다 내용에 충실하고 싶습니다. 그러기 위해서는 교육행정의 틀은 최소한의 것이어야 합니다. 그럴 때에 학교 특색을 살린 만들어가는 교육과정, 교육과정 재구성이 문서의 틀에 갇히지 않고 내용을 담아 실제 교육을 통해 구현될 수 있습니다.

교육행정업무에 바쁘실 테지만 교육과정 추가 작성으로 인한 교사의 업무 부담을 해소하고 예산절감을 할 수 있는 방법을 모색하고자 하오니 아래의 질문에 답변해주시기 바랍니다.

1. 학교는 나이스와 정보공시시스템으로 교육과정을 편성·운영함으로써 「초·중등교육법」 제23조 제1항과 제2항, 전라북도교육청 초등학교 교육과정 편성운영 지침(전라북 도교육청 고시 2010-16호)을 이미 시행하고 있습니다. 따라서 교육청에서 요구하는 별도의 계획을 세우거나 제출하지 않고 시스템에 입력하는 것만으로 교육과정 운영이 가능한지요?
2. 혹 시스템 입력만으로 교육과정 운영이 가능하지 않다면 마땅한 법률적 근거를 밝혀주시기 바랍니다.

이 민원에 대해 전북교육청은 만나서 이야기해보자는 취지의 답변을 했다. 못 만날 이유가 없다. 답변을 받고 퇴근길에 나는 전북교육청으로 달렸다. 담당 장학관, 장학사가 같이 기다리고 있었다. 인사를 나누고 이야기를 시작했는데 어떻게 하면 좋겠느냐는 물음이었다. 이 물음에 대해 내 대답은 분명했다. "법대로 해주세요."

이 두 건의 민원 결과 2013년부터 전북교육청은 교육과정 제본·제출 관행을 없앤다. 17개 시·도교육청 중에 이 시도를 한 교육청은 전북교육청이 처음이었다. 나는 여기서 그치지 않고 교육부 사업인 '100대 교육과정'에 정면 도전한다. 물론 나 혼자만의 힘이 아니라 실천교육교사모임의 힘이 컸다. 교육부 특교사업을 낱낱이 분석해서 현장 적합성 여부를 따져 성명서를 발표했으니 말이다. 그 결과 2003년부터 학교의 교육과정을 문서로 치장하게 했던 100대 교육과정 폐지를 2017년에 이끌어낸다. 어마어마한 일이었다. 이것만큼은 내가 스스로를 자랑한다.

또 다른 민원글을 하나 소개한다. 2017년 1월 26일, 전북교육청 민원 게시판에 전북교육청을 상대로 신청한 민원글이다. 어떤 내용인지 같이 읽어보자.

'각급학교 비치장부 목록'을 수정하고,
교무학예에 대한 감사 방법을 개선하기 바랍니다

신청내용

현직 초등교사입니다.

전라북도교육청이 작성하여 안내한 '각급학교 비치장부 목록'(이하 '비치장부 목록')에 대하여 개선할 사항을 제안하고 교무·학예에 대한 감사 방법 개선을 요구하고자 이 민원을 신청합니다.

비치장부 목록은 2014년 3월 5일 기준으로 작성된 것인데 2016년 5월 19일자로 전북교육청 홈페이지 행정정보 자료실에 변동사항 없이 다시 안내된 것으로 보아 현재에도 유효한 자료입니다.

이 목록에 따르면 장부명, 용도, 비치근거, 법정/비법정, 관리방법(시스템-전자적 관리/종이장부-또는 출력물), 관련부서 등으로 안내하여 학교는 총25개의 장부를 비치하도록 안내하고 있습니다. 목록에 근거하여 교무·학예에 대한 감사가 이루어지는 바 이 내용은 아주 중요합니다.

그런데 비치장부 목록에서 언급한 비치 근거를 확인한 결과 이는 전자문서와 종이문서를 이중으로 관리하지 않도록 하고 있는 전자정부법 제33조(종이문서의 감축)에 위배되는 사안이 많이 있습니다.

비치장부 목록에서 시스템(전자적 처리)과 종이장부(또는 출력물)를 이중으로 관리하도록 안내하고 있는 장부는 총 5개이며, 이에 대한 용도, 비치근거, 법정여부, 보존방법 등을 아래와 같이 구체적으로 제시하고 있습니다.[용도/비치근거/법정여부/비고(보존방법 안내)]

1. 졸업대장 : 졸업생 파악/ 「초·중등교육법」 시행령 제50조, 「공공기록물 관리에 관한 법률」 시행령 제26조/ 법정/ 준영구 보존

2. 학교생활기록부 I, 학교생활기록부 II : 학생관리/ 학교생활기록 작성 및 관리 지침 제18조/ 기록부 I - 준영구 보존, 기록부 II - 종이 출력물 5년 보존

3. 학교생활기록부정정대장 : 정정사항 관리/학교생활기록 작성 및 관리지침 제19조/ 학년말 출력물과 증빙서류 같이 보관

4. 출석부 : 출석사항기록/초·중등교육법시행령 제9조/ 학년말 출력물과 증빙서류 같이 보관/ 비법정/ 출석사항은 NEIS로 관리함이 원칙, 단 중·고교는 학교실

같이 읽자, 교육법!

정에 따라 종이장부 비치 및 사용 가능

5. 도서대장 : 도서관리/ 도서관법 제2조, 전라북도교육비특별회계소관물품관리
조례시행규칙 제16호서식/ 법정/ 학년말 출력 보관

비치목록에서 제시한 근거는 다음과 같은 문제점이 있다는 것을 알았습니다.

첫째, 목록에서 상기 나열한 장부를 시스템과 종이장부로 이중 비치하도록 안내
한 것은 전자정부법과 초·중등교육법에 위배됩니다.

전자정부법 제2조 제2호 라목은 이 법의 적용을 받는 기관을 「초·중등교육법」,
「고등교육법」 및 그 밖의 다른 법률에 따라 설치된 각급 학교'로 규정하고 있으며
제33조에서 종이문서를 감축하기 위한 방안을 제시하고 있으며, 행정기관 등의
장이 해야 할 일을 구체적으로 나열하고 있습니다.

「전자정부법」
제33조(종이문서의 감축) ① 행정기관등의 장은 행정업무 및 민원사무의 전자화,
행정정보의 공동이용 등을 통하여 종이문서의 작성·접수·유통 및 보관을 최소화
하고 종이문서를 지속적으로 줄이기 위한 방안을 마련하여야 한다.
② 행정기관등의 장은 문서작성 및 보고과정에서 종이문서의 불필요한 출력을
최소화하도록 일하는 방식 등을 개선하여야 한다.
③ 행정기관등의 장은 종이문서를 줄이기 위하여 종이문서로 신청·신고 및 보고·
제출 또는 통지·통보하도록 규정하고 있는 법령과 지침 등을 특별한 사유가 없으
면 전자적인 방법으로도 할 수 있도록 개정하거나 보완하여야 한다.
④ 중앙사무관장기관의 장은 종이문서를 줄이기 위하여 필요한 경우 지침을 마
련하여 시행하거나 종이문서의 사용실태 등을 조사할 수 있다.

전자정부법 시행에 따라 개정된 초·중등교육법에서도 교육부장관과 교육감은 아
래와 같이 정보시스템을 구축 운영하여 업무처리를 하도록 규정하고 있습니다.

「초·중등교육법」
제30조의4(교육정보시스템의 구축·운영 등) ① 교육부장관과 교육감은 학교와
교육행정기관의 업무를 전자적으로 처리할 수 있도록 교육정보시스템(이하 "정

보시스템"이라 한다)을 구축·운영할 수 있다.

제30조의5(정보시스템을 이용한 업무처리) ① 교육부장관과 교육감은 소관 업무의 전부 또는 일부를 정보시스템을 이용하여 처리하여야 한다.

둘째, 비치장부 목록에서 제시한 비치 근거는 아래와 같은 사유로 법률적 근거가 미비합니다.

1) 졸업대장

비치장부 목록에서는 「초·중등교육법 시행령」 제50조를 비치 근거로 제시하고 있으나, 관련 조항은 수료 및 졸업에 대한 기준을 밝히고 이수자에게 졸업장을 수여하도록 하였지 졸업대장을 시스템과 종이장부(또는 출력물)로 이중 관리하도록 하는 언급이 없습니다.

또한 「공공기록물 관리에 관한 법률 시행령」 제26조를 비치 근거로 제시하고 있으나 관련 조항은 기록물의 보존 기간에 대하여 언급하고 있을 뿐 졸업대장을 시스템과 종이장부로 이중 관리하도록 하는 언급이 없습니다.

「초·중등교육법 시행령」과 「공공기록물 관리에 관한 법률 시행령」의 어느 조항에도 졸업대장을 시스템과 종이장부로 이중 관리하도록 하는 조항은 없습니다. 오히려 「공공기록물 관리에 관한 법률 시행령」 제4조에서는 기록물 관리의 원칙을 제시하며 아래와 같이 기록물을 전자화하도록 안내하고 있습니다.

「공공기록물 관리에 관한 법률 시행령」

제4조(기록물 관리의 원칙) ③ 공공기관 및 기록물관리기관의 장은 기록물이 전자적으로 생산·관리되도록 중앙기록물관리기관의 장이 정하는 바에 따라 전자기록생산시스템, 기록관리시스템 또는 영구기록관리시스템을 구축·운영하여야 하며, 전자적 형태로 생산되지 아니한 기록물을 전자적으로 관리하고 활용하기 위하여 기록물 전자화계획을 수립·시행하여야 한다.

2) 학교생활기록부 Ⅰ, Ⅱ

비치장부 목록에서 교육부 훈령인 학교생활기록 작성 및 관리지침 제18조를 비치 근거로 제시하였으나 지침 제18조는 오히려 생활기록부를 전자적으로 관리하도록 하고 있습니다.

「학교생활기록 작성 및 관리지침」

같이 읽자, 교육법!

제18조(자료의 보존) ① 학교의 장은 공공기록물 관리에 관한 법률 및 동법 시행령에 의거 학교생활기록부(학교생활기록부Ⅰ)를 준영구 보존해야 한다. 단, 초·중·고 및 특수학교의 특수교육대상자 중 특수학교 기본교육과정을 적용하는 학생에 대하여는 교과학습발달상황 항목에 '세부능력 및 특기사항'란을 포함하여 준영구 보존해야 한다.

② 학교의 장은 학교생활세부사항기록부(학교생활기록부Ⅱ)의 전산자료를 학생 졸업 후 5년 동안 보존하여야 하며, 보존기간이 종료된 후 폐기 처분하여야 한다.

③ 학교의 장은 제1항에 따라 준영구 보존하는 학교생활기록부(학교생활기록부Ⅰ)를 학생 졸업 후 5년 동안 학교에서 보관하고, 이후에는 「공공기록물 관리에 관한 법률 시행령」 제4조, 제31조, 제32조에 따라 보존·관리하여야 한다.

3)학교생활기록부정정대장

비치장부 목록에서 교육부 훈령인 「학교생활기록 작성 및 관리지침」 제19조를 비치 근거로 제시하고 있습니다.

「학교생활기록 작성 및 관리지침」

제19조(자료의 정정) ③ 학교생활기록부 정정대장은 교육정보시스템에서 제공하는 결재 절차를 거쳐 학기 중에는 전자문서로 관리하다가 매 학년도 말 처리가 종료되면 출력하여 증빙서류와 함께 준영구 보관한다.

이 지침에 따라 전자문서와 출력물로 이중으로 관리하도록 안내하였으나 본 훈령은 「전자정부법」과 「공공기록물관리에 관한 법률」에서 언급한 기록물의 전산화 관리 취지에 부적합하다고 판단됩니다. 이와 같은 사안을 감안하여 시·도교육감협의회에서 「학교생활기록 작성 및 관리지침」의 개정을 교육부에 요구해야 한다고 봅니다.

4) 출석부

비치장부 목록에서 초·중등교육법시행령 제9조를 비치 근거로 제시하고 있으나 초·중등교육법시행령 제9조는 학교규칙의 기재사항에 대하여 규정하고 있으므로 비치 근거가 부적합합니다. 아울러 초·중등교육법시행령 어느 조항에도 출석부를 시스템과 종이장부로 이중 관리하도록 하지 않고 있습니다.

「초·중등교육법시행령」

제9조(학교규칙의 기재사항 등) ① 법 제8조의 규정에 의한 학교의 학교규칙(이하 "학칙"이라 한다)에는 다음 각호의 사항을 기재하여야 한다.

5) 도서대장
비치장부 목록에서 도서관법 제2조를 비치 근거로 제시하고 있으나 도서관법 제2조는 용어의 정의에 대하여 언급하고 있으므로 비치 근거가 부적합합니다. 또한 도서관법, 같은 법 시행령과 시행규칙 어느 조항에도 도서대장을 시스템과 종이장부로 이중으로 관리하도록 하는 언급이 없습니다.
또 다른 비치 근거로 제시한 전라북도 교육비특별회계 소관물품 관리조례 시행규칙 제16호 서식은 도서대장의 양식을 제시하는 것이지 도서대장을 시스템과 종이문서로 이중 관리하도록 안내하고 있지 않습니다.
도서대장은 공유재산 및 물품 관리법 시행령 제66조에 의하여 언급되는데 이 영에 따라 마련한 전라북도 교육비특별회계 소관 물품 관리 조례 제24조에서 표준서식으로 제시되어 있습니다. 이 또한 제4항에서와 같이 표준서식의 내용을 전산입력 처리하는 경우 표준서식을 비치하지 않고 전산입력처리로 표준서식 비치를 갈음한다고 규정하고 있다. 따라서 시스템과 종이장부의 이중 관리는 관련 조례에도 어긋납니다.

「전라북도 교육비특별회계 소관 물품 관리 조례」
제24조(물품출납공무원의 표준서식) ① 물품출납공무원은 영 제66조 표준서식 외에도 다음의 표준서식을 비치하고 정리하여야 한다.
1. 소모품대장
2. 도서대장
② 분임물품출납공무원은 제1항에 따른 표준서식 중 비소모품출납 및 운용카드, 소모품대장, 도서대장을 비치하여야 한다.
③ 제1항에 따른 표준서식 이외에 필요한 경우에는 보조부를 비치할 수 있다.
④ 제1항에 따라서 비치하는 표준서식의 내용을 전산입력 처리하는 경우에는 별도의 표준서식을 비치하지 않고 전산입력처리로 표준서식 비치를 갈음한다.

전라북도교육청 홈페이지 감사과 자료실에 실린 최근의 교무·학예에 관한 감사 결과를 보면 비치장부 목록에 근거하여 이에 대한 미비를 이유로 지적을 받은 사례들이 있습니다. 이는 비치장부 목록이 잘못된 것이지 해당학교에서 위법한 행위를 한 것이 아닙니다.

여기에 더해 학교교육계획서, 학년(학급, 교과)교육계획서, 학교일지 등을 출력물 형태로 요구하기도 합니다. 이는 전자정부법 제33조를 명백히 위반하는 감사 행태입니다.

감사에 대한 방법도 개선이 필요합니다. 공공감사에 관한 법률 제20조에 따르면 감사기구의 장은 아래와 같은 요구를 할 수 있으나 대부분의 감사 방식이 출석·답변이 아닌 서류 확인 위주로 이루어지고 있습니다. 교육은 면대면으로 이루어지는 것이지 서류로 이루어지는 것이 아닙니다. 이런 방식의 감사는 무분별한 교육 실적을 문서로 양산할 뿐 교육에 오히려 해를 끼치게 됩니다. 반드시 개선이 필요한 부분입니다.

「공공감사에 관한 법률」
제20조(자료 제출 요구) ① 감사기구의 장은 자체감사를 위하여 필요할 때에는 자체감사 대상기관 또는 그 소속 공무원이나 직원에 대하여 다음 각 호의 조치를 할 수 있다.
1. 출석·답변의 요구(「정보통신망 이용촉진 및 정보보호 등에 관한 법률」에 따른 정보통신망을 이용한 요구를 포함한다)
2. 관계 서류·장부 및 물품 등의 제출 요구
3. 전산정보시스템에 입력된 자료의 조사
4. 금고·창고·장부 및 물품 등의 봉인 요구

교육행정은 교육을 위한 행정, 교육에 관한 행정이어야 합니다. 이에 본 민원인은 교육행정 법치주의 원칙에 입각하여 다음 내용의 개선을 요구합니다.

1. 시스템(전자적 관리)과 종이장부(또는 출력물)로 이중 관리하도록 안내하고 있는 모든 장부를 관련 법령에 따라 전자적으로 처리하도록 '각급학교 비치장부 목록'을 수정하기 바랍니다.

2. NEIS를 통해 전자적으로 관리하는 제반 교육계획(학교, 학년, 학급, 교과교육계획)이나 교육의 결과물을 종이장부 또는 출력물로 제출하도록 요구하는 행정지시 및 감사 행태를 개선하기 바랍니다.

3. 전자문서와 종이문서로 이중 관리하도록 안내하고 있는 교육부 훈령「학생생활기록 작성 및 관리 지침」은 상위법에 위배되므로 시·도교육감협의회에서 교육부에 개정안을 제출해주기 바랍니다.

4. 지금은 학년 말로 학교에서는 해당 내역의 장부들을 종합적으로 관리해야 할 때입니다. 이를 감안하여 학교예산을 절감하고 효율적인 학교 업무 처리가 이루어지도록 해당 내역의 개선안을 조속히 마련하기 바랍니다.

5. 개선안이 현장에 빨리 적용되도록 하기 위하여 개선 내용을 구체적으로 문서에 담아 전라북도교육청 소속 각급학교에 공문서로 전달해주기 바랍니다.

길었던 민원에 대해 전북교육청의 답변도 길었다. 여러 부서에 걸쳐 답변했는데 그 내용도 같이 읽어보자.

답변 내용

정성식님 안녕하십니까?

먼저 교육행정에 관심을 가져주신 점에 감사드립니다.
정성식님의 민원내용은 '각급학교 비치장부 목록' 개선사항의 제안으로 이해됩니다.
'각급학교 비치장부 목록'은 교원업무 경감 종합대책과 관련하여, 총괄 부서인 행정과에서 2014년 3월 기준으로 사업부서의 검토 의견을 취합하여 마련하였습니다.
2017년 2월 기준으로 '각급학교 비치장부 목록'정비를 위해 사업부서의 검토 의견을 수렴 중이며, 관련 법령 반영 등의 검토·정비 결과를 취합한 수정 내용을 각급학교에 공문서로 시달할 예정입니다.
답변 내용 중 궁금한 사항에 대해서는 전라북도교육청 행정과 주무관 이**에게 전화(☎ 063-239-3606) 또는 메일(decolor@jbedu.kr)로 문의하여 주시면 성심 성의껏 답변하여 드리도록 하겠습니다.

같이 읽자, 교육법!

정성식님 안녕하십니까?

전북교육에 애정과 관심을 갖고 좋은 의견을 주신 귀하께 진심으로 감사드립니다. 정성식님께서 교육을 위한 행정이 이루어지기를 바라는 마음으로 개선을 요구하신 민원(1AA-1701-******) 가운데 특정감사(학사분야)와 관련된 부분에 대하여 다음과 같이 답변 드립니다.

귀하의 민원내용은 무분별한 서류 확인 위주의 감사가 아닌 출석·답변 중심의 감사와 NEIS를 통해 전자적으로 관리하는 제반 교육계획이나 교육의 결과물 등을 종이장부 또는 출력물로 제출하도록 요구하는 행정지시 및 감사행태의 개선을 요구하신 것으로 이해됩니다.

귀하께서도 언급하셨듯이 감사관련 법령에 따르면 감사를 위하여 필요할 때에는 출석·답변의 요구, 관계 서류·장부 및 물품 등의 제출 요구, 전산정보시스템에 입력된 자료의 조사 등의 조치를 할 수 있습니다. 따라서 특정감사(학사분야) 시에 조사는 법령에 따라 다음과 같은 방법으로 이루어집니다.

먼저, 전산정보시스템(NEIS 및 업무관리시스템)에 입력된 자료를 조사한 후 미비하거나 확인이 필요한 자료는 관계 서류 및 장부 등을 제출받아 조사하게 됩니다. 조사 결과에 따라 위법하거나 부당한 점 등에 대해서는 관련자와의 대면을 통해 답변을 듣고 원인과 해결방안 등을 모색하며 모범사례 등 우수한 점에 대해서는 일반화할 수 있는 방안을 강구하기도 합니다. 이러한 일련의 감사 과정은 감사대상기관의 업무 부담을 최소화하기 위한 노력의 일환이며 무분별한 교육실적을 요구하는 일은 없음을 알려드립니다. 더불어 수감기관의 행정력 절감을 통한 업무의 경감이 이루어져 기관이 고유 업무에 집중할 수 있는 여건을 조성하기 위해서도 힘쓰고 있습니다.

앞으로 귀하의 감사 방식에 대한 의견 또한 소중한 자료로 삼아 더욱 합리적이고 공정한 감사 행정 구현을 위해 더욱 노력하겠습니다.

또한, 우리교육청에서 실시하는 자체감사는 감사대상기관의 교육활동을 내실화하고 그 운영의 적정성, 공정성 및 국민에 대한 책임성을 확보하기 위한 목적으로 관계 법령 및 훈령, 지침, 예규 등 내부규정에 따라 실시하고 있습니다. 따라서 특정감사(학사분야) 시에도 관계 법령과 내부 규정 및 우리교육청 각 부서에서 시달한 지침 등에 의거하여 감사 결과 위법 또는 부당하다고 인정되는 사실, 문제점이 인정되는 사실, 법령상·제도상 또는 행정상 모순이 있거나 그 밖에 개선할 사항 등이 있다고 인정되는 경우 등에 해당될 때에 이를 지적하고 처리기준에 따라 처분을 하고 있습니다. 물론 귀하께서 제기하신 비치장부 목록의 내용 등에 대해서는 관계 부서에서 검토·보완하고, 필요할 경우 개정이 이루어질 것이라 판단되며 개정되는 규정이나 지침 등은 특정감사(학사 분야) 시에도 적용될 것임을 알려드립니다.

아울러, 귀하께서 말씀하신 교육계획(학교, 학년, 학급, 교과교육계획)이 학교급별, 학년도별로 수립해야 하는 교육과정 운영계획을 지칭하는 것이라면 이는 장부라고 보기는 어렵다고 판단되며, 현재 단위학교별로 자율적으로 수립·제작하여 학교 실정에 따라 책자 또는 파일 등의 형태로 다양하게 활용하도록 한 것으로 알고 있습니다. 따라서 특정감사(학사분야) 시, 학교별로 활용하고 있는 자료 형태(파일 형태일 경우 업무관리시스템의 결재문서)를 참고하여 감사를 실시하고 있으며 무조건적으로 종이장부 또는 출력물로 제출하도록 요구하는 일은 없음을 알려드립니다.

학교 현장의 만족도를 높일 수 있는 감사 행정을 위해 좋은 의견을 주신 귀하께 진심으로 감사드립니다.

답변 내용 중 궁금한 사항에 대해서는 전라북도교육청 감사담당관실 정**에게 전화(063-239-3215) 또는 메일(jyh3581@jbedu.kr)로 문의하시면 성심 성의껏 답변해 드리도록 하겠습니다.

추위에 건강 유의하시고, 새해에 정성식님의 가정에 화목과 평안이 항상 함께하시길 기원합니다. 감사합니다.

전북교육이 발전할 수 있도록 관심을 가져주신 정성식님께 감사드리며, 가정에 화목과 평안이 항상 함께 하시길 기원합니다. 감사합니다.

안녕하십니까? 전라북도교육청 학교교육과 장학사 정입니다. 귀하의 학교 현장

같이 읽자, 교육법!

에 대한 열정과 관심에 대하여 깊은 감사를 드립니다.

귀하께서 제기하신 민원의 요지는 전북교육청이 작성 안내한 각급학교 비치장부 목록이 2014년 3월 5일 기준으로 작성되어 있으니 수정하여 주었으면 좋겠다는 것으로 생각됩니다.

이와 같은 내용에 대하여 다음과 같이 답변드립니다.

첫째, 졸업대장에 대하여 말씀드리겠습니다. 졸업대장은 법정장부이며, 2016 학교생활기록부 기재요령 87쪽에 "졸업과 동시에 교육정보시스템에서 전자결재 후 출력하여 보관"하도록 명시되어 있으므로, 시스템과 종이장부로 동시에 관리하셔야 합니다.

둘째, 학교생활기록부Ⅰ, Ⅱ에 대하여 말씀드리겠습니다. 이는 법정장부이며, 학교생활기록 작성 및 관리지침(교육부 훈령 제169호) 제18조에, 학교생활기록부Ⅰ은 전산자료로 준영구 보존하며, 학교생활기록부Ⅱ는 전산자료로 졸업 후 5년 보존하도록 되어 있습니다.

셋째, 학교생활기록부 정정대장에 대하여 말씀드리겠습니다. 이는 법정장부이며, 학교생활기록 작성 및 관리지침(교육부 훈령 제169호) 제19조에, 학년도말 출력물과 증빙서류를 같이 준영구 보관한다고 되어 있으므로 시스템과 종이장부로 동시에 관리하셔야 합니다.

넷째, 출석부에 대하여 말씀드리겠습니다. 출석부는 비법정장부이며, 2016 학교생활기록부 기재요령(6쪽)에 "학교생활기록부 작성에 필요한 보조부(각종 누가기록부 등)는 교육정보시스템에서 관리하여야 하며, 누가기록 자료를 별도로 출력하여 결재를 받지 않으며 수기장부로 관리하지 않는다"고 되어 있어 시스템상으로만 관리하여도 됩니다.

위의 내용들은 전북교육청 행정과에서 "각급학교 비치장부 목록" 개선 안내를 할 것입니다.
관련해서 교육부 담당연구사님께 자료 검토요청을 하였던바, 상기의 근거들에 의하여 기록관리가 되어야 한다고 하였습니다. 더 자세한 문의사항은 교육부 교육과정운영과 이** 연구사님과 통화하시면 좋을 듯합니다.

답변도 성의가 있었지만 이어진 조치는 더 적극적이었다. 내가 민원글에서 요구했던 '각급학교 비치장부 목록'은 법적 검토를 거쳐 간소화되었고, 그 내용은 전북교육청 소속 모든 학교에 전달되었다. 이 일을 계기로 합당한 민원이 얼마나 큰 힘을 발휘하는지 다시 한번 생각하게 되었다.

지금까지 이야기한 민원 사례들은 모두 이 글의 제목과 맞닿아 있다. 모름지기 교육기관에 근무하는 사람이라면 한 번쯤 스스로에게 물어보자. '오늘 나는 교육을 위한 행정을 하고 있는가, 행정을 위한 교육을 하고 있는가?'

「전자정부법」읽어보기

「초·중등교육법」읽어보기

「초·중등교육법 시행령」읽어보기

「학교생활기록 작성 및 관리지침」읽어보기

「공공감사에 관한 법률」읽어보기

같이 읽자, 교육법!

08

방과후활동과 돌봄교실,
이대로 괜찮은가?

　2019년 초에 〈한국일보〉로부터 정기 칼럼을 제안받았다. 교육 현안과 이슈를 국민들 눈높이에 맞추어 쉽게 풀어달라는 내용이었다. 개인이 아닌 실천교육교사모임 회장 자격으로 쓰면 좋겠다는 제안이었기에 제안 내용을 이사회에 보고했다. 수락 여부를 두고 나는 고민이 많았는데 이사회의 결정은 의외로 간단했다. 교육계의 목소리를 어떤 식으로든 학교 밖으로 현장감 있게 전해야 하니 당연히 써야 한다는 결론이었다. 논의는 치열하게 하되 결정되면 과감하게 집행한다. 단체를 꾸려가며 내가 늘 생각했던 것이라 내 의지와는 조금 달랐지만 어쨌든 결정된 것이니 제안을 수락했다. 이렇게 2019년 4월부터 3주 간격으로 〈아침을 열며〉라는 지면에 칼럼을 쓰기 시작했는데 3주는 생각보다 빨리 돌아왔다.

　그동안 썼던 칼럼을 살펴보았는데 2020년에만 돌봄과 관련하여 세 건의 칼럼이 있다. 정부도 돌봄 확대를 공약했었고, 코로나19로 인해 돌봄에 대한 수요가 늘어나면서 사회적 갈등도 깊어지고 있던 상황이었으니 칼럼도 이를 반영하여 글감을 잡았다. 당시 나는 교원단체 대표 자격으로 돌봄문제 해결을 위한 협의체에 참가하고 있던 상황이라 협의체에서 논의되는 내용을 알릴 필요도 있었다. 방과후활동(교육부는 '방과후학교'라고 부르고 있는데 이는 '방과후활동'으로 부르는 게 이치에 맞다. 이름부터 제대로 부르자는 취지로 일부러 방과후활동으로 적는다)과 초등돌봄교실에 대해서도 한 꼭지 다루어야 하는데 정리해서 새로 쓰려다가 현장감을 생생하게 살리기 위해서 그때 썼던 칼럼을 그대로 인용한다. 이제라도 방과후활동과 돌봄교실의 실상을 제대로 파악하고 합리적인 대책을 하루빨리 마련하면 좋겠다.

학교의 역할, 교직원의 임무를 분명히 하자

_2020년 6월 5일 한국일보 〈아침을 열며〉

코로나19로 등교마저 수차례 연기되며 정신없을 때 느닷없이 불거진 2개의 사건이 학교를 흔들었다. 하나는 성명서였다. 충남교육청노조위원장 명의로 발표된 성명서에는 '교사들이 마땅히 해야 할 일은 하지 않고 긴급돌봄수당을 챙기며 돈 잔치를 한다'는 내용이 들어 있었다. 다른 하나는 입법 예고였다. 교육부가 발표한 「초·중등교육법」 일부개정안에는 방과후학교 및 돌봄교실 운영을 학교의 사무로 규정하는 내용이 들어 있었다.

원격수업, 긴급돌봄에까지 투입되며 정신없는 와중에 갑자기 툭 튀어나온 2개의 사안에 교원들은 분노했다. 여러 교원단체가 나서서 성명서를 발표한 당사자에게는 사과를, 교육부에는 입법 예고 철회를 요구했다. 성명서 발표자는 인터뷰를 통해 사과할 뜻이 없다는 의중을 밝혔다. 급기야 방과후학교와 돌봄교실 운영은 교원단체와 학부모단체의 갈등으로까지 번지게 되었다. 민감한 시기에 합심해서 이 위기를 극복해도 모자랄

같이 읽자, 교육법!

판에 이런 일로 힘을 쏟아야 하는 상황이 안타깝다.

어려운 시기에 괜한 잡음을 만들기 싫어 그냥 넘길까 했지만 고쳐 생각해보면 좋은 게 좋은 거라고 넘기는 것이 꼭 좋은 것만은 아니라는 생각도 들었다. 그렇게 모른 채 한 것이 갈등을 키워 문제를 더 크게 만드는 일도 많았으니 말이다. 결국 나는 단체를 대표하여 사실과 다른 내용을 발표하여 교사들의 명예를 훼손한 당사자를 고소했다. 교육부의 입법 예고에 반대한다는 입장도 발표했다. 방과후학교와 돌봄교실 운영의 난맥상을 해결하려는 교육부의 의지는 적절하지만 그 모든 책임을 학교에 떠넘기는 방식이 되어서는 안 된다는 내용을 담았다.

학교 밖에서야 잘 모르겠지만 사실 이 두 사안은 언젠가 터질 일이었다. 어떤 일을 맡겨도 학교에서 척척 해내니 겉으로는 번지르르할지 몰라도 속은 곪아가고 있었다. 법적으로 모호한 학교의 역할과 교직원의 임무를 정비하지 않고 지침으로 땜질 처방하며 학교에 강제한 것이 문제의 원인이었다. 학교에 들어오는 것이 많고, 그에 따라 학교의 부담이 늘어가다 보니 오죽하면 "경로당만 들어오면 학교에 다 들어온다"는 자조 섞인 말까지 하고 있다. 시대 변화에 따라 학교교육의 의미와 역할도 변화하는 것은 당연하지만 학교가 감당해야 할 일이 늘어날수록 학교교육이 소홀해지는 것도 당연하다. 이를 우려하는 학교의 목소리를 그저 일하기 싫어서라고 평가절하해서는 안 된다. 지금처럼 학교에 모든 것을 떠맡기는 것은 교육과 보육 나아가 고용을 위해서도 결코 바람직하지 않다.

교직원의 임무는 더 모호하다. 「대한민국헌법」이 밝힌 대통령의 임무만 해도 20개 조에 달한다. 각 조의 항까지 들여다보면 임무 수행의 내용 및 구체적인 절차까지 밝히고 있다. 반면에 「초·중등교육법」이 밝힌 교장의 임무는 "교무를 통합統轄하고, 소속 교직원을 지도·감독하며, 학생을 교육한다"는 한 문장이 끝이다. 교장은 임기마저도 없다가 겨우 정하더니 공모교장 재임 기간은 임기에서 제외하는 단서를 둠으로써 공모교장제도 도입 취지를 무색하게 하고 있다. 다른 교직원들의 임무도 모호하기는 마찬가지다. 교직원 간의 갈등은 대부분 여기에서 비롯된다. 이미 해오던 일도 많고 학교에서 부담해야 할 일마저 자꾸 늘어나는 상황에 그 일을 누가 해야 하는지를 두고 신경전을 벌이고 있다.

아동의 발달을 위해 꼭 필요한 양육, 보육, 교육에 대한 당사자들의 권한과 책임을 법적으로 분명히 하고, 이에 합당한 지원책을 마련하는 것은 국가와 지방자치단체가 마땅히 할 일이다. 학교교육의 정상화와 안정적인 일자리 창출을 위해 방과후활동과 돌봄교실을 법제화하고 교직원의 임무도 구체화해야 한다. 교육전문가에게 맡겨야 할 입시정책은 공론화, 숙의 등을 해가며 요란을 떨더니 정작 사회적 합의가 필요한 학교의 역할, 교직원의 임무에 대해서는 왜 이렇게 무심하단 말인가?

뒤죽박죽 된 '돌봄', 총리가 나서야 한다

_2020년 10월 16일 한국일보 〈아침을 열며〉

누가 언제 어디에서 아이를 돌볼 것인가? 돌봄 문제의 본질은 이 한 문장이다. 그러나 이 질문에 대한 대답은 쉽지 않다. 학교가 제 역할을 할 수 있도록 지자체에서 해야 한다는 말을 이제야 겨우 하고 있지만 당연히 학교에서 해야 한다는 의견도 만만치 않다. 이렇듯 돌봄 문제로 사회적 갈등이 깊어가고 있는데 과연 이 문제를 어떻게 풀어야 할까? 시험문제를 푼다는 마음으로 하나씩 차근차근 풀어보자.

같이 읽자, 교육법!

문제를 풀기 전에 마음부터 가다듬자. '애 볼래, 밭 맬래 하면 밭 맨다'는 말은 괜히 나온 게 아니다. 아이를 돌보는 것이 얼마나 힘들면 이 말이 나왔는지 생각해보자. 이유와 과정이야 어찌 되었든 지금까지 학교에서 방과 후에도 아이들을 돌봐온 것에 대해 정부는 미안함과 고마움을 먼저 표현해야 한다. 사정이 이러한데 돌봄 여건을 개선하라는 학교의 요구에 대해 학교는 공공재라는 논리로 교사의 사명까지 거론하는 것은 도리도 예의도 아니다. 돌봄 문제 해결에 어떤 도움도 되지 않는다.

배경지식을 바탕으로 문제의 본질을 꿰뚫어 보자. '초등돌봄교실'은 교육부 주관으로 2004년부터 실시된 정책이다. 정부에서 주관하는 돌봄 서비스는 이것 말고도 보건복지부에서 운영하는 '다함께 돌봄'과 '지역아동센터'가 있고, 여성가족부에서 운영하는 '청소년방과후아카데미'가 있다. 3개 부처가 각자의 사업을 하고 있으니 칸막이 행정으로 돌봄 서비스에 대한 중복과 누락이 발생한다. 근거 법률에도 차이가 있다. 보건복지부는 「아동복지법」에 따라, 여성가족부는 「청소년기본법」에 따라 관련 사업을 하고 있는데 교육부는 법적 근거가 없이 초등돌봄교실을 운영하고 있다. 언제까지 학교는 애를 등에 업고 밭을 매며 눈치까지 봐야 하는가?

어려운 문제는 놓아두고 쉬운 문제부터 풀자. 누가 돌보느냐가 가장 어려운 문제인데 이 문제만 붙잡고 있으면 시간이 다 지나 아는 문제도 풀 수 없다. 현재 시범적으로 지자체가 돌봄교실을 맡아서 하는 곳도 있다. 학부모들과 아이들의 만족도도 아주 높다. 그런데 교육부는 해당 지자체에 돌봄교실 예산을 지원하지 않고 있다. 지자체는 예산 압박에 시달릴 수밖에 없다. 어디에서 돌봄을 주관하더라도 돌봄 예산은 지원될 수 있도록 쉬운 문제부터 하나씩 풀어가자.

사실관계를 따져보자. 현재 「온종일 돌봄체계 운영·지원에 관한 특별법안」 2개가 발의되어 있다. 이제라도 돌봄을 법제화하려는 움직임이 반가운데, 지자체 이관은 민영화라며 법안 철회를 요구하는 이들도 있다. 민간위탁은 법령에 근거가 있어야 하는데, 발의된 2개의 법안 어디에도 위탁이란 말은 없으니 사실과 다른 주장이다. 이견을 좁히고 돌봄 문제를 법제화하는 데 뜻을 같이하자. 돌봄전담사의 고용을 승계하고, 학교시설을 이용할 수 있도록 하고, 이관 후에도 학교는 학생 모집과 안전에 대해 협조하고, 이미 지자체로 이관한 지역에 예산 지원이 되도록 하자.

이쯤 되면 온종일 돌봄을 정부 부처 어디에서 맡아야 하는지 답은 나왔다. 권칠승 의원은 교육부장관을, 강민정 의원은 국무총리를 내세웠다. 이미 경험했듯이 교육부장관이 부총리를 겸한다 해도 돌봄의 부처 간 이해관계를 조정하기는 쉽지 않다. 국회 의안정보시스템 입법예고 등록의견에도 많은 분들이 정답을 올렸다. 돌봄 문제 해결을 위해 국무총리가 나서라.

돌봄 파업을 바라보며

_2020년 11월 6일 한국일보 〈아침을 열며〉

우려했던 돌봄 파업이 현실로 나타났다. 정부도 해결하지 못한 이 파업을 내가 해결할 수 있는 것은 아니지만 돌봄 문제 해법을 찾기 위한 논의의 장에 함께한 사람으로서 이유야 어찌 되었든 참으로 안타깝다. 돌봄 공백을 걱정하고 대책을 마련하느라 신경을 써야 했던 학부모들에게는 미안한 마음도 든다. 그래서 이 같은 일이 다시는 일어나지 않기를 바라며 이 글을 쓴다. 돌봄 문제의 해법을 함께 고민하며 찾아가자는 마음으로.

돌봄 문제 해결을 위해 교육부가 마련한 논의의 장에 참여하면서 주중에 서울까지 네 차례를 오가며 회의에 참가하느라 몸도 마음도 많이 힘들었다. 뾰족한 해법을 찾는 자리였다면 그래도 덜 힘들었을 텐데 그런 자리는 아니었으니 돌아오는 발걸음은 내내 무거웠다. 사실 이 자리는 나와 국민들의 기대와는 달리 돌봄 문제의 근본 원인과 파업의 해법을 찾는 자리는 아니었다. 교육부가 밝혔듯이 그저 여론수렴의 자리였다.

여론은 수렴했지만 정부도 뚜렷한 대책을 세우지는 못했고 돌봄 파업은 현실이 되었다. 그래도 아주 소득이 없었던 것은 아니다. 교원단체, 돌봄노조, 학부모단체가 바라는 돌봄의 현황이 무엇인지 확인하고 정부 대책이 어느 정도 수준인지는 확인할 수 있었다. 각자의 속사정에 공감한 것만으로도 의미는 있었다. 그 의미라도 생각해봐야 그래도 한발 앞으로 나아갈 수 있을 테니 말이다.

각자의 이해와 요구를 요약하면 이렇다. 공적 돌봄 확대는 모두 공감하지만 접근 방식에는 차이가 있었다. 교원단체는 돌봄의 법적 근거를 마련하고 학교가 교육과정 운영에 충실할 수 있도록 지자체가 돌봄 운영 주체가 되기를 원한다. 돌봄노조는 지자체 전환은 민간위탁이라며 반대하고 전일제 전환 등의 처우개선을 원한다. 학부모단체는 운영 주체는 어디가 되었든 돌봄의 기회가 확대되기를 원한다. 정부는 어떤 식이든 돌봄을 늘려야겠는데 재원 마련은 쉽지 않고 이해와 협력을 요구한다. 이 요구를 충족시키기 위해서는 결국 돌봄 대책을 마련하기 위한 사회적 합의가 필요하다. 어떻게 그 길에 닿을 수 있을까?

우선은 한 학교에 한 명의 돌봄전담사를 전일제로 배치하자. 돌봄노조는 모든 전담사들의 상시 전일제 전환을 요구하고 있지만 정부 입장에서는 유사 직종과의 형평성 논란, 돌봄전담사의 노동시간에 따른 업무량의 적정성 등으로 감사원의 지적을 받은 상황이라 이를 당장 실현하기 어렵다. 현재 기준으로 전국의 초등학교 수는 6,120개고 돌봄전담사는 13,000여 명에 달한다. 모든 초등학교에 한 명의 돌봄전담사를 전일제로 전환해서 교원이 담당하는 돌봄 관련 행정업무를 맡게 한다면 만족스럽지는 않지만 두 집단의 요구를 어느 정도 수용할 수 있다. 이 정도 재원은 현재도 가능하다.

이렇게 급한 불부터 끄고 양질의 돌봄 대책 마련을 위한 사회적 합의 기구를 마련하자. 정부부처, 지자체, 교육감협의회, 교원단체, 돌봄노조, 학부모단체, 정치권이 함께 머리를 맞대자. 돌봄 운영 주체를 두고 논란이 있으니 법제화 이전에 다양한 시도를 해보며 양질의 돌봄시스템 마련을 위한 사회적 합의를 이끌어내자. 지금까지 돌봄 정책은 양적 확대에만 주력했지 양질의 돌봄 시스템에는 관심이 없었다. 이 사고를 전환해야 해법이 나온다. 결국 철학이다. 양적 확대를 넘어 양질의 돌봄을 화두로 삼자.

제21대 국회에 계류 중인 온종일 돌봄 관련 법안을 QR코드로 안내한다. 돌봄 관련 법은 어떤 내용으로 마련되어야 하는지 생각해보며 두 법안을 읽어보기 바란다.

〈온종일 돌봄 체계 운영 · 지원에 관한 특별법안(강민정 의원 등 11인)〉읽어보기

〈온종일 돌봄 체계 운영 · 지원에 관한 특별법안(권칠승 의원 등 11인)〉읽어보기

같이 읽자, 교육법!

09

교장제도 개혁은
불가능한가?

교육부는 2017년 12월 26일, '교장공모제 개선방안'을 반영한 「교육공무원임용령」 개정안을 입법예고했다. 개정안은 평교사(교장자격증 미소지자)가 교장공모에 지원할 수 있는 학교를 교장공모제를 신청한 학교의 15% 이내로 제한한 규정을 폐지하는 게 골자였다. 교장공모제는 유능한 학교 경영자를 초빙, 교직풍토를 개선할 목적으로 노무현 정부에서 도입됐지만 이명박 정부에서 '15% 제한' 규정을 시행령에 두어 사실상 유명무실하다는 지적을 받아왔다. 이에 문재인 정부는 시행령을 개정하여 이를 원점으로 되돌리려 했다.

교육부의 발표가 있자 교총은 즉각 반대의 목소리를 높였다. 정부세종청사 교육부 앞에서 '무자격 교장공모제 전면 확대 규탄·철회 촉구' 집회를 열고 국민청원 운동에 돌입했다. 어떤 내용이었는지 확인할 필요가 있어서 청와대 국민청원 게시판에 올라와 있는 청원글을 가져왔다.

> 나쁜 정책, 무자격 교장공모 전면 확대 폐지 청원

전국 50만 교육자와 많은 국민들은 '과정의 공정'이라는 정부의 국정철학에 공감합니다. 교직은 전문직입니다. 교사가 교감, 교장이 되기 위해서는 공개전형임용시험을 거쳐 교사가 된 후 최소한 25여 년의 오랜 근무와 지속적인 연수·연구 등 필요한 절차를 거쳐야 합니다. 이러한 과정이 바로 공정성과 교직전문성을 지키는 근본입니다.

하지만 교육부가 2017년 12월 27일 무자격 교장공모제를 전면 확대하는 '교육공무원임용령 개정안'을 입법예고해 학교현장을 무너뜨리려 하고 있습니다.

이에 '교육공무원임용령 개정안'을 철회하여줄 것을 아래와 같은 이유로 청원하는 바, 반드시 반영하여주시기 바랍니다.

청원 이유

첫째, 불공정하고 떳떳하지 못해 학교현장을 무너뜨리는 '나쁜 정책'입니다.
"교장공모제 교육감 코드 인사 재논란"이라는 언론기사 제목처럼 학연·지연에 따른 반목과 갈등이 상존합니다.
△'편 가르기로 학교 공동체의식 소멸', 선생님들 고개 절레절레 △'교원 배격한 학교선정, 보은행정에 대가성 인사' △○○교육청, 교장공모제 '담합 의혹' 확인 등 많은 문제점이 지적되고 있습니다.

둘째, 특정 노조 출신 인사 교장 만들기 하이패스일 뿐입니다.
〈최근 국정감사결과〉
수도권 90%, 전국의 71.2% 특정 노조 핵심인사 선발
서울/광주/전남 등의 지역은 제도 시행 이후 100% 특정 노조 출신만 임용

셋째, 직선교육감의 코드·보은인사의 도구로 전락되었습니다.
교육감만 잘 만나면 교장 되는 세상이 공정한 사회입니까? 당초 승진제를 보완해 젊고 유능한 교장 만들자는 취지는 오간 데 없습니다. 무자격 교장공모로 선발된 자의 자기소개서에 교육감과의 친분 과시가 기술되고 있습니다. 얼핏 보면 공모라는 민주적 형식을 갖추고 있지만 알고 보면 자기사람심기 제도로 이용돼 여타 응모자들을 들러리로 만듭니다.

넷째, 현장교원과 정치권도 반대하고 있습니다.
(이은재 국회의원 전국 6,748명 교사·전문직 대상 설문조사(2017.9.27.~10.13.) :

같이 읽자, 교육법!

교장공모제 확대 62.8% 반대, 31.7% 찬성)

15년 교육경력만 있으면 교장이 될 수 있는데 누가 군이 힘든 담임교사와 보직교사, 교감 맡고, 열정을 가지고 도서·벽지, 기피학교에 가려 하겠습니까? 부장교사, 교감 경험도 없이 과연 교육과정, 지역사회 유대 및 민원 해결과 갈등 조정, 분쟁 해결, 조직 운영, 학교 경영 전문성을 담보할 수 있겠습니까?

지난해 12월 28일, 자유한국당, 국민의당, 바른 정당 등 정치권도 모두 최고위원회 회의에서 무자격 교장공모제 전면 확대에 대한 비판과 개선을 촉구하는 입장을 발표했습니다. 이처럼 교육정책에 있어 정치권도 같은 목소리로 문제점을 지적한 것은 극히 이례적인 일로 얼마나 문제점이 있는지를 확인시켜주고 있습니다.

다섯째, 15%에서 100%로 전면 확대, 해도 너무한 과속 교육정책입니다!

자율학교에서 교장 결원학교 중 15%를 무자격으로 뽑던 것을 바로 100%로 전면 확대하는 것은 과속 교육정책입니다. 국가정책을 믿고 25여 년간 성실히 근무하고, 연구·연수에 최선을 다하며 도서벽지에 근무한 교사가 죄인입니까? 교장공모제 찬성론자들조차 "공모에 응하는 일면식도 없는 외부 인사를 짧은 기간에 검증하고 선별하는 것이 어렵다"고 인정하고 있습니다. 이제 교장 되려면 수업과 연구, 학생지도보다 공모심사위원들 마음을 얻기 위한 자기소개서, 경영계획서 발표 준비와 교육감 눈치까지 봐야 합니까? 결국 열심히 수업하고 근무하는 교사보다 인기영합주의 교사상을 조장하는 정책입니다.

'나쁜 정책'이 실시되면 되돌리기 어렵고, 아무도 책임지지 않는 '나쁜 결과'만 남게 됩니다. 문재인 정부가 약속한 '과정의 공정'을 지키기 위해서라도 무자격 교장공모제 전면 확대를 반드시 철회해주실 것을 간곡히 청원합니다. 감사합니다.

붙임 : 상세설명 자료 링크 http://bodo.kfta.or.kr/94

2018년 1월 4일

청원인 한국교총 회장 하 윤 수

이 글을 읽으며 나는 이 글의 모순에 대해 조목조목 반박하고 싶었다. 심지어 교장자격증이 없는 사립학교 교장들조차도 반박할 정도였으

니 말이다. 진실을 알리기 위해서라도 청와대 국민청원 게시판에 교장제
도 개혁을 바라는 국민청원을 올리고 싶었다. 청원이야 나 혼자도 할 수
있는 일이지만 한국교총 회장이 단체의 이름을 걸고 했으니 나도 같은 행
보를 하는 게 좋을 것 같아 페이스북 그룹에 회원들의 의견을 묻는 글을
올렸다. 글을 올리자마자 두말할 것도 없이 동의의 댓글이 줄을 이었다.
이어지는 댓글을 보며 나는 차분하게 글을 써내려갔다. 그렇게 쓴 글을
2018년 1월 12일, 청와대 국민청원 게시판에 올렸다. 이 청원글도 같이
읽어보자.

교장제도의 개혁을 청원합니다

청원 개요

대한민국헌법 제1조와 교육기본법 제2조에서 밝힌 민주주의와 홍익인간의 교육
이념을 학교 구성원의 삶에 구체적으로 실현하기 위해 교장승진제도를 개혁할
것을 다음과 같은 이유와 내용으로 청원합니다.

1. 모든 학교에서 내부형 교장공모제를 실시할 수 있도록 교육공무원임용령 개정
을 요구합니다.

2. 민주적인 학교공동체 실현을 위하여 교장선출보직제를 도입할 수 있도록 교육
공무원법 개정을 요구합니다.

청원 이유

최근 영화 〈1987〉이 관심을 받고 있습니다. 한국 현대사의 민주주의의 물꼬를 튼
'6월항쟁'을 다룬 〈1987〉이 반향을 일으키자 정치권에서조차 논란이 되기도 하였
습니다. 영화 제작의 모티브인 '6월항쟁'이 일어난 지 30년이 지났고 항쟁의 주역

같이 읽자, 교육법!

들은 어느새 머리에 서리가 내려앉는 기성세대가 되었습니다. 그들의 노력의 결실로 우리는 대통령을 우리의 손으로 직접 뽑게 되었으며, 이를 기반으로 우리 사회에 민주주의는 뿌리내리게 되었습니다.

그러나 민주주의가 우리의 삶 속에 자리 잡는 동안, 역설적이게도 민주시민을 길러내야 할 학교의 민주주의는 시대를 역행했습니다. 왜 그런 일이 벌어지고 있는 것일까요? 학교 민주주의 실현을 가로막는 결정적인 이유가 비민주적인 교장승진제도 때문입니다. 일제강점기 일본인 교장이 조선인 교사와 학생을 관리하기 위해 만들어진 교장승진제도는 독재정권을 거치며 공고해지더니 지금까지 남아 있습니다.

현행 교장승진임명제도 아래에서, 학생들에게 능동적이고 창의적인 삶을 가르쳐야 할 교사들은 정작 상명하복과 권위주의에 짓눌려 살아야 했습니다. 교사들은 교장자격증을 얻을 수 있는 승진을 위해 교직수행 및 학교경영능력과 무관한 승진가산점을 모아야 했습니다. 이 과정에서 벌어지는 승진을 위한 암투는 그야말로 교육계의 적폐였습니다.

이러한 까닭으로, 해방 이후 70년 넘게 존속된 교장자격증은 폐지해야 합니다. 변호사자격증으로 대법관도 할 수 있고, 의사자격증으로 병원장도 할 수 있듯이 교사자격증 소지자가 일정한 요건을 갖추면 교장이 될 수 있도록 해야 합니다. 교수가 대학의 총장을 하고 다시 교수로 강단에 서는 것처럼 말입니다.

그런데 교원의 자격증제도는 지나치게 촘촘합니다. 2급 정교사, 1급 정교사, 교감, 교장이 따로따로 자격증을 갖고 있습니다. 이 자격증의 등급을 바꾸느라 교사들은 교육과는 별로 상관없는 것에 많은 힘을 쏟아야 합니다. 자격증을 받기 위해 무려 20여 년간 연수점수를 신경 써야 하고, 연구가산점이라는 이름으로 각종 연구학교와 시범학교에 근무해야 하고, 학교폭력예방 유공교원 가산점을 받기 위해 보고서를 써야 합니다. 즉 수업을 하기 위한 것이 아닌 교장자격증을 얻기 위한 점수를 모으는 것입니다.

심지어 교사들은 근무성적평가라는 이름으로, 학생들에게도 부여하지 않는 등급 점수(수, 우, 미, 양, 가)를 여전히 교장에게 받고 있습니다. 근무성적 평가에 대한 교장의 권한은 막강하며, 이는 학교를 반교육적인 곳으로 만드는 중요한 원인이기도 합니다.

교사는 이와 같은 점수를 잘 받고 꼼꼼하게 챙겨야 교감 혹은 교장이 될 수 있습니다. 이 과정에서 교육이 병들어갑니다. 교장으로부터 상위의 근무성적평가점수를 못 받아 교감이 되지 못한 교사가 학교에서 자살을 한 극단적인 일까지 있었으니 이를 보아도 교장의 힘은 학교에서 절대적입니다. 「초·중등교육법」에서 교사는 주어로 한 차례 언급되는 데 반하여 교장은 30차례 언급됩니다. 즉, 교사가 교육활동의 중심이어야 하는데 현실이 그렇지 않음을 증명하는 것입니다.

지역의 교육청도 교육을 지원하는 본질적 책무를 강조하기 위해 교육지원청으로 이름을 바꾸었지만 교육지원청은 여전히 교사들의 점수를 관리하는 업무로 인해 행정력을 낭비하고 있습니다.

2007년 노무현 정부는 이런 상황의 일부라도 개선하기 위해 유능한 평교사 교장을 선발한다는 취지의 교장공모제를 법제화하였습니다. 운영 결과 내부형 공모 교장에 대한 학교구성원들의 만족도는 현행 교장승진임명제에 의한 교장보다 훨씬 높았습니다.

그러나 이후에 들어선 이명박 정부는 자율학교의 15% 이내로 응모 자격을 제한하는 시행령을 만들어 민주적 학교문화의 출발을 막았습니다. 즉 지난 10여 년간 학교의 민주주의는 뒷걸음질했습니다.

세계를 놀라게 한 촛불혁명은 국정농단을 자행한 박근혜 정부를 물러나게 했습니다. 이후 들어선 문재인 정부는 우리 사회에 만연한 적폐를 청산해야 한다는 국민의 염원을 하나씩 실현하고 있습니다. 지금은 엄중한 시기입니다. 시대에 발맞춰 교육의 적폐인 교장승진임용 제도를 개선해야 할 절호의 기회이기 때문입니다.

문재인 정부는 '교실 혁명을 통한 공교육 혁신'을 국정과제 가운데 하나로 제시하며 교장공모제를 확대하겠다고 밝혔습니다. 이에 발맞추어 교육부는 지난해 12월 26일 자율학교에 한하여 평교사도 교장공모에 응모할 수 있도록 교육공무원 임용령 개정안을 2018년 9월 1일부터 시행하겠다고 발표하였습니다. 초·중등교육법 등에 따라 교장임용, 교육과정 운영, 교과서 사용, 학생선발 등에서 일정 정도 자율성을 가질 수 있는 자율학교만이라도 교장공모제를 확대하여 적용하겠다는 취지였습니다.

교육부의 계획이 발표되자 교사들은 환영했습니다. 나아가 5% 정도 되는 자율학교에 한하여 적용하기보다 전체 학교에 확대 적용해야 한다는 의견이 많았습니다. 대다수 교원단체들의 지지 성명서가 이를 증명합니다. 그러나 최대 교원단체를 자처하는 한국교원단체총연합(이하 교총)은 이를 '나쁜 정책'이라 규정하였습니다. 심지어 평교사 출신 교장을 '무자격 교장'이라 부르며 정책 시행을 막기 위한 '총력투쟁'을 선포하며 정부에 맞서고 있습니다.

이 시점에서 대한민국헌법 제1조를 읽어보겠습니다.

① 대한민국은 민주공화국이다.
② 대한민국의 주권은 국민에게 있고, 모든 권력은 국민으로부터 나온다.

같이 읽자, 교육법!

헌법 조항의 '대한민국'을 '학교'로 고쳐서 다시 읽어보겠습니다. 이때, '국민'은 '학교구성원'으로 바꾸어야 자연스럽게 읽힙니다. '학교의 주권은 학교구성원에게 있고, 모든 권력은 학교구성원으로부터 나온다.'

헌법정신을 학교에 구현하기 위해서라도 교장승진제도는 반드시 개혁해야 합니다. 최종적으로는 학교구성원이 교장을 뽑고 이렇게 선출된 교장이 정해진 임기 동안 교장을 맡다가 임기를 마치면 다시 교사로 돌아가는 '교장선출보직제'가 바람직합니다.

그러나 이를 갑자기 실시했을 때 겪을 혼란을 막기 위해서 현행 제도의 틀을 수정 또는 보완하며 점진적으로 개혁해야 합니다. 그러기 위해서는 자율학교뿐만 아니라 모든 학교에서 '교장공모제'를 실시해야 합니다.

미래사회 변화에 대응하기 위한 학교혁신을 위해서라도 역동적인 학교현장에 더 적합한 교장, 다양한 교직 생활을 경험한 교장의 탄생도 가능해야 합니다. 이러한 측면에서 교육부의 이번 조치는 환영받을 일이며, 오히려 시대 변화에 비추어 늦은 감이 있습니다.

이제 우리는 교장의 직무와 역량에 대하여 진지하게 고민해보아야 합니다. 감시와 통제 및 예우로 상징되는 전근대적인 교장 역할의 패러다임에서 하루라도 빨리 벗어나야 합니다. 미국형 'CEO모델'과 유럽형 'Head Teacher모델'을 참고하여 우리 교육 현실에 적합한 한국형 교장 역할의 상을 마련해야 할 때입니다. 우리 교육이 미래로 나아갈 수 있도록 교총도 기득권을 내려놓고 교육개혁을 위해 대승적으로 협력할 것을 촉구합니다.

청원 내용

전근대적인 교장승진제도는 민주적인 교장 선출제도로 바꾸어야 합니다. 이 과정에서 개혁 반대 세력의 저항을 막고 교육 현장의 혼란을 최소화하면서 민주적인 학교를 만들어가기 위해 교장승진제도는 반드시 개혁해야 합니다.

1단계 : 교장공모제 전면 확대 실시

현재 자율학교에 한하여 시행하도록 하고 있는 내부형 교장공모제를 모든 학교에서 실시할 수 있도록 교육공무원임용령 제12조의6(공모 교장의 자격기준 등)을 개정하기 바랍니다.

같은 시기 같은 사안을 두고 벌이는 청원에 두 교원단체는 총력을 쏟
았다. 한 달간의 청원기간이 끝난 결과 10만 회원을 자랑하는 한국교총
의 청원은 41,114명의 동의를 받았고, 회원 1천 명이 갓 넘은 상태인 실천
교육교사모임의 청원은 17,172명의 동의를 받았다. 한국교총의 청원보다
동의 숫자가 많지 않은 것에 자존심이 좀 상했지만 법령 미비로 설립신고
조차 하지 못하고 있는 단체에서 추진했던 일에 이만큼의 동의는 놀라운
것이라며 위로해주는 이들도 많았다. 결국 두 청원 모두 정부 답변을 바
라는 20만에는 한참 미치지 못했다.

이렇게 찬반이 극명하게 갈렸던 내부형 교장공모제에 대하여 문재인
정부는 신청한 자율학교의 50% 이내에서 내부형 공모교장제를 실시하는

것으로 후퇴하며 「교육공무원임용령」을 개정했다. 양측의 반대를 무마하려는 타협책이었으리라 생각하는데 양측 모두에게 환영받지 못하는 결과였다. 더구나 행정절차법상 원안이 수정되었으면 다시 입법예고를 거쳐야 하는데 이 절차를 거치지 않은 것을 두고 위법성 논란도 있었다.

두 청원전쟁은 내부형 교장공모제 확대를 두고 촉발되었지만 이 문제의 본질은 내부형 교장의 비율이 아니다. 누가 어떻게 교장이 되느냐도 중요하지만 교장이 어떤 일을 하느냐가 더 중요하다. 헌법에서는 대통령의 임무를 20개 조에 걸쳐 밝히고 있다. 헌법에서 위임한 법률까지 따지고 보면 대통령의 임무와 역할은 상황에 따라 아주 구체적이다. 반면에 「초·중등교육법」에서 밝히고 있는 교장의 임무는 '총괄'이 전부다. '총괄'이라는 말도 이전에는 '통할'이었다. 통할이 총괄로 소리 소문도 없이 바뀌었기에 개정이유를 찾아보았다. 2021년 3월 23일 「초·중등교육법」이 타법개정으로 일부개정되면서 이렇게 바뀐 것이었다. 통할은 "모두 거느려 다스린다"는 뜻이다. 제왕적인 느낌이 난다는 비판을 받아왔던 것도 이 때문이다. 이를 "한데 묶어 포괄한다"는 뜻의 총괄로 바꾼 것인데 통할이나 총괄이나 교장의 임무가 모호하기는 마찬가지다.

학교의 역할이 늘어가면서 교직원의 갈등이 늘어가고 있다. 교직원의 임무가 불분명하기 때문에 생기는 갈등이다. 그중에 압권이 바로 교장의 임무다. 최소한 헌법이 정한 대통령의 임무만큼이라도 교장의 임무를 구체화할 때 교장제도는 개혁되리라는 생각도 하게 된다.

지금까지 교장제도 개혁에 대한 내 이야기를 풀어보았다. 솔직히 말하면 지금 나는 교장이 될 생각이 없다. 예전에는 가져본 적도 있지만 지금은 그 생각을 접었다. 그런데 교장이 될 생각을 접었더니 오히려 교장이 되면 하고 싶었던 일을 다 하게 되는 경험도 했다. 교장이 되고 싶은 생각은 접었지만 교장제도를 개혁하겠다는 꿈은 여전히 꾼다. 당신은 교장제도에 대해서 어떻게 생각하는가?

QR코드로 안내하는 법령들에서 교장의 지위, 임무, 임용, 임기 등과 관련된 내용을 찾아보고, 미래교육을 위해서는 이를 어떻게 개정하는 것이 나은지 함께 고민해보자.

「초·중등교육법」 읽어보기

「교육공무원법」 읽어보기

「교육공무원임용령」 읽어보기

같이 읽자, 교육법!

교원단체 설립을
누가, 왜 방해하는가?

2015년 10월 31일, 뜻있는 전국의 교사들과 함께 모여 교원단체 실천교육교사모임을 만들었다. 이 일에 직접 관여한 나는 어쩌다 초대 회장을 맡았다. 매사에 즉흥적인 나도 단체의 임원을 맡은 이상 그렇게 살 수는 없었다. 연초에 회원총회에서 연수, 출판, 콘텐츠 개발, 교사모임 지원, 교육정책 연구 및 개발 등의 내용이 포함된 사업 계획을 의결하고 착실히 이행했다. 강원도 고성 산불 피해, 대구·경북 지역 코로나19 확산과 같은 재난 상황에는 성금을 모아 전달하기도 했다. 회원 모두에게 명함을 만들어 보낼 때 명함 하단에 좌우명을 새기도록 안내했는데 내 명함 하단에는 "대한민국 교원단체의 새로운 지평을 열겠습니다"라는 다짐을 적었다.

문제는 아무리 노력해도 교원단체로 등록할 수 없다는 것이었다. 1997년, 구 「교육법」을 폐기하고 「교육기본법」을 새롭게 재편하면서 기존에 존재하던 한국교총을 교원단체로 인정하고 새로운 교원단체의 조직에 관한 사항은 대통령령으로 정하도록 했다. 그런데 정부가 그 일을 지금까지 하지 않아서 생긴 일이다. 이 같은 '행정입법부작위'는 당연히 국민의 기본권을 침해한다. 이를 해결하고자 교원단체로 설립신고를 하지 못하고 있는 3개 교원단체(새로운학교네트워크, 실천교육교사모임, 좋은교사운동)는 뜻을 모아 2018년 10월 29일 감사원에 공익감사를 청구했다. 그때 썼던 공익감사 청구이유서를 읽어보자.

공익감사 청구이유서

대한민국의 교육법제는 교원의 노동조합(이하 '교원노조')과 교원단체를 구분합니다.

교원노조는 「교원의 노동조합 설립 및 운영 등에 관한 법률」(이하 '교원노조법') 제4조(노동조합의 설립)에 따라 설립하고, 같은 법 제6조(교섭 및 체결 권한 등)로 교육부장관, 시·도교육감과 교섭하여 단체협약을 체결할 수 있습니다.

교원단체는 「교육기본법」 제15조(교원단체)에 따라 설립하고, 「교원의 지위향상 및 교육활동 보호를 위한 특별법」 제11조(교원의 지위 향상을 위한 교섭·협의)에 따라 교육부장관, 시·도교육감과 교섭·협의를 할 수 있습니다.

교원노조는 일정한 자격 요건을 갖추면 누구나 설립할 수 있습니다. 교원노조법 제4조에 따라 고용노동부장관에게 설립 신고 등의 절차를 거치면 교원노조로 인정을 받아 활동합니다. 현재 '전교조', '한교조', '자유교조', '서울교사노조' 등 여러 교원노조가 설립되어 운영되는 것도 이 때문입니다.

반면에 교원단체는 '한국교총'이 법적 지위를 독점하고 있습니다. 교원단체의 법적 근거인 「교육기본법」(법률 제5437호 제정 1997. 12. 13. [시행일 1998. 3. 1.])을 제정할 당시에 교원단체 조직에 관한 사항을 제15조 제2항에서 대통령령으로 위임하였는데, 관련 시행령을 20년이 지나도록 만들지 않고 있기 때문입니다.

이 같은 행정입법부작위는 국민의 기본권을 침해하므로 헌법소원의 대상입니다. 그럼에도 불구하고 교육부는 그동안 교원단체 설립을 위한 시행령을 만들기 위한 책임을 다하지 않았습니다. 이를 촉구하는 민원을 통해 시행령 미제정의 이유와 향후 입법계획을 물었더니 "이유를 모름", "검토 중"이라는 무책임한 답변으로 일관하고 있습니다. (민원 자료 참고)

축복 속에 태어난 아이가 출생신고를 하지 못한다면 이처럼 불행한 일도 없을 것입니다. 교원단체도 마찬가지입니다. 이미 존재하는데 법적 절차가 없어서 등록

같이 읽자, 교육법!

하지 못하는 것은 교육 발전을 위해서도 큰 불행입니다.
이에 교원단체를 표방하며 단체를 창립하여 운영하고 있는 단체들이 뜻을 모아 공익감사를 청구합니다. 법외에 머물고 있는 단체들이 교원단체로 등록할 수 있도록 길을 열어주시기 바랍니다.

2018년 10월 29일
청구인: 새로운학교네트워크, 실천교육교사모임, 좋은교사운동

민원에는 형식적인 답변으로 일관하고 교원단체 법령 제정에 소극적이던 교육부였는데 감사원이 뜨자 태도가 달라졌다. 내게 전화를 먼저 해서 상황을 묻기도 하고 교원단체 시행령을 만들기 위한 TF도 꾸리며 그 자리에 3개 교원단체 대표자들을 초대하기도 했다. 그러나 애석하게도 감사원의 감사 결과는 "각하"였다. 이 사안은 입법과 관련된 것이라 감사원이 판단할 수 없다는 게 이유였다. 그래도 감사원까지 나서서 조사하면서 시행령 제정을 촉구했으니 교육부도 손 놓고 있을 수만은 없었는지 대학 연구팀에 정책연구 외주를 맡겼다. 그렇게 또 시간이 흘렀다.

흐르는 그 시간을 가만히 보고만 있을 수는 없어서 나는 2019년 3월 10일에 청와대 국민청원 게시판에 청원글을 올렸다. 그 글을 같이 읽어 보자.

복수교원단체를 인정해주세요

우리나라에 복수노조가 인정이 된 지도 오랜 세월이 흘렀습니다. 그런데 복수교원노조는 인정이 되는데 복수교원단체는 인정이 되지 않고 있습니다. 다소 의아하게 여기는 분도 있을 텐데 이렇게 된 기막힌 사연이 있습니다.

보통 교원단체라고 부르지만 엄연히 교원단체와 교원노조는 법적으로 다릅니다. 우리나라에만 있는 특이한 현상이기도 합니다. 해방 이후 '대한교육연합회'(1989년 이후 '한국교원단체총연합회'로 바뀜)라는 이름의 교육회(1998년 이후 '교원단체'로 바뀜)가 먼저 만들어졌고, 1997년 '전교조' 합법화로 교원노조가 만들어지면서 교원단체와 교원노조는 각각 설립, 교섭 등의 법률적 근거를 달리하게 됩니다.

교원노조는 일정한 자격 요건을 갖추면 누구나 설립할 수 있습니다. 교원노조법 제4조에 따라 고용노동부장관에게 설립 신고 등의 절차를 거치면 교원노조로 인정을 받아 활동합니다. 현재 '전교조', '한교조', '자유교조', '서울교사노조' 등 여러 교원노조가 설립되어 운영되는 것도 이 때문입니다.

반면에 교원단체는 '한국교총'만 법적 교원단체로 인정을 받고 다른 교원단체는 설립조차 할 수 없습니다. 1997년 「교육기본법」을 제정할 때 "「교육법」 제80조의 규정에 의한 '교육회'를 「교육기본법」 제15조 제1항의 규정에 의한 '교원단체'로 한다"고 부칙에 명시한 후에 「교육기본법」 제15조 제2항에 따른 교원단체를 조직할 수 있는 시행령을 정부가 만들지 않았기 때문입니다.

위와 같은 내용은 2018년 10월 29일 정성식 외 1,088명이 감사원에 신청한 '교원단체 설립에 관한 시행령 미제정에 대한 공익감사청구'에 대해 감사원이 관련 사실을 조사하고 검토 결과를 청구인에게 통지한 내용과도 일치합니다.

행정부가 시행령을 제정해야 할 의무를 시행하지 않는 일(행정입법부작위)은 국민의 기본권을 침해하므로 헌법소원의 대상이 되기도 합니다. 그럼에도 불구하고 교육부는 21년이 지나도록 「교육기본법」에서 위임한 교원단체 관련 시행령을 만들기 위한 노력을 하지 않았습니다.

아기가 태어났는데 출생신고를 하지 못한다면 이처럼 불행한 일도 없을 것입니다. 교원단체도 마찬가지입니다. 이미 단체 창립을 하여 여러 해 동안 공익적 활동을 하고 있는데 법적 절차가 없어서 설립신고를 하지 못하고 있는 교원단체들이 있습니다.

이와 같은 단체의 구성원들은 당연히 기본권을 침해당하게 됩니다. 더 안타까운 것은 특정 단체가 교원단체의 지위를 독점하는 것이 우리 교육을 위해서 결코 바람직하지 않다는 것입니다. 도대체 언제까지 이런 불합리를 계속 지켜봐야 합니까?

이에 정부에 간곡히 호소합니다. 한국교총 이외에도 이미 존재하고 있는 다른 교원단체들이 설립할 수 있도록 「교육기본법」 제15조 제2항에 따른 대통령령을 하루빨리 만들어주기를 바랍니다.

청와대 국민청원까지 이어지자 교육부는 시행령 제정에 본격적으로 움직이기 시작했다. 여러 차례 논의 끝에 시행령 초안도 잡았고, 입법예고를 하기 위한 수순을 밟아갔다. 그러다 복병을 만났다. 한국교총은 미래통합당 김병욱 의원 등을 움직여서 '교원단체의 설립 및 운영에 관한 법률안'을 발의했다. 법안의 내용이 문제였다. 「정당법」에 따르면 정당은 1,000명 이상의 당원을 모아 시·도당을 만들고, 시·도당 5개를 모아 중앙선관위에 전국정당을 등록할 수 있다. 그런데 '교원단체 설립 및 운영에 관한 법률안'에 따르면 교원단체는 시·도 교원 10분의 1 이상의 회원을 확보해 시·도교육청에 설립 신고하고, 이 조건을 갖춘 시·도교원단체 10개 이상을 모아 교육부에 교원단체 등록을 할 수 있도록 했다. 정당보다 만들기가 더 어려운 법안을 발의한 의도는 뻔했다. 만들지 말라는 것이었다.

이에 대해 항의하자 '교원단체의 난립을 막기 위해 설립 요건을 까다롭게 해야 한다'는 논리로 응답했는데 이 대답 또한 궁색하기 그지없었다. 교원노조도 2명 이상의 교사만 있으면 만들 수 있는데 30년 교원노조 역사 속에서 교원노조가 난립했던가? 문제는 난립이 아니라 독점에 있다. 교원단체를 관리하기 어렵다는 논리도 시대착오적인 발상이다. 「교육기본법」은 교원단체(제15조), 국가 및 지방자치단체(제17조)를 교육당사자의 한 축으로 각각 밝히고 있다. 즉 교원단체는 관리의 대상이 아니라 협력의 대상임을 알아야 한다. 교섭·협의에 따른 행정력 낭비가 부담이라는 논리도 기우일 뿐이다. 교육부는 코로나19 위기 극복을 위해 6개 교원단체와 간담회, 정책협의 등을 해오고 있다. 이 과정에 어떤 문제도 없었다. 오히려 교육 현장의 의견이 폭넓게 수렴되어 정책 결정에 반영되는 순기능으로만 작용하고 있다.

법안이 발의되자 그동안 시행령을 제정하기 위해 그나마 노력하던 교육부도 곤경에 처했다. 입법 발의가 된 사안을 두고 시행령을 제정하는 것이 어렵겠다며 시행령에 담았던 내용을 같은 이름의 법률로 발의하는 쪽으로 방향을 선회했다. 여당 교육위원회 간사를 맡고 있던 박찬대 의원이 주도하여 같은 이름의 '교원단체의 설립 및 운영에 관한 법률안'을 발의했다. 김병욱 의원이 발의한 법안에서 설립 요건을 까다롭게 한 것을 완화하고, 다른 법에 있던 교섭·협의에 대한 사항까지 포함하여 법을 정비하는 내용이었다. 시행령보다 법안 통과가 훨씬 어렵지만 어떻게든 돌파구를 찾아야 했기에 3개 교원단체는 법안에 대해 지지하는 입장을 밝혔다. 한국교총도 한발 물러서 이 법안에 대해 반대 입장을 피력하지는 않았다. 3개 교원단체는 공전 중이던 국회만 열린다면 법안은 순조롭게 통과될 것으로 기대했다.

그러다 예상치도 못한 복병을 다시 만났다. 이 법안에 대해 교사노조연맹이 반대 입장을 표명했다. 사용자(교장)까지 회원에 포함된 단체가 교섭권을 갖게 되면 교원노조의 교섭력을 약화시킬 것이라며 위헌소지가 있다는 말까지 거론했다. 나는 친절하게 설명했다. 법 상식을 조금만 따져보아도 당연히 아니라고. 우리나라 헌법은 노동자에게 단결권, 단체교섭권, 단체행동권을 포함한 노동3권을 보장하고 있다. 헌법의 취지는 이 권리를 모든 노동자에게 보장하는 것이지 노조에게만 보장하는 것이 아니다. 위헌이 되는 것은 단결권을 제한할 때다. 가령 각 시·도별로 교원노조는 1개만 인정한다거나 하는 식으로 단결권을 제한하면 그게 위헌이다. 법률에서 만들라고 한 교원단체 시행령을 만들지 않은 행정입법부작

같이 읽자, 교육법!

위로 3개 교원단체가 기본권에 제한을 받고 있으니 이게 위헌이다. 그런데 교원노조 말고 다른 단체를 만들어 교원들이 단결하고 결사할 권리를 보장한다고 해서 그게 어떻게 위헌이 된단 말인가? 만약에 교장노조가 만들어져서 교장노조의 교섭을 교사노조의 교섭보다 우선 적용한다고 하면 그게 위헌이다.

이미 한국교총이라는 교원단체가 있는데 다른 교원단체의 설립을 막으면 한국교총만 교원단체의 지위를 독점하게 되는데 이를 어떻게 할 것인지 물었더니 그건 자기들이 해결할 것이 아니라는 참으로 무책임한 대답이 돌아왔다. 이것은 운동하는 사람들의 태도도 아니다. 내가 아는 운동은 특정 세력이나 집단이 독점하는 기본권을 모든 사람들이 보편적으로 누리도록 확산하는 것이다. 더 이상 대화가 불가능했고 이들과 더 이상 교육운동을 같이하는 것도 힘들다는 생각이 들었다.

이후 교사노조연맹은 자신들의 힘만으로는 부족했다고 느꼈는지 한국노총까지 움직였다. 이후 한국노총이 나서서 더불어민주당을 압박했다. 더불어민주당은 성급하게 이 법안을 처리하지 않겠다는 각서까지 써서 한국노총에 전달했다. 결국 법안은 국회 문턱을 넘지 못하고, 시행령도 제정되지 못한 채 새로운 교원단체는 여전히 법 밖에 머물고 있다.

교사노조연맹 출범에도 일정 정도 기여했던 나는 진보적인 교육개혁을 위해 활발한 연대도 같이해왔다. 그러다 이 일을 계기로 틀어졌다. 내 예상대로 교사노조연맹은 2021년 6월 29일 한국노총에 가맹한다. 제1노총의 자리를 민주노총에 내어준 한국노총과 전교조를 넘어 제1교원노조의 자리를 넘보는 교사노조연맹이 합작한 결과였다. 1990년 2월 9일, 여당인 민주정의당과 제1야당인 통일민주당, 제3야당인 신민주공화당이

합당한 3당합당을 보는 것 같았다. 두 단체가 공조해서 교원단체법안을 반대할 때 교사노조연맹의 행보가 여기까지 이어질 것이라는 것은 충분히 예상했었다.

그러나 교사노조연맹의 이후 행보는 내 예상 밖이다. 최근 교사노조연맹은 평생교사노조의 가맹을 승인했다. 평생교사노조는 교사노조연맹을 만든 이들이 중심이 되어 만든 교원노조다. 평생교사노조를 만든 이들은 한국교총을 비판할 때 「퇴직교원 평생교육활동 지원법」까지 만들어서 한국교총에 몸담았던 교장들이 퇴직하면 '한국교육삼락회'에 머무는 것을 호되게 비판하던 사람들이었다. 남이 하면 적폐고 내가 하면 권리라는 식이다. 해직된 조합원들을 조합원으로 두었다는 이유로 6년간 법외노조로 몰렸던 전교조 문제를 풀기 위해 조합원의 범위를 넓게 해석하도록 개정한 교원노조법을 이렇게 이용해서는 안 된다.

이렇듯 내 예상 밖의 일까지 나아가니 앞으로 교사노조연맹의 행보가 어떻게 될지는 모르겠다. 아니 관심이 없다. 그저 이들의 행보가 교사집단의 이기주의로 우리 교육에 해만 끼치지 않기를 바랄 뿐이다.

어쨌든 난관에 봉착해 있는 교원단체의 법제화는 활로를 찾아야 한다. 지금 교육부가 정책협의를 해나가고 있는 6개 교원단체 가운데 전교조, 교사노조연맹, 한국교총만이 법정 교원단체다. 나머지 단체들 중 새로운학교네트워크, 실천교육교사모임, 좋은교사운동은 법령 미비를 이유로 여전히 법 밖에 있다. 태어난 지 몇 년이 지났는데 기득권의 반대로 출생신고조차도 못하고 있는 오늘의 상황이 참으로 서럽다. 이게 정상인가?

교원단체와 교원노조 관계 법령을 QR코드로 안내한다. 법령을 읽어보며 어떤 문제점이 있는지 찾아보고, 이를 해결하기 위해서 어떻게 법

같이 읽자, 교육법!

조항을 제정 또는 개정하는 것이 좋은지 생각해보자.

「교육기본법」 읽어보기

「교원의 지위 향상 및 교육활동 보호를 위한 특별법」 읽어보기

「교원 지위 향상을 위한 교섭·협의에 관한 규정」 읽어보기

「퇴직교원 평생교육 활동 지원법」 읽어보기

「교원의 노동조합 설립 및 운영 등에 관한 법률」 읽어보기

「교원의 노동조합 설립 및 운영 등에 관한 법률 시행령」 읽어보기

「교원의 노동조합 설립 및 운영 등에 관한 법률 시행규칙」 읽어보기

교사 업무 실태를 보라.
교육이 가능한 상황인가?

학교에서 해야 할 일은 자꾸 늘어가고, 교직원의 임무는 불분명하니 학교 안에서 늘어난 일을 누가 할지를 두고 갈등이 늘어간다. 그 실태를 알아보기 위해서 2017년 4월 14일에 페이스북에 아래와 같은 내용의 글을 올렸다.

> 교무校務를 찾습니다
>
> 하루가 멀다 하고 수십 개의 공문을 학교로 보내는 교육부와 교육청을 상대로 민원 하나 신청하려고 합니다. 최근 학교에 설치된 CCTV를 누가 관리하냐를 두고 학교마다 논란이 있습니다. 원래 이런 거 따지는 게 참 구차합니다. 그런데 이번에는 좀 따져야겠습니다. 행정직원과의 갈등 때문에 시시비비를 가리자는 것은 아닙니다. 제가 그 정도로 잇속을 차리고 살지 못합니다. 이를 따지려는 이유는 따로 있습니다.
> 첫째, 교육부와 교육청 사업의 법적 근거를 밝히고자 합니다. 교육행정은 마땅히 법적 근거에 따라 시행되어야 함에도 불구하고 법적 근거도 없는 사업들이 누군가의 지시에 의해 우후죽순처럼 생겨나기 때문입니다. 이 사업들의 법적 근거를 그들에게 해명케 할 것입니다.
> 둘째, 교직원의 임무를 명확히 밝혀 학교를 학교답게 만들고자 합니다. 각 업무들

같이 읽자, 교육법!

의 책임자가 누구인지 교장, 교감, 수석교사, 교사, 행정직원, 직원인지 법적 근거를 들어 구체적으로 밝혀달라 할 것입니다. 차제에 현장에 갈등만 조장하는 교육법이라면 개정하자는 목소리까지 내려고 합니다.

이런 뜻으로 선생님들께 도움을 요청합니다. 선생님이 학교에서 하고 있는 일들을 댓글로 남겨주시기 바랍니다. 선생님들이 하시는 일을 분류하고 여기에 일련번호를 매겨 각 번호들에 해당하는 업무의 법적 근거와 담당자가 누구인지를 구체적으로 밝혀달라 할 것입니다. '방과후학교'라고 대충 적어주시면 안 됩니다. '방과후 강사 채용을 위한 성범죄 관련 신원 조회 서류 작성 및 발송'처럼 구체적으로 적어주셔야 합니다. 하시는 일이 많을 텐데 댓글 하나에 다 적지 마시고 일의 가짓수대로 댓글을 따로 적어주셔야 제가 취합하기가 더 편합니다. 댓글 수를 보고 황망한 학교의 실상을 그들이 깨닫게 하려는 노림수도 있습니다.

헌법 제26조에 따른 청원이라 반드시 민원에 답변을 할 것입니다. 그 답변을 보면 법령에도 없는 사업들이 많을 것입니다. 방과후학교, 돌봄교실, 교원능력개발평가부터가 그러니까요. 그러면 그 사업들의 추진 근거와 배경, 관련 예산을 밝혀달라는 민원을 또 줄기차게 건별로 이어갈 것입니다. 이렇게 해봤자 그들이 지금껏 학교에 전달하며 요구한 공문서들에 비하면 새 발의 피일 것입니다.

댓글은 일요일 정오까지만 받겠습니다. 메시지로는 안 됩니다. 그거 낱낱이 확인할 시간이 제겐 없습니다. 사실 자기가 하는 일을 드러내놓고 말하지도 못하는 사람의 일까지 챙기고 싶은 아량도 없습니다. 다만 교육부나 교육청 또는 직속기관에 근무하는 사람은 내부고발하는 심정일 테니 그분들이 보내는 메시지는 받겠습니다.

세월호 3주기가 다가오는데 이런 황망한 글이나 읽게 해서 미안합니다. 그 참담한 일이 있고 나서 해결된 것은 하나도 없고 그 모든 책임이 학교인 양 안전 운운하는 그들이 더 가증스러워 이렇게라도 대응을 해야겠습니다.

세상이 하수선하여 평소 친구 공개로 글을 써왔는데 이번 글은 전체공개로 게시합니다. 학교의 애환을 담은 많은 업무들을 댓글로 남겨주시고 주변에 널리 알려주시기를 부탁드립니다.

페이스북에 글을 올리자 하루 만에 300여 개의 댓글이 금방 달렸다. 메시지로 들어온 글도 많았다. 그 글들을 정리하여 2017년 4월 28일, 국민신문고에 교육부를 상대로 민원을 신청했다. 교사들의 업무가 너무 많아 상당한 지면을 차지하겠지만 이를 하나도 생략하지 않고 그대로 담는다. 그래야 구체적인 교사들의 실상을 이해할 테니 말이다.

학교에서 교사들이 하고 있는 일들의
법적 근거와 업무담당자를 밝혀주기 바랍니다

■ 민원 신청인 정보
신청번호: 1AA-1704-232128
신청인 구분: 단체
단체명: 실천교육교사모임
대표자 성명: 정성식

신청내용

우리는 대한민국의 교사입니다.

교육부는 '모두에게 기회와 희망을 주는 교육'을 기치로 내걸고 있습니다. 그러나 교육부는 정작 교사들에게 학생을 마주할 기회와 교육에 대한 희망을 노래할 여력을 주지 않았습니다. '행복교육', '혁신교육', '미래교육', '교육수도' 등을 천명하고 있는 각 시·도교육청도 상황은 마찬가지였습니다. 교사는 늘 혁신의 대상이었으며 교육과정을 포함한 교육정책의 결정 과정에서 철저하게 소외되었습니다.

그동안 교육부와 교육청은 해마다 '교원업무 경감대책'을 마련하여 학교에 전달하였으나 교사들의 업무는 해가 갈수록 증가하고 있습니다. 교육부와 교육청은 하루 평균 20여 건의 공문서를 학교에 보냅니다. 학교에서 다루는 공문서의 양이 연간 만 건을 넘습니다. 많은 곳은 2만 건입니다. 학교가 이렇게 된 지 이미 오래되었습니다.

이에 실천교육교사모임은 학교의 실태를 보다 정확하게 파악하기 위하여 전국의 교사들을 상대로 '학교에서 교사들이 하고 있는 업무 실태'(이하 교사업무실태)를 온라인으로 조사하였습니다.

설문조사 결과는 참담했습니다. 현재 대한민국의 교사들은 교육자가 아니라 행정실무사였습니다. 교사가 이 많은 행정업무를 하면서 학생을 제대로 교육하기 바란다는 것은 불가능합니다. 교사가 행복해야 학생이 행복합니다. 학생을 마주하기보다 행정업무를 하느라 컴퓨터를 마주하는 시간이 날이 갈수록 늘어갑니다. 이런 교사가 교육자로서의 희망을 가질 수 없습니다.

이에 우리 단체는 교육부와 교육청이 학교의 실상을 보다 면밀히 파악할 수 있도록 학교에서 교사들이 하고 있는 일들을 유형별로 분류하고 여기에 일련번호를 매겨 교육부와 교육청에 전달합니다.

교육부와 교육청은 먼저 교사들이 학교에서 하고 있는 일들을 꼼꼼하게 살피기 바랍니다. 그렇게 학교의 실상을 제대로 파악한 다음 우리 단체가 요구하는 두 가지 질문에 성실하게 답변해주기 바랍니다.

첫째, 교사업무실태 목록에서 제시한 학교에서 교사들이 하고 있는 업무들의 법적 근거를 밝혀주기 바랍니다. 민주사회를 운영하는 기본 시스템은 법입니다. 이는 사회적 계약과 약속의 산물이므로 행정은 법치주의를 원칙으로 합니다. 교육행정도 예외일 수 없습니다.
그러나 학교에서 교사가 하고 있는 일들을 살펴보면 법적 근거가 없는 것들이 많습니다. 이에 교육행정 법치주의 원칙에 입각하여 해당 업무들의 법적 근거를 낱낱이 밝혀주기 바랍니다. 만약 법적 근거가 없이 시행되고 있는 사업으로 인하여 발생한 일이라면 해당업무를 귀 기관에서 추진하고 있는 이유를 밝혀주기 바랍니다.

둘째, 관련 법령에 따라 해당 업무의 담당자를 명확히 밝혀주시기 바랍니다.
초·중등교육법 제19조는 교직원의 구분을 교원과 행정직원으로 밝히고 있습니다. 같은 법 제20조는 교직원을 교장, 교감, 수석교사, 교사, 행정직원 등 직원으로 나누어 교직원의 임무를 아래와 같이 구체적으로 밝히고 있습니다.

초·중등교육법 제19조(교직원의 구분)
③ 학교에는 원활한 학교 운영을 위하여 교사 중 교무校務를 분담하는 보직교사를

둘 수 있다.

초·중등교육법 제20조 (교직원의 임무)
① 교장은 교무를 통괄하고, 소속 교직원을 지도·감독하며, 학생을 교육한다.
② 교감은 교장을 보좌하여 교무를 관리하고 학생을 교육하며, 교장이 부득이한 사
  유로 직무를 수행할 수 없을 때에는 교장의 직무를 대행한다. 다만, 교감이 없는
  학교에서는 교장이 미리 지명한 교사(수석교사를 포함한다)가 교장의 직무를
  대행한다.
③ 수석교사는 교사의 교수·연구 활동을 지원하며, 학생을 교육한다.
④ 교사는 법령에서 정하는 바에 따라 학생을 교육한다.
⑤ 행정직원 등 직원은 법령에서 정하는 바에 따라 학교의 행정사무와 그 밖의 사
  무를 담당한다.

이 조항에 따르면 교무校務는 교장, 교감, 보직교사에 해당하는 임무이며 여기에
수반되는 각종 행정업무는 행정직원의 임무입니다. 즉 교사에게는 교무의 권한
과 책임이 없습니다. 그러나 현재 학교의 업무들은 대부분 교사들에게 분장되어
행해지고 있습니다. 교사의 수만큼 업무가 세분화되고 있는 실정입니다. 이 업무
분장으로 인한 갈등이 나날이 늘어가고 있습니다. 최근 CCTV 관리를 교무실에
서 해야 하는지, 행정실에서 해야 하는지를 두고 벌어지는 갈등이 이를 대변합니
다.

이에 교직원을 구분하고 이에 따른 임무를 규정하고 있는 관련 법령에 따라 해당
업무의 담당자가 누구인지 일련번호별로 명확하게 밝혀줄 것을 요구합니다. 반
드시 법령에서 언급하고 있는 교직원의 구분에 따라 ① 교장, ② 교감, ③ 수석교
사, ④ 교사, ⑤ 보직교사(초·중등교육법 제19조 제3항에 따라 교무를 분장할 수
있으므로), ⑥ 행정직원 등 직원으로 나누어 구체적으로 밝혀야 합니다.

아래에 교사업무실태를 첨부합니다. 해당업무의 법적 근거와 이에 따른 업무담
당자를 법적 근거에 따라 명확히 구분해주기 바랍니다.

학교에서 교사들이 하고 있는 업무 목록

■ 학교안전 관련 업무

350   같이 읽자, 교육법!

1. 학교안전책임관 지정
2. 학교 출입자 관리 및 출입증 발급
3. 학교 비상벨 설치
4. 배움터지킴이 운영 계획 수립, 위촉, 관리
5. 학교 안전 관리(시설물 관리) 계획
6. 학교시설 현황 점검 및 보고(규모, 도로, 주차장 면적, 학교출입문 개폐, 관련 인력 수, 일하는 시간 등)
7. CCTV 운용 관리 계획
8. CCTV 점검기록부 관리
9. CCTV 화질개선 사업 추진 및 결과 보고
10. 통합관제 센터 연계 통신비 소요액 계산, 보고
11. 생애주기형 안전체험 학습 관련 업무 전반(예약, 계약, 비용 품의)
12. 학교안전공제회 안내, 접수, 처리
13. 학교 주변 교통안전 관리
14. 녹색어머니회 구성, 운영, 활동지원
15. 학교 주변 안전 점검 및 결과 보고
16. 어르신 일자리(교통봉사) 채용, 관리, 급여 신청
17. 안전의 날 행사 추진, 실적 제출
18. 학교 안심알리미 업체 선정 및 관리
19. 석면 실태 파악, 보고
20. 공기질 관리 및 보고
21. 어린이 보호구역 설치 및 관리
22. 교외 안전지도 (방과 후에 현장에 출장)
23. 학교 안전 위험성 진단
24. 소방대피훈련 계획 수립, 추진, 실적 보고
25. 재난대피훈련 계획 수립, 추진, 실적 보고
26. 유해환경업소 조사
27. 안전점검의 날 운영
28. 비상대피로 작성 및 게시
29. 보안점검표 작성

■ 학교폭력 예방 및 대책 관련 업무
30. 학교폭력대책자치위원회 운영 계획 수립

31. 학교폭력대책자치위원 선출 공고, 선거

32. 학교폭력대책자치위원회의 준비, 진행, 회의록 기록, 결과 보고

33. 학부모위원 회의비, 출장비, 여비지급 신청

34. 학교폭력대책자치위원 대상 우편물 발송, 안내, 결과 통지 등

35. 학교폭력대책 선도위원회 관련 업무

36. 학교폭력 없는 학교 만들기 행사 추진, 결과 보고

37. 학교폭력 사안 접수 및 보고

38. 학교폭력 사안 조사 및 보고

39. 학교보안관 위촉

40. 학교보안관 일지 작성

41. 학교보안관 복무 관리

42. 학교보안관 채용 계약, 근무 점검, 만족도 설문, 통계조사 및 결과 보고

■ 인성 관련 업무

43. 인성교육 강사 구인, 계약, 강사료 지급 신청

44. 인성교육 프로그램 소요 물품 견적, 기안, 구입

45. 인성교육 목적사업비 계획, 실시, 보고

■ 기초학력 관련 업무

46. 기초학력 책임 지도 강사 계약

47. 기초학력 책임 지도 관련 교재 구입

48. 두드림학교 학생 기초학력 지도 계획 및 실적 보고

■ 학교자치 관련 업무

49. 학생생활규정 개정

50. 학생회 공모사업 계획서 작성 및 제출

51. 학생회 공모사업 집행 관련 예산 품의

52. 학생회 공모사업 집행 결과 보고

53. 학부모회 공모사업 계획서 작성 및 제출

54. 학부모회 공모사업 집행 관련 예산 품의

55. 학부모회 공모사업 집행 결과 보고

■ 학습준비물 관련 업무

같이 읽자, 교육법!

56. 학습준비물 수요조사

57. 학습준비물 구입

58. 학습준비물 구입 결과 보고

59. 교구선정위원회 구성 및 운영

60. 교구선정위원회 회의록 작성

■ 교과용도서 관련 업무

61. 교과용도서 선정 회의 및 회의록 작성

62. 교과용도서 주문 신청

63. 교과용도서 정산

64. 교과용도서 배부

65. 교과용도서 재활용 현황 보고

■ 교원 인사 관련 업무

66. 스승의 날 정부 포상에 관한 서류 작성

67. 공모교장 초빙계획 수립, 선정, 보고자료 작성

68. 공모교장 중간평가 보고서 작성

69. 교권보호위원회 운영 및 실적 보고

■ 교원능력개발평가 관련 업무

70. 교원능력개발평가 위원회 구성

71. 교원능력개발평가 계획서 작성

72. 교원능력개발평가 결과 보고

■ 교원연수 관련 업무

73. 교원연수 계획 수립

74. 교원연수 실적 보고

■ 각종 위원회 관련 업무

75. 각종 위원회 계획서 작성

76. 각종 위원회 회의 준비, 진행, 회의록 작성

■ 학부모회 운영 관련 업무

77. 학부모회 구성

78. 학부모회 운영 계획서 작성

79. 학부모 자원봉사자 모집, 연수, 간담회, 자료구입

80. 학부모연수 홍보

■ 청소년단체 운영 관련 업무

81. 청소년단체 구성

82. 청소년단체 구성 현황 보고

83. 청소년단체 가산점 대상자 보고

84. 청소년단체 행사 추진

85. 청소년단체 관련 신청서 배부, 취합, 스쿨뱅킹, 송금

■ 방과후학교 운영 관련 업무

86. 방과후학교 운영 계획 수립

87. 방과후학교 교재 및 학습자료 선정 및 구입(견적서 취합, 품의, 세금계산서 첨부)

88. 방과후학교 자원봉사자 관리 및 수당 지급 신청

89. 방과후학교 자유수강권 대상자 선정 및 지원, 관리(취소, 환불 등)

90. 방과후학교 교육경비보조사업 정산

91. 방과후학교 프로그램 안내

92. 방과후학교 신청자 모집

93. 방과후학교 결보강 관리

94. 방과후학교 교실 관리

95. 방과후학교 프로그램 만족도 조사

96. 토요 방과후 프로그램 수요 조사, 프로그램 작성, 강사 선정

97. 토요 방과후 프로그램 실시에 따른 근무 계획 수립

98. 토요일 학생 생활 안전지도 계획서 작성

99. 방과후학교 발표회 운영에 따른 업부 전반

100. 방과후학교 강사 모집 공고, 구비서류 양식 작성

101. 방과후학교 강사 지원서 수합

■ 돌봄교실 운영 관련 업무

102. 돌봄교실 운영 계획서 작성

103. 돌봄교실 관리(안전 장치 설치 등)

같이 읽자, 교육법!

104. 돌봄교실 학습자료, 간식 구입

105. 돌봄교실 스쿨뱅킹

106. 돌봄교실 범정부 수요조사

107. 지역아동센터나 청소년아카데미 등 학교 외 지역돌봄 수요와 현황 조사보고

■ 강사 채용 및 관리 관련 업무

108. 강사 채용 업무 전반(원어민 강사, 돌봄 교실 강사, 방과후학교 프로그램별 강사, 방과후학교 전담직원, 토요스포츠교실 강사, 체험학습보조인력, 학교 지키미, 보안관, 어르신봉사자 등

109. 강사 심사(심사 기준 마련 및 심사위원 구성)

110. 강사 면접 심사 결과 보고

111. 강사 계약서 작성

112. 강사 복무 관리 (NEIS)

113. 강사 결근 시 보결수업 대책

114. 강사 차량 등록 및 신분증 제작

115. 강사 급여 지출 품의(내부기안, 에듀파인 등)

116. 강사 출근부, 청구서, 건강보험, 연금 서류 관리(매달)

117. 강사 성범죄 및 아동학대 조회, 개인정보활동 동의

118. 동행프로그램 대학생 관리(수당, 간식 등)

119. 보조인력 업무지도 및 관리

120. 강사 인건비 산정 및 지출 품의

121. 문화예술 교육 강사 채용 업무 전반

■ 현장체험학습 관련 업무

122. 체험학습지 숙박시설 안전관리 계획 수립

123. 체험학습지 사전 답사, 시설점검표 작성, 기타 자료 확보

124. 체험학습 관련 지출 품의

125. 소방서에 안전요원 지원 요청 및 공문 발송

126. 장애학생 1일 보조인력 채용에 관한 업무 전체(강사임용 절차와 동일)

127. 체험학습 버스 음주 단속 요청, 음주측정 실시

128. 체험학습비 정산, 보고

■ 과학 관련 업무

129. 과학의 날 행사 추진
130. 과학실 안전계획 수립
131. 과학실 안전점검(별도의 장부)
132. 과학교구 관리 - 구입, 고장 수리, 재구매, 과학실 학습준비물 견적, 품의, 교
     과서 단원별 및 수시로 준비물 추가구입, 세척, 건조, 수납정리, 자료폐기
133. 시약장 관리
134. 폐수관리

■ 영어 관련 업무
135. 영어 연수 이수 상황 보고(매년)
136. 영어로 하는 수업 비중 보고
137. 영어과 평가 영역 분석 보고
138. 영어 수업시수 보고
139. 영어실 구축 사업(견적, 세부계획, 진행 등 업무 전반)

■ 원어민 관련 업무
140. 원어민 채용 계획서 작성
141. 원어민 집 구하기
142. 원어민 출입국 사무소 서류 준비
143. 원어민 픽업
144. 원어민 거주지 인터넷, 세금납부 등
145. 원어민 군보조금 정산 및 보고

■ 목적사업 집행 관련 업무
146. 인성교육(계획, 프로그램 구성, 예산 사용, 강사 채용, 정산, 실적보고 등)
147. 진로체험(계획, 프로그램 구성, 예산 사용, 강사 채용, 정산, 실적보고 등)
148. 학생동아리(계획, 프로그램 구성, 예산 사용, 강사 채용, 정산, 실적보고 등)
149. 교육복지우선지원사업(계획, 프로그램 구성, 예산 사용, 강사 채용, 정산, 실
     적보고 등)
150. 100대 교육과정(계획, 프로그램 구성, 예산 사용, 강사 채용, 정산, 실적보고 등)

■ 도서관 운영 관련 업무
151. 도서관 시설 관리

같이 읽자, 교육법!

152. 도서구입계획, 견적, 품의, 구입, 하자관리, 반품

153. 도서관리 (바코드 부착 및 관리시스템 입력 등)

154. 도서관 자원봉사자 출결 관리

155. 도서선정위원회 운영

■ NEIS 관련 업무

156. NEIS 연간운영계획 수립

157. NEIS 학교인증서 관리

158. NEIS 권한 관리

159. NEIS 오류 발생 시 정정 절차(회의, 4단 결재 등)

160. NEIS 정정대장, 관련 공문 작성

161. 업무포탈 과제카드 등 시스템 관리

162. 교육통계 자료 입력, 오류 점검

163. 학생학부모서비스 승인, 관리, 시스템 점검

■ 학적 관리 관련 업무

164. 생활기록부 유예 면제 학생 처리

165. 미인정 유학 등 정원회 학생 관리

166. 출석부 관리, 출결통계, 점검, 반별 출석현황 NEIS 대조, 오류 점검, 수정, 보고

167. 취학대상자 면접 참여여부 및 미참여학생 소재 확보

168. 취학유예 및 면제 대상자 대상 면접 계획, 실시, 결과 보고(교육청, 주민센터)

160. 의무교육관리위원회 위원 선정

170. 의무교육관리위원회 규정 마련

171. 미취학자 매월 소재확인

172. 무단결석학생 안전 확보 및 면접

173. 무단결석학생 출석 격려

174. 무단결석학생 경찰에 신고, 교육청 보고

175. 전출입학생 자료관리, 전송, 오류 점검

176. 학생생활기록부 작성 및 관리

177. 전교생 주소확인 및 입력, 수정

■ 전산, 정보 관련 업무

178. 교내 PC 유지 보수

179. 저소득층 학생 PC 및 인터넷 지원 사업 추진, 실적 보고

180. 개인정보보호 시스템 구축(각종 안내 및 동의서 취합, 보관 등)

181. 파일 암호화

182. 내PC지킴이(컴퓨터 보안) 실시(독촉) 및 결과 보고

183. 하드웨어 관리 대장 작성 (컴퓨터, 모니터 등 수량 관리 등)

184. 학교 IP 대장 관리

185. 학교홈페이지 관리

186. 개인정보이용 지침 관리, 홍보

187. 정보화기자재 소모품 구입 및 관리

188. 노후전산장비 폐기

189. 무선인터넷 구축 사업 진행, 관리

190. 서버실 관리

191. 학교정보공시 업무

■ 학교시설 관리 관련 업무

192. 특별교실 공사 계획 수립

193. 특별교실 정리, 관리, 자료 관리

194. 체육시설 점검, 관리, 기록

195. 리모델링 공사 계획서 작성, 회의록 작성

196. 운동장 마사토와 스프링클러 예산 수립, 신청, 설치

197. 학교 방송시설 유지 보수 및 관리

■ 학교환경 구성 관련 업무

198. 학급별 표시판 교체, 관리

199. 유리창 디자인 스티커

200. 교표 스티커 부착

201. 복도 게시판 주문, 부착

202. 로비에 크리스마스 트리 설치, 장식

203. 학교 정원 관리

204. 교장실 게시판 관리

■ 교육복지 관련 업무

205. 교육복지 계획 수립

같이 읽자, 교육법!

206. 교육급여 및 교육비 지원학생 수시 점검, 가정통신문 발송
207. 급식실 조리원 급여
208. 무상급식 지원

■ 스쿨버스 운영 관련 업무
209. 노선도 작성
210. 승하차 시간표
211. 승하차 실무원 안전교육

■ 특수교육 관련 업무
212. 자원봉사 관리
213. 이미용 봉사 관리
214. 치료지원 서비스
215. 특수교육대상학생 대상 방과후 운영 강사 채용 및 강사비 지출
216. 특수교육대상자 진단 평가 관련 업무
217. 입학초기 적응활동 매뉴얼 개발
218. 현장체험학습 차량 계약

■ 기타 업무
219. 학교 신문 발행
220. 학교 앨범 제작
221. 청소 용구 신청 및 배부
222. 졸업앨범 업체 선정에서부터 관련업무 전반
223. 청렴계획 수립 및 운영교사들의 학교 업무 목록
224. 교육실습생 신원조회 동의서 작성 및 경찰서에 공문 발송
225. 모든 영역에서 해당 업무관련 계획과 실적 정보공시
226. ○○주간 행사 추진 및 실적 보고
227. 국회의원 요구자료 작성 및 보고
228. 국정감사 요구자료 작성 및 보고

민원 신청 후 답변기한인 일주일이 되어가는 날에 교육부에서 전화가 걸려왔다. 법률 검토 사항이 많아 기한 내에 답변하기가 어려웠으니 답변

기한을 연장해도 괜찮겠냐고 했다. 지금까지 해왔는데 더 못 기다리겠냐며 꼼꼼하게 검토해서 답변해달라고 말하며 통화를 마쳤다. 사느라 바빠나도 잊고 있었는데 2017년 5월 22일, 교육부에서 다음과 같은 내용으로 답변을 보냈다.

■ 처리 결과(답변 내용)
답변일 : 2017-05-22 14:11:22
처리 결과(답변 내용)
1. 민원번호: 1AA-1704-232128
2. 민 원 인: 정성식
3. 민원요지: 교사 업무의 법적 근거 및 담당자 안내 요망

안녕하십니까? 교육부 교원정책과입니다.
먼저, 우리 부 업무에 관심을 보내주신 데 대하여 감사의 말씀을 드립니다.
귀하께서 국민신문고를 통해 신청하신 민원(신청번호 1AA-1704-232128)에 대한 검토 결과를 다음과 같이 알려드립니다.

귀하께서 나열해주신 것처럼 학교에서는 다양한 업무들이 추진되고 있으나, 세부적인 업무 각각에 대한 세세한 근거 규정을 말씀드리기 어렵습니다. 학교에서 추진하는 다양하고 세부적인 업무에 대하여 모두 개별적으로 법적 근거를 마련하는 것은 비효율적이고 경직적인 업무 추진을 야기하여 학교 현장의 어려움을 유발할 수 있기 때문입니다.

다만, 학교의 주요 업무에는 포괄적인 근거 규정이 있습니다. 예를 들어 학교안전 관련 업무는 「학교안전사고 예방 및 보상에 관한 법률」 제4조에서 포괄적으로 규정하여, 교육부장관이 기본계획을 수립하면 교육감이 지역계획을 수립하고, 학교장이 학교계획을 수립하도록 하여 최종 학교안전사고 예방 업무를 학교에서 담당하도록 위임하고 있습니다. 이를 바탕으로 학교에서는 자율적으로 관련 업무를 추진하게 됩니다. 붙임1 첨부 파일로 업무별 근거 규정을 정리하였으니 참고하여 주시기 바랍니다.

같이 읽자, 교육법!

아울러, 업무담당자와 관련하여서도 마찬가지입니다. 교장, 교감, 수석교사, 교사, 행정직원의 임무에 대하여는 「초·중등교육법」 제20조에서 규정하고 있으나, 학교의 세부적인 업무 분장 등은 단위 학교에서 이루어지는 사항으로 교무를 통할하는 학교장의 권한 사항입니다. 학교별 세부적인 업무 추진 내용은 차이가 있기 마련이며, 학교별 교원 구성도 모두 다르기 때문에 중앙 정부 차원에서 세부 업무별 담당자를 명시하는 것은 곤란합니다.

다만, 교원의 행정업무 부담으로 인한 학교 현장의 어려움을 해소하기 위하여 우리 부는 교원 행정업무 경감 노력을 지속하고 있습니다. 2012년 교원 행정업무 경감 대책을 발표한 이후, 교무행정인력의 전문성 제고를 위한 연수를 지원하고, 단위학교별 교무행정팀을 구성하도록 안내하는 등 다양한 정책을 추진 중입니다. 2016년에는 학교급별 교원 행정업무 경감 매뉴얼을 제작·배포하여 교육청 및 단위학교에서 업무를 추진하시는 데 참고하시도록 지원한 바 있습니다. 매뉴얼 46페이지부터 업무분장의 예시가 안내되어 있으니, 첨부한 붙임2 매뉴얼을 참고하시기 바랍니다. 향후에도 교원의 행정업무를 경감하여 교원이 교육에 보다 전념할 수 있는 여건을 조성하기 위하여 지속적으로 노력하겠습니다.

본건과 관련하여 추가 문의사항이 있을 경우에는 교육부 교원정책과 (☎044-203-6650)로 문의하여 주시면 상세히 안내해드리도록 하겠습니다. 감사합니다.

붙임 1. 민원신청서 1부.
    2. (붙임1) 학교 업무별 관련 법령 정리 1부.
    3. (붙임2) 교원행정업무경감매뉴얼(초등) 1부. 끝.

교육부의 민원 답변 내용도 공개했는데 답변 내용에 붙임으로 있는 자료를 보고 싶다고 연락하는 사람들이 종종 있었다. 최근에도 전교조 본부에서 요청해서 보내주기도 했었다. 매번 요청할 때마다 같은 자료 찾아서 보내주는 것도 번거롭고 해서 답변 내용의 붙임자료도 이참에 함께 공개한다. 근거 법령을 다 읽어보았지만 억지로 꿰어 맞춘 게 많다. 특히 방과

후활동과 돌봄교실처럼 관련 업무의 근거 법령을 법이 아닌 행정규칙인
교육과정 고시로 밝힌 것도 있다.

학교 업무별 근거 법령

업무	근거 법령
■ 학교안전 관련 업무	「학교 안전사고 예방 및 보상에 관한 법률」제4조
■ 학교폭력 예방 및 대책 관련 업무	「학교폭력 예방 및 대책에 관한 법률」제4조
■ 인성 관련 업무	「인성교육진흥법」제4조
■ 기초학력 관련 업무	「초·중등교육법」제28조
■ 학교자치 관련 업무	「교육기본법」제5조
■ 학습준비물 관련 업무	「교육기본법」제12조
■ 교과용도서 관련 업무	「교과용도서에 관한 규정」제3조
■ 교원 인사 관련 업무	교육공무원임용령, 교육공무원 승진규정 등
■ 스승의 날 정부 포상에 관한 서류 작성	「상훈법」제5조
■ 공모교장 관련 업무	「교육공무원법」제29조의3
■ 교권보호위원회 운영 및 실적 보고	「교원의 지위 향상 및 교육활동 보호를 위한 특별법」
■ 교원능력개발평가 관련 업무	「교원 등의 연수에 관한 규정」제18조
■ 교원연수 관련 업무	「교원 등의 연수에 관한 규정」제6조
■ 각종 위원회 관련 업무	「초·중등교육법」제18조의3 등
■ 학부모회 운영 관련 업무	「교육기본법」제5조
■ 청소년단체 운영 관련 업무	「청소년 기본법」제29조
■ 방과후학교 운영 관련 업무	초중등학교 교육과정 고시 Ⅲ-1-차
■ 돌봄교실 운영 관련 업무	초중등학교 교육과정 고시 Ⅲ-1-차
■ 강사 채용 및 관리 관련 업무	「초·중등교육법」제22조
■ 현장체험학습 관련 업무	초중등학교 교육과정 Ⅱ-1-사
■ 과학 관련 업무	「과학교육진흥법」제3조

같이 읽자, 교육법!

■ 영어 관련 업무	「초·중등교육법」 시행령
■ 원어민 관련 업무	「초·중등교육법」 제22조
■ 진로체험 관련 업무	「진로교육법」 제5조
■ 학생동아리 관련 업무	초중등학교 교육과정 II-2-1)-다
■ 100대 교육과정 추진 관련 업무	초중등학교 교육과정 I
■ 도서관 운영 관련 업무	「학교도서관진흥법」 제3조
■ NEIS 관련 업무	「초·중등교육법」 제25조
■ 학적 관리 관련 업무	「초·중등교육법」 제25조
■ 전산, 정보 관련 업무	「교육기본법」 제23조
■ 학교시설 관리 관련 업무	「교육환경 보호에 관한 법률」 제3조
■ 학교환경 구성 관련 업무	「교육환경 보호에 관한 법률」 제3조
■ 교육복지 관련 업무	「교육복지우선지원사업 관리·운영에 관한 규정」 제5조
■ 스쿨버스 운영 관련 업무	「학교안전사고 예방 및 보상에 관한 법률」 제4조
■ 특수교육 관련 업무	「장애인 등에 대한 특수교육법」 제5조
■ 청렴계획 수립 및 운영교사들의 학교 업무 목록	「부패방지 및 국민권익위원회의 설치와 운영에 관한 법률」 제7조
■ 교육실습생 신원조회 동의서 작성 및 경찰서에 공문 발송	「공무원 인사기록·통계 및 인사사무 처리 규정」 제4조
■ 모든 영역에서 해당 업무관련 계획과 실적 정보공시	「교육관련기관의 정보공개에 관한 특례법」 제5조
■ 국회의원 요구자료 작성 및 보고	「국회법」 제42조
■ 국정감사 요구자료 작성 및 보고	「국정감사 및 조사에 관한 법률」 제15조의2

교원업무 경감이라는 말이 무색하여 그 말을 교원업무 정상화로 바꾼 지도 오래되었다. 얼마나 비정상적이었으면 정상화라는 말을 썼겠는가? 많이 길어졌으니 교원업무 정상화를 위해 교육부, 교육청이 적극 나서야 할 일을 제안하고 이 글을 마칠까 한다.

첫째, 무엇보다 현장의 교사를 존중해야 한다. 교육은 교사에 의해서 이루어진다. 통제에 익숙한 교사가 창의성 교육을 할 수 없다. 교육부와 교육청은 학교에 대한 통제를 최소화하여 교사가 교육에 전념할 수 있는 여건을 만들어주어야 한다.

둘째, 교원업무를 질적으로 관리해야 한다. 기존의 교원업무 정상화 사업은 공문 및 사업 줄이기, 업무전담팀 구성하기 등에 있어 성과가 있었으나 현장에서 체감하기에는 한계가 있었다. 또한 공문이나 사업 등의 수만 줄었을 뿐 취합용 엑셀 양식 등은 도리어 더욱 복잡해지며 학교의 업무 부담은 여전했다. 따라서 공문서 등의 양적인 관리뿐만 아니라 교원업무의 질적 관리까지 함께해야 한다.

셋째, 각종 정책사업을 축소해야 한다. 아무리 좋은 사업이라도 현장에 설득하는 과정이 있어야 하며, 혼란을 예방하기 위해서라도 점진적으로 적응 기간을 두며 집행되어야 한다. 사업은 사업일 뿐 교육이 되지 않는다. 교육부와 교육청은 사업을 대폭 축소하고 학교 스스로 새로운 교육 활동을 발굴하도록 지원하는 역할을 해야 한다.

넷째, 지침을 간소화해야 한다. 훈령은 몇 쪽 분량인데 이에 대한 매뉴얼은 책 한 권 분량이다. 이런 매뉴얼이 학교에는 넘쳐난다. 이 매뉴얼이 교사의 일상을 짓누르고 있다. 교사를 짓누르고 간섭하며 틀에 가두는 것은 교사 본연의 임무를 소홀하게 만든다. 행정가들의 면피 수단으로 전락한 매뉴얼이 학교를 짓누르고 그 이행 여부를 관리, 감독하는 기존 행정 관행을 바꾸어야 한다.

다섯째, 각종 컨설팅을 폐지해야 한다. 교육부와 교육청의 모든 사업은 공모로 시작해서 컨설팅으로 끝난다. 그러다 보니 컨설팅은 요청에 의해 자발성을 갖고 이루어져야 하는데 요청을 요청하는 해프닝마저 일어나고 있다. 컨설팅은 문서를 바탕으로 이에 대한 이행 여부를 확인하는 경우가 많다 보니 학교에서는 여전히 문서만 복잡하게 만드는 경향이 나타나고 있다. 또한 컨설팅 담당자들의 전문성이 떨어져 오히려 교육활동을 저해하는 경우도 있다. 평가 등의 질 관리가 필요하다면 컨설턴트에 의존하기보다 동 학년, 동 교과 교사끼리의 협의의 장을 마련하는 것이 낫다. 교육청은 교사들이 이런 마당을 거리낌 없이 펼칠 수 있도록 지원 방안을 마련해야 한다.

여섯째, 혁신학교 등의 자율학교에는 기존의 틀을 넘어서는 재량권을 확실하게 주어야 한다. 혁신학교의 가장 큰 성공 요인은 무엇보다 교사의 자발성에 기초한 헌신적인 노력이 가장 컸다. 그러나 이런 노력도 천편일률적인 행정규제에서 자유로울 수 없었다. 그러다 보니 자발성은 줄어들고 헌신성만을 요구하게 되었고, 이로 인하여 혁신에 대한 피로감마저 토로하는 지경에 이르렀다. 혁신학교 확대가 현 정부의 공약이었던 만큼 혁신학교를 운영하는 데 가장 큰 걸림돌이었던 행정규제를 일정 정도 풀어주어 혁신학교 교사들이 마음껏 뜻을 펼칠 수 있도록 제도적 장치를 마련하는 것이 필요하다.

일곱째, 상향식으로 조직을 개편해야 한다. 현재 교육부 업무 대응 형식으로 되어 있는 교육청 조직을 대폭 개편해야 한다. 교육청은 학교에서 필요로 하는 지원 기능, 학교에서 덜어갈 수 있는 기능을 맡게 해야 한다. 즉 학교에서 필요한 업무에 따라 교육지원청이 구성되고, 교육지원청의 구성에 따라 교육청이 구성되는 상향식 조직 개편이 바람직하다.

상향식 조직 개편된 교육청의 조직(예시)

팀명	역할 및 내용
학폭지원팀(학생부)	담임종결사안을 넘어선 학폭 '범죄 조서'를 쓰는 것은 (교육이 아닌) 법률 절차라 전문성 문제를 야기할 뿐더러 교사와 학생 간의 관계를 파괴하므로 교육청에서 진행함
체험학습지원팀(학년부)	교육계획 완성 후 학교에서 장소, 일정 신청하면 버스, 숙박, 식당 등을 일괄 점검하여 지원함
학교시설관리지원팀	현행 시설관리센터를 전면 확대함
학교정보화 관리팀(정보부)	학교의 정보부를 폐지하고 컴퓨터와 프린터, 랜선 및 홈페이지를 일괄 관리하고 정보보안 업무 관련 대책 마련도 필요함
학교도서관지원팀	사서교사 미배치교에 순회사서교사라도 지원하고 가능하면 학교에서는 도서관위원회 개최 후 지원청에 신청 도서를 요청하는 방식으로 도서 일괄 구매도 추진함
방과후/돌봄지원팀	가장 좋은 것은 지자체 이관(교육감협 제안 사항)이나 현실적으로 지원청 일괄 관리 모색. 평생교육 개념으로 재정립하여 규모의 경제 및 강사 질 관리 가능한 선진국 시스템을 모색할 필요도 있음
교복공동구매지원팀(학생부)	지원청이 사이트를 개설하여 학부모가 직접 교복을 디자인하고, 구매 신청 후 입금 하면 지원청이 구매 실무를 맡음
교과서지원팀(교무부)	지원청이 관내 학교 교과서 종류, 수량 등을 파악하여(신청 사이트) 일괄 구매 후 보급함
교육복지지원팀	현재는 상당수 학교가 재정 업무인 교육급여(부교재비, 학용품비), 교육비(학비, 급식비, 자유수강권, 교육정보화[인터넷, 밀레니엄 꿈나무]) 업무를 교무실에서 집행하므로 지원청 등지에서 온라인을 이용하여 일괄 시행함

12

성과상여금으로
어떤 성과를 내었는가?

교원에게 성과상여금이 지급되기 시작하면서 이에 대한 불만의 목소리는 참 많았다. 그만큼 이 제도를 폐지하라는 목소리도 높았다. 그때마다 정부는 다른 직종과의 형평성을 거론하며 어쩔 수 없다는 반응을 보였고, 성과상여금 제도는 지금도 유지되고 있다. 이제는 나도 이 제도의 문제점이 얼마나 많은지 새삼 따지고 싶은 기분도 안 든다. 그만큼 지쳤다. 그래도 포기할 수 없어서 그동안 써왔던 글들 가운데 성과상여금과 관련한 글을 추려보았다. 새로 쓰는 것보다 시대 상황과 현장감을 살리기 위해 출처와 일자를 밝히고 그대로 싣는다.

'갈등유발자' 공무원 성과상여금

_2020년 12월 18일 한국일보 〈아침을 열며〉

아침에 교감이 메신저로 쪽지를 보내왔다. 급히 회의해야 할 것이 있으니 점심식사 후에 잠깐 시간을 내어달란다. 교사 근무성적평정 및 다면평가 관련인데 다면평가위원회를 몇 명으로 하고, 위원은 누구로 하고, 평가 기준을 어떻게 정할 것인지에 대한 의견을 듣겠으니 미리 생각해서 오라는 당부가 담겨 있다.

교육에 관한 것이라면 평소 그렇게 말이 많던 나도 이 주제에 대해서
는 아무 말도 하고 싶지 않다. 교사의 근무성적평가를 다면평가로 바꾸었
지만 평가점수의 과반을 교장과 교감이 정하니 나머지 교원들이 어떻게
정하든 결과가 바뀌지도 않는다. 이런 평가 결과를 가지고 교원의 승진에
가산점을 주고, 성과상여금 등급을 나누는 데 활용하니 더 할 말이 없다.
한 해를 돌아보며 새해를 계획하기에도 바쁜 시기에 이런 일로 시간을 보
내며 만들어내야 하는 각종 서류뭉치들을 생각하면 머리만 지끈거린다.

이런 말을 하면 학교 밖에서는 "교사는 특별한 존재라고 평가를 안 받
으려고 하냐"는 반응이다. 학교의 속사정을 잘 모르니 그런다. 교사는 평
가를 안 받는 게 아니라 너무 많이 받아서 문제고, 실효성까지 없으니 더
큰 문제다. 근무성적평가, 학교평가, 교원능력개발평가, 성과상여금 평가
등등 이름만 달리해서 같은 내용의 항목들을 중복해서 받는다. 이런 평
가들이 제도 취지에 맞게 교사의 성장에 도움을 주고 교육력을 높이는 게
아니라 잡다한 증빙서류를 만들어내느라 행정력을 낭비하고 교사들을
갈등과 반목으로 내몰고 있다. 서글픈 학교의 현실이다.

이 평가들 가운데 가장 심각한 것이 성과상여금이다. 성과상여금은 공
직사회에 경쟁과 활력을 불어넣기 위해 1996년부터 상위 10%의 성과자
에게만 수당을 지급하는 것이다. IMF 사태로 중단되었다가 2001년에 다
시 지급했는데 2002년부터는 모든 공무원에게 10% 차등 지급하다가 해
가 갈수록 차등 폭이 커지고 있다.

그동안 이 제도가 얼마나 효과를 거두었는지에 대한 연구는 많이 이뤄
졌다. 연구 결과들은 하나같이 공무원 성과상여금은 도입 취지와는 정반

같이 읽자, 교육법!

대의 결과를 보이고 있다고 밝히고 있다. 그런데도 공무원 성과상여금은 더 공고해지고 있다. 노무현 대통령은 "민주주의의 최후의 보루는 깨어 있는 시민의 조직된 힘이다"라는 말을 남겼는데 성과상여금은 깨어 있는 공무원의 조직된 힘마저 분열시키고 있다.

공무원은 업무 특성상 성과 측정이 쉽지 않다. 교육은 두말할 것도 없다. 그런데 이 성과를 해마다 억지로 측정해서 등급을 나누니 고충이 참으로 크다. 더 받은 이도 기쁘지 않고 덜 받은 이는 자존심만 상한다. 올해는 코로나19로 일상이 멈추면서 온 국민이 혹독한 대가를 치르고 있다. 이 상황에 벌어지는 성과상여금 논란을 보고 있자니 더 분통이 터진다.

코로나19를 공무원 성과상여금 전환의 논리로 생각해본다. 헌법 제7조 제1항은 '공무원은 국민 전체에 대한 봉사자'임을 밝히고 있다. '철밥통'이라 놀림받는 공무원이지만 이럴 때 나서서 공무원은 돈 몇 푼이 아니라 자부심으로 일한다는 것을 보여주자. 올해만큼은 차등 지급액을 저소득층의 생계지원비로 전환하여 우리 사회의 양극화 해소를 위해 힘을 모아보자. 이렇게 공익을 위한 목적으로 갈등을 유발하던 차등 지급을 없애고, 성과상여금을 공무에 합당한 업무수당으로 전환하자.

교사에게 붙여진 포도알 스티커

_2019년 4월 26일 한국일보 〈아침을 열며〉

교원의 성과상여금, 승진가산점으로 눈살을 찌푸리다 보면 초임 시절 잠깐 썼던 포도알 스티커가 생각난다. 당시 많은 선생님들이 썼고, 유행 따라 나도 아이들 사물함에 개인별로 붙여두고 학급을 운영했다. 초등 5학년 아이들은 스티커를 받기 위한 행동이 무엇인지 잘 알았다. 내 잔소리는 확실히 줄었고 학급 관리는 한결 수월했다.

그런데 며칠 지나서 보니 아이들은 내가 알아주어 스티커를 주면 그 일을 하고, 혹시라도 내가 알아채지 못하면 잘하던 일도 하지 않았다. 심지어 착한 일을 했다고 스티커를 달라고 조르기도 했다. 설상가상으로 스티커판에 붙은 스티커 수대로 서열이 매겨지면서 스티커가 적은 친구가 짝이 되면 모둠 스티커가 적어지니 대놓고 싫은 내색을 하는 아이도 있었다. 이런 부작용을 겪으며 인센티브와 페널티는 관리와 통제의 수단이지 사람을 성장하게 하지 않는다는 것을 알게 되었다.

보다 못한 나는 스티커판을 없애자고 했다. 아이들과 열띤 토론 끝에 지금까지 받은 스티커를 모두 더해서 학급 파티를 하고 스티커판을 없앴다. 결국 야심차게 시작했던 포도알 스티커는 채 1년도 못 쓰고 우리 반에서 사라졌다. 아이들이 잘못할 때 내 잔소리는 다시 늘었고, 잘할 때는 스티커 대신 칭찬을 아끼지 않았다. 스티커의 빈자리는 이야기로 채워졌다.

요즘엔 한때 유행했던 포도알 스티커가 붙어 있는 교실을 보기 쉽지 않다. 나뿐만 아니라 많은 교사가 그것의 문제를 느꼈기 때문이리라. 그런데 교사가 아이들에게도 잘 쓰지 않는 것을 정부는 교사들에게 성과상여금, 승진가산점이라는 이름으로 여전히 쓰고 있다. 포도알은커녕 깨알보다도 작은 소수점 몇째 자리 점수들을 계속 만들고 있다. 생각해보면 정부가 교사들을 관리하고 통제하는 데 이만큼 손쉬운 제도도 없을 것이다.

내가 의도치 않게 받았던 몇 안 되는 깨알들로 내가 성장했다는 생각이 들지 않는다. 오히려 그 깨알들을 받기 위해 교사들끼리 벌이는 소모적인 논쟁과 암투에 상처받은 기억들이 훨씬 많다.

오늘도 우유통에 아직 가져가지 않은 우유가 몇 개 남았다. 그 아이를

같이 읽자, 교육법!

찾아 우유를 건네느라 잔소리가 늘어난다. 당번제를 없앴어도 우유는 또 누가 가져온다. 그 아이를 찾아 칭찬하느라 이래저래 말은 또 많아진다. 이렇게 주고받는 말들 속에서 아이들이 자라는 걸 느낀다.

수업시간에 내가 하고 싶은 말을 글로 써서 여러 사람 앞에서 발표하는 공부를 했다. 아이들이 글을 쓰는 동안 나도 글을 썼다. 이렇게 쓴 글을 아이들 앞에서 발표하자 놀랍게 집중해서 내 말을 듣더니 자기들도 포도알 스티커를 받아본 적이 있다고 한다. 어디서 받았냐고 물었더니 어린이집, 돌봄교실, 집에서 받아본 적이 있단다.

스티커를 받았을 때 어떤 기분이 들었냐고 물었더니 아이들은 하나같이 기분이 좋다고 대답했다. 질문을 바꾸어 나는 못 받고 친구들이 받았을 때는 기분이 어땠는지 물었다. 기분이 안 좋다는 아이들이 많다. 왜 그런지 그 아이들의 이야기를 각각 들어보았더니 내가 느끼는 감정과 아주 똑같다. "우리 반도 포도알 스티커를 쓸까?" 하고 내가 물었더니 아이들은 고개를 절레절레 흔든다. 그러더니 한 아이가 묻는다. "우리도 기분 안 좋은데 선생님은 왜 포도알 스티커를 해요?" 이 질문에 대답하기가 쉽지 않다. 이래저래 부끄러운 교단의 현실이다.

이 부끄러운 마음을 다잡기 위해 정부에 교단 민심을 전한다. 대통령 공약이기도 했던 교원인사제도 개선은 여전히 제자리걸음이다. 교사는 결코 승진가산점, 성과상여금으로 성장하지 않는다. 정녕 교사가 성장하기를 바란다면 행정사무 성과로 보상하지 말고 불필요한 행정사무를 줄여라. 교사가 교육에 충실하며 아이들과 더불어 성장하게 하라. 교사에게 붙여진 포도알 스티커부터 당장 떼라.

성과상여금은 아래의 규정들로 인하여 시행되고 있다. QR코드로 안내하는 법령을 읽어보며 성과상여금을 개선하기 위해서는 관련 법 조항을 어떻게 개정하는 것이 좋은지 생각해보자.

「공무원보수규정」읽어보기

「공무원수당 등에 관한 규정」읽어보기

「공무원 성과평가 등에 관한 규정」읽어보기

「공무원 성과평가 등에 관한 지침」읽어보기

「교원 등의 연수에 관한 규정」읽어보기

같이 읽자, 교육법!

13

스승의 날,
이대로 괜찮은가?

스승의 날과 관련해서 청와대 국민청원을 두 번이나 했었다. 맨 먼저 했던 청원은 2018년에 스승의 날을 폐지해달라는 청원이었다. 이듬해인 2019년에는 스승의 날 폐지가 어렵다면 교육의 날로 이름이라도 바꾸어 달라는 청원이었다. 두 건의 청원으로 참 많은 인터뷰를 했었다. 오죽하면 BBC에서도 연락이 왔었다. 스승의 날이 부담스러워 청원을 했더니 인터뷰 요청이 더 큰 부담으로 다가왔다. 어떤 사정으로 이런 청원을 했는지 두 건의 청원글을 차례로 읽어보자. 먼저 2018년 4월 20일에 했던 청원이다.

스승의 날을 폐지하여 주십시오

정부포상계획을 알리며 상을 받고 싶은 사람을 조사하는 것을 보니 스승의 날이 또 다가오나 봅니다. 학폭예방 유공교원 가산점처럼 누가 또 이 상은 신청해야 하는지를 두고 교사들은 눈치를 보게 됩니다. 학생들에게는 협력을 가르치는 동안 교사들은 이런 것들로 경쟁하며 어색해지는 학교 분위기가 참 싫습니다.
역대 어느 정부를 막론하고 교육개혁을 부르짖었지만 교사들은 개혁의 주체는커

녕 늘 개혁의 대상으로 취급되었습니다. 모든 교사들이 반대하는 국정역사교과서를 밀실에서 끝까지 밀어붙였던 정부는 말해야 입만 아프고, '교사 패싱'은 민주와 진보를 표방하는 정부도 크게 다르지 않았습니다.

노무현 정부 시절 교원성과급이 도입되어 학교 현장의 갈등을 유발하더니, 문재인 정부에서 구성한 국가교육회의에 현장교사가 위원으로 단 한 명도 없는 것을 보면 알 수 있습니다. 교육부는 대입제도 개편안마저도 현장교사가 없는 국가교육회의에서 결정하라고 책임을 떠넘기는 상황이니 교사 패싱, 정책 토싱의 상황들이 참 서럽습니다.

'스승의 날 학생대표만 교사에게 꽃을 줄 수 있다'는 국민권익위원회 위원장의 말은 화를 돋우었습니다. 교사들 중에 누가 그 꽃을 받고 싶다고 했습니까? 왜 교사의 자존감을 이렇게 짓밟는 것입니까?

'교육의 질은 교사의 질을 넘을 수 없다'는 말은 늘 하면서 정작 교사에 대한 정부기관과 우리 사회의 인식은 여전히 '촌지나 받고 있는 무능한 교사'에서 조금도 벗어나지 못하고 있습니다. 교권침해는 나날이 늘어가고 있고, 언론의 교사 때리기가 도를 넘고 있는 것만 봐도 알 수 있습니다.

스승의 날은 유래도 불분명하고 정권의 입맛에 따라 없앴다가 만들기도 했습니다. 우리 헌법이 교육의 자주성, 전문성, 정치적 중립성을 보장받도록 하고 있지만 정작 교사는 교육의 주체로 살아본 적이 없습니다.

모든 책임을 학교에 떠넘기며 교사를 스승이라는 프레임에 가두어 참고 견디라고 하면서 '교사는 있지만 스승이 없다'는 말은 또 아무렇지 않게 합니다. 왜 이 조롱을 교사들이 받아야 하는지 이유를 모르겠습니다.

교단의 현실이 이와 같음에도 불구하고 정부는 '교권존중의 사회적 풍토 조성'을 이유로 포상, 기념식 등의 행사로만 일관하고 있습니다. 교권은 포상과 행사로 살아나는 것이 아닙니다. 교권추락은 수수방관하며 교사 패싱으로 일관하는 분위기에서 현장의 교사들은 스승이라는 무거운 짐을 내려놓고 소명의식 투철한 교사로 당당하게 살아가고 싶습니다.

정부는 「각종 기념일 등에 관한 규정」 제2조를 개정하여 스승의 날을 폐지하여 주십시오.

이어지는 글은 2019년 5월 2일에 했던 청원이다.

같이 읽자, 교육법!

스승의 날을 '교육의 날'로 바꿀 것을 청원합니다

우리나라 정부에서 운영하는 국가기념일은 47개입니다. 많기는 하지만 취지를 살펴보면 나름 의미가 있습니다. 그래서 각종 기념일을 주관하는 정부부처가 정해져 있고 관련 분야의 의미를 해마다 기념하고 있습니다.

그런데 스승의 날은 특정 직종의 사람을 지칭하는 듯해서 불편한 감이 있습니다. 구체적인 예를 들어보겠습니다.

'보건의 날'이지 의사의 날이 아닙니다.

'과학의 날'이지 과학자의 날이 아닙니다.

'법의 날'이지 판사의 날이 아닙니다.

'철도의 날'이지 기관사의 날이 아닙니다.

'체육의 날'이지 운동선수의 날이 아닙니다.

.

.

.

그런데 '교육의 날' 대신 스승의 날이 있습니다.

교육부에서 해마다 스승의 날을 기념하여 유공교원 표창을 하고 있지만 교사로 살아가며 스승의 날이 부담스럽습니다. 종이 카네이션은 되지만 생화는 안 되고, 이마저도 학생대표가 주는 카네이션만 된다는 식의 지침도 어색하기만 합니다. 오죽하면 스승의 날을 폐지해달라는 청원까지 있었습니다.

스승의 날을 정 못 없애겠으면 차라리 '교육의 날'로 바꾸면 좋겠습니다. 교육의 3주체는 교사, 학생, 학부모라고 합니다. 그렇다면 스승의 날을 교육의 날로 바꾸어서 학교구성원 모두가 교육의 의미를 되새겨보는 것이 더 좋을 것 같습니다.

교육의 날을 언제로 정하는지는 충분히 또 논의를 해가면 됩니다. 가령 다음과 같은 예를 들어볼 수도 있습니다.

1887년 2월 21일, 고종은 우리나라 최초의 근대식 학교인 배재학당에 현판을 전달했습니다. 어찌 됐든 정부가 학교를 최초로 인정한 날이니 2월 21일로 해도 괜찮을 것 같습니다.

이 시기는 종업식과 졸업식을 마치고 한 해를 돌아보기도 하고, 새 학년 새 학기를 앞두고 학교구성원이 새로운 다짐을 하는 때이기도 합니다.

교육의 날을 언제로 정할지는 앞으로 더 활발한 논의를 해가기로 하고, 시대 변화에 맞추어 스승의 날을 교육의 날로 바꿀 것을 청원합니다.

스승의 날은 여전히 이어지고 있다. 아쉬움과 미련이 남은 나는
2020년 5월 15일에 한국일보에 칼럼 하나를 더 보냈다.

스승의 날보다 교육의 날이면 좋겠다

코로나19 여파로 졸업식과 입학식도 치르지 못하고 원격수업으로 겨우 아이들을
만나고 있다. 그 사이 두툼한 외투는 반소매로 바뀌었다. 아이들이 없는 교정에
피어나던 봄꽃들도 지고 어느새 여름꽃으로 돋아날 채비를 한다. 이렇게 속절없
는 학교의 하루가 반복되는 상황에도 스승의 날은 또 돌아왔다. 교사로 스무 해
를 넘게 살아오며 참 부담스러운 날이었는데 아이들이 등교도 하지 못하는 상황
에 맞는 올해의 스승의 날은 묘한 감정이 교차한다. 부담스러운 날을 피해서 좋기
는 한데 이렇게 기념하는 스승의 날이 어떤 의미가 있을까 하는 생각이 더해진다.
이런 내 마음을 아는지 모르는지 며칠 전 교육부로부터 전화 한 통을 받았다. 스
승의 날을 맞아 교육부장관이 교원단체 대표자들과 간담회를 하고 싶으니 참석
해달라는 요청이었다. 여느 해와는 달리 스승의 정부기념식이 아닌 것이 그나마
다행이었다. 기자들도 전화가 와서 올해 스승의 날 학교 풍경을 묻는다. 코로나
시국에도 스승의 날은 이렇게 연례행사처럼 나를 따라다닌다. 교사인 나는 스승
의 날만 되면 이런 불편한 초대와 질문을 받는다. 도대체 언제까지 이 질문은 계
속될까?
돌아보면 내가 스승의 날을 이렇게 부담스럽게 느끼기 시작한 것은 교사가 되면
서부터다. 초임 발령을 받았을 때 아이들 더벅머리를 다듬어주기 위해 군대에서
배운 이발 실력을 발휘한 적이 있다. 한 선생님이 그 장면을 사진으로 찍어서 사
진전에 응모했는데 덜컥 입선을 하면서 스승의 날 미담사례를 찾는 기자들이 학
교를 찾게 되었다. 교육청에서 교육감 표창장을 줄 테니 공적조서를 써서 제출하
라는 연락이 왔다. 교사에게 주는 상은 상을 받고 싶은 사람이 빽빽하게 자신의
공적을 적어서 내야만 준다는 것을 그렇게 알게 되었다. 아이들에게 주는 상도 이
렇게 하지 않는데 참 부끄러운 교단의 현실이다.
이후 내가 교단에서 겪은 스승의 날은 교사들의 미담과 험담이 공개적으로 오가

는 날이었다. 미담이야 축하해주고 내가 부족한 점은 본받으면 될 일이었지만 험담은 도를 넘는 것들도 많았다. 심지어 지상파 방송에서 스승의 날을 맞아 '내가 겪은 최악의 스승은'이라는 앙케트를 진행한 적도 있으니 말이다. 이 복잡하고 미묘한 감정을 털어내고 교사로 소신껏 살아가고자 청와대 국민청원 게시판에 글을 올렸다. 스승의 날을 폐지하거나 폐지가 어렵다면 이름이라도 '교육의 날'로 바꾸어달라고 했다. 스승의 날을 맞아 기삿거리가 필요한 언론은 그 소식을 뜨겁게 다루었지만 변한 건 하나도 없이 오늘 다시 이렇게 스승의 날을 맞는다.

작년까지만 해도 교육부에서 스승의 날 정부기념식장에 내빈으로 와달라는 요청이 올 때마다 수업을 빠질 수 없어서 못 간다고 했는데 이번에는 간다고 했다. 원격수업 상황을 점검하고 등교수업과 관련한 현장의 의견을 청취하는 자리라고 하니 못 갈 이유가 없었다. 아니 꼭 가서 하고 싶은 말이 있다. 기자들의 질문에는 원격수업으로 정신없는 와중에 등교시점까지 오락가락하면서 더 무거운 날이니 조용히 지나가도록 내버려두는 것이 좋겠다는 말을 덧붙였다.

나는 지금껏 교사로 살아오며 한 번도 내가 스승이라고 느껴본 적이 없다. 스승은 '자신을 가르쳐 이끌어주는 사람'인데 그 자격은 내가 부여하는 것이 아니라 가르침을 받은 사람, 이끌림을 받은 사람이 부여하는 것이다. 어찌 내가 스승이라는 말을 입에 올린단 말인가. 수요자와 공급자로 나뉘어 입시가 교육의 전부인 양 하다가 하루 반짝 스승이라며 찾는 것도 어설프다. 우리가 찾아야 할 것은 스승이 아니라 교육이다. 하루의 스승이 아니라 일상의 교사로 소신껏 교육하고 싶다. 오늘 같은 날이면 교육당사자들이 하루 만이라도 교육의 본질이 무엇인지 생각해보는 날이면 좋겠다. 그러자면 말부터 바꾸자. 스승의 날이 아니라 교육의 날이다.

해마다 5월 15일이면 기삿거리를 찾는 기자들은 지금도 연락이 오는데 이 글 이후로 나는 스승의 날과 관련해서는 어떤 말도 하지 않고 있다. 언제까지 내가 교직에 있을지 모르겠지만 그때까지 스승이 아닌 교사로서의 내 삶을 허투루 살지 않다 조용히 교직을 떠날 것이다. 나는 스승이 아니라 교사다.

스승의 날은 「각종 기념일 등에 관한 규정」 [별표 1] 22번에 근거를 두고 있다. 현재 국가에서 운영 중인 각종 기념일은 모두 53개인데 시대 변화에 따라 이에 대한 정비도 필요하다. 어떤 내용을 어떻게 정비해야 하는지 생각해보며 QR코드로 안내하는 법령을 읽어보기 바란다.

「각종 기념일 등에
관한 규정」 읽어보기

같이 읽자, 교육법!

14

기초학력은
보장만으로 해결될까?

2019년 3월 29일, 교육부는 '기초학력 지원 내실화 방안'을 발표했다. 발표 직후 '일제고사 부활'이라는 우려와 더불어 지원 방안의 적절성에 대한 논란이 크게 일었다. 이에 교육부는 현장 여론을 더 수렴하여 실효성 있는 지원 방안을 마련하겠다는 취지로 '기초학력 지원 내실화 방안 후속 조치 TF팀'을 구성하였다. TF팀은 시·도교육청, 학교, 교원단체, 전문기관 관계자 등 15명 내외로 구성되어 기초학력 지원 내실화와 관련해 보완 방안 마련 및 기초학력 보장법안 시행령안 작성을 위해 운영되었는데 나는 교원단체 구성원으로 이 회의에 여러 차례 참가했다.

나는 실효성 있는 지원 방안을 함께 마련하겠다는 포부로 매번 쉽지 않은 발걸음을 했다. 그러나 몇 차례 회의를 거치며 이런 기대는 점점 옅어졌다. 3차에 걸쳤던 회의는 '기초학력 보장법안' 시행령 마련에 초점이 맞춰져 있었다. 아직 국회도 통과하지 않은 법률안인데 교육부는 제정을 기정사실화하고 시행령을 마련하고 있었다. 법률안 입법 발의가 있다 해서 모든 행정부처에서 이렇게 일을 할까? 아니다. 물론 법률안에 따라 입법부와 행정부의 공조가 필요할 수 있겠지만 제정도 안 된 법률(안)을 두고 시행령(안)부터 마련하는 것은 순서가 뒤바뀌었다. 해당 부처는 시행령(안)을 미리 검토하기보다 국회에 상정된 법률안의 정당성·구체적 타당성 등을 검토하여 부처 의견을 해당 상임위원회에 제출하는 것에 집중해야 한다. 법률안의 정당성·구체적 타당성 등을 검토하는 과정에 교사 등 전문가가 실질적으로 참여하도록 해야 하는 것은 물론이다.

나는 그때나 지금이나 이 법률안 제정에 회의적이다. 기초학력 보장법은 신중하게 접근해야 한다고 생각한다. 「교육기본법」은 물론이고 교육 관련 어느 법령을 보더라도 '학력'에 대한 정의가 없다. 많은 사람들이 변화된 시대에 따라 새로운 교육체제 도입의 필요성을 언급하며 이에 걸맞게 학력관도 변해야 한다고 주장하지만 그 학력이라는 것이 무엇인지에 대한 사회적 합의를 이루지 못한 상황이다.

학력에 대한 정의가 없다 보니 '기초학력'에 대한 정의도 모호하기는 마찬가지다. 법률안에서는 "기초학력이란 「초·중등교육법」 제2조에 따른 학교의 학생이 대통령령으로 정하는 바에 따라 학교 교육과정을 통하여 갖춰야 하는 최소한의 성취기준을 충족하는 학력을 말한다"로 밝히고 있지만, 대통령령에서 '최소한의 성취기준'을 어떻게 정의할 것인지를 두고 TF회의에 참가하는 이들의 의견이 모두 달랐다. 심지어 시·도교육청에 조례로 위임하자는 의견까지 나왔다.

법률안의 주된 골자는 기초학력 보장위원회 설치, 기초학력 진단, 학습지원 대상 학생의 선정 및 학습지원 교육, 학습지원 전담교원 지정, 기초학력지원센터 설치로 국가 등의 책무를 밝히는 것이다. 그러나 이는 현재도 「초·중등교육법」 제28조(학습부진아 등에 대한 교육)에 따라 시행 중인 정책들이다. 여기에 더해 교육부와 학교에 위원회를 만든다고 더 나아질

같이 읽자, 교육법!

것이라는 기대가 별로 안 든다. 더구나 교육부장관의 권한을 확대하는 것은 교육자치를 확대하기 위하여 교육부의 권한을 시·도교육청에 이양하려는 움직임에도 역행한다.

결정적으로는 이 법률안이 제정되더라도 취지와는 다르게 적용될 것이라는 우려가 크다. 교사들은 법률안이 요구하는 부질없는 행정업무를 처리하느라 정작 학생에게서 멀어져 컴퓨터 앞에서 더 많은 시간을 보낼 게 불을 보듯 뻔하기 때문이다.

내가 생각하는 한 아이도 포기하지 않는 진정한 의미의 기초학력 대책은 따로 있다. 그 생각을 꺼내본다.

첫째, 교사가 보호자의 동의 여부와 무관하게 기초학력 지도를 할 수 있도록 하자. 학교는 온통 동의서 천지다. 교육부가 밝힌 어떤 프로그램을 적용하려 해도 보호자 동의를 받아야 한다. 보호자는 낙인효과를 우려해서 쉽게 동의해주지 않는다. 이 상황에 도대체 교사가 어떻게 하란 말인가? 우리 헌법은 국민공통기본교육과정을 의무교육으로 밝히고 있다. 이 의무는 국가, 교육청, 학교의 의무이자 보호자의 의무이기도 하다. 그렇다면 기초학력만큼은 보호자 동의와 무관하게 교사가 사명을 갖고 지도할 수 있도록 보장해야 한다.

둘째, 학급당 학생 수를 줄이자. 교원 1인당 학생 수가 OECD 평균에 부합한다는 교육부 발표는 허상이다. 수업하지 않는 교원들을 제외하고 실제 수업이 이루어지는 교실에도 주목해야 한다. 'OECD 교육지표 2018'에 따르면 우리나라 학급당 학생 수는 초등학교 23.2명, 중학교 28.4명으로 OECD 평균인 초등학교 21.3명, 중학교 22.9명과 비교하면 각각 1.9명, 5.5명이 많다. 이를 줄이는 것이 가장 확실한 기초학력 대책이다. 한꺼번에 다 줄이는 것이 어렵다면 초등 1~2학년부터라도 학급당 학생 수를 20명 이하로 줄이자. 출발선 평등을 보장하기 위한 가장 확실한 방법이다. 이때 토드 로즈가 말한 '평균의 허상'에도 주목해야 한다. (초)과대학교·학급과 (초)과소학교·학급이 심각하게 공존하고 있는 현실에서 '교사 1인당 학생 수' 또는 '학급당 학생 수'라는 '평균'은 학교와 교실의 문제를 은폐해버릴 수 있다.

셋째, 「초·중등교육법」을 전면개정하자. 국회에 발의 중인 기초학력보장법안도 취지는 좋지만 그 속을 들여다보면 여느 법과 마찬가지로 위원회 구성, 전담교원 지정, 지원센터 설치 등이 주된 골자다. 여기에서 파생될 행정업무를 처리하느라 정작 학생지도는 소홀히 한 채 서류뭉치들을 만들어낼 생각을 하니 머리가 아프다. 지금도 교육 뒤에 '진흥', '촉진', '보장'이라는 이름을 붙인 법들이 넘쳐난다. 이 법들이 과연 입법 취지에 부합하고 있는지 냉철하게 돌아보자. 다른 법들 자꾸 만들어서 학교에 부담을 주지 말고 학교가 교육이 아닌 것에 몰두하도록 내모는 법들을 정비하자. 현재 교육부 소관 법령이 277개, 행정규칙이 199개다. 이 법령과 지침들이 과연 교육에 부합하는지 생각해보면 한숨부터 나온다. 교육에 관한 법령은 제정 이전에 정리(개정 또는 폐지)가 더 시급하다.

넷째, 유급제 시행을 적극적으로 검토하자. 교육은 국가의 책임만으로 이루어지는 것이 아니라 교육당사자 모두가 함께 권리를 행사하고 책임을 동반해야 이루어진다. 물론 유급제를 두고 일부 교사들만 이야기를 꺼내고 있지 교육당국은 염두에 두려고도 하지 않는다. 학생인권과 결부시키면서 이를 공공연하게 거론하는 것 자체를 부담스러워하기 때문이다. 사실 이 글을 쓰는 나도 그렇다. 인권운동하는 분들의 따가운 시선이 신

같이 읽자, 교육법!

경 쓰이기도 한다.

따져보면 현재 우리나라에 유급제가 없는 것은 아니다. 적용을 안 할 뿐이다. 「초·중등교육법 시행령」 제50조는 학생의 수료 및 졸업 등에 관한 사항을 규정하고 있는데 이를 살펴보면 유급제는 법적으로는 유지되고 있다고 보는 것이 맞다. 같은 조 제1항은 "학교의 장은 학생의 교육과정 이수정도 등을 평가하여 학생의 각 학년과정의 수료 또는 졸업을 인정한다"고 밝히고 있기 때문이다. 덧붙여 같은 조 제2항은 "학생의 각 학년과정의 수료에 필요한 출석일수는 제45조의 규정에 의한 수업일수의 3분의 2 이상으로 한다"며 수료의 조건으로 출석일수를 따로 두고 있기도 하다. 여기서 학생의 수료를 정할 때 제2항에 따른 출석일수는 엄격한 잣대를 대는 반면에 제1항이 밝힌 교육과정 이수정도에 대해서는 유야무야 넘어가고 있다. 그 결과 학생이 출석일수만 채우면 자동으로 진급하고 있다.

반면에 북유럽 국가들은 유급제를 엄격히 적용하는 학교들이 많다. 설령 교육과정의 일부를 이수하지 못해 유급을 하더라도 이것이 학생의 인권을 침해했다고 보는 시각은 없다. 그러다 보니 유급을 하지 않기 위해 노력하는 모습도 심심찮게 보게 된다. 나는 해당 학년에서 정한 최소한의 교육 내용을 모르는 학생들을 출석만 했다고 진급시키며 학습 결손을 누적시키는 것이 도리어 학생의 인권을 침해한다고 본다. 논란이 예상된다고 이를 그대로 둔 채 별도의 대책을 마련하는 것이 과연 얼마나 실효성이 있을까? 아무리 가르치려 해도 안 하겠다며 배움으로부터 도망치는 아이, 자녀교육에 무심한 보호자를 교사의 힘으로 과연 어떻게 지도할 수 있단 말인가?

국민정서상 유급제 시행이 어렵다면 이에 준하는 대책이라도 마련해야 한다. 그렇지 않으면 백약이 무효다. 기초학력이 부족한 학생은 방학을 이용해서라도 특별보충과정은 이수하도록 강제해야 한다. 「교육기본법」에서는 교육당사자를 학습자, 보호자, 교원이라 밝히고 이에 대한 권리와 책임을 부여하고 있다. 그중 책무와 관련된 내용을 따로 추려보았다.

「교육기본법」

제12조(학습자) ③ 학생은 학습자로서의 윤리의식을 확립하고, 학교의 규칙을 준수하여야 하며, 교원의 교육·연구활동을 방해하거나 학내의 질서를 문란하게 하여서는 아니 된다.

제13조(보호자) ① 부모 등 보호자는 보호하는 자녀 또는 아동이 바른 인성을 가지고 건강하게 성장하도록 교육할 권리와 책임을 가진다.

제14조(교원) ③ 교원은 교육자로서의 윤리의식을 확립하고, 이를 바탕으로 학생에게 학습윤리를 지도하고 지식을 습득하게 하며, 학생 개개인의 적성을 계발할 수 있도록 노력하여야 한다.

그런데 정부의 대책은 늘 이 책무를 교원에게만 부여한다. 보호자에게는 책임 대신 권리만 부각하고, 그도 모자라 수요자라는 기괴한 경제학 용어를 빌려 눈치만 본다. 이런 현장 상황을 아무리 말해도 교사에게는 투표권 말고는 정치기본권이 없으니 정책입안자들은 도무지 듣지 않는다. 설사 들어도 반영을 안 한다. 교육당사자의 한 사람으로 교원의 책무, 다하겠다. 그러니 부디 남은 두 당사자에게도 같은 책임을 묻자. 내 생각이 과도한가?

기초학력 보장과 관련해서 현재 진행 중인 상황까지 언급하고 원고를 마무리했는데 2021년 8월 30일 「기초학력 보장법」이 국회 본회의를 통과

같이 읽자, 교육법!

했다. 법안의 주요 내용은 예상했던 대로 학교의 책무는 강화되었고, 학습자와 보호자의 책무는 빠져 있었다. 이 같은 내용의 「기초학력 보장법」이 얼마나 실효를 거둘지 지켜볼 일이다.

「기초학력 보장법」은 국회를 통과했지만 이 글을 쓰는 시점인 2021년 9월 23일까지 아직 공포가 되지 않은 상황이다. 이에 관련 법은 의안정보시스템을 이용하여 찾아보아야 한다. 여기에서는 의안정보시스템에서 찾아볼 수 있도록 QR코드로 안내하지만 법의 공포 이후에는 국가법령정보를 통해서도 쉽게 찾아볼 수 있을 것이다.

「기초학력 보장법」
읽어보기

15

의무연수와 범교과 교육,
끝은 어디인가?

2021년 1월 26일, 교육부는 업무계획을 발표하며 학교의 일상을 회복하도록 지원하겠다고 했다. 코로나19는 학교의 일상을 파괴했지만 사실 그 이전부터 학교의 일상을 숨막히게 만든 것이 있었다. 교육과정 이외에도 각종 의무연수와 범교과 교육 내용이 꾸준히 늘어왔기 때문이다. 따라서 학교의 일상을 회복하려면 방역대책, 교육과정 개정 못지않게 의무연수와 범교과 교육에 대한 대책을 마련하는 것이 중요하다. 학교의 일상을 회복할 수 있는 관건이 이 안에 담겨 있기 때문이다. 과연 학교의 실상이 어떻기에 이렇게 이야기하는지 차례대로 살펴보기로 하자.

먼저 교직원 의무연수의 실태부터 알아보자. 하도 많은 연수를 요구받고 있다 보니 그 실상부터 확인하고 싶었다. 공문서를 보고 일일이 확인하고 관련 연수의 법적 근거를 찾아봤는데 만만치 않은 일이었다. 그러던 중 자료를 검색하다가 내 수고를 덜어줄 자료를 찾았다. 중앙교육연수원이 교직원을 대상으로 학교에서 시행해야 하는 의무연수를 일목요연하게 표로 정리해놓은 자료를 공개하고 있었다. 의무연수는 자꾸 늘어날 테니 업데이트된 목록은 아래 링크에서 확인할 수 있을 것이다.

이 자료를 보면 누가, 어떤 연수를, 무슨 근거로, 얼마나 받고, 연수 후 결과 처리를 어떻게 해야 하는지 한눈에 알 수 있다. 중앙교육연수원은 이 자료를 교직원에게 도움이 되게 하려는 목적으로 만들었겠지만 나는 이 자료를 학교의 실상을 알리는 자료로 활용한다. 그러면 어떤 연수가 있는지 표를 통해 확인해보자.

의무연수 계획 참고 자료

교직원 대상 학교 시행 의무 연수 (2021.1.8. 기준)
중앙교육연수원 2021년 연수 강좌 목록

연번	연수명	근거	횟수(시간)	대상	비고
1	부패방지교육 (청탁금지법, 공무원 행동강령, 부패신고 및 공익신고자 보호 제도, 갑질근절 등 내용 반드시 포함)	부패방지권익위법 제81조의2 부패방지권익위법 시행령 제88조의2	연 1회 (2시간 이상)	공직자	집합교육 원칙, 불가피 원격 인정 내부결재, 학년말 보고
2	부정청탁 및 금품 등 수수의 금지에 관한 교육	청탁금지법 제19조 청탁금지법 시행령 제42조	연 1회 이상	교직원	
3	교육활동 침해 행위 예방교육	교원지위법 제16조의3	연 1회 이상	교직원	학교 자체 결재
4	학업성적관리규정 회의 + 연수	경기도 학업성적관리 시행지침		교원	반드시 회의록 남길 것
5	학교폭력예방교육	학교폭력예방법 제15조	학기별 1회 이상	교직원	학교 자체 결재
6	학생 인권교육	경기도학생인권조례 제30조	연 2회	교원	학기말 보고
7	긴급지원대상자의 신고의무 관련 교육	긴급복지지원법 제7조 긴급복지지원법시행규칙 제2조의3	연 1회 (1시간 이상)	교직원	
8	아동학대 예방 및 신고의무 교육	아동복지법 시행령 제26조	1시간 이상	교직원	학기별 보고

9	안전교육 연수(안전교육 7대 표준안)	학교안전법 제8조 학교안전교육 실시 기준 등에 관한 고시 제32조	3년마다 (15시간 이상)	교직원	2018. 3. ~ 2021. 2 (3년 이내) 2021. 3. ~ 2024. 2 (3년 이내) 학기말 보고
10	정보보안 연수	경기도교육청 정보보안 기본지침 제9조	연 1회	교직원	학교 자체 결재 (등록부)
11	개인정보보호 교육	개인정보 보호법 제28조	연 1회	교직원	학교 자체 결재 (등록부)
12	소프트웨어 교육	대통령훈령 제296호	연 1회	교직원	학교 자체 결재 (등록부)
13	인터넷중독 예방교육	국가정보화기본법 제30조	학기별 1회	교직원	학교 자체 결재 (등록부)
14	성폭력, 성매매, 성희롱, 가정폭력 예방교육	양성평등기본법 제31조 양성평등기본법시행령 제19조 성폭력방지법 제5조 성매매피해자보호법 제5조 가정폭력방지법 제4조의3	연 1회 (각 1시간 이상)	교직원	학년말 여가부 시스템 보고
15	다문화 이해교육	다문화가족지원법 제5조 다문화가족지원법 시행령 제10조의2	3년 1회 이상 (15시간)	교원	2020. 1. ~ 2022. 12. (3년마다) 학년말 보고
16	과학실험실 안전교육 (MSDS)	산업안전보건법 시행규칙 제92조의 6	연 1회 (1시간 이상)	교직원	학교 자체 결재
17	심폐소생술 및 응급처치	학교보건법 제9조의 2, 동법 시행규칙 제10조	연 1회 (이론2+실기2)	교직원	학교 자체 결재 (등록부), 학년말 보고
18	장애인식개선교육	장애인복지법 제25조	연 1회 이상 (1시간)	교직원	등록부 보관, 학교일지 기록
19	장애이해학생과 통합학급 운영	장애인 등에 대한 특수교육법 시행령 제21조 제2항	연 1회 (60시간)	교원	통합학급담당/ 교직 생애 동안

20	인성교육	인성교육진흥법 제17조 인성교육진흥법 시행령 제14조	연 1회 이상 (1시간)	교원	학년말 이수자 현황 자체 내부 결재
21	기초학력 (학습부진아 등의 학습능력 향상을 위한 연수)	초·중등교육법 제28조	4년에 1회 권장 (15시간)	교원	학년말 보고
22	선행교육 및 선행학습 예방교육	공교육정상화법 제5조	정기적	교원	주관: 학교장
23	근로자 정기 안전 보건교육	산업안전보건법 제31조	매 분기 6시간 이상	급식 종사자	학년말 보고

* 위 연수는 의무 연수이며 기타 필요한 연수 사항 발생 시 수시 실시함
* 위 일정은 학교교육과정 중 사정상 변경될 수 있음
* 출장 등으로 연수에 불참하는 교직원은 추후 개별 연수 후 교감의 확인으로 이수 갈음함
* 연수 등록부 작성(참가자 서명)
* 이수 실적 부여 관련 안내
① 1차시당 1시간 실적 부여 가능

해당 법정의무교육	안전교육, 긴급지원대상자의 신고의무 관련 교육, 학교폭력예방교육, 다문화 교육, 교육활동 침해행위 예방교육

② 차시별 실제 학습 시간으로 이수실적 부여

해당 법정의무교육	장애인식개선 교육, 아동학대 예방 및 신고의무 교육, 성희롱·성폭력·성매매·가정폭력 예방교육, 부패방지교육

※ 성희롱·성폭력·성매매·가정폭력 예방교육의 경우, 사이버교육 수강 시 소요되는 시간 등을 고려, 콘텐츠 동영상 교육시간 40분 이상인 경우 1시간 인정 가능
③ 기타 : 내용을 충분히 인지할 정도의 교육이 이루어졌다면 교육요건을 충족

부정청탁 및 금품 등 수수방지에 관한 교육	공직자들이 청탁금지법 내용을 충분히 인지할 정도의 교육이 이루어졌다면 교육요건을 충족한 것으로 볼 수 있음 / 부패방지교육에 부정청탁 및 금품 등 수수의 금지에 관한 교육 포함하여 교육 가능

  의무연수 목록을 살펴보니 숨이 턱 막힌다. 이 많은 연수를 계획, 준비, 실행, 보고해야 하는 학교의 속사정을 헤아려본 적이 있는가? 이걸 곧이 곧대로 하자면 교직원은 1년 내내 모여서 의무연수만 받아야 한다. 그런데 학교가 어디 그렇게 한가한가? 바쁜 시간 쪼개서 연수에 참여해봐도 작년에 들었던 이야기다. 그나마 숨통을 틔우기 위해서 학교에서 자체적으로 해야 하는 연수는 자료로 대체해가며 연수를 이수했다는 증빙자료

를 만들고 있는 실정이다. 담당자도 미안해하지만 보고를 해야 하니 어쩔 수 없는 것을 알기에 교직원들은 군말 없이 따른다.

앞으로 더 늘어날 것이다. 사회적으로 문제가 생기면 이에 대한 대책을 마련한다며 법을 개정하거나 제정하고, 그 법 안에는 반드시 이와 같은 내용의 연수가 포함되어 학교에 주어질 것이기 때문이다. 국회의원들은 그걸로 자신들이 할 일을 다 했다는 태도를 보일 것이다. 그래서 이렇게 많은 의무연수를 법에 담은 국회의원들에게 묻고 싶다. 당신들더러 연수목록에 포함된 연수를 해마다 받고, 그 결과를 때때로 국민들에게 보고하라고 하면 어떤 기분이 들겠는가? 국민들이 그것에 대해 관심이나 있겠는가? 아마 당신들의 주된 임무는 의정활동이라고 하겠지. 학교도 마찬가지다. 교사의 주된 임무는 교육활동이다. 제발 부탁이다. 교사가 교육활동에 주력할 수 있도록 면피성 형식적인 연수를 과감하게 정리해서 학교의 숨통을 좀 틔워다오.

다음으로 더 숨 막히는 범교과 교육을 살펴보자. 교육과정은 학교의 일상을 움직이는 가장 큰 힘이다. 학교의 일상을 회복시키려면 학교의 교육과정이 정상적으로 운영될 수 있도록 지원해야 한다. 본격적으로 이야기를 하기 전에 교육과정에 대해 간단히 설명부터 한다. 교사들은 잘 알고 있지만 학교 밖 사람들은 범교과교육이라는 말부터가 낯설 테니까.

현재 우리나라의 교육과정은 '교과'와 '창의적 체험활동'으로 나뉘는데, 여기에 사회적 요구에 따라 만들어진 법령들 안에 학교에서 별도 교육을 하도록 요구하는 것들이 늘고 있다. 이를 실행하기 위하여 교육부는 교과와 창의적 체험활동 등 교육활동 전반에 걸쳐 통합적으로 범교과 교육을 다루도록 하고 있다. 2015 개정 교육과정 이전의 범교과 교육은 39개 주

같이 읽자, 교육법!

제로 매우 방대했는데 지금은 10개 영역(① 안전·건강 교육 ② 인성 교육 ③ 진로 교육 ④ 민주 시민 교육 ⑤ 인권 교육 ⑥ 다문화 교육 ⑦ 통일 교육 ⑧ 독도 교육 ⑨ 경제·금융 교육 ⑩ 환경·지속가능 발전 교육)으로 정리하고 있다.

이 정도 이해를 했으면 범교과 교육의 현황을 알아야 한다. 그 실상을 제대로 알아야 괜한 푸념을 하는 게 아니라는 것을 금방 알게 된다. 각종 범교과 교육이 어떤 법률에 근거하여 학교에 어떤 영향을 미치고 있는지 교육부 소관 법령과 타부처 소관 법령으로 나누어 정리해보았다. 그 실상을 들여다보자.

학교에 영향을 미치는 범교과 교육 법률 현황

◦ **교육부 소관 법령**

법령	조문	학교에 미치는 영향
학교체육진흥법	제6조	학교스포츠 클럽, 학교운동부 운영을 강행규정으로 의무화
	제8조	학생건강체력평가 실시계획 수립, NEIS 등재
	제10조	학교스포츠클럽 학교생활기록부 기록 등으로 입시자료화
학교보건법	제7조의3	건강검사기록 NEIS 등재
	제9조 및 제9조의2	보건관리 및 보건교육 타법과 중복내용 열거, 응급처치 교육
	시행규칙 제10조	모법에 따라 교직원 교육계획수립 및 교육감 제출 강제, 별표9 의거 응급처치 교육 규정(실습교육 2시간 포함 최소 3시간)
인성교육진흥법	제10조 2항	교육계획 수립 강제, 절차 강제(학운위 심의-시행령 제10조)
	제17조	교원연수 강제-연4시간 이상 교원 연수 강제(시행령 제14조)
학교도서관진흥법	제15조	독서 정보이용 교육 세부계획을 수립 시행 및 학교 교육과정 운영계획 포함
	시행령 제8조	학교의 지역, 규모, 특성 등이 고려되지 않은 전국 기준 규정

| 학교안전사고 예방 및 보상에 관한 법률 | 제8조 | 학교안전교육의 실시 및 결과보고, 각호를 통해 다음 내용 규정
-「아동복지법」제31조 교통안전교육, 감염병 및 약물 오남용 예방 등 보건위생관리교육 및 재난대비 안전교육, 「학교폭력예방 및 대책에 관한 법률」제15조에 따른 학교폭력 예방교육, 「성폭력방지 및 피해자보호 등에 관한 법률」제5조에 따른 성폭력 예방에 필요한 교육, 「성매매방지 및 피해자보호 등에 관한 법률」제5조에 따른 성매매 예방교육, 「초·중등교육법」제23조에 따른 체험활동 안전사고 예방교육 등을 종합
- 7대 안전교육 표준안(생활안전, 교통안전, 폭력·신변안전, 약물·인터넷 중독, 재난안전, 직업안전, 응급처치)의 근거 법령 |

○ 타부처 소관 법령

법령	조문	학교에 미치는 영향
아동복지법	제31조	시행령에 위임된 교육 내용의 결과 보고
	시행령 제28조	각 교육의 시기와 기간을 〈별표〉를 통해 규정(성폭력 및 아동학대 6개월 1회, 실종·유괴의 예방과 방지 3개월 1회, 감염병 및 약물의 오남용 예방 등 3개월 1회, 재난대비 안전 6개월 1회, 교통 안전 2개월 1회)
장애인복지법	제25조	장애인식개선교육 실시 및 복지부 장관에게 결과 보고
	시행령 제16조	장애인식개선교육 연 1회 실시 및 교육 내용, 방법, 참가인원 등을 복지부령에 의거 복지부 장관에게 제출 의무화
식생활교육지원법	제26조	매년 2회 이상 관련 교육 실시
어린이 식생활관리 특별법	제13조	식생활 관리에 필요한 안전 및 영양교육 정기적 실시
가정폭력방지 및 피해자보호 등에 관한 법률	제4조의3	가정폭력의 예방 교육 실시 및 여성가족부장관에 결과 보고, 성교육 및 성폭력 예방교육(성폭력방지 및 피해자보호 등에 관한 법률 5조), 성희롱 예방교육(양성평등기본법 31조). 성매매 예방교육(성매매 예방교육 4조) 통합 실시 허가
성폭력방지 및 피해자보호 등에 관한 법률	제5조	성교육 및 성폭력 예방교육 실시, 여성가족부 장관에게 결과 보고, 결과 학교평가 반영
성매매방지 및 피해자보호 등에 관한 법률	제5조	성매매 예방교육 실시, 여성가족부 장관에게 결과 보고, 결과 학교평가 반영 요구 가능
국가정보화 기본법	제30조의8	인터넷중독의 예방 및 해소를 위한 교육 실시 강제

국가정보화 기본법	시행령 제30조의 7	인터넷중독 관련 교육 연 1회 실시 규정
화재예방, 소방시설 설치·유지 및 안전 관리에 관한 법률	제23조	소방훈련과 교육 연 1회 이상 실시 규정
인문학 및 인문정신 문화의 진흥에 관한 법률	제13조	인문교육의 체계적 연속적 실시 노력, 전문인력 활용
문화예술교육지원 법	제14조	학교장의 학교문화예술교육 지원 사업 적극 협조 의무

어떤가? 또 숨이 턱 막히지 않는가? 의무연수는 교원에만 영향을 미치는데 범교과 교육은 학생과 교사를 대상으로 하기 때문에 교육과정에 직접적인 영향을 미친다. 이렇게 내용이 방대하다 보니 도입 취지가 아무리 좋다 해도 그 취지를 살려 학교에서 운영하기가 어렵다. 즉 범교과 교육은 물리적으로 운영이 불가능하다. 각종 법령과 지침에서 요구하는 시간을 창의적 체험활동 시간과 단순 비교해보았다. 초등학교는 583/680시간(86%), 중학교는 310/306시간(101%), 고등학교는 310/408시간(76%)에 해당한다. 이는 국어, 영어, 수학보다 많은 시간이다. 학습 내용의 중복은 필연적이고 법령에서 요구하는 시간과 절차를 따르느라 내용보다 형식에 많은 시간을 할애하고 있다.

또한 범교과 교육은 학교교육과정 운영의 자율성을 침해한다. 미국, 독일, 일본 등의 경우, 사회적 요구에 대해 학교가 반응할 것을 요구할 때조차 교과 이외의 특정 교육 내용을 일정 시간 이수하도록 의무화하는 경우는 찾아보기 힘들다. 그런데 우리는 이와 같은 교육 내용을 시수까지 따져서 보고하도록 하고 있다. 당연히 학교자치를 가로막고 문서에 의존하는 형식화된 교육을 유발한다.

주객이 전도된 범교과 교육을 어떻게 해결해야 할까?

먼저 법령상의 기준을 초과하는 교육부와 교육청의 범교과 교육 관련 과잉 지침을 정비해야 한다. 법령에는 포괄적인 내용의 노력을 하도록 했는데 교육부와 교육청의 지침은 한발 더 나아가 시수까지 정해놓은 것이 많다. 생명존중 자살예방 교육, 다문화 교육, 통일 교육, 독도 교육이 대표적이다. 다음으로 관련 법령을 개정하여 학교의 교육과정 자율권을 확보해야 한다. 개별 법령의 입법 취지가 있고, 법령이 너무 많아 개정이 쉽지 않다면 특례법이라도 마련해야 한다. 가령 '학교의 범교과 교육운영에 관한 특례법'을 제정하여 일반 기관과 달리 학교는 적용을 예외로 할 수 있도록 해야 한다.

코로나19 상황에 학교는 방역에 온 신경을 쓰며 교과 교육에 집중하기에도 벅차다. 교육부는 범교과 교육 연결자료를 안내하며 할 일을 다 했다는 태도를 보이고 있는데 그래서는 안 된다. 앞으로는 교육부가 주도하던 교육과정을 국가교육위원회가 주도하게 되겠지만 어떤 교육과정을 만들더라도 범교과 교육 문제를 해결하지 않으면 학교교육과정의 파행 운영은 불가피하다. 학교의 힘으로는 해결할 수 없다. 교육청, 교육부, 국가교육위원회, 국회에 부탁한다. 학교가 일상을 회복할 수 있도록 범교과 교육 관련 법령과 지침을 정비해서 학교의 숨통을 좀 틔워다오.

16

국가교육위원회는
순항할 수 있을까?

2021년 7월 1일, 「국가교육위원회 설치 및 운영에 관한 법률」이 국회를 통과했다. 2002년 당시 노무현 대통령 후보가 공약으로 처음 제시했고, 이후 모든 대통령선거에서 후보자들이 공약으로 내세웠던 것인데 20년이 지나서야 결실을 보게 되었다. 교육계뿐만 아니라 우리 사회에 미칠 영향을 고려해본다면 상당히 의미 있는 변화인데 반응은 생각보다 미지근하다. 오래 걸릴수록 숙성되는 것이 있고 김이 빠지는 것이 있는데 국가교육위원회를 보는 반응은 후자에 속하는 것 같다.

법 통과 이후에도 찬반 논란은 여전한데 어쨌든 나는 법 통과를 환영한다. 여러 가지 우려가 있기는 하지만 1년 후 시행이라는 단서를 달았으므로 그 기간 동안 잘 준비해서 출범 이후에는 더 노련한 숙성미를 우리 교육에 보여줄 것을 기대한다. 그렇다고 교육당사자의 한 사람으로 기대만 하고 있을 수는 없어 국회를 통과한 법을 유심히 살펴보았다. 본칙은 24개조로 국가교육위원회의 목적, 위원 구성, 소관 사무, 회의 운영 등을 다루고 있고, 부칙은 6개조로 시행일, 준비 행위, 국가교육과정에 대한 특례 등을 다루고 있다. 법을 살펴본 첫 느낌은 대통령령으로 정하도록 한 사항이 너무 많다는 것이다. 이에 대한 관심이 먼저 있어야 할 것 같아 표로 정리해보았다.

국가교육위원회 설치 및 운영에 관한 법률 시행령에 담겨야 할 내용

순	위임 사항	위임 조문
1	위원회의 구성 관련 위원 직능의 분류기준 및 절차	제3조 제2항
2	기타 위원회의 구성에 필요한 사항	제3조 제8항
3	겸직금지 관련 영리를 목적으로 하는 교육 관련 업무의 한계	제9조 제2항
4	위원회의 소관 사무에 관한 세부적인 사항	제10조 제2항
5	중앙행정기관의 장 및 지방자치단체의 장의 시행계획 이행상황 점검 및 결과 공개 방법	제11조 제7항
6	발전계획 및 시행계획의 수립·변경 절차 등에 관하여 필요한 사항	제11조 제8항
7	국가교육과정의 기준과 내용 수립에 필요한 사항	제12조 제3항
8	재심의 요청 절차 및 처리 기간 등에 필요한 사항	제13조 제4항
9	그 밖에 교육정책에 대한 국민의견 수렴·조정 등 필요한 사항	제13조 제6항
10	중앙행정기관 및 지방자치단체와의 협의체 구성 및 운영에 관하여 필요한 사항	제14조 제3항
11	분과위원회 구성 및 운영에 필요한 사항	제16조 제3항
12	전문위원회의 구성 및 운영에 필요한 사항	제17조 제3항
13	특별위원회 구성 및 운영에 필요한 사항	제18조 제2항
14	국민참여위원회의 구성 및 운영에 필요한 사항	제16조 제5항
15	전문위원의 자격, 위촉 등에 필요한 사항	제19조 제3항
16	사무처의 조직 및 운영 등에 필요한 사항	제20조 제6항

16개에 달하는 위임 사항을 어떻게 마련하느냐에 따라 앞으로 국가교육위원회의 향방은 크게 달라질 것이다. 이렇게 중요한 일을 행정관료 몇몇이 밀실에서 만들게 할 수는 없다. 그러므로 시행령에 어떤 내용을 담아야 하는지 잘 살피고 교육 현장의 목소리를 내야 한다. 이렇게 제안했으니 나부터 목소리를 낸다. 시행령에는 다음과 같은 내용이 반드시 포함

같이 읽자, 교육법!

되어야 한다.

첫째, 위원은 공개전형 절차를 거쳐 추천하도록 하자. 법 제1조는 "국가교육위원회를 설치하여 교육정책이 사회적 합의에 기반하여 안정적이고 일관되게 추진되도록 함으로써 교육의 자주성·전문성·정치적 중립성을 확보하고 교육발전에 이바지함을 목적으로 한다"고 밝혔는데 법에서 정하도록 한 위원 구성 방법은 정치적 중립성을 보장받지 못할 것이라는 우려의 목소리가 크다. 위원 21명 중 국회 추천이 9명, 대통령 추천이 5명이니 괜한 우려도 아니다. 이 우려를 해소할 수 있는 방안을 시행령에 담아야 한다.

법에서는 위원회를 구성하는 위원 수를 직능별로 구분하고, 위원 직능의 분류기준 및 절차는 대통령령으로 정하도록 했다. 복잡하게 생각할 것 없이 위원 추천을 위해 직능별로 공개전형 절차를 거치도록 하자. 당연직 위원을 제외하고 위원을 추천해야 하는 청와대, 국회, 교원단체, 대학교육협의회, 시·도지사협의체에서는 합당한 인사 추천을 받고 공개 전형 절차를 거치자. 정치적 편향성에 대한 우려를 불식시킬 뿐만 아니라 위원의 전문성도 담보할 수 있을 것이다. 위원뿐만 아니라 특별위원, 국민참여위원, 전문위원도 마찬가지다. 반드시 공개 전형 절차를 거쳐서 적합한 인사가 위원직을 맡도록 해야 한다. 다 사람이 하는 일이므로 사람만큼 중요한 것은 없다.

둘째, 지방교육자치를 강화하는 내용을 담아야 한다. 교육의 자주성 및 전문성과 지방교육의 특수성을 살리기 위하여 1991년 6월 20일부터 「지방교육자치에 관한 법률」을 시행하고 있지만 20년이 지난 지금도 지방교육자치는 제 기능을 못하고 있다. 교육부장관의 권한이 비정상적으로 막강하고 이를 이용하여 강력하게 시·도교육청을 통제해왔기 때문이다. 국가교육위원회가 이를 해소해야 하는데 법에는 자칫 악용의 소지마저 있다. 법 제13조는 교육정책에 대한 국민의견 수렴 및 조정을 할 수 있도록 했다. 그 내용을 살펴보자.

「국가교육위원회 설치 및 운영에 관한 법률」

제13조(교육정책에 대한 국민의견 수렴·조정 등) ① 위원회는 다음 각 호의 어느 하나에 해당하는 경우 해당 교육정책에 대하여 국민의견을 수렴·조정할 수 있다.

  1. 국회, 대통령 또는 중앙행정기관의 장의 요청이 있는 경우
  2. 대통령령으로 정하는 일정한 수 이상의 국민의 요청이 있는 경우
  3. 위원회가 국민의견을 수렴·조정하기로 심의·의결한 경우

  ② 위원회는 제1항 제1호 및 제2호에 따른 요청을 받은 경우에는 국민의견 수렴·조정절차의 진행여부를 심의·의결하고, 그 결과를 요청기관 등에 통보하여야 한다.

  ③ 위원회는 제1항 및 제2항에 따라 국민의견을 수렴·조정한 때에는 그 처리결과를 요청기관 및 관계기관 등에 통보하여야 한다.

  ④ 제3항에 따라 처리결과를 통보받은 관계 중앙행정기관의 장 및 지방자치단체의 장 등 관계기관의 장은 해당 교육정책에 대한 위원회의 심의·의결 결과를 특별한 사정이 없는 한 따라야 하며, 심의·의결 결과대로 조치하기가 곤란하다고 판단되는 특별한 사정이 있는 경우에는 위원회에 재심의를 요청할 수 있다. 이 경우 재심의 요청 절차 및 처리 기간 등에 필요한 사항은 대통령령으로 정한다.

  ⑤ 위원회는 제2항에 따른 국민의견 수렴·조정 절차의 진행여부, 제3항에 따른 처리결과, 제4항에 따른 재심의 결과 등을 인터넷 홈페이지 등을 통하여 공개하여야 한다.

같이 읽자, 교육법!

⑥ 그 밖에 교육정책에 대한 국민의견 수렴·조정 등에 필요한 사항은 대통령령으로 정한다.

　교육정책에 대해 위원회가 국민의 의견을 수렴한다는 좋은 취지이지만 내가 우려하는 것은 위원회가 정권에 의해 장악되어 제 역할을 하지 못하는 상황이 벌어질 때다. 이 경우 위원회는 정부와 대립하는 교육정책을 펼치는 교육청에 대해 법 제13조 제1항 제3호에 따라 국민의 의견 수렴이라는 형식을 갖춰 정권의 의도를 관철시킬 수 있다. 가령 혁신학교, 학생인권조례의 폐지 등을 국민의견 수렴이라는 명목으로 추진할 수 있다는 말이다. 국민의 의견은 반드시 들어야 하지만 집단이기주의, 특히 교육기득권이기주의를 경계해야 한다. 정권이 이를 부채질하여 교육청의 정책을 좌지우지하는 경우 공교육의 역할이 크게 위태로워질 수 있다. 최악의 경우를 상정하고 한 말이지만 최악의 상황을 늘 연출했던 정치권이기에 개연성은 충분히 있다. 이에 대한 대비책을 시행령에 담아야 한다. 국민의 의견을 수렴하더라도 지방교육자치를 훼손하는 내용과 방법은 포함하지 않도록 말이다.

　셋째, 학교교육과정의 자율성을 높이는 방향으로 국가교육과정의 기준과 내용을 정해야 한다. 법에는 교육부가 갖고 있던 국가교육과정의 권한을 국가교육위원회로 넘겼고, 2022 개정교육과정에 한하여 국가교육위원회의 심의·의결을 거쳐 2022년 12월 31일까지 교육부장관이 고시하도록 했다. 경과조치로서 과도기적인 상황을 감안한 것이지만 위원회의 심의사항을 교육부장관이 고시하지 않는 최악의 경우도 대비할 필요가 있다. 법은 늘 최악을 대비해서 만드는 것이기도 하니 말이다.

교육과정과 관련해서는 단순히 국가교육위원회로 권한만 이양된다고 해결되는 것은 아니다. 제2장에서도 다루었지만 교육과정과 관련된 법령은 실타래처럼 얽혀 있기 때문이다. 이 법령들에 대한 정비가 같이 이루어져야 한다. 법령을 정비할 때 기준과 원칙은 당연히 학교교육과정의 자율성 확대에 두어야 한다. 교육과정을 구성하는 내용과 방법을 획기적으로 전환해야 한다. 과학적 근거도 없이 막연한 비율을 일방적으로 두어 교육과정을 통제하는 방식은 이참에 벗어나야 한다. 그래야 교육과정에 미래교육을 담을 수 있다.

넷째, 교육을 중심에 두고 사무처를 구성해야 한다. 그동안 위원 구성에 관심이 집중되었는데 실제 일을 해나가는 데에는 위원회 못지않게 사무처의 역할이 크다. 특히 국가교육위원회는 상임위원이 3명밖에 안 된다. 이 대목에서 아쉬움이 제일 크다. 위원 전원이 상임을 하더라도 할 일이 끊이지 않을 텐데 법은 위원장을 포함한 3명으로 상임위원을 제한했다. 사무처의 역할이 더 커질 수밖에 없는 상황이다. 법에서 정한 사무처의 구성과 역할을 보더라도 사무처가 일을 다 해나간다고 해도 과언이 아니다.

「국가교육위원회 설치 및 운영에 관한 법률」
제20조(사무처) ① 위원회의 사무를 처리하기 위하여 위원회에 사무처를 둔다.
② 사무처에 사무처장 1명과 필요한 직원을 둔다.
③ 사무처장은 위원장의 제청으로 대통령이 임명하고, 고위공무원단에 속하는 공무원으로 보한다.
④ 위원회에 근무하는 직원의 임용에 대해서는 「국가공무원법」 제

같이 읽자, 교육법!

32조에 따른 소속장관을 위원장으로 보고, 「교육공무원법」 제29조 및 제30조 제2호에 따른 교육부장관과 교육부를 각각 위원장과 위원회로 본다.

⑤ 사무처장은 위원장의 지휘를 받아 사무처의 사무를 관장하고 소속 직원을 지휘·감독한다.

⑥ 제1항에서 제5항까지에서 규정한 사항 외에 사무처의 조직 및 운영 등에 필요한 사항은 대통령령으로 정한다.

사무처장을 누가 하고 사무처에 누가 직원으로 근무하느냐에 따라 국가교육위원회의 성패가 정해질 것이다. 여기서 내가 우려하는 것은 교육부가 사무처를 장악하는 것이다. 현재 교육부는 행정고시 출신의 관료들이 요직의 90%를 차지하고 있다. 노무현 정부 때만 해도 교사 출신 교육전문직원과 행정고시 출신의 행정직원이 반반 정도 되었다는데 갈수록 행정직원의 비중이 늘어가면서 이 상황까지 오고 말았다. 아무리 행정을 잘한다 해도 현장 경험이 없는 행정직원이 요직을 선점·독점하면 교육정책이 사업 위주로 남발될 수밖에 없다. 승진이 적체되어 있는 행정직원들을 위해 자리 내어주는 식으로 사무처를 구성하는 최악의 상황은 반드시 막아야 한다.

방법은 있다. 국가교육위원회가 교육부의 전철을 밟지 않도록 시행령에 행정직원의 비율을 일정 정도로 제한해야 한다. 사무처 직원은 교원, 교육전문직원, 학부모 등 현장과 긴밀하게 소통하며 협력할 수 있는 인사들을 중심으로 구성해야 한다.

다섯째, 국가교육위원회법 시행령(안)과 시행규칙(안)을 교육부가 만드는 상황을 막아야 한다. '시행령'은 규범 형식상으로는 대통령령이지만,

실무상으로는 해당 부처가 시행령안을 주도적으로 만들고 대통령이 서명·공포하는 형식을 따른다. 따라서 교육부가 아니라 국가교육위원회가 국가교육위원회법 시행령(안)과 시행규칙(안)을 주도적으로 만들어야 한다. 우선 시행령이 있어야 국가교육위원회가 활동을 개시할 수 있으므로 활동 개시에 필요한 최소한의 사항만을 담아 시행령을 만들고, 이후 국가교육위원회가 출범하여 시행령을 제정하면 기존의 시행령은 자동으로 그 효력을 상실하는 것으로 하면 깔끔하게 해결된다. 그래야만 국가교육회의가 현장에 적합한 미래교육을 준비할 수 있다.

제정된 국가교육위원회법은 어떤 내용들을 담고 있는지 QR코드로 안내하는 법을 읽고 살펴보기 바란다.

「국가교육위원회 설치 및 운영에 관한 법률」 읽어보기

같이 읽자, 교육법!

알아야 담벼락을 면한다

지금까지 법을 교육에 비추어 이야기를 이어왔다. 야무지게 마음먹고 시작했는데 이야기를 이어온다는 게 생각처럼 쉽지 않았다. 부족함도 많았지만 더 이상 욕심내지 않고 마무리하려고 마음을 비웠다. 그래도 막상 마치려고 하니 아쉬움이 남는다. 마치 수업 시간은 끝나가는데 준비한 수업을 제대로 펼쳐보지도 못하고 마쳐야 할 때 드는 딱 그 심정이다. 그렇다고 여기서 이것저것 더 꺼내려고 욕심내어 봤자 역효과가 난다는 것도 잘 안다. 잘했든 못했든 마칠 때는 마쳐야 다시 새로운 수업을 준비할 수 있으니 말이다. 무슨 말로 마무리를 할까 내내 고민했지만 딱히 멋진 말은 떠오르지 않는다. 그저 지금 생각을 정리하며 마칠까 한다.

예상했지만 법학을 배워보지 않은 내가 생활법률 정도의 상식으로 교육법과 관련한 책을 쓴다는 것은 쉽지 않은 일이었다. 내 경험이라도 솔직하게 꺼내놓으면 누군가에게는 도움이 될 것이라는 확신이 없었다면 아마 도중에 포기했을 것 같다. 그러면서 하고 싶은 게 생겼다. 법학을 따로 배우고 싶다는 마음이 들었다. 일부러 기회를 만들어서라도 차분히 배워보려고 한다.

초고를 쓰고 퇴고하면서 원고를 많이 수정했다. 중언부언한 것들과 아직 정리되지 않은 생각을 어설프게 꺼낸 것들을 우선 덜어냈다. 그렇게 덜어낸 분량이 꽤 된다. 새롭게 끼워넣은 것도 있다. 현장감을 더하기 위해 법과 교육이 갈등하고 있는 사례를 넣었다. 초고를 수정해야 하는 것들도 있었다. 퇴고하는 사이 법령이 개정되어 수정이 불가피했다. 법은 이렇게 시시각각 살아서 움직인다.

삶이 만만치 않다는 것을 지천명知天命이 되어서야 어렴풋이 알아간다. 흔히 교육을 삶에 빗대어 말하는데 그래서인지 교육도 만만치 않다는 것을 해가 갈수록 절감한다. 교사로 살아가며 아이들의 성장 과정에 함께하는 보람이 크지만, 때로는 담벼락을 마주한 것처럼 교육이 암담하게 느껴질 때도 있다. 이럴 때면 김대중 대통령이 했던 "행동하지 않는 양심은 결국 악의 편이다, 하다못해 담벼락을 쳐다보고 욕이라도 하라"는 말을 떠올리곤 했다. 페이스북 담벼락에다 학교 일기를 써왔던 것도 아마 그 때문이었던 것 같다. 그렇게 담벼락에 써왔던 글들이 글감이 되어 이렇게 책으로 엮어지기도 하니 자신의 삶을 기록하는 것은 어떤 식으로든 필요한 일이라는 걸 절감한다.

담벼락이라는 말을 꺼내니 "알아야 면장을 한다"는 말이 연상된다. 여기서 '면장'은 《논어》 '양화' 편에 나오는 '면면장免面牆'에서 유래한 말이다. 공자는 공부에 소홀한 아들을 훈계하며 《시경》을 배우지 않으면 담벼락을 정면으로 마주 보고 서서 아무것도 보지 못하는 사람처럼 답답해진다"고 말한다. 담벼락이 한자로 장牆이니 '면면장免面牆'은 담벼락을 대하는 것처럼 답답한 것을 면免한다는 뜻이다. 즉 공자는 아들에게 "알아야 면면장을 한다"는 말을 한 것이다.

그런데 사람들은 '면면장'에서 소리가 같아 겹치는 글자 면免을 떼고, 담벼락을 나타내는 글자인 장牆을 우두머리라는 뜻의 장長으로 바꾸어서 '알아야 면장面長을 한다'는 말로 많이 쓰고 있다. 세월 따라 말도 변하기 마련이고, 면장이 지역 주민을 살피려면 세상사를 두루 알아야 하는 것도 이치에 맞으니 이렇게 쓴다고 해서 틀린 말도 아니다. 면면장免面牆으로 쓰거나 면장面長으로 쓰거나 어쨌든 '알아야 한다'는 경각심을 사람들에게 일깨우고 있으니 일맥상통하기도 한다. 그래도 말의 유래 정도는 알고 써야 더 품격이 있고 깊이가 있다.

교육법도 마찬가지다. 법을 알고 하는 교육과 법을 모르고 하는 교육은 다를 수밖에 없다. 법을 알고 교육하는 사람은 그만큼 마주하는 담벼락이 적을 것이다. 설령 담벼락을 마주했다 하더라도 이미 담벼락을 피하거나 넘어서는 방법을 알고 있는 것이나 다를 바 없다. 법을 알고 하는 교육은 효과도 다르다. 교육의 속성상 효과가 바로 나타나지 않고 개량이 쉽지 않아 당장 느끼지 못하더라도 궁극에는 차이가 나타난다. 교육법을 아는 사람은 교육을 위해 법을 이용할 줄 아는 힘이 있고, 교육하는 자가 가진 이 힘은 교육받는 자에게 그대로 전해지며 교육력을 높이기 때문이다.

교육법 이야기를 모아 한 권의 책으로 엮기까지 나를 도와준 분들이 많다. 법학자이기도 한 김승환 전북교육감이 원고를 꼼꼼하게 살피고 감수를 해주었다. 감수만으로도 고마운 일인데 추천의 글까지 덤으로 써주었으니 겹겹으로 고마운 분이다. 의정활동으로 바쁜 강민정 국회의원도 꼼꼼함을 유감없이 발휘하여 원고를 살피고 추천의 글을 써주었다. 현직

교사(한희정, 차승민, 홍유진, 박종훈)는 물론이고, 예비교사(박소현), 퇴직교사(송원재)는 교육법 이야기를 어떻게 생각하는지 궁금했다. 연령, 성별, 학교 급을 고려해서 적임자를 골라 사정을 이야기하고 원고를 드렸더니 모두 흔쾌히 받아주었다. 학부모(이윤경)는 어떻게 느끼고 있는지도 중요해서 같은 부탁을 했다. 모두 바쁘게 사는 사람들인데 내 부탁을 거절하지 않고 흔쾌히 응해주었다. 참으로 고마운 분들이다. 이 정성들을 모아 '먼저 읽은 독자의 글'로 따로 담았다.

별로 웃기지도 않은 내 이야기에 공감해주는 우리 반 아이들도 늘 고맙다. 하루도 조용할 날이 없이 사고를 치는 아이도 있지만, 이 아이들이 내 존재를 결정한다는 것을 알기에 학교에 머무는 동안 기꺼이 동행할 용기도 내어본다. 바쁘게 산다는 핑계로 집안일에 무심할 때가 많았는데 육아며 가사며 반듯하게 챙겨온 교육동지이자 반려자인 아내에게 늘 고맙고 미안한 마음이 교차한다. 아내와 내가 살아가는 모습을 지켜보고 자란 아들과 딸은 교사가 되고 싶어 한다. 분명 쉽지 않은 길인데 그 꿈을 키워가며 큰 탈 없이 건강하고 반듯하게 성장하고 있는 아들과 딸이 고맙다. 그래서 오늘 하루도 학교에서 교사로 더 반듯하게 살아야겠다는 생각도 하게 된다.

이렇게 고마운 이들이 있기에 담벼락을 만나더라도 넘어설 마음을 갖는다. 사는 동안 배우려고 노력할 일이다. 알아야 담벼락을 면하고, 알아야 교사를 한다.

2021년 가을에

같이 읽자, 교육법!

길을 잃지 않는 교육법 내비게이션!

얼핏 생각하면 법과 교육은 아무런 관계가 없어 보인다. 그러나 우리 교육이 공교육을 지향하는 한, 교육은 법을 떠나서는 한시도 존재할 수 없다. 학교를 세우고, 교과서를 만들어 공급하고, 교원과 학생을 배정하고, 가르친 것을 평가하여 성적을 매기고, 성적과 생활기록을 작성하여 상급학교 진학자료로 이용하게 하고, 교원-학생-학부모 사이의 갈등을 조정하는 모든 일들이 법에 근거하여 이루어진다. 법이 교육의 소중함을 잘 알아서, 교육활동이 원활하게 이루어지도록 돕는다면 더할 나위가 없다. 그러나 실제로는 그 반대일 때가 더 많다. 교육이 본래 역할을 다하도록 법이 교육활동을 충분히 보호하지 못하거나, 지나친 간섭과 규제를 가해 도리어 정상적인 교육을 방해하기도 한다.

우리나라는 교육 관련 법령이 그때그때 필요에 따라 만들어진 경우가 많아서 교육과 법은 자주 긴장관계에 놓인다. 법의 내용이 서로 상충하여 어느 장단에 맞춰야 할지 헷갈리기도 하고, 낡은 관행에 사로잡혀 시대의 변화를 미처 따라가지 못하는 것도 있다. 모법에서 정해야 할 중요한 내용을 하위법인 시행령이나 행정규칙에 위임하여 원래 입법 취지를 벗어나는 것도 적지 않다. 교육 관련 법령들을 가리켜 '지뢰밭' 같다고 말하는 이유는 바로 이 때문이다.

이 책에는 많은 내용이 담겨 있지는 않지만, 어떤 문제가 있을 때 어디로 가면 해답을 구할 수 있는지 알려준다. 그런 점에서 이 책은 혼란스럽고 모순적인 교육 관련 법령의 숲에서 교사와 학부모들이 길을 잃지 않도록 안내해주는 일종의 내비게이션이다. 「대한민국헌법」·「교육기본법」·「초·중등교육법」·「교원의 지위 향상 및 교육활동 보호를 위한 특별법」·「사립학교법」 등 주요 법령의 종류와 읽는 법, 인터넷과 모바일 앱으로 접근하는 방법을 친절하게 알려준다. 교권침해와 아동학대 등 최근 뜨거운 관심사로 떠오르는 문제들에 대한 법적 접근과 해석은 덤이다.

송원재(퇴직교사, 전 전교조 대변인 및 교권상담실장)

일방적인 악법과 관행이 사라지기를 바라며

정성식 선생님과의 인연은 토론회에서 시작됐다. 안전공제회 개선 방안 토론회였는데 어색했던 첫 대면 이후 온라인상에서 대화가 이어지며 조금씩 알아갔던 것 같다. 솔직히 고백하면, 단위 학교 학부모회 활동에서부터 교육청 정책 제안, 교육 이슈 기자회견 등을 앞두고 정성식 선생님의 페이스북을 많이 참고했었다. 교육정책이나 이슈에 대해 누구보다 빨리 냉철하게 비판하고 가끔은 과도하게 앞서가는, 머리와 몸과 손가락 행동이 일체형으로 움직이는 그야말로 실천하는 교사였기 때문이다.

이 책은 저자의 성격과 고음으로 따지는 음성과 동분서주 뛰어다니는 영상까지 지원되는 팝업북 같다. 교육법에 관한 책이라고 해서 따분하고 어려울 것 같아 미루다가 뒤늦게 읽기 시작했는데 시간 가는 줄 모르고 단숨에 읽어 내려갔다. 책 소개에 교사가 알아야 할 교육법이 아니라 학생과 학부모도 알아야 할 교육법이라고 덧붙여야 할 것 같다. 학교생활에 직접적으로 영향을 미치는 기본적인 교육권부터 제대로 알고 대처해야 할 학교폭력, 교권침해 등을 마치 수업하듯 쉽게 풀어 놓았다. 수시로 바뀌는 법령을 실시간으로 검색해 볼 수 있게 어플과 링크(QR코드)까지 배치한, 알기 쉬운 교육법 가이드북이다.

같이 읽자, 교육법!

나는 학부모 대상으로 교육할 때 학부모의 권리가 명시된 「교육기본법」과 「초·중등교육법」 설명으로 시작한다. '할 수 있다'와 '해야 한다'가 무無와 유有의 차이임을 이해시키고 지식이 아닌 관점을 가지는 것이 중요하다고 강조하며 시작한다. 이 책의 강점은 법령을 소개하면서 검색포털에서는 결코 얻을 수 없는 화두와 관점을 제시하고 있다는 것이다. 이 법령을 왜 알아야 하는지, 어떻게 비판해야 할지 끊임없이 말을 건다. 단순히 법조문을 나열한 것이 아니라 교육 현장의 한계를 알리고 개선 방향을 함께 고민하자는 제안서이기도 하다.

저자는 '법 없이도 살 사람'이 아니라 '법 모르고 산 사람'이었다는 자기반성을 시작으로, 다른 사람들은 이렇게 살지 말기 바라는 마음으로 글을 썼다고 밝힌다. 그래서인지 필요한 내용만 찾아서 읽든 공부하듯 집중해 읽든 읽는 이들에게 하나라도 더 도움을 주고 싶어하는 저자의 세심한 배려를 곳곳에서 찾아볼 수 있다. 교육 현장에 법을 아는 사람들이 많아져서 법 무서운 줄 모르고 일방적으로 휘두르는 악법과 관행들이 사라지기를 바란다.

이윤경(참교육을 위한 전국 학부모회 회장)

교육법 좀 미리 봐둘 걸

우리는 '법 없이도 살 사람'이라는 말을 덕담처럼 건네곤 한다. 그러나 법을 모르더라도 법 테두리를 벗어나지 않는 지혜만큼이나 몰라서 위반하는 일이 없게 하는 것 역시 중요하다. 우리는 법치국가에 살고 있기 때문이다. 더욱이 교사는 교육법에 따라 교육이라는 공무를 수행하는 사람이다. 그럼에도 법은 늘 멀다. 수업 준비와 수업, 공문 처리와 부서 업무, 그리고 학생과 학부모 상담까지 하다 보면 직접 근거 법령을 찾아볼 틈이 없다. 그러다 문제가 발생하면 급히 관련 법령을 찾게 된다. 미리 알았다면 하지 않았을 실수를 발견하고는 '아, 미리 교육법 좀 봐둘 걸' 하고 후회한다.

여러 번 겪었을 일임에도 불구하고 교사들이 교육법에 쉽게 접근하지 못하는 건 무엇을 어떻게 보아야 하는지 막연해서다. 교무실 어딘가에 꽂혀 있는 두꺼운 법전을 펼칠 엄두가 나지 않아서다. 그런데 이 책은 친절하고, 생생하다. 변호사나 법학자들의 시선이 아니라 현장 교사로서 동료교사와 눈을 맞추고 있다. 이제 교육법은 교사와 만날 준비가 끝났다.

박종훈(산청 간디학교 교사, 변호사)

잊을 수 없는 법령의 무거움

"교사는 법령에서 정하는 바에 따라 학생을 교육한다."

「초·중등교육법」 제20조 제4항의 규정이다. 법령이 주는 무게가 가볍지 않음을 늘 상 느낀다. 그러나 여태까지 교단에 서면서 법령을 공문으로 하달된 지시의 근간으로 여겼을 뿐, 주체적으로 그것을 해석하고 대처하는 일에는 수동적이었음을 고백한다. 법령을 경시해서가 아니라 몰라서. 정성식 교사의 이 책은 그런 면에서 깊은 자극과 힘이 된다. 교직에 몸담은 모든 이는 이 책을 참고해서 실제 교육 현장에서 벌어지는 법적 문제에 대해 해답의 실마리를 찾아야 한다. 그것이 난맥처럼 얽힌 교육을 살리는 길이기 때문이다. 대한민국 공교육의 목적은 민주시민의 기본 자질을 육성하는 것이다. 교육법은 이를 뒷받침하기 위해 존재한다. 어떻게 뒷받침해야 하는지 그 본질이 바로 이 책에 담겨 있다.

차승민(밀주초등학교 교사, 실천교육교사모임 고문)

대한민국 모든 교사의 소장+필독서

정성식 선생님의 교육법 강의를 들은 한 선배가 어쩜 저렇게 쑥쑥 들어오게 강의를 잘 하냐며, 학교와 교육을 보는 새로운 지평이 열렸다고 칭찬했다. 나는 정성식 선생님의 교육법 강의를 들을 기회가 없었지만 별로 아쉽지 않다. 이 책 한 권에는 그 모든 강의 내용과 홀로 혹은 함께 싸워왔던 배움의 기록이 가득하기 때문이다. 애절한 목소리 싱크로는 덤이다.

두 아이를 키울 때《삐뽀삐뽀 119 소아과》를 늘 옆에 두고 살았던 것처럼 교직생활을 하면서도 어디 그런 책이 없나, 늘 답답했다. 그럴 때마다 인터넷을 뒤졌다. 맨땅에 삽질하는 그런 수고는 이제 그만해도 될 거 같다. 이 책의 목차만 훑어보아도 교직생활 관련 법의 구조가 보이고, 문제가 생길 때 무엇을 찾아보아야 하는지 그림이 그려지기 때문이다. 대한민국 모든 교사의 소장+필독서다.

한희정(실천교육교사모임 회장)

'학교는 대체 왜 이럴까?'가 의문인 2030교사들이 꼭 읽어볼 책

정성식 선생님의 책《교육과정에 돌직구를 던져라》를 읽으며 교사를 꿈꾸던 사범대생이 올해로 4년차 교사가 되었다. 나도 몸 쪽 꽉 찬 돌직구를 던질 줄 알았는데, 돌아보니 힘없는 아리랑볼처럼 날아가고 있었다. 짧은 교직생활 내내 '왜?'라는 의문이 들었다. 왜 학교는 공문만 기다릴까? 왜 내가 형사처럼 사안을 다루지? 왜 나의 교육활동은 보호받지 못할까? 왜 행정직원과 교원은 갈등하는 걸까? 주변에서 '다 그런 거다'라고 하니까 그냥 속으로 삼켰다. 정기적으로 현타가 왔다.

이 책은 열심히 살다가 '현타'가 온 평범한 교사들에게 해답의 실마리를 던져주며, 교육법을 통해 답을 찾아가는 방법을 안내한다. 정성식 선생님은 자신의 경험과 배움을 아낌없이 나누며, 한 발 한 발 힘주어 걸음을 내딛는 요령을 친절하게 알려준다. 나와 같은 저경력 교사들이 꼭 알았으면 한다. 가르치려 들지 않고 함께 가자고 손을 내밀어주는 이런 바람직한 선배들도 있다는 것을.

홍유진(당곡중학교 교사, 실천교육교사모임 이사)

튼튼한 방패 하나를 얻었다!

2학년인가 3학년 때쯤, 한 선배가 우리도 이런 것을 알아야 하지 않겠냐며 손에 쏙 들어오는 교육법 책자를 건네준 적이 있습니다. 책자를 받긴 했지만 '나는 법이나 정책에 관심이 없다'는 핑계로 펼쳐보지도 않았습니다. 이 책을 읽다가 제가 그때 선배에게 받았던 책이 실천교육교사모임이 엮은 《손바닥 교육법》이라는 것을 알게 되었습니다.

최근 몇 년간 교원양성체제와 학급당 학생 수, 기간제 교사 확대 방안 등에 관심을 가지게 되었습니다. 자연스럽게 기사나 자료들을 통해 초·중등교육 관련 법들을 접했습니다. 인터넷을 찾아보며 단편적인 내용들을 알아보기도 했지만 찾기도 쉽지 않고 내용도 어려웠습니다. 그런 내가 지금이라도 이 책을 읽게 되어 다행입니다. 쉬운 말로, 쉬운 방법으로 교육법에 가까워질 수 있게 되었으니 말입니다.

조금씩 교육정책에 관심을 가지면서 교육부가 '알아서' 잘 하지는 못한다는 것, 각자의 현장에 발 딛고 있는 우리가 목소리를 내야 한다는 것을 알았습니다. '정성식 선생님은 학교 현장에서 법을 기반으로 고민하고, 실천하고, 움직임을 만들어내셨구나!'라는 감탄을 하면서, 교육대학교에 발 딛고 있는 우리 예비교사들은 어떤 고민을 하고, 어떤 움직임을 만들어낼 것인지 스스로 질문을 던지게도 되었습니다. 저절로 되는 것은 없으니까요.

학교 현장에서 교육을 바꿔보려고 살아오신 선생님은 훨씬 앞서 그 고민을 하고 먼저 법전을 열어보게 되신 것이겠지요. 책을 읽다가 제가 예비교사로서 관심 있던 내용

같이 읽자, 교육법!

들이 법에는 어떻게 나와 있는지 알게 되면서 '아, 이렇게 되어 있었구나!' 하는 탄식도 나왔습니다.

이 책에는 몰라서 두렵기만 했던 다양한 주제의 학교 이야기들이 폭넓게 담겨 있습니다. 곧 현장에 나갈 우리 예비교사들에게 학교는 때로는 이상하고 불편하고 불안한 곳이기도 한데 이 책을 읽으며 그 불안감과 두려움이 사라졌습니다. 마치 튼튼한 방패 하나를 얻은 느낌입니다. 불편함을 알아채고 이를 해결하기 위해서는 더 이성적이고, 더 논리적으로 살아야겠다는 생각을 하게 됩니다.

박소현(예비교사, 전국교육대학생연합 사무국장 및 예비교사네트워크 '폴짝' 총괄)

지은이_정성식

대한민국에서 나고 자라 2000년부터 교사로 살아가다가 2014년에 학교의 아픔을 달래고자 『교육과정에 돌직구를 던져라』를 쓰고 '돌직구'라는 별명을 얻었다.

2015년에 학습연구년을 보내며 전국을 돌아다니다가 교육개혁을 염원하는 이들과 뜻을 모아 최고의 교원단체 실천교육교사모임을 만들었다. 사람들을 부추긴 뒷감당을 하느라 초대에 이어 2대까지 단체 회장(2015~2020)을 맡았다. 같은 시기 교육부 초등교원양성대학교 발전위원(2018~2019), 교육과정심의회 운영위원(2021), 국가교육회의 전문위원(2019), 〈한국일보〉 오피니언 리더(2019~2021)를 겸직하였고, 뜻 맞는 이들과 함께 『교사독립선언』 시리즈, 『교사, 교육개혁을 말하다』, 『대한민국 교육트렌드 2022』를 함께 썼다. 학교 안팎으로 바쁘게 살고 있지만 학교를 떠난 적은 없었고 모든 일의 중심에 항상 아이들이 있다. 사연 많은 학교를 떠날 날도 오겠지만 그 때가 되면 "교사하기 잘했다" 하고 소리 지르며 교문을 나서려고 한다.

같이 읽자, 교육법!

초판 1쇄 발행   2021년 10월 27일
초판 2쇄 발행   2022년 1월 3일

지은이 정성식

발행인 김병주
COO 이기택 **CMO** 임종훈 **뉴비즈팀** 백헌탁, 이문주, 김태선, 백설
행복한연수원 배희은, 박세원, 이보름, 반성현 **에듀니티교육연구소** 조지연
경영지원 박란희 **편집부** 이하영, 최진영, 박준규

펴낸 곳 (주)에듀니티
도서문의 070-4342-6110
일원화 구입처 031-407-6368 (주)태양서적
등록 2009년 1월 6일 제300-2011-51호
주소 서울특별시 종로구 인사동5길 29 태화빌딩 9층
편집부 이메일 book@eduniety.net
홈페이지 www.eduniety.net
페이스북 www.facebook.com/eduniety
포스트 post.naver.com/eduniety

ISBN 979-11-6425-104-9 03370
값은 뒤표지에 있습니다.

문의하기

투고안내

30시간 2학점 원격연수

종이교육과정에 던지는
정성식 선생님의 통쾌한 스트라이크!

[초등] 교육과정에
돌직구를 던져라

실제 학교 현장의 사례를 통해 변화에 대한 두려움은 줄이고 공감하며, 올바른 교육과정에 대한 이해를 바탕으로
학생과 교사 모두가 행복한 학교를 만들 수 있는 운영방법을 제시하고자 합니다.

수강 안내